普通高等教育经管类专业系列教材

财务报告分析
（微课版）

郭苏敬　主　编
崔　杰　马会娟　崔　婕　副主编

清华大学出版社
北　京

内容简介

本书共分 4 篇、12 章，从财务报告分析的基础知识开始，过渡到财务报告分析的基本程序与方法，然后通过资产负债表、利润表、现金流量表和所有者权益变动表的解读，分析报表项目的增减变动以及结构变动情况，在报表解读的基础上利用报表数据对企业的营运能力、盈利能力、偿债能力和发展能力进行分析，之后利用杜邦分析法和沃尔评分法对企业经营业绩进行综合分析与评价，最后建立财务预警系统，为企业防范风险做好预防措施。

本书知识体系清晰合理，逻辑结构严密，案例丰富，理论与实际结合紧密，在财务报告分析理论知识讲解的基础上辅之以案例和课后实操项目，引导学生以实际案例为基础展开分析，有助于应用型人才的培养，体现出学以致用的特点。此外，本书为微课版教材，每章的重要知识点都附之以视频讲解，为丰富财务报告分析教材形式进行了有益的探索。

本书可作为高等院校应用型本科经管类专业学生的教材，也可作为非经管类专业硕士研究生的教材，还可作为在职中高级管理人员自学的教材。

本书对应的电子课件、习题答案可以到 http://www.tupwk.com.cn/downpage 网站下载，也可以扫描前言中的二维码下载。本书对应的教学视频可以直接扫描封底上的二维码观看。

本书封面贴有清华大学出版社防伪标签，无标签者不得销售。
版权所有，侵权必究。举报：010-62782989，beiqinquan@tup.tsinghua.edu.cn。

图书在版编目(CIP)数据

财务报告分析：微课版/郭苏敬主编. —北京：清华大学出版社，2022.2
普通高等教育经管类专业系列教材
ISBN 978-7-302-59891-6

Ⅰ. ①财… Ⅱ. ①郭… Ⅲ. ①会计报表—会计分析—高等学校—教材 Ⅳ. ①F231.5

中国版本图书馆 CIP 数据核字(2022)第 010627 号

责任编辑：胡辰浩
封面设计：周晓亮
版式设计：孔祥峰
责任校对：马遥遥
责任印制：朱雨萌

出版发行：清华大学出版社
网　　址：http://www.tup.com.cn，http://www.wqbook.com
地　　址：北京清华大学学研大厦 A 座　　邮　编：100084
社 总 机：010-83470000　　邮　购：010-62786544
投稿与读者服务：010-62776969，c-service@tup.tsinghua.edu.cn
质 量 反 馈：010-62772015，zhiliang@tup.tsinghua.edu.cn

印 装 者：三河市铭诚印务有限公司
经　　销：全国新华书店
开　　本：185mm×260mm　　印　张：19.5　　字　数：462 千字
版　　次：2022 年 3 月第 1 版　　印　次：2022 年 3 月第 1 次印刷
定　　价：79.00 元

产品编号：077233-01

前言

　　财务报告分析是以财务报告所列示的信息为依据,采用一系列专门的分析技术和方法,对企业的财务状况、经营成果、现金流量等情况进行分析与评价,掌握企业的偿债能力、盈利能力、营运能力和发展能力等状况,为企业的投资者、债权人、经营者及其他利益相关者做出正确决策提供准确信息的应用学科。进行财务报告分析的主体不一样,分析的视角也不一样,最后得出的分析结果也会有所不同。

　　随着大数据和智能化时代的到来,越来越多的人认识到进行财务报告分析的重要性。财务报告是企业财务信息的载体,是了解企业的窗口。只有全面、深入地解读和分析企业财务报告,才能做出正确的决策。为适应时代的发展,财务报告分析已成为各高校普遍开设的课程之一,阅读和分析企业财务报告,也成为商科专业学生必备的专业技能之一。目前市场上财务报告分析类的教材层出不穷,主要涉及"财务分析""财务报表分析""财务报告分析"。但财务报表只是财务报告的组成部分,有效的分析还应包括对财务报表附注和财务情况说明的分析,因此,根据教学和管理的需要,本书以"财务报告分析"为主线进行编撰,主要具有以下特点。

　　(1) 逻辑清楚,层层递进。本书在借鉴西方财务分析体系的基础上,结合我国企业财务分析的实际,围绕"财务报告分析基础""财务报表解读""财务能力分析""财务综合分析与财务预警"四篇展开介绍。每篇内容层层递进,并用一个大案例贯穿始终,且案例数据均来自上市公司公开披露的数据,保证客观性和实用性。理论和实践的有机结合,便于读者从整体上把握财务报告分析的内容和思路。

　　(2) 内容丰富,案例新颖。本书在编排上注重案例的作用,在每一章的每个知识点下面都安排了相应的案例,有财经新闻、报纸评论,也有最新的研究成果,便于读者在掌握理论知识的同时开阔视野,了解学科最新的发展动态。

　　(3) 体系科学,形式多样。本书的每一章都是一个完整的学习体系,具体内容设置有"学习目标"(知识目标、能力目标)、"正文"(除大案例贯穿始终外,还设置有"相关链接"将理论知识拓展延伸)、"本章小结""思考讨论""案例分析""实操项目"等环节,按照课前导读—理论知识—延伸拓展—案例分析—实操项目的逻辑顺序进行内容组织,有利于读者应用能力的提高。

　　(4) 重点突出,视频辅助。本书为微课版教材,每章的重要知识点都附之以相应的视频讲解,一方面加深学生对重要知识点的理解,另一方面为学生课前自学提供资源,为教师开展翻转课堂、采用多样化的教学手段打下基础。

本书共分为4篇、12章。其中第一、二章为第一篇，主要介绍了财务报告分析的理论知识和分析的程序与方法；第三、四、五、六章为第二篇，主要介绍了资产负债表、利润表、现金流量表和所有者权益变动表的分析思路和方法；第七、八、九、十章为第三篇，主要从营运能力、盈利能力、偿债能力和发展能力的角度对企业进行分析和评价；第十一、十二章为第四篇，主要介绍了财务综合分析与评价的方法以及财务预警机制的设计。

在编撰的过程中，第一章由崔婕撰写，第二章由崔杰撰写，第三、四章由郭苏敬撰写，第五、六章由马会娟撰写，第七、八、十一章由王巍撰写，第九、十、十二章由王玉飞撰写，最后由郭苏敬总纂定稿。

由于作者水平有限，书中难免存在不足之处，恳请广大读者批评指正。我们的邮箱是992116@qq.com，电话是010-62796045。

本书对应的电子课件、习题答案可以到http://www.tupwk.com.cn/downpage网站下载，也可以扫描下方的二维码下载。本书对应的教学视频可以直接扫描下方的二维码观看。

配套资源
扫描下载

扫一扫
看视频

目 录

第一篇　财务报告分析基础

第一章　财务报告分析概述 ……………2
第一节　财务报告及其信息作用 ………2
一、财务报告的含义和内容 ……………2
二、财务报告的编制目的 ………………3
三、财务报告信息的作用 ………………4
第二节　财务报告分析及其主体与目标 …………6
一、财务报告分析的内涵和目的 ………6
二、财务报告分析的主体 ………………7
三、财务报告分析的目标 ………………10
第三节　财务报告分析的内容与形式 …12
一、财务报告分析的内容 ………………12
二、财务报告分析的形式 ………………13
第四节　财务报告分析的局限性与未来发展 …………15
一、财务报告分析的局限性 ……………15
二、财务报告分析的未来发展 …………16

第二章　财务报告分析的程序与方法 …………20
第一节　财务报告分析的基本程序 ……20
一、信息搜集和整理阶段 ………………20
二、战略分析与会计分析阶段 …………21
三、财务报告分析实施阶段 ……………22
四、综合评价阶段 ………………………22
第二节　财务报告分析的信息基础 ……23
一、财务报告分析信息的种类 …………23
二、财务报告的内涵 ……………………24
三、会计报表 ……………………………26
四、会计报表附注 ………………………37
第三节　财务报告分析方法与技术 ……39
一、会计报表分析方法 …………………39
二、比率分析法与因素分析法 …………42
三、财务综合分析与评价 ………………45
四、图解分析法 …………………………50

第二篇　财务报表解读

第三章　资产负债表分析 ……………58
第一节　资产负债表概述 ………………58
一、资产负债表分析的目的 ……………58
二、资产负债表分析的内容 ……………59
第二节　资产负债表一般分析 …………61
一、资产负债表水平分析 ………………61
二、资产负债表垂直分析 ………………66
第三节　资产负债表项目分析 …………70
一、主要资产项目分析 …………………70
二、主要负债和所有者权益项目分析 …82
第四节　资产负债表趋势分析 …………83

第四章　利润表分析 ……………91
第一节　利润表概述 ……………………91
一、利润表的含义和作用 ………………91
二、利润表分析的目的 …………………91
三、利润表分析的内容 …………………92
第二节　利润表综合分析 ………………94
一、利润表水平分析 ……………………94
二、利润表垂直分析 ……………………96
第三节　利润表项目分析 ………………97
一、营业收入分析 ………………………97
二、成本费用分析 ………………………100

三、营业利润分析……………………107
　　四、利润总额分析……………………108
　　五、净利润分析………………………110
第四节　利润表趋势分析…………………111
　　一、绝对额分析………………………111
　　二、环比分析…………………………113
　　三、定基分析…………………………115

第五章　现金流量表分析…………………119
第一节　现金流量表概述…………………119
　　一、现金与现金流量表………………119
　　二、现金流量表与资产负债表、
　　　　利润表的关系……………………121
　　三、现金流量表分析的目的…………121
　　四、现金流量表分析的内容…………123
第二节　现金流量表综合分析……………123
　　一、现金流量表一般分析……………123
　　二、现金流量表水平分析……………125
　　三、现金流量表结构分析……………127
　　四、现金流量表趋势分析……………133
　　五、现金流量组合分析………………140
　　六、企业自由现金流量………………143
第三节　现金流量表分项分析……………144
　　一、经营活动现金流量项目分析……144
　　二、投资活动现金流量项目分析……146
　　三、筹资活动现金流量项目分析……148
　　四、汇率变动对现金流量的影响
　　　　分析…………………………………149
　　五、现金及现金等价物分析…………149
第四节　现金流量与利润综合分析………150
　　一、现金流量表与利润表信息的
　　　　联系…………………………………150
　　二、经营活动现金流量净额与
　　　　净利润的关系分析………………153

第六章　所有者权益变动表分析……158
第一节　所有者权益变动表概述…………158
　　一、所有者权益变动表的内涵………158
　　二、所有者权益变动表分析的目的……159

　　三、所有者权益变动表分析的内容……160
第二节　所有者权益变动表一般
　　　　分析…………………………………161
　　一、所有者权益变动表的水平分析……161
　　二、所有者权益变动表的结构分析……165
　　三、所有者权益变动表的趋势分析……166
第三节　所有者权益变动表项目
　　　　分析…………………………………166
　　一、综合收益总额分析………………167
　　二、会计政策变更的分析……………169
　　三、前期差错更正的分析……………171
第四节　所有者权益变动对财务状况
　　　　质量的影响…………………………172
　　一、股利政策与财务状况质量………172
　　二、股票分割与财务状况质量………175
　　三、库存股与财务状况质量…………176
　　四、可转债、债转股以及股份支付
　　　　与财务状况质量…………………179
　　五、可持续增长率与财务状况质量……184

第三篇　财务能力分析

第七章　企业营运能力分析…………189
第一节　营运能力分析的目的与
　　　　内容…………………………………189
　　一、营运能力分析的目的……………189
　　二、营运能力分析的内容……………190
第二节　流动资产管理效果分析…………190
　　一、存货周转速度分析………………190
　　二、应收账款周转速度分析…………192
　　三、流动资产周转速度分析…………194
第三节　固定资产利用效率分析…………196
　　一、固定资产产值率分析……………197
　　二、固定资产收入率分析……………197
　　三、固定资产利润率分析……………198
　　四、固定资产比率分析的注意事项……198
第四节　总资产营运能力分析……………200
　　一、总资产产值率……………………200
　　二、总资产收入率……………………200

第八章　企业盈利能力分析 …… 206

第一节　盈利能力分析的目的与内容 …… 206
一、盈利能力分析的目的 …… 206
二、盈利能力分析的内容 …… 207

第二节　资本经营盈利能力分析 …… 208
一、资本经营盈利能力的含义及指标计算 …… 208
二、净资产收益率的因素分析 …… 209
三、现金流量视角的资本经营盈利能力分析 …… 210
四、资本经营盈利能力的行业分析 …… 211

第三节　资产经营盈利能力分析 …… 213
一、资产经营盈利能力的含义及指标计算 …… 213
二、总资产报酬率的因素分析 …… 214
三、现金流量视角的资产经营盈利能力分析 …… 215
四、资产经营盈利能力的行业分析 …… 215

第四节　商品经营盈利能力分析 …… 217
一、商品经营盈利能力的含义及指标计算 …… 217
二、现金流量视角的商品经营盈利能力分析 …… 220
三、商品经营盈利能力的行业分析 …… 220

第五节　上市公司盈利能力分析 …… 222
一、上市公司盈利能力的含义及指标计算 …… 222
二、盈利能力的行业分析 …… 226

第九章　企业偿债能力分析 …… 230

第一节　偿债能力分析的目的与内容 …… 230
一、偿债能力分析的目的 …… 231
二、偿债能力分析的内容 …… 231

第二节　企业短期偿债能力分析 …… 233
一、短期偿债能力的含义 …… 233
二、影响短期偿债能力的因素 …… 233
三、短期偿债能力的指标计算与分析评价 …… 234

第三节　企业长期偿债能力分析 …… 243
一、长期偿债能力的含义 …… 243
二、影响长期偿债能力的因素 …… 243
三、长期偿债能力的指标计算与分析评价 …… 244

第十章　企业发展能力分析 …… 253

第一节　企业发展能力分析的目的与内容 …… 253
一、企业发展能力分析的目的 …… 253
二、企业发展能力分析的内容 …… 254
三、影响企业发展能力的主要因素 …… 255

第二节　企业发展能力指标分析 …… 256
一、企业营业发展能力分析 …… 256
二、企业财务发展能力分析 …… 261
三、企业商誉竞争力分析 …… 263

第四篇　财务综合分析与财务预警

第十一章　财务综合分析与业绩评价 …… 268

第一节　综合分析与业绩评价的目的与内容 …… 268
一、综合分析与业绩评价的目的 …… 268
二、综合分析与业绩评价的内容 …… 269

第二节　杜邦财务综合分析 …… 269
一、杜邦财务综合分析体系的含义 …… 269
二、杜邦分析法的指标体系和基本框架 …… 270
三、杜邦分析法的因素分析 …… 272
四、杜邦分析法的优点和不足 …… 272

第三节　帕利普分析法 …… 274
一、帕利普分析法的含义 …… 274
二、帕利普分析法的基本框架及其分解 …… 275

第四节　沃尔评分法 …… 277
一、沃尔评分法的含义 …… 277
二、沃尔评分法的基本步骤 …… 277
三、沃尔评分法的缺陷 …… 278
四、沃尔评分法的改进 …… 279

第五节　平衡计分卡 ……………… 280
一、平衡计分卡的概念 …………… 280
二、平衡计分卡的内容 …………… 280
三、平衡计分卡的特征 …………… 281

第十二章　企业财务危机预警 ……… 286

第一节　财务危机预警概述 ……… 286
一、财务危机的概念 ……………… 286
二、财务危机的特征 ……………… 287
三、财务危机的表现过程 ………… 287
四、财务危机预警的概念 ………… 288
五、财务危机预警的意义 ………… 289

第二节　财务危机预警定性方法 …… 289
一、个案分析法 …………………… 290
二、标准化调查法 ………………… 291
三、短期资金周转表分析法 ……… 291
四、"四阶段症状"分析法 ………… 291
五、流程图分析法 ………………… 291
六、管理评分法 …………………… 292

第三节　财务危机预警定量模型 …… 292
一、单变量模型 …………………… 293
二、多变量线性模型 ……………… 293
三、多变量Logistic回归模型 …… 295
四、人工智能方法 ………………… 295

第四节　财务危机预警系统 ………… 297
一、财务危机预警系统的概念 …… 297
二、财务危机预警系统的设计原则 … 297
三、财务危机预警系统的构架 …… 297

参考文献 ……………………………… 301

第一篇　财务报告分析基础

- 第一章　财务报告分析概述
- 第二章　财务报告分析的程序与方法

第一章

财务报告分析概述

学习目标

○ **知识目标**

了解财务报告及其构成要素；明确财务报告的编制目的；理解财务信息质量的重要性以及对信息使用者的作用。

○ **能力目标**

在了解财务报告及其构成要素、明确财务报告分析作用的基础上，能够利用各种渠道查找财务报告分析资料，具备搜集资料的基本能力。

第一节 财务报告及其信息作用

一、财务报告的含义和内容

(一) 财务报告的含义

财务报告，是指企业对外提供的反映企业在某一特定日期的财务状况和某一会计期间的经营成果、现金流量等的文件。

(二) 财务报告的内容

财务报告包括财务报表、财务报表附注和财务情况说明书。

1. 财务报表

财务报表是财务报告的主要组成部分。财务报表是对企业财务状况、经营成果和现金流量的结构性表述。财务报表至少应当包括下列组成部分：资产负债表、利润表、现金流量表以及所有者权益(或股东权益)变动表。财务报表上述组成部分具有同等的重要程度。下面对其组成部分进行简要介绍。

资产负债表，是反映企业在某一特定日期(月末、季末、半年末、年末)财务状况的会计报表。它表明企业在某一特定日期所拥有或可控制的、预期能为企业带来利益的经济资源、所承担的现时义务和所有者对净资产的要求权。

利润表，是反映企业一定会计期间(如月度、季度、半年度或年度)生产经营成果的会计报表。

现金流量表，是以现金和现金等价物为基础编制的，反映企业在一定时期内的现金流入量、现金流出量及其净额情况的报表。

所有者权益(或股东权益)变动表，是反映所有者权益的各组成部分当期增减变动情况的报表。它反映在某一特定时间内，股东权益如何因企业经营的盈亏及现金股利的发放等而发生变化。

2. 财务报表附注

财务报表附注是对企业在资产负债表、利润表、现金流量表和所有者权益(或股东权益)变动表等报表中列示项目的文字描述或明细资料，以及对未能在这些报表中列示项目的说明等。附注是对财务报表的补充说明，也是财务报告的重要组成部分。附注主要包括两项内容：一是对财务报表各要素的补充说明；二是对财务报表中无法描述的其他财务信息的补充说明。

3. 财务情况说明书

财务情况说明书是对企业一定会计期间内财务、成本等情况进行分析总结的书面文字报告，是年度财务报告的重要组成部分。企业应以财务指标和相关统计指标为主要依据，对报告期资产质量、财务状况、经营成果等情况进行分析说明，客观反映企业运营特点及发展趋势。财务情况说明书主要包括以下内容：企业基本情况，生产经营情况分析，企业经济效益分析，现金流情况分析，所有者权益变动情况分析，重大事项说明等。

二、财务报告的编制目的

关于编制财务报告的目的，在国际会计准则和我国会计准则中都有说明。

1978年，美国财务会计准则委员会(FASB)在其《财务会计概念公告》中对财务报告的目的做出了阐述：第一，财务报告应提供对投资者、债权人以及其他使用者做出合理的投资、信贷及类似决策有用的信息；第二，财务报告应提供有助于投资者、债权人以及其他使用者评估来自销售、偿付到期证券或借款等的实得收入的金额、时间分布和不确定性的信息；第三，财务报告应能提供关于企业的经济资源、对这些经济资源的要求权(企业把资源转移给其他主体的责任及业主权益)以及使资源和对这些资源要求权发生变动的交易、事项和情况影响的信息。

2006年7月6日，国际会计准则理事会(IASB)与美国财务会计准则委员会联合发布了

《财务报告概念框架：财务报告目标与决策有用的财务报告信息的质量特征(初步意见)》，并于2008年5月发布了《改进的财务报告概念框架：财务报告目标与决策有用的财务报告信息的质量特征及约束条件(征求意见稿)》。该征求意见稿第1章指出，"通用财务报告应提供关于主体的经济资源(即主体的资产)和对这些资源的要求权(即主体的负债和所有者权益)的信息"。同时，"财务报告也应当提供有关主体的交易、事项和情况对其经济资源和要求权影响后的情况下的信息"。这表明财务报告的对象是主体本身，而不是其所有者或其他利益相关者。2010年，作为与美国财务会计准则委员会联合项目的一部分，国际会计准则理事会发布了概念框架修订的两个章节。这些章节涉及通用财务报告的目标和有用财务信息的质量特征。在2012年重启概念框架项目工作时，国际会计准则理事会决定不再从根本上重新考虑这些章节。然而，征求意见稿的许多意见反馈者提出国际会计准则理事会应该重新考虑这些章节的若干方面。2015年5月18日，国际会计准则理事会发布了《财务报告概念框架(征求意见稿)》，面向全球公开征求意见。

我国《企业会计准则——基本准则》规定，企业应当编制财务会计报告(又称财务报告)。财务会计报告的目标是向财务会计报告使用者提供与企业财务状况、经营成果和现金流量等有关的会计信息，反映企业管理层受托责任履行情况，有助于财务会计报告使用者做出经济决策。财务会计报告使用者包括投资者、债权人、政府以及有关部门和社会公众等。

三、财务报告信息的作用

不管是对企业内部的经营管理者还是对企业外部的所有者、债权人等信息使用者来说，财务报告信息都发挥着不可替代的作用，主要表现在以下几个方面。

(1) 财务报告信息更直接地与投资者的经济利益相关。财务报告信息的主要内容是关于企业盈利情况和财务状况的信息，诸如净利润、每股收益、负债水平和经营现金流等，这些信息直接反映了投资者可以从企业分享的利益情况，以及所需承担的风险状况。而上述其他信息来源向投资者提供的信息，要么偏于宏观，从而与投资者的经济利益具有比较间接而非直接的联系；要么虽然也是关于企业微观层面的信息，但未必是具体的财务性信息，从而对投资者所关注的企业盈利情况和财务状况具有间接的影响，而并非直接关于企业盈利情况和财务状况的系统描述。

(2) 财务报告信息是一种更为可靠的信息来源。企业管理当局编制的财务报告，必须经独立注册会计师的审计鉴证之后方能对外呈报，这就从制度上保证了财务报告信息产生过程的中立性，而中立性是确保财务报告信息具有可靠性的一个重要条件。投资者从其他途径获得的与企业财务状况相关的信息，很少具有这样严格的审计程序，从而使得经过审计的财务报告信息在可靠性方面具有相对优势。当然，在实践中，无论是西方发达国家，还是如中国等处于转型经济时期的新兴市场国家，或多或少都存在一些财务造假现象，一定程度上的盈余管理更非偶然。但是，历史事实告诉我们，随着上市公司内外部治理的逐步完善，严重的财务造假现象在众多上市公司中已只是个别现象，而一定程度的盈余管理虽然对财务报告信息的质量具有一定的负面影响，但这种影响通常不足以严重影响投资者对企业价值和风险的判断。因此，财务报告信息尽管有缺陷，但相对于其他信息来源而言，总体上还是更为可靠的。

(3) 财务报告信息是一种成本较低的信息来源。就上市公司而言，公开披露财务报告信息是一项法定义务。财务报告事实上是一种公共产品，不仅企业现有投资者可以获得，潜在的投资者也可以获得。因此，企业编制和披露财务报告的成本，尽管总额不小，但分摊到每一个财务报告信息使用者身上的数额就非常有限了。

(4) 财务报告信息是一种相对更为及时的信息来源。就大多数财务报告项目而言，及时性似乎是一个问题，而不是其优势。但是，财务报告中可能提供的前瞻性和预测性信息，以及资产负债表日后事项对公司财务状况产生的影响的信息，有助于增强财务报告信息的及时性。事实上，企业年度财务报告通常在会计年度结束之后两三个月的时间内披露。按照我国信息披露制度的要求，最迟必须在4月末之前披露。因此，即便是那些反映历史交易的财务报告信息，总体而言也基本是及时的。之所以说财务报告信息是相对比较及时的信息来源，还有一个非常重要的理由，那就是会计准则和注册会计师审计都要求企业及时确认已发生的经济业务，尤其是，稳健性原则的贯彻使得"坏消息"得到了更为及时的反映，公允价值计量规则的采用则使得交易性金融资产等项目的账面价值更及时地反映了其市场价值的变化。

■ 相关链接1-1

财务报告分析在评价企业经营管理中的作用

在企业经营管理工作中，财务管理是核心内容，企业经营水平与企业财务管理存在密切的联系。为充分发挥企业财务管理的作用，企业需采取有效措施加强财务管理决策的科学性。为实现上述目标，就需改善信息质量。财务报告分析能够为企业提供更加可靠的信息，当前企业也尤其重视经营管理现状评估工作，并深度了解财务报告分析的内容和目的。

1. 财务专题报告分析作用

企业管理人员应认真分析企业在经营管理中的重大失误或管理工作方面存在的不足，明确出现事故和不足的主要原因，并提出切实可行的改进方案和措施，这样财务专题分析报告可在短时间内收到良好的成效，具有针对性强的典型特征。

1) 资产负债表分析

企业资产负债表充分展现了企业指定时间内的财务管理概况、企业资产规模等，同时也可合理分析企业资产分布是否合理，以此评价企业的偿债能力。企业的偿债能力对企业经营中抵御风险的能力具有决定性的作用，而且据此也可判断企业现有的资金是否满足企业发展要求，为企业未来的经营进步创造有利条件。

2) 利润表分析

利润表能够清晰地展现企业在一定时间内的经营成果，充分展现了企业的盈利能力和企业的利润水平。在与资产负债表协同分析的过程中，可客观地展现企业的偿债能力，反映企业实际经营情况，并且也可展现企业在行业发展中所处的位置，合理评估企业持续前行的能力，明确企业未来的发展方向和整体趋势，为企业管理人员提供更为全面和可靠的管理依据。

3) 现金流量表

企业经营发展中，现金流通十分普遍，企业现金链的稳定性和安全性也全面体现出企业现阶段的经营概况，在现金流量表分析的过程中，能够全方位地了解和把握企业获取现金和现金等价物的能力，从而对企业未来的现金流量进行科学预测，且该项工作对于企业的经营管理也具有不可忽视的作用。企业现金流量表与偿债表和利润表的综合分析，能够更加全面地探究企业的运营态势，也可科学地评价企业经营活动的整体水平。

2. 财务综合分析报告的作用

综合分析报告以企业全年或历年各类报表及业务组织活动为基础，对企业的盈利概况和经营情况予以理性分析，描述企业现金资产流动概况、企业资金周转率和企业固定资产分布的过程。财务综合分析是企业财务分析中最为详细而周到的财务分析报告，能够引导企业确定未来的发展规划，同时也可促进企业财务管理工作的顺利开展，推动企业财务管理的科学决策。

资料来源：王玥. 解析财务报告分析在评价企业经营管理现状中的重要作用[J]. 商场现代化，2020 (22)：162-164.

第二节　财务报告分析及其主体与目标

一、财务报告分析的内涵和目的

(一) 财务报告分析的内涵

财务报告分析的内涵要从财务会计与财务报告分析的区别以及为什么需要财务报告分析来看。财务会计研究的焦点在于如何提供信息，即研究如何向企业的利益相关者提供决策相关信息的有关理论与技术问题。从理论的角度来看，财务会计首先界定企业的利益相关群体，其次研究这些群体需要做出哪些经济决策，这些决策需要哪些信息，最后研究如何确认、计量和报告交易与事项对决策的影响。财务会计主要研究如何将交易与事项对企业财务状况、经营成果与资金变动情况的影响翻译成会计语言(即所谓的通用商业语言)，并以财务报告的形式将这种影响同会计信息的用户(即利益相关者)进行沟通，即财务会计是对企业目标实现程度、企业履行其义务的情况所做的陈述与披露。

财务报告分析则从企业所做的陈述与披露的解读与分析中，评价企业目标的实现程度与其义务的履行情况，即财务报告分析主要研究企业利益相关者如何解读这些信息，信息的解读过程是信息生成过程的逆过程。不同的利益相关者与企业利益相关的性质不一样，其信息需求、对会计信息关注的重点(即分析目标)、使用的分析方法等也就不尽相同。财务报告分析这门课程不仅要讨论财务报告分析的一般目标与一般方法，还要分别研究不同利益相关者的不同分析目标与分析方法。

综上所述，财务报告分析是以财务报告信息为依据，采用一系列专门的分析技术和方法，对企业的财务状况、经营成果、现金流量等情况进行分析与评价，了解企业等经济组织偿债能力、盈利能力、营运能力和发展能力等状况，为企业的投资者、债权人、经营者及其他利益相关者做出正确决策提供准确信息的应用学科。

(二) 财务报告分析的目的

财务报告分析的目的，因报表使用者需要了解信息的不同而不同。概括来说，财务报告分析的目的如下。

(1) 解读财务报表。从财务报表信息使用者的角度，了解财务报表的基本结构和内容，分析财务报表中所体现的企业管理思想、管理政策、战略动因及其实施效果。

(2) 分析评价企业的财务状况和经营业绩。对企业财务状况的评价包括偿债能力、营运能力、盈利能力、成长能力等方面的评价。企业的经营业绩体现为一定期间的利润、现金净流量以及资产增值额。良好的经营业绩反映了企业的资产管理水平高、偿债能力和股利支付能力强。可以通过企业实际数与预算数或历史资料的对比，对企业经营业绩进行评价。

(3) 分析企业财务状况和经营成果产生的原因和隐含的风险。企业的财务状况和经营成果受到多种因素的影响。这种影响可能是由于收入方面的原因，也可能是由于成本费用管控方面的原因，还有可能是由于资产结构和资本结构不合理或者是由于会计方法改变等原因形成的。只有对影响因素进行客观分析，才能总结企业管理方面的好经验，发现经营管理中存在的问题，并在新的会计年度采取相应的管理对策。通过财务报告分析，也可以发现企业面临的经营风险、财务风险与税收风险，以便加强风险管控。

(4) 预测企业未来的发展趋势，并为预算管理服务。企业要在历史资料的基础上进行财务预测，并在财务预测的基础上进行财务决策和编制全面预算。财务报告分析结果是企业进行财务预测、编制全面预算的重要依据。如果没有对财务资料的分析利用，企业的预测就会缺乏客观依据，就不能通过有效的管理手段和方法实现预期的管理目标。

(5) 通过财务报告分析进行企业盈利预测和价值评估。财务报告分析的目的不仅在于客观地评价过去，更要面向未来。利用财务数据及其变化规律，也可以进行企业盈利预测和企业估值等工作，为投资决策提供客观依据，从而延伸财务报表的应用领域和活动空间。

二、财务报告分析的主体

财务报告分析的主体主要是财务报告信息的使用者。对于需要做出企业经营决策和财务决策的"内部人"(经理人)，以及需要基于企业盈利情况和财务状况做出相关决策的"外部人"(股东和债权人等)这些信息使用者来说，进行财务报告分析是其获取信息的主要途径。一般而言，与企业有着经济利益的方方面面都会成为企业财务报告信息的使用者，并且信息使用者不同，进行财务报告分析的目的也不尽相同。这些信息使用者包括企业经理人、企业所有者、企业债权人、客户与供应商、政府部门等。

(一) 企业经理人

根据现代企业委托代理理论，在日常经营管理过程中，经理人受托代理企业的经营管理业务，对股东投入的资本负有保值增值的责任。无论是进行融资和投资等财务决策分析，还是为了采购、生产和销售等方面的经营决策分析，经理人都离不开财务报告信息。如企业在进行是否采用债务融资时，需要考虑企业现有的负债水平和偿债压力，以判断新债务融资的风险和安全性。又如在进行采购和生产决策时，经理人需了解市场的需求和现在的库存量，做到材料的采购和生产的产品既能满足日常生产的需要，避免停工待料带来的损失，又要保证不能存货太多导致积压，占用企业的流动资金等。此外，经理人对企业的盈利能力、发展能力、社会贡献能力等全部的信息都要详细掌握，以便及时发现问题、采取对策，调整市场定位和策略，进一步挖掘企业发展潜力，使企业经济资源得到有效利用，这些都需要经理人充分利用企业财务报告信息。

(二) 企业所有者

众所周知，股东或业主是企业的所有者，对企业净资产拥有所有权。根据企业委托代理理论，所有者是委托人，委托企业经理人代为管理企业的日常事务。作为委托人和企业的所有者，一方面，其有权要求企业提供有关财务信息，了解企业财务状况、经营成果及现金流量，对其投资风险和投资回报做出估计和判断，为投资决策提供依据；另一方面，委托人需要选择优秀的经营管理者从事企业的经营活动，只有通过财务信息对企业经营者受托责任的履行情况进行分析评价，才能为选择经营管理者提供依据。因此，企业所有者是最重要的主体，他们对企业的投资回报及投资风险最为关注。对于一般投资者来讲，他们更关心企业提高股息、红利的发放水平。而对于拥有企业控制权的投资者来讲，他们考虑更多的则是如何增强竞争实力，扩大市场占有率，降低财务风险和减少纳税支出，追求长期利益的持续、稳定增长。另外，对于上市公司的股东而言，他们还关心公司股票的市场价值，关心其在二级市场上的投资收益和风险。因此，企业的所有者需要更多的财务报告信息，以帮助其做出有关经理人的聘任及投资决策。

(三) 企业债权人

企业债权人包括向企业提供信贷资金的银行、公司及债券持有者等。债权人因为不能与企业剩余收益分配，决定了债权人必须对其贷款的安全性首先予以关注，所以，债权人在进行企业财务分析时，最关心的是自己的贷款风险，必须判断企业是否有足够的支付能力，以保证其债务本息能够及时、足额地得以偿还。而企业的财务报告恰恰能够帮助债权人判断企业的偿债能力，因此，债权人需要对企业的信用和风险情况及其偿债能力进行分析。短期债权人和长期债权人关注的重点又有所不同。短期借款需动用企业当期的资产偿付，所以短期债权人关心企业的财务流动性超过关心企业收益性，更重视对企业短期财务状况和短期偿债能力的分析；长期贷款则由企业在数个会计年度内偿付，因而，长期债权人重视企业未来较长时间内偿债能力的分析，需根据企业现在的经营情况和财务状况预测其未来的经营前景、收益能力和偿付能力。

(四) 客户与供应商

客户与供应商是一种相互的关系，也就是通常所称的上下游关系。传统上，在客户选择供应商或供应商选择客户的过程中，人们比较多关注的是上游或下游企业对于本企业而言在业务方面的依赖性。业务方面的可依赖性是十分重要的，否则，双方就不能成为商业上的合作伙伴。事实上，上下游企业能否成为本企业长期过程中可依赖的合作伙伴，很重要的一个条件便是该企业财务上的持续性和稳健性。如果一个企业的盈利是不能长期持续的，或者一个企业的财务状况是很不稳健的，那么，一旦失去财务能力，业务的进一步发展就失去了财务基础，这样的上下游企业从长期来看就未必是一个很好的合作伙伴。因此，客户与供应商相互之间都应该关注对方的盈利情况和财务状况，以及它们的变化趋势，这就需要获取对方的财务报告信息。

(五) 政府部门

财务报告信息是政府监管部门维护证券市场稳定、执行监管工作的依据。政府部门之所以需要企业的财务报告信息，通常出于以下几种原因：第一，征税的需要。政府从企业征收的税收主要包括增值税、消费税及所得税等。税收征管过程中税基的确定，都需要以财务报告信息为计算基础。第二，签订和执行合同的需要。例如，政府以货币资金或其掌握的其他资源投入企业时，需要签订合同，以确定政府从企业获取利益的途径和方式。为此，政府部门需要获取并利用企业的财务报告信息，做出分析和判断。第三，政府政策制定及政府干预的需要。政府在制定有关经济政策，尤其是财税和金融政策时，需要考虑企业当前的财务状况和由此决定的承受能力。因此，政府部门也需要企业的财务报告信息。

(六) 其他

企业的员工与企业存在着雇佣与被雇佣的关系，他们关心工作岗位的稳定性，以及取得报酬的持续性和稳定性。例如，注册会计师通过财务报告信息确定审计重点，保证审计工作的顺利进行；咨询机构通过财务报告分析为各类财务报告的使用人提供专业咨询服务等。

相关链接1-2

不同群体对会计信息的需求特征分析

在我国，会计信息的主要使用者是政府、债权人、投资者，还包括企业员工、分析顾问、社会大众等。即使是对同一个事件，这些对财务信息有着不一样的兴趣和目的的不同的信息使用者必然有不一样的信息的需求。

就政府而言，其各个部门对会计信息的需求特征表现为会计信息的可靠性、及时性。政府的各个部门对于会计信息的使用，主要集中在税收方面的需要，其次还有监管和引导市场行为方面的需要。由于现在的政府部门能够对一家企业甚至是一个行业产生巨大的影响，不管政府的角色是作为控制者、购买者或者是债权人，比起其他的信息使用者，都更加要求详尽的财务信息。

就债权人来说，对会计信息披露的及时性是有很高的要求的。针对我国的实际情况来考虑，我国企业融资近期内还将是以银行为主导的间接融资为主的模式。我国银行业的风险管理水平对会计信息的可靠性提出了较高的要求。此外，随着新的技术和金融工具的不断出现，风险的产生与积聚变化加快，这就需要企业能够及时披露反映业务运作状况的会计信息，为银行经营管理提供及时、准确的决策依据，使各种风险得以及时发现和控制。

对于投资者来说，在不同的国家里，投资者的会计信息需求也并不完全相同。我国投资者有其自身的特征。第一，大多数上市公司仍然属于国有控股企业，"一股独大"，国家是企业最大的股东。大股东本应是公司财务报告的最主要使用者，但由于不少上市公司的大股东控制了上市公司，已不再是会计信息的需求者。第二，大多数社会公众股东是分散的个人或者小股东，他们占了社会公众股东的80%以上。根据调查显示，虽然绝大部分个人投资者通过自己阅读获得有关公司财务与经营情况的信息，但是仅有极小部分的投资者关注利润表、资产负债表和现金流量表，大多数人仅仅关注一些财务指标。投资决策目前很少依赖于科学的财务报表分析而做出。因此，财务报告信息的决策有用性在这些投资者身上也没有完全体现出来。第三，机构投资者还处于初创阶段，专业财务分析师队伍还有待培育和发展。在发达国家证券市场中，机构投资者居多，且往往在上市公司的股权结构中占优势。机构投资者经验丰富，注重长远目标，对财务报告内容和质量要求较高。专业的财务分析师队伍可以实时分析和研究上市公司披露的财务信息。而在我国，机构投资者不但数量比较少，水平也有待提高，要在证券市场中形成一支较为成熟的分析、研究、利用财务信息的专业队伍还有待时日。因此，从机构投资者和财务分析师对会计信息的需求角度来看，我国与西方发达国家相比也存在较大差距。通过上述分析可知，在我国现阶段，最主要的投资者国家是管理型投资人，对会计信息的需求是真实、可靠、完整；即使是社会公众股东需要的信息与西方发达国家也是有差别的，相比而言更注重会计信息的可靠性。因此，我国投资者在现阶段的会计信息需求应该是以可靠性为主，相关性为辅。

就会计信息的其他使用者来说，比如企业员工等人数较多、人员构成比较复杂的群体，他们的文化水平、认知能力、理解能力、接受能力等都是不同的，会计信息的相关性、可理解性是比较重要的。如果能够针对不同的使用者提供不同的报表，那么财务报表就能够尽量精准且减少争议了。

资料来源：吴拥军. 不同群体对会计信息的需求特征分析 [N]. 中国会计报，2018-03-16.

三、财务报告分析的目标

财务报告信息为决策提供依据，由于进行财务报告分析并做出决策的主体各不相同，其财务报告分析的目标也各不相同。

(一) 企业经理人财务报告分析的目标

企业经理人负责企业的日常经营业务，需要确保股东的收益，及时偿还到期债务，并使企业的各种资源得到有效利用，因此，他们进行财务报告分析的目标是综合的。从对企业所有者负责的角度看，财务报告分析的目标是提高企业盈利能力以扩大股东财富。不仅如此，经理人还要关注企业盈利的过程，关注资产营运的效率和结果；关注债权人的债务能否得到及时偿还；关注企业的经营风险和财务风险，做出正确的投资和筹资决策；发现经营管理中存在的问题并有效解决这些问题，保证企业经济效益的持续提高。

(二) 企业所有者财务报告分析的目标

企业所有者进行财务报告分析的最根本目标是了解企业的盈利能力状况，因为盈利能力是投资者资本保值和增值的关键。但是投资者仅关心盈利能力还是不够的，为了确保资本保值增值，他们还应研究企业的权益结构、支付能力及营运状况。只有投资者认为企业有着良好的发展前景，企业所有者才会保持或增加投资，潜在投资者才能把资金投向该企业；否则，企业所有者将会尽可能地抛售股权，潜在投资者将会转向其他企业投资。另外，对企业所有者而言，财务报告分析也能评价企业经营者的经营业绩，发现经营过程中存在的问题，从而通过行使股东权利，为企业未来发展指明方向。

(三) 企业债权人财务报告分析的目标

企业债权人包括企业借款的银行和一些金融机构，以及购买企业债券的单位与个人等。债权人进行财务报告分析的目标与经营者和投资者都不同。银行等债权人一方面从各自经营或收益目的出发愿意将资金贷给某企业，另一方面又要非常小心地观察和分析该企业有无违约或清算、破产的可能性。一般来说，银行、金融机构及其他债权人不仅要求本金能及时收回，而且要得到相应的报酬或收益，而这个收益的大小又与其承担的风险程度相适应，通常偿还期越长，风险越大。因此，从债权人角度进行财务报告分析的主要目标：一是看其对企业的借款或其他债权是否能及时、足额收回，即研究企业偿债能力的大小；二是看债务人的收益状况与风险程度是否相适应。为此，债权人在对财务报告分析时还应将偿债能力分析与盈利能力分析相结合。

(四) 客户与供应商财务报告分析的目标

供应商是企业原材料等资源的提供者，在现代企业契约关系中，供应商是企业的经济利益相关者。在赊购业务过程中，企业与供应商形成了商业信用关系，因此，供应商和贷款人类似，他们必须判断授信企业的信用状况、风险情况及偿债能力。

企业商品的消费者是客户，他们也是企业的利益相关者。企业在为客户提供商品和劳务时，同时承担着商品质量担保的义务。客户关心的是企业连续提供商品和劳务的能力，希望通过财务信息了解企业的销售能力和发展能力。

(五) 政府部门财务报告分析的目标

政府与企业的关系表现为多种形式。一方面，政府可以通过持有股权对企业行使全部或部分的业主权益，此时政府除关注投资所产生的社会效益外，还必然对投资的经济效益予以考虑。在谋求资本保全的前提下，政府期望能够同时带来稳定增长的财政收入；另一方面，政府对几乎所有企业实行程度不同的管制，此时政府是以社会管理者的身份利用企业财务报表，吸取对其宏观经济管理、制定宏观经济政策有用的信息。因此，政府考虑企业经营理财状况，不仅需要了解企业所占用的资金的使用效率，预测财务收入增长情况，有效地组织和调整社会资源的配置，而且还要借助财务报告分析，检查企业是否存在违法违纪、浪费国家财产的问题，最后通过综合分析对企业的发展后劲以及对社会的贡献程度进行考察。

综上所述，不同的利益相关者进行财务报告分析的目的和层次是不一样的。财务信息使用者所要求的信息大部分是面向未来，为未来决策服务的；不同的信息使用者各有其目的，因此，即使对待同一对象，他们所要求得到的信息也是不同的；不同的信息使用者所需的信息的深度和广度不同；企业财务报告中并不能包括使用者需要的所有信息，财务报告信息主要提供的是企业财务方面的信息，做出正确决策不仅需要财务信息，还需要其他相关非财务信息。

第三节　财务报告分析的内容与形式

一、财务报告分析的内容

在了解财务报告的内容，明确财务报告的信息作用，确定财务报告分析的主体和目标的基础上，结合我国现代企业管理理论和财务报告分析的实际，确定财务报告分析的内容如下。

首先，企业战略背景分析。对企业进行战略背景分析是会计分析和财务效率分析的导向。在明确财务报告分析目的，搜集和整理财务报告分析信息的基础上，分析企业的经营背景，了解企业所处的行业特征和生产经营特点，明确企业在行业中所处的地位及采取的竞争策略，深入了解企业的经济状况和经济环境，从而能进行客观、正确的会计分析与财务效率分析。

其次，财务报表解读。解读财务报表主要从会计角度出发，利用水平分析、垂直分析和趋势分析的方法，对报表项目的变动情况以及变动原因做出分析和评价。其中，资产负债表分析是在编制资产负债表水平分析表和垂直分析表的基础上对资产负债表的水平变动情况和结构变动情况做出分析，并对各项目变动的原因进行说明。同时，对资产结构、负债结构、所有者权益结构的变动情况进行分析，最后对资产负债表的整体结构进行评价，进而对企业整体的财务状况做出综合评价；利润表分析是在编制利润表水平分析表和垂直分析表的基础上对利润表的水平变动情况和结构变动情况做出分析，并对利润表项目变动的原因进行分析说明，在上述分析的基础上对企业整体的经营成果做出综合评价；现金流量表分析主要对现金流量表各个项目的增减变动情况和结构变动情况进行分析和评价，并将现金流量表信息与利润表和资产负债表信息结合分析，揭示财务状况及效果的质量水平与特点；所有者权益变动表分析主要对企业所有者权益变动表及其主要项目的变动情况进行合理性和信息质量的说明，判断对所有者权益有直接和间接影响的主要因素，深化理解所有者权益主要项目变动的内容。

再次，财务能力分析。财务能力分析从指标分析及因素分析的角度对企业的财务运行效果进行分析。通常企业财务运行效果从营运能力、盈利能力、偿债能力和发展能力四个方面得以体现。其中，营运能力分析是对总资产营运能力、流动资产营运能力和固定资产营运能力进行分析，反映企业资产的流动状况和运营效果；盈利能力分析主要通过对资本经营盈利能力、资产经营盈利能力、商品经营盈利能力进行比率分析与因素分析，并对上市公司盈利能力进行指标分析，评价企业盈利状况；偿债能力分析主要包括短期偿债能力分析和长期偿债能力分析两部分，短期偿债能力分析在明确影响短期偿债能力因素的基础上，通过对流动比率、速动比率等指标的计算与分析，评价企业的短期偿债能力状况；长期偿债能力分析则主要通过对资产负债率等指标的计算与分析，评价企业的长期偿债能力及其财务风险程度；发展能力分析则是在企业发展能力分析目的的基础上首先进行单项发展能力指标分析，分析指标包括股东权益增长率、资产增长率、收入增长率、利润增长率，然后对企业整体发展能力进行分析和评价。

最后，综合分析与财务预警。综合分析主要通过对杜邦财务综合分析体系及其应用，对企业进行综合分析，并应用综合指数法对企业的经济效益或经营业绩进行综合评价；财务预警是在财务危机预警的基本理论基础上，采用定性与定量相结合的财务预警分析方法，对企业经营活动中的潜在风险进行跟踪与监测，及早发出预警信号，为企业的经营者及其他利益相关者进行风险提示。

二、财务报告分析的形式

不同的利益相关者进行财务报告分析的目的不一样，财务报告分析的形式也不一样。通常，对财务报告分析的形式可以进行如下划分。

(一) 内部分析和外部分析

按财务报告分析的主体不同，可以分为内部分析和外部分析。

内部分析主要指企业内部经营者对企业财务状况的分析，目的在于判断和评价企业生产经营是否正常、顺利。通过流动分析，可检验企业的资金运营速度、货款支付能力或债务偿还能力；通过收益性分析，可评价企业盈利能力和资本保值、增值能力；通过分析企业经营目标完成情况，可考核与评价企业经营业绩，及时、准确发现企业的问题与不足，为企业未来生产经营顺利进行、提高效益指明方向。

外部分析主要指企业外部的投资者、债权人及政府部门等根据各自需要分析企业有关情况。投资者对企业的财务报告分析，主要关心企业的盈利能力和发展后劲，以及资本的保值和增值状况；债权人对企业的财务报告分析，主要关注企业的偿债能力和信用情况，判断其本金和利息能否及时、足额收回；政府部门对企业的财务报告分析，主要关注企业经营行为的规范性、合法性以及对社会的贡献情况。在现代企业制度条件下，外部财务报告分析是财务报告分析的重要或基本形式。值得注意的是，内部分析和外部分析不能完全孤立或隔离，要保证财务报告分析的准确性，内部分析有时也应站在外部分析的角度进行，而外部分析也应考虑或参考内部分析的结论，以避免片面性。

(二) 全面分析和专题分析

按财务报告分析的内容划分，可以分为全面分析和专题分析。

全面分析主要指对企业一定时期内的生产经营情况进行系统、综合、全面的分析和评价，其目的在于寻找企业生产经营中出现的普遍性问题，全面总结企业在这一时期的成绩和问题，为协调各部门关系、做好下期生产经营安排奠定基础和提供依据。全面分析通常在年终进行，形成综合、全面的财务分析报告，向职工代表大会或股东大会汇报。

专题分析是指根据不同分析主体或分析目的，深入分析企业生产经营过程中某一方面的问题。如经营者分析生产经营过程某一环节存在的突出问题，投资者或者债权人分析自己关心的某个方面的问题等，都属于专题分析。专题分析可以及时深入地揭示企业在某方面的财务状况，为分析者提供详细的资料信息，对于解决企业关键性问题有重要作用。例如，当企业某时期资金紧张时，通过财务专题分析，可以从筹资结构、资产结构、现金流量设计以及支付能力等方面，研究资金紧张的原因，找到解决对策。为了全面深入地揭示企业问题，正确评价企业各方面的状况，财务分析中应将全面分析和专题分析相结合。

(三) 静态分析和动态分析

按照分析的时点和方法的不同，可以分为静态分析和动态分析。

静态分析是根据某一时点或某一时期的财务报表信息，分析报表中各项目或报表之间各项目关系的财务报告分析形式。例如，可通过某一财务比率或某几个财务比率揭示财务关系；也可通过垂直分析或结构分析揭示总体中各项目的水平。

动态分析指根据几个时期的财务报表或相关信息，分析财务变动状况。例如，水平分析或趋势分析就属于动态分析。动态分析的目的在于通过对不同时期财务状况进行对比，揭示财务报表项目的变动及变化趋势。

> **相关链接1-3**
>
> ### 财务分析如何有效为企业经营决策提供参考
>
> 近年来，经济全球化速度加快，这既为我国企业提供了机会，也给其带来了新的挑战。财务分析可以帮助企业管理层了解企业的资产结构、资源配置、经营业绩，进行业绩评价和考核，明确企业的发展阶段和行业位置，进而督促其找出自身实际运营中存在的问题并不断修正，并最终为决策提供支持。
>
> **(一) 建立科学合理的财务分析框架和制度**
>
> 企业应按照现阶段企业的总体战略确定经营战略，确定财务分析框架，并依据框架建立与之相适应的基本制度、业务制度和相关管理指标，以提高工作指导性。从时间上、项目内容上提出制度要求，以利于财务分析工作的开展；针对财务分析报告数据准确性、及时性、真实性及完整性等制定标准，以提高财务报告的有效性，充分发挥财务分析在经营管理中的作用。
>
> **(二) 制定企业财务分析的指导性方法和流程**
>
> 企业在提出具体财务目标进行财务分析时，应按照指导性、业务性方法和流程确定分

析范围、对应标准及所需的分析方法，这样可以在收集数据和资料的同时，控制分析的有效性和完整性。提出的方法和流程既要具有指导性，又不能使方法和流程过于固化，尤其应增加会影响公司核心竞争力的非财务信息的评价指标，如商誉、人力资源、企业综合竞争力、经营风险、知识产权、创新能力等。企业在对具体财务目标进行财务分析时，应确定所采用的分析方法、分析模式，保证纵向横向可比。第一，对企业财务数据和信息进行纵向分析和各项指标对比，通过趋势分析企业主营业务收入增长、资产结构、利润等的变化，认识企业发展所处阶段，剖析业务实质，找到影响利润和企业风险的关键指标，并提出解决方案。第二，对企业同行业进行横向分析和各项指标对比，通过对比企业销售收入分析企业市场占有率，对比资产分析企业实力，对比产品利润分析企业盈利能力，认识企业所处行业位置，参照对标企业找出企业同比指标存在的问题，针对性寻找原因并改进，提高企业管理水平。

(三) 培养财务分析人员，推进信息化建设

财务分析中关键信息的提炼依赖于财务人员的预测和分析能力，取决于财务分析人员的业务水平、协同能力和职业道德。财务人员财务分析能力的提升可以从以下三个方面开展：第一，鼓励财务人员自我学习，参加职业技能培训，拓宽知识面，提高业务能力。第二，通过绩效和薪酬体系开展内部竞争，对企业管理的方案进行有程序、有目的的财务分析，对以往管理决策方案进行再分析和总结，从不同视角和方位得出分析结果，提升分析人员的综合分析能力。对于有效的方案积极落实，发挥财务分析的作用，提升财务分析人员的职业荣誉感。第三，提供外部培训机会，聘用外部人员。制订合理的培训计划和人才引进方案，提升企业的财务管理水平。财务分析是以企业财务信息和数据为基础的，市场变化速度加快，这对财务信息和数据的时效性提出了更高的要求。企业应当借助信息技术构建财务数据共享平台和模块化信息分析模型系统，以提高信息和数据收集质量及其一致性、及时性。

随着市场经济的发展，企业竞争越来越激烈，新三板、债券资本化、并购、财务战略等新概念已经日常化，这也对企业管理提出了新的要求，使企业经营决策变得复杂化、多样化。财务分析作为经营管理的重要内容，应当采用恰当的分析方法，以发挥重要作用，为企业经营决策提供科学的信息基础，使企业能有效规避风险，提高盈利能力。

资料来源：韦学兵.财务分析如何有效为企业经营决策提供参考的探讨[J].纳税，2021(15)：77-78.

第四节　财务报告分析的局限性与未来发展

一、财务报告分析的局限性

财务报告分析的主要依据是企业的财务报告。因此，财务报告自身的局限性导致财务报告分析具有一定的缺陷。财务报告分析的局限性主要有以下几点。

(1) 财务报告信息具有一定的滞后性。财务报告信息是以会计年度为单位，对企业过

去一个年度发生的经济业务及事项的信息反映。但根据我国信息披露制度的要求，财务报告信息通常在会计年度结束之后两三个月左右的时间内披露，最迟在次年的四月末之前披露。因此，财务报告信息具有一定的滞后性，从而影响财务报告分析对企业财务状况的判断。

(2) 财务报告分析需要依据规范和可靠的财务数据才能得出具有可比性的有效的分析结论。但每个公司的会计系统受会计环境和会计战略的影响，进而影响财务报告信息的真实性、可靠性。

(3) 财务报告是基于企业会计政策和会计估计编制的，运用不同会计政策和会计估计在一定程度上会影响企业财务信息的可比性。例如，根据企业会计准则，企业存货的发出可以采用加权平均法、先进先出法和个别计价法，不同的选择会导致企业得出不同的财务报告信息。

(4) 财务报告所反映的信息没有全面反映企业所拥有的资源。这是因为财务报告信息中反映的是能够用货币计量的经济资源，但有关人力资源、创新能力等影响企业发展的重要因素并没有全面披露，这会导致财务报告分析的结果具有一定的片面性。

(5) 财务报告分析中，比率分析是采用比较多的分析方法，然而，在比率计算中，一些数据时间口径不一致，会影响比率分析所反映内容的可比性及其准确度。

二、财务报告分析的未来发展

随着大数据时代的到来，人工智能得到全面发展，财务报告分析的内容和形式也将得到不断扩充与完善。

(1) 财务报告分析将越来越趋于智能化。信息化时代为人们提供了足够的动力，能够使财务分析人员从繁重的数据处理中解脱出来，构建智能化的财务报告分析体系，依靠人工智能技术对海量的数据进行收集、整理，按照一定的逻辑对比、计算、分析，根据使用者的不同用途，形成多维度、个性化、交互式的财务分析报告，这是智能化时代财务报告分析的必然趋势。

(2) 财务报告分析将越来越趋于精细化。大数据、智能化的应用，使财务报告分析趋于精细化，这是因为财务报告分析的信息来源更精细，数据更准确，业务更具体，在此基础上进行的财务报告分析包含的业务更加具体、流程环节更为细致，针对性更强。

(3) 财务报告分析的内容将越来越丰富。随着互联网、大数据、人工智能等信息化成果的广泛应用，各类信息的获取将更加快捷、准确、全面且成本更低，财务报告分析的依据不必再仅仅局限于静态的财务会计报表等信息，有关上下游供应链关系、人力资源、绿色环保信息等内容都将会得到补充和利用。

随着时代变迁，互联网、大数据、人工智能等信息化时代已经到来，财务报告分析作为一门学科，在其分析依据、分析方法和作用等方面也应顺应时代的发展，为信息使用者做出正确决策提供更加有用和可靠的信息。

相关链接1-4

大数据时代财务分析面临的机遇

随着信息技术的迅猛增长,大数据成为焦点话题,这意味着大数据时代已经来临,传统财务分析的弊病逐渐凸显。本文就大数据时代下财务分析所面临的状况及相应的对策做文献总结,同时归纳了相应的对策。通过文献回顾发现:大数据时代背景下,财务分析从事后向实时转变、财务指标更加丰富、财务数据的来源更加宽泛;而信息获取成本以及安全、新知识新技能所带来的企业变革是企业目前面临的主要挑战。

随着信息技术的不断发展,越来越多的数据得以沉淀。Gartner公司调查统计结果显示,信息量每年以59%的速度在持续增长。显然,随着信息技术的日益繁荣发展,大数据技术已经成熟,并给企业带来了不可忽视的影响。事实上,大数据影响着企业的各方各面,其中财务数据作为企业的关键资源,有着举足轻重的地位。企业能否在众多纷繁杂乱的数据中,利用数据挖掘等其他技术,提取出对其自身有利用价值的数据,这关系到企业财务分析的有效性。而财务分析作为财务管理的基础性环节,进而又影响到企业资金的筹集、投资、管理以及分配,最终影响到企业采购、生产、销售各个环节。由此可见,公司只有充分挖掘以及有效处理数据,对企业财务分析进行有效改进,才能在大数据时代占有一席之地。大数据是过于庞大且复杂的数据集,以至于传统数据处理应用软件无法充分处理。万国商业机器公司(IBM)综合之前的研究,给出了大数据的五个特征,即5V:数据量大、生成和处理数据的速度快、数据种类多种多样、数据价值密度低、数据质量高。大数据时代财务分析面临如下机遇。

(1) 财务报表由定期转向实时。秦荣生(2014)认为大数据时代促使财务报告的转变,由事后编制向实时编制发展。目前,法律法规的规定是企业必须出具年度财务报表,也有的企业会编制月度或者半年度财务报表,但是,这种方法提供的数据容易过时,参考价值不大而且编制周期较长,往往需要花费上月的时间。对此,他提出了具体的对策,即构建企业实时财务报告系统并阐明了具体的步骤。

(2) 利用大数据管理风险。于芳菲(2015)提出利用大数据进行风险管理。风险无处不在,传统企业通常使用一些指标来评价风险,如期望值、方差、协方差等。但这些指标过于简单。在大数据时代的海洋里,评价风险的指标变得丰富多样。如此一来,企业风险的度量也变得越来越准确、可靠。

(3) 丰富数据种类,提高财务分析质量。张红英和王翠森(2016)认为大数据时代是数据混搭的时代,主要存在以下三类数据混搭,即财务与非财务数据混搭、结构化与非结构化数据混搭、宏观与微观数据混搭。以往财务分析所用的数据仅仅是财务数据中的结构化数据,但在大数据时代,仅仅依靠这些数据来分析所得出的结果并不可靠。拓宽财务分析数据的来源,能提高财务分析的准确性与丰富性。

资料来源:王惠质.大数据时代对企业财务分析的影响[J].河北企业,2021(3):100-102.

本章小结

　　财务报告，是指企业对外提供的反映企业在某一特定日期的财务状况和某一会计期间的经营成果、现金流量等的文件，包括财务报表、财务报表附注和财务情况说明书。

　　财务报告分析是以财务报告信息为依据，采用一系列专门的分析技术和方法，对企业的财务状况、经营成果、现金流量等情况进行分析与评价，了解企业等经济组织偿债能力、盈利能力、营运能力和发展能力等状况，为企业的投资者、债权人、经营者及其他利益相关者做出正确决策提供准确信息的应用学科。

　　财务报告分析的主体主要是财务报告信息的使用者。对于需要做出企业经营决策和财务决策的"内部人"(经理人)，以及需要基于企业盈利情况和财务状况做出相关决策的"外部人"(股东和债权人等)这些信息使用者来说，进行财务报告分析是其获取信息的主要途径。一般而言，与企业有着经济利益的方方面面都会成为企业财务报告信息的使用者，并且信息使用者不同，进行财务报告分析的目的也不尽相同。这些信息使用者包括企业经理人、企业所有者、企业债权人、客户与供应商、政府部门等。

　　财务报告信息为决策提供依据，由于进行财务报告分析并做出决策的主体各不相同，其财务报告分析的目标也各不相同。企业经理人负责企业的日常经营业务，需要确保股东的收益，及时偿还到期债务，并使企业的各种资源得到有效利用，因此，他们进行财务报告分析的目标是综合的。企业所有者进行财务报告分析的最根本目标是了解企业的盈利能力状况。企业债权人进行财务报告分析的主要目标：一是看其对企业的借款或其他债权是否能及时、足额收回，即研究企业偿债能力的大小；二是看债务人的收益状况与风险程度是否相适应。为此，企业债权人在对财务报告分析时还应将偿债能力分析与盈利能力分析相结合。供应商是企业原材料等资源的提供者，在现代企业契约关系中，供应商是企业的经济利益相关者。在赊购业务过程中，企业与供应商形成了商业信用关系，因此，供应商和贷款人类似，他们必须判断授信企业的信用状况、风险情况及偿债能力。政府与企业的关系表现为多种形式。一方面，政府可以通过持有股权对企业行使全部或部分的业主权益，此时政府除关注投资所产生的社会效益外，还必然对投资的经济效益予以考虑。在谋求资本保全的前提下，期望能够同时带来稳定增长的财政收入；另一方面，政府对几乎所有企业实行程度不同的管制，此时政府是以社会管理者的身份利用企业财务报表，吸取对其宏观经济管理、制定宏观经济政策有用的信息。

　　财务报告分析的形式根据其主体、内容等依据划分，主要有：外部分析与内部分析；静态分析与动态分析；全面分析与专题分析等。

思考讨论

1. 什么是财务报告分析？为什么要进行财务报告分析？
2. 财务报告信息有什么作用？
3. 财务报告分析的主体有哪些？他们各自要达到什么目标？

4. 财务报告分析的形式有哪些？

5. 财务报告分析未来的发展趋势是什么？

案例分析

"家电三巨头"谁是第一

当前正值国家面临供给侧改革新形势，不断提倡家电企业向智能化方向发展。但是，随着政府对房地产市场的管控越来越严，以及前些年倡导家电节能补贴、以旧换新等政策，对家电产品造成较大的消费透支。据行业报告显示，2019年我国家电市场的零售额相比2018年整体下降了3.82%。另外，由于家电企业提供产品服务大致相同，导致竞争形势愈发激烈。

珠海格力电器股份有限公司(以下简称"格力")在公司成立初期业务领域主要以空调为主，随着规模逐步壮大，业务领域已涉及多个方面，比如空调、生活电器、高端设备、通信设备等。2019年实现营业收入2005.08亿元，相比2018年增长0.24%；实现税后净利润246.72亿元，相比2018年下降5.84%，在白色家电三大巨头中，格力虽然营收位于第三位，但净利润依然稳居第一。广东美的电器股份有限公司(以下简称"美的")是集家电、房产、物流为一体的多元化企业集团，在2019年实现营业收入2782.16亿元，相比2018年增长7.14%；实现税后净利润242.11亿元，相比2018年增长19.68%，在白色家电三大巨头中，美的营收排在首位。海尔智家股份有限公司(以下简称"海尔")作为海尔集团旗下子公司之一，海尔智家主要负责承接全球家电业务。2019年实现营业收入2007.62亿元，相比2018年增长9.05%；实现税后净利润82.06亿元，相比2018年增长9.66%，在白色家电三大巨头中，海尔营收以比格力高2亿元排在第二位。

作为家电三大巨头，美的、格力、海尔凭借着自身的优势，在家电市场站稳了脚跟，虽然同为家电巨头，但这三家企业还是有明显差距。2020年业绩显示，美的市值已经不断增长了800亿，而格力却"挥发"了600亿，照此态势来看，格力已经至少落后于美的1500亿的市值。三大家电企业市值虽相差较大，却走出了各自不同风格的道路。美的企业在家电领域不断拓展，除了有原先的空调业务之外，在小家电和冰箱等多领域均有良好的发展，美的40%收入是空调业务，40%的业务在小家电方面。而格力主营空调业务，在空调业务方面，格力和美的不断竞争，两者之间的竞争也不断地推动着家电行业的进步。海尔集团作为全面开花的企业，发展一直都较为均衡，各项领域的业务占比较为平衡。三家企业当中，海尔集团多元化的优势十分明显。对于现在的家电市场来说，多元化的企业可能前景会更加开阔。

问题探讨：

从财务报告分析的角度看，该如何对企业做出全面分析与评价？

第二章 财务报告分析的程序与方法

学习目标

○ **知识目标**

了解财务报告分析的基本程序、财务报告分析信息的种类；理解并掌握财务报告的内涵；熟悉各种会计报表的格式、内容和作用以及会计报表附注；掌握各种财务报告分析的方法与技术。

○ **能力目标**

能够根据财务报告分析的目标收集所需要的财务报告分析信息；能够将会计报表数字和报表附注信息相结合，从中提取恰当的财务报告分析信息；能够灵活运用各种分析方法与技术。

第一节 财务报告分析的基本程序

财务报告分析的程序，亦称财务报告分析的一般方法，是指进行财务报告分析时所应遵循的一般规程。财务报告分析程序是进行财务报告分析的基础与关键，它为具体展开财务报告分析工作、掌握财务报告分析技术指明了方向。纵观现有的多种财务报告分析程序，结合中外财务报告分析的步骤与特点，考虑我国财务报告分析的需求与供给，将财务报告分析的基本程序归纳为信息搜集和整理阶段、战略分析与会计分析阶段、财务报告分析实施阶段、综合评价阶段四个阶段。

一、信息搜集和整理阶段

财务报告分析信息搜集和整理阶段主要有以下三个步骤。

1. 明确财务报告分析的目的

进行财务报告分析，首先必须明确为什么要进行财务报告分析，是要评价企业经营业绩，进行投资决策，还是要制定未来经营策略。只有明确了财务报告分析的目的，才能正确地搜集整理信息，选择正确的分析方法，从而得出正确的结论。

2. 制订财务报告分析计划

在明确财务报告分析目的的基础上，应制订财务报告分析的计划，包括财务报告分析的人员组成及分工、时间进度安排，以及财务报告分析内容与拟采用的分析方法等。财务报告分析计划是分析顺利进行的保证。当然，这个计划并不一定形成文件，可能只是一个草案，也可能是口头的，但没有这个计划是不行的。

3. 搜集和整理财务报告分析信息

财务报告分析信息是财务报告分析的基础，信息搜集和整理的及时性、完整性、准确性，对分析的正确性有着直接的影响。信息的搜集和整理应根据分析的目的和计划进行，但这并不意味着不需要经常性、一般性的信息搜集与整理。其实，只有平时日积月累，才能根据不同的分析目的及时提供所需信息。

二、战略分析与会计分析阶段

战略分析与会计分析是财务效率分析的基础，该阶段主要包括以下两个步骤。

1. 企业战略分析

在明确财务报告分析目的，搜集和整理财务报告分析信息的基础上，企业战略分析成为财务报告分析的新起点。战略分析需用的方法是波特提出的五力分析模型以及日本战略研究专家大前研一(Kenichi Ohmae)提出的3C(Corporation、Customer、Competition)模型。所谓企业战略分析，其实质在于通过对企业所在行业或企业拟进入行业的分析，明确企业自身地位及应采取的竞争战略。企业战略分析通常包括行业分析和企业竞争策略分析。行业分析的目的在于分析行业的盈利水平与盈利潜力，因为不同行业的盈利能力和潜力大小是不同的。影响行业盈利能力的因素有许多，归纳起来主要可分为两类：一是行业的竞争程度；二是市场谈判或议价能力。企业战略分析的关键在于企业如何根据行业分析的结果，正确选择企业的竞争策略，使企业保持持久竞争优势和高盈利能力。企业进行竞争的策略有许多，最重要的有两种，即低成本竞争策略和产品差异竞争策略。

企业战略分析是会计分析和财务效率分析的导向。通过企业战略分析，分析人员能深入了解企业的经济状况和经济环境，从而能进行客观、正确的会计分析与财务效率分析。

2. 财务报表会计分析

会计分析的目的在于评价企业会计所反映的财务状况与经营成果的真实程度。会计分析的作用，一方面通过对会计政策、会计方法、会计披露的评价，揭示会计信息的质量；另一方面通过对会计政策、会计估计变更的调整，修正会计数据，为财务效率分析奠定基础，并保证财务分析结论的可靠性。进行会计分析，一般可按以下步骤进行：第一，阅读会计报告；第二，比较会计报表；第三，解释会计报表；第四，修正会计报表信息。

三、财务报告分析实施阶段

财务报告分析实施阶段是在战略分析与会计分析的基础上进行的，它是为实现财务报告分析目的、进行财务指标计算与分析的阶段，该阶段主要包括以下两个步骤。

1. 财务指标分析

财务指标分析，特别是财务比率指标分析，是财务报告分析的一种重要方法或形式。财务指标能准确反映某方面的财务状况。进行财务报告分析，应根据分析的目的和要求选择正确的分析指标。债权人要进行企业偿债能力分析，必须选择反映偿债能力的指标或反映流动性情况的指标，如流动比率指标、速动比率指标、资产负债率指标等；而一个潜在投资者要进行企业投资的决策分析，则应选择反映企业盈利能力的指标，如总资产报酬率、资本收益率、股利发放率等。正确选择与计算财务指标是正确判断与评价企业财务状况的关键所在。

2. 基本因素分析

财务报告分析不仅要解释现象，而且应分析原因。因素分析法就是要在报表整体分析和财务指标分析的基础上，对一些主要指标的完成情况，从其影响因素角度进行深入定量分析，确定各因素对其影响的方向和程度，为企业正确进行财务评价提供基本的依据。

四、综合评价阶段

财务报告分析综合评价阶段是财务报告分析实施阶段的继续，它根据不同的财务报告分析目标，形成财务报告分析最终结论，该阶段具体又可分为两个步骤。

1. 财务综合分析与评价

财务综合分析与评价是在应用各种财务报告分析方法进行分析的基础上，将定量分析结果、定性分析判断及实际调查情况结合起来，以得出财务报告分析结论的过程。得出财务报告分析结论是财务报告分析的关键步骤，结论的正确与否是判断财务报告分析质量的唯一标准。一个正确的分析结论的得出，往往需要经过多次反复的工作。

2. 财务分析报告

财务分析报告是财务报告分析的最后一步。它将财务报告分析的基本问题、财务报告分析结论，以及针对问题提出的措施，建议以书面的形式表示出来，为财务报告分析主体及其他利益相关者提供决策依据。财务分析报告是对财务报告分析工作的总结，还可作为历史信息供后来的财务报告分析者参考，以保证财务报告分析的连续性。

第二节 财务报告分析的信息基础

一、财务报告分析信息的种类

财务报告分析信息是财务报告分析的基础和不可分割的组成部分。没有分析信息，财务报告分析如"无米之炊"。进行财务报告分析的信息是多种多样的，不同的分析目的、分析内容所使用的财务报告信息可能是不同的。因此，从不同角度来看，财务报告分析信息的种类是不同的。

(一) 企业内部信息与企业外部信息

财务报告分析信息按信息来源可分为内部信息和外部信息。

所谓内部信息，是指从企业内部可取得的财务信息，主要包括会计信息、统计信息、业务信息和计划与预算信息。会计信息又可分为财务会计信息和管理会计信息。财务会计信息主要指财务报告，包括资产负债表、利润表、所有者权益变动表及现金流量表等国家财务会计制度规定企业编制的各种报表以及有关附表等。管理会计信息主要包括责任会计核算信息、决策会计信息等。统计信息主要指各种统计报表和企业内部统计信息。业务信息则指与各部门经营业务及技术状况有关的核算与报表信息。总之，统计与业务信息包括除会计信息之外其他反映企业实际财务状况或经营状况的信息。计划与预算信息是企业管理的目标或标准，包括企业的生产计划、经营计划、财务计划、财务预算，以及各种消耗定额、储备定额、资金定额等。

外部信息则是指从企业外部取得的信息，主要包括国家经济政策与法规信息、综合部门发布的信息、政府监督部门发布的信息、中介机构的信息、报纸杂志的信息、企业间交换的信息、国外有关信息等。国家的宏观经济信息主要指与企业财务活动密切相关的信息，如物价上涨率或通货膨胀率、银行利息率、各种税率等；有关法规包括会计法、税法、会计准则、审计准则、会计制度等。综合部门发布的信息包括：国家统计局定期公布的统计报告和统计分析，国家经济贸易委员会的经济形势分析，国家发展和改革委员会的国民经济计划及有关部门的经济形势预测，各证券市场和资金市场的有关股价、债券利息等方面的信息等。政府监管部门发布的信息指企业的直接或者间接主管部门提供的信息。就来源而言，这些信息与"国家经济政策与法规信息"和"综合部门发布的信息"极为相似，都来自于政府部门或者准政府部门性质的机构。但是，政府监管部门发布的信息更能反映政府作为经济管理者所发挥的作用，披露的信息通常与具体的企业密切相关。中介机构的信息指会计师事务所、资产评估事务所等提供的企业审计报告和资产评估报告等。报纸杂志的信息指各种经济著作、报纸及杂志的科研成果、调查报告、经济分析中所提供的与企业财务分析有关的信息。企业间交换的信息指企业与同行业其他企业或有业务往来的企业间相互交换的报表及业务信息等。国外有关信息指从国外取得的各种经济信息，信息取得的渠道有出国考察访问、购买国外经济信息报纸杂志、国际会议交流等。

(二) 定期信息与不定期信息

　　财务报告分析信息根据取得的时间的确定性程度可分为定期信息和不定期信息。定期信息是指企业经常需要、可定期取得的信息；不定期信息则是根据临时需要搜集的信息。定期信息主要包括以下几种：①会计信息，尤其是财务会计信息，是以会计制度规定的时间，按月度和年度核算和编报的、可定期取得的信息；②统计信息，如企业的统计月报、季报和年报信息也是财务报告分析的定期信息之一；③综合经济部门的信息；④中介机构的信息。不定期信息主要有宏观经济政策信息、企业间不定期交换的信息、国外经济信息和主要报纸杂志信息等。

　　定期财务报告分析信息为企业定期分析提供了可能、奠定了基础。不定期的经济信息，有的是因为信息不能定期提供形成的，有的是因为企业不定期分析需要形成的。企业在财务报告分析中应注重定期信息的搜集与整理、同时也应及时搜集不定期信息。

(三) 实际信息与标准信息

　　财务报告分析信息根据实际发生与否可分为实际信息和标准信息。实际信息是指反映各项经济指标实际完成情况的信息。标准信息是指用于作为评价标准而搜集与整理的信息，如预算信息、行业信息等。财务报告分析通常是以实际信息为基础进行的，但标准信息对于评价企业财务状况也是不可缺少的。

(四) 财务信息和非财务信息

　　财务报告分析信息根据是否直接反映企业的经营成果、财务状况和现金流量可分为财务信息和非财务信息。通常而言，财务信息是指以数字方式反映企业的经营成果、财务状况和现金流量的信息；主要包括资产负债表信息、利润表信息、所有者权益变动表信息、现金流量表信息和报表附注信息。非财务信息是以非数字方式反映企业组织结构、内部治理、战略目标和未来发展计划等方面情况的信息；主要包括股权结构信息、董事会构成信息、内部控制信息、战略目标信息、行业信息、生产技术信息等。

　　在财务报告分析过程中，财务信息和非财务信息都是非常重要的信息来源。财务信息是量化的数据，反映企业经营活动的过程和结果，是财务报告分析主要的分析对象和信息来源。非财务信息提供有关企业的组织结构设置和行业背景情况等方面的信息，是财务信息必要和有益的补充。在财务报告分析过程中，需要将非财务信息和财务信息相结合。比如，在分析企业的经营业绩时，必然要先考虑企业所处行业的特点、企业所采用的生产技术以及企业发展战略目标等方面的非财务信息；在此基础上，对企业利润表的财务信息进行分析，才能得到企业经营情况的分析结论。

二、财务报告的内涵

　　财务报告是企业对外提供的反映企业某一特定日期的财务状况和某一会计期间的经营成果、现金流量等会计信息的文件。财务报告包括财务报表和其他应当在财务报告中披露的相关信息和资料。财务报表具体由会计报表本身及其附注两部分构成，而会计报表仅指报表本身不包括附注。财务报表是企业财务会计确认与计量的最终结果体现,投资者等相关使用者主要是通过财务报表来了解企业当前的财务状况、经营成果和现金流量等情况,从而预测未来的发展趋势。因此,财务报表是向投资者等财务报告使用者提供决策有用信息的主要媒介和渠道,是沟通投资者、债权人、政府及其他利益相关者等与企业管理层之间信息的桥梁和纽带。

以财务报表为核心的财务报告体系,可以从不同的侧面提供反映企业财务状况、经营业绩和现金流量等方面较为完整的信息。在经济全球化背景下,高质量的财务报表能产生多样化信息,对投资人、债权人和其他利益相关者做出合理的决策具有重要的意义和价值。财务报告与财务报表之间的关系如图2-1所示。

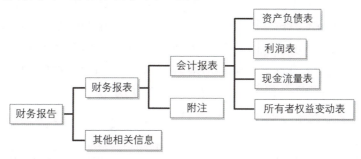

图 2-1　财务报告与财务报表的关系图

在现代企业制度下,企业的所有者和投资者、债权人、经营者以及政府管理部门和社会监督部门的工作人员等,要与企业发生投资、借贷、交易、管理、监督等活动、这都需要依据财务报告信息对企业状况进行分析。因此,了解财务报告结构、内容及可提供的信息,是每个分析者所必需的。

企业会计报表按照不同的划分标准或从不同的角度划分,有不同的分类,具体介绍如下。

(1) 按会计报表反映的经济内容可分为资产负债表、利润表、现金流量表和所有者权益变动表。

资产负债表主要是反映企业在一定日期的资产、负债和所有者权益状况的会计报表。利润表主要是反映企业在某一时期内经营成果的会计报表。现金流量表主要是反映企业在某一时期内现金取得、流出以及流向状况的会计报表。所有者权益变动表主要是反映构成所有者权益的各组成部分当期的增减变动情况的会计报表。了解财务报表的经济内容,对于准确搜集与整理分析信息、实现分析目的是十分有益的。

(2) 按会计报表编制范围可分为企业会计报表(又称单位报表)和合并会计报表。

企业会计报表是指独立法人企业编制的反映本单位情况的财务报表。合并会计报表是指反映母公司和其全部子公司形成的企业集团的整体财务状况、经营成果和现金流量的财务报表。了解和掌握单位报表和合并报表的内容和特点,对于分析不同类型的企业财务状况是有益的。如果对一个母子公司进行分析,而不明确合并报表的基本内容和特点,那么是很难得出正确结论的。

(3) 按会计报表的使用对象可分为对外会计报表和对内会计报表。

对外会计报表是指根据国家有关法规,企业定期向其利益关系人(如投资者、债权人、政府部门等)报送的会计报表,如资产负债表、利润表、所有者权益变动表、现金流量表及相关附表等。对内会计报表,亦称管理报表,是根据内部经营管理的需要,企业自行设计与填制的会计报表,如成本费用报表、责任会计报表等。

(4) 按会计报表的编制时期可分为年度报表、季度报表和月度报表。

三、会计报表

(一) 资产负债表

资产负债表是反映企业在某一特定日期财务状况的会计报表。它是根据"资产=负债+所有者权益"的会计基本等式,按照一定的分类标准和一定的顺序,把企业一定日期的资产、负债和所有者权益各项目予以适当排列,按一定的要求编制而成的。它表明企业在某一特定日期所拥有或控制的经济资源、所承担的现有义务和所有者对净资产的要求权。我国会计制度规定的企业资产负债表的基本格式如表2-1所示。

表2-1 LFYL公司合并资产负债表

2019年12月31日　　　　　　　　　　　　　　　　　　　　　单位:元

项目	期末余额	年初余额	项目	期末余额	年初余额
流动资产			流动负债		
货币资金	2,243,195,719.00	1,891,830,601.00	短期借款	796,770,083.00	149,288,376.10
交易性金融资产	2,428,171.05	1,178,770.18	应付账款(合计)	431,868,039.90	533,200,520.40
应收账款(合计)	685,329,973.20	667,194,060.70	其中:应付票据	0.00	50,000,000.00
其中:应收票据	0.00	7,355,571.88	应付账款	431,868,039.90	483,200,520.40
应收账款	685,329,973.20	659,838,488.80	预收款项	8,188,424.54	4,961,780.12
应收款项融资	2,600,589.94	0.00	应付职工薪酬	108,758,217.70	102,709,953.80
预付款项	56,087,657.17	58,431,556.34	应交税费	48,534,820.86	55,599,544.08
其他应收款(合计)	17,311,118.56	111,741,302.20	其他应付款(合计)	325,291,332.80	337,242,000.90
其中:应收利息	0.00	98,467,478.17	其中:应付利息	0.00	15,509,249.19
应收股利	0.00	0.00	应付股利	0.00	2,499,000.00
存货	416,013,019.80	422,409,057.30	其他应付款	325,291,332.80	319,233,751.70
其他流动资产	21,855,236.84	90,968,855.35	一年内到期的非流动负债	938,141,496.70	1,122,327,424.00
流动资产合计	3,444,821,486.00	3,243,754,203.00	其他流动负债	0.00	1,205,741.78
非流动资产			流动负债合计	2,657,552,415.00	2,306,535,341.00

26

(续表)

项目	期末余额	年初余额	项目	期末余额	年初余额
可供出售金融资产	0.00	155,046,095.90	非流动负债		
长期股权投资	110,723,241.00	33,110,574.88	长期借款	1,944,154,312.00	2,435,817,142.00
固定资产	1,585,735,974.00	1,483,467,909.00	长期应付款	702,371.13	2,574,215.09
在建工程	139,314,778.30	191,222,280.90	长期应付职工薪酬	9,744,241.31	8,507,986.32
无形资产	942,827,833.10	974,956,591.00	预计负债	14,657,930.27	12,938,580.90
开发支出	255,204,995.40	156,142,762.30	递延收益	36,832,412.98	19,144,849.65
商誉	6,483,982,666.00	6,378,955,565.00	递延所得税负债	132,043,960.70	113,080,228.10
长期待摊费用	24,482,412.62	31,479,069.45	非流动负债合计	2,138,135,229.00	2,592,063,003.00
递延所得税资产	57,028,287.57	32,330,545.85	负债合计	4,795,687,644.00	4,898,598,344.00
其他非流动资产	38,753,111.47	18,022,094.27	所有者权益		
递延收益	36,832,412.98	19,144,849.65	股本	964,031,086.00	964,031,086.00
			资本公积	5,667,442,502.00	5,667,442,502.00
			减：库存股	0.00	18,296,250.00
			其他综合收益	519,616,980.50	329,147,710.50
			盈余公积	84,711,834.29	84,046,097.04
			未分配利润	1,196,503,472.00	772,002,603.70
			归属于母公司所有者权益合计	8,432,305,875.00	7,798,373,749.00
			少数股东权益	31,185,324.58	1,515,597.78
非流动资产合计	9,814,357,358.00	9,454,733,488.00	所有者权益合计	8,463,491,199.00	7,799,889,347.00
资产总计	13,259,178,844.00	12,698,487,691.00	负债和所有者权益总计	13,259,178,844.00	12,698,487,691.00

从表2-1可以看出，资产负债表的结构是左右平衡式，左方反映企业的各类资产，右方反映企业的负债和所有者权益，左右双方总额相等。

资产负债表是企业最重要的报表之一，其主要作用如下。

(1) 反映企业拥有或控制的经济资源及其分布情况信息。资产负债表左方提供了企业所拥有或控制的经济资源的总量，也就是资产总额的信息。一般来说，企业控制和运作的经济资源越多，其形成和产生新的经济利益和社会财富的能力也就越强。然而，同样的资源总量，配置结构不同，产生的经济利益或经济效益也不同。因此，财务报告的使用者根据它可以了解企业控制的经济资源总量有多少，并可分析企业资源配置结构是否合理有效，进而评估企业未来的发展。

(2) 可以反映企业某一特定日期的负债总额及其结构信息，分析企业目前与未来需要支付的债务数额。负债总额表示企业承担债务的多少，负债和所有者的比重反映了企业的财务安全程度。负债结构反映了企业偿还负债的紧迫性和偿债压力的大小，通过资产负债表可以了解企业负债的基本信息。

(3) 可以反映企业所有者权益的内部结构及收益分配情况信息，了解企业现有投资者在企业投资总额中所占的份额。实收资本和留存收益是所有者权益的重要内容，反映了企业投资者对企业的初始投入和资本累计的多少，也反映了企业的资本结构和财务实力，有助于报表使用者分析、预测企业生产经营安全程度和抗风险的能力。

(二) 利润表

利润表是反映企业在一定期间(如年度、月度或季度)内生产经营成果(或亏损)的会计报表。利润表是一种动态报表，它一方面利用企业一定时期的收入、成本费用及税金数据，确定企业的利润；另一方面按照有关规定将实现的利润在利益相关者之间进行分配。利润表有两种格式：一是单步式利润表；二是多步式利润表。多步式利润表的特点是按利润形成环节，分步骤地将有关收入与成本费用相减，从而得出各步骤的利润额。多步式利润表是我国会计制度规定的报表，它的一般格式如表2-2所示。

表2-2　LFYL公司合并利润表

2019年度　　　　　　　　　　　　　　　　　　　　　　　　　　　　　　　单位：元

项目	2019 年	2018 年
一、营业总收入	3,475,614,154.78	2,653,120,079.16
其中：营业收入	3,475,614,154.78	2,653,120,079.16
利息收入		
二、营业总成本	2,925,150,028.86	2,288,720,647.54
其中：营业成本	1,854,869,877.49	1,576,817,068.67
利息支出		
税金及附加	25,377,274.13	28,770,311.11
销售费用	561,594,327.71	359,530,079.21
管理费用	208,029,399.64	161,928,612.49
研发费用	197,501,747.17	133,471,033.73
财务费用	77,777,402.72	28,203,542.33
其中：利息费用	114,239,165.93	75,684,773.25
利息收入	36,869,741.33	31,648,814.11
加：其他收益	24,263,575.65	10,415,396.37
投资收益(损失以"-"号填列)	3,012,666.15	3,685,227.46
其中：对联营企业和合营企业的投资收益	3,012,666.15	189,510.30
公允价值变动收益(损失以"-"号填列)		
信用减值损失(损失以"-"号填列)	-52,105.36	
资产减值损失(损失以"-"号填列)	-7,272,402.07	-12,502,838.22
资产处置收益(损失以"-"号填列)	-2,144,642.23	-2,272,184.86

(续表)

项目	2019 年	2018 年
三、营业利润(亏损以"-"号填列)	568,271,218.06	363,725,032.37
加：营业外收入	18,473,520.38	740,685.47
减：营业外支出	10,448,507.90	6,549,001.87
四、利润总额(亏损总额以"-"号填列)	576,296,230.54	357,916,715.97
减：所得税费用	56,840,034.74	2,579,060.82
五、净利润(净亏损以"-"号填列)	519,456,195.80	355,337,655.15
(一) 按经营持续性分类		
1.持续经营净利润(净亏损以"-"号填列)	519,456,195.80	357,132,681.82
2.终止经营净利润(净亏损以"-"填列)		-1,795,026.67
(二) 按所有权归属分类		
1.归属于母公司所有者的净利润	490,295,086.01	346,714,031.16
2.少数股东损益	29,161,109.79	8,623,623.99
六、其他综合收益的税后净额	192,864,368.62	322,042,587.89
归属母公司所有者的其他综合收益的税后净额	190,469,270.08	328,366,025.72
(一) 不能重分类进损益的其他综合收益	51,991,598.63	3,314,469.29
1.重新计量设定受益计划变动额	482,304.62	3,314,469.29
2.权益法下不能转损益的其他综合收益		
3.其他权益工具投资公允价值变动	51,509,294.01	
4.企业自身信用风险公允价值变动		
(二) 将重分类进损益的其他综合收益	138,477,671.45	325,051,556.43
1.权益法下可转损益的其他收益		
2.其他债权投资公允价值变动		
3.可供出售金融资产公允价值变动损益		
4.金融资产重分类计入其他综合收益的金额		
5.持有至到期投资重分类为可供出售金融资产损益		
6.其他债权投资信用减值准备		
7.现金流量套期储备		
8.外币财务报表折算差额	138,477,671.45	325,051,556.43
9.其他		
归属于少数股东的其他综合收益的税后净额	2,395,098.54	-6,323,437.83
七、综合收益总额	712,320,564.42	677,380,243.04
归属于母公司所有者的综合收益总额	680,764,356.09	675,080,056.88
归属于少数股东的综合收益总额	31,556,208.33	2,300,186.16
八、每股收益		
(一) 基本每股收益	0.51	0.47
(二) 稀释每股收益	0.51	0.47

利润表的格式内容及基本勾稽关系，为财务分析提供了有用的信息。利润表可提供的信息及其作用主要有以下几点。

(1) 提供了反映企业财务成果的信息。企业的财务成果，即企业实现的利润，是企业经营的根本目标所在，是企业经营者、投资者以及长期债权人都十分关心的信息。利润表系统明确地提供了企业不同业务的财务成果信息，对于分析评价各方面的经营业绩，以及与同类企业的同类业务对比，都是有益的。

(2) 提供了反映企业盈利能力的信息。企业盈利能力是企业投资者和经营者都非常关心的问题。它不仅可用于评价企业的经营业绩，而且是投资者、经营者进行决策的依据。盈利能力通常体现为财务成果和与其相关的一些指标之间的比率关系，如财务成果与收入的比率关系、财务成果与成本费用的比率关系等。利润表不仅提供了财务成果的信息，也提供了盈利能力分析所需要的收入信息和成本费用信息，这对于评价企业盈利能力是十分重要的。另外，其他反映盈利能力的指标的计算，也离不开利润表提供的数据。

(3) 提供了反映企业营业收入、成本费用状况的信息。企业营业收入和成本费用状况是企业生产经营状况的直接和具体体现，因此，对营业收入的分析往往成为经营分析的重点。通过营业收入和成本费用分析，可找出企业生产经营过程中存在的问题和不足，对于评价企业业绩、规划企业未来都是有重要作用的。

(4) 提供了企业经营业绩结构的信息。在利润表中，经营业绩的来源被划分为经常性的营业利润和非经常性的营业外收支；营业利润中又分为营业收入、投资收益和公允价值变动收益三项。比较不同业绩之间的差异，能够提供经营业绩结构的信息，为分析企业经营业绩的质量和持续性提供必要的信息。

(三) 现金流量表

现金流量表实际上是资金变动表的一种形式。资金表或资金来源与运用表，是根据企业一定时期内各种资产和权益项目的增减变化，来分析、反映资金的取得来源和流出用途，说明财务动态变化的会计报表，或者是反映企业资金流转状况的报表。资金来源与运用表根据其编制基础不同，有5种编制方式。以现金为基础编制的资金表实际上就是现金流量表，用现金的来源、运用、增加、减少来说明企业财务状况的变动。现金流量表中的现金不仅是指会计上的现金，而且包括银行存款和其他现金等价物。我国目前会计准则中规定企业编报的现金流量表的一般格式如表2-3所示。

表2-3　LFYL公司合并现金流量表

2019年度　　　　　　　　　　　　　　　　　　　　　　　　　　单位：元

项目	2019年	2018年
一、经营活动产生的现金流量		
销售商品、提供劳务收到的现金	3,570,753,152.25	2,626,776,094.68
收到的税费返还	191,312,577.07	87,602,181.71
收到其他与经营活动有关的现金	70,239,413.77	22,979,882.23
经营活动现金流入小计	3,832,305,143.09	2,737,358,158.62
购买商品、接受劳务支付的现金	1,768,191,152.54	1,249,740,312.90
支付给职工以及为职工支付的现金	569,982,200.36	348,177,002.56
支付的各项税费	208,917,764.50	149,232,426.75

(续表)

项目	2019年	2018年
支付其他与经营活动有关的现金	502,424,928.90	340,842,235.80
经营活动现金流出小计	3,049,516,046.30	2,087,991,978.01
经营活动产生的现金流量净额	782,789,096.79	649,366,180.61
二、投资活动产生的现金流量		
收回投资收到的现金	61,172,048.00	67,101,197.67
取得投资收益收到的现金	2,460,965.07	651,538.51
处置固定资产、无形资产和其他长期资产收回的现金净额	1,999,680.13	241,293.67
处置子公司及其他营业单位收到的现金净额		5,325,510.71
收到其他与投资活动有关的现金	3,309,148.00	2,580,000.00
投资活动现金流入小计	68,941,841.20	75,899,540.56
购建固定资产、无形资产和其他长期资产支付的现金	356,689,967.97	441,090,979.48
投资支付的现金	100,562,662.22	136,500,000.00
取得子公司及其他营业单位支付的现金净额	0.00	1,368,453,540.67
支付其他与投资活动有关的现金	0.00	0.00
投资活动现金流出小计	457,252,630.19	1,946,044,520.15
投资活动产生的现金流量净额	-388,310,788.99	-1,870,144,979.59
三、筹资活动产生的现金流量		
吸收投资收到的现金	0.00	1,792,023,180.00
其中：子公司吸收少数股东投资收到的现金	0.00	0.00
取得借款收到的现金	1,484,953,728.17	310,069,424.81
发行债券收到的现金	0.00	0.00
收到其他与筹资活动有关的现金	1,151,664,507.39	0.00
筹资活动现金流入小计	2,636,618,235.56	2,102,092,604.81
偿还债务支付的现金	1,529,415,326.30	303,087,391.88
分配股利、利润或偿付利息所支付的现金	137,415,378.47	156,303,889.35
其中：子公司支付给少数股东的股利、利润	0.00	0.00
支付其他与筹资活动有关的现金	941,604,336.84	14,757,754.26
筹资活动现金流出小计	2,608,435,041.61	474,149,035.49
筹资活动产生的现金流量净额	28,183,193.95	1,627,943,569.32
四、汇率变动对现金及现金等价物的影响	4,335,918.32	25,196,444.83
五、现金及现金等价物净增加额	426,997,420.07	432,361,215.17
加：期初现金及现金等价物余额	663,954,077.78	231,592,862.61
六、期末现金及现金等价物余额	1,090,951,497.85	663,954,077.78

现金流量表提供了反映企业财务变动情况的详细信息，为分析、研究企业的资金来源与运用情况提供了依据。它提供的信息及其作用主要表现在以下几个方面。

(1) 提供了企业资金(特别是现金)来源与运用的信息。这对于分析企业资金来源与运用的合理性、判断企业的营运状况和效果、评价企业的经营业绩都是非常有益的。

(2) 提供了企业现金增减变动原因的信息，特别是通过对经营现金流量、投资现金流量和筹资现金流量的揭示，可以搞清企业现金增减变动的具体原因，不仅可以明确企业当期现金增减的合理性，而且可为改善企业资金管理指明方向。

(3) 提供了资产负债表和利润表分析所需要的信息。分析资产、负债和所有者权益的状况与变动，以及分析利润形成与分配的状况与变动，仅从资产负债表和利润表两表自身分析有时是不够的或者是难以说清的。其实，资产、负债、所有者权益、收入、成本、利润都是互相联系的，在两个表中的分别反映割裂了它们之间的联系。现金流量表提供的信息，将资产负债表与利润表衔接起来，说明了利润形成与分配同资金来源与运用的关系，这对于分析、研究企业总体经营与财务状况有着重要意义与作用。

(四) 所有者权益变动表

所有者权益变动表是反映企业在一定期间(如年度、季度或月度)内，所有者权益的各组成部分当期增减变动情况的报表。在所有者权益变动表中，净利润、其他综合收益，以及由所有者的资本交易导致的所有者权益的变动分别列示。我国目前会计准则中规定企业编报的所有者权益变动表的一般格式如表2-4和表2-5所示。

所有者权益变动表的格式和内容，为财务分析提供了丰富的信息。所有者权益变动表提供的信息及其作用主要体现在以下几个方面。

(1) 提供了所有者权益变动的原因信息。在所有者权益变动表中，导致所有者权益变动的原因按照"净利润""其他综合收益"以及"与所有者的资本交易"等不同类别分别进行列示。这种列示方法展示了不同活动对所有者权益变动产生的影响，能够清晰明确地反映引发所有者权益变动的原因。

(2) 提供了所有者权益内部结构的变动信息。在所有者权益变动表中，除了提供不同原因对所有者权益产生的影响之外，还列示所有者权益内部结构变动。资本公积或盈余公积转增资本、盈余公积弥补亏损等造成所有者权益内部结构变动的因素都分别列示，从而为了解所有者权益的内部结构变动提供了信息。

(3) 为利润表和资产负债表提供了辅助信息。所有者权益变动表中的"其他综合收益"以及"利润分配"与利润表之间存在较强的关联性。"其他综合收益"与利润表中的"其他综合收益"相辅相成，共同反映了公允价值变动对企业产生的影响。"利润分配"则提供了企业利润分配的去向和数量，为利润表提供辅助信息。所有者权益变动表中提供的所有者结构变动信息与资产负债表中所有者权益部分相辅相成，提供了所有者权益变动的详细信息。

(4) 提供了企业全面收益的信息。从企业所有者的角度来看，所有者权益的变动反映了其在公司中所拥有资产情况的变动。若不考虑增资、发放股利以及内部的结转，影响所有者权益变动的主要因素是经营活动的收益和直接计入股东权益的利得和损失，两者之和被视为企业的全面收益。全面收益不但反映了企业的经营情况，还反映了公允价值变动对企业所有者财富状况产生的影响，能为所有者提供更为全面的投资决策信息。

表2-4 LFYL公司合并所有者权益变动表

2019年度

单位：元

	归属于母公司所有者权益							少数股东权益	所有者权益合计
	股本	资本公积	减：库存股	其他综合收益	盈余公积	未分配利润	小计		
一、上年期末余额	964,031,086	5,667,442,502	18,296,250	3,291,477,10.5	84,046,097.04	772,002,603.7	7,798,373,749	1,515,597.78	7,799,889,347
加：会计政策变更									
前期差错更正									
同一控制下企业合并									
其他									
二、本年期初余额	964,031,086	5,667,442,502	18,296,250	329,147,710.5	84,046,097.04	772,002,603.7	7,798,373,749	1,515,597.78	7,799,889,347
三、本期增减变动金额（减少以"-"号填列）			-18,296,250	19,046,927.08	665,737.25	424,500,868.5	633,932,125.8	29,669,726.8	663,601,852.6
（一）综合收益总额				19,046,927.08		490,295,086	680,764,356.1	31156208.33	712,320,564.4
（二）所有者投入和减少资本			-18,296,250				18,296,250		18,296,250
1. 所有者投入的普通股									
2. 其他权益工具持有者投入资本									
3. 股份支付计入所有者权益金额			-18,296,250				18,296,250		18,296,250
4. 其他									
（三）利润分配					665,737.25	-65,794,217.53	-65,128,480.28	1,886,481.53	-67,014,961.81
1. 提取盈余公积					665,737.25	-665,737.25			

(续表)

	归属于母公司所有者权益							少数股东权益	所有者权益合计
	股本	资本公积	减:库存股	其他综合收益	盈余公积	未分配利润	小计		
2. 提取一般风险准备									
3. 对所有者(或股东)的分配						-38,561,243.44	-38,561,243.44		-38,561,243.44
4. 其他						-26,567,236.84	-26,567,236.84	1,886,481.53	-28,453,718.37
(四) 所有者权益内部结转									
1. 资本公积转增资本(或股本)									
2. 盈余公积转增资本(或股本)									
3. 盈余公积弥补亏损									
4. 设定受益计划变动额									
5. 其他综合收益结转留存收益									
6. 其他									
(五) 专项储备									
1. 本期提取									
2. 本期使用									
(六) 其他									
四、本期期末余额	964,031,086	5,667,442,502		519,616,980.5	84,711,834.29	1,196,503,472	8,432,305,875	31,185,324.58	8,463,491,199

表2-5　LFYL公司合并所有者权益变动表

2018年度

单位：元

	归属于母公司所有者权益								少数股东权益	所有者权益合计
	股本	资本公积	减：库存股	其他综合收益	盈余公积	未分配利润		小计		
一、上年期末余额	494,355,000	361,004,822.97	38,180,250	781,684.74	44,160,584.34	564,034,585.26		1,426,156,427.31	2,152,145.79	1,428,308,573.10
加：会计政策变更										
前期差错更正										
同一控制下企业合并										
其他										
二、本年期初余额	494,355,000	361,004,822.97	38,180,250	781,684.74	44,160,584.34	564,034,585.26		1,426,156,427.31	2,152,145.79	1,428,308,573.10
三、本期增减变动金额(减少以"—"号填列)	469,676,086	5,306,437,678.79	−19,884,000	328,366,025.72	39,885,512.70	207,968,018.46		6,372,217,321.67	−636548.01	6,371,580,773.66
（一）综合收益总额				328,366,025.72		346,714,031.16		675,080,056.88	2,300,186.16	677,380,243.04
（二）所有者投入和减少资本	469,676,086	5,306,437,678.79	−19,884,000					5,795,997,764.79	−2,936,734.17	5,793,061,030.62
1.所有者投入的普通股	469,676,086	5,307,336,323.16						5,777,012,409.16		5,777,012,409.16
2.其他权益工具持有者投入资本										
3.股份支付计入所有者权益金额		1,861,762.50						21,745,762.50		21,745,762.50
4.其他		−2,760,406.87				−138,746,012.70		−2,760,406.87	−2,936,734.17	−5,697,141.01
（三）利润分配					39,885,512.70			−98,860,500		
1.提取盈余公积					39,885,512.70	−39,885,512.70				
2.提取一般风险准备										

(续表)

归属于母公司所有者权益

	股本	资本公积	减:库存股	其他综合收益	盈余公积	未分配利润	小计	少数股东权益	所有者权益合计
3. 对所有者(或股东)的分配						-98,871,000	-98,871,000		-98,871,000
4. 其他						10,500.00	10,500.00		10,500.00
(四) 所有者权益内部结转									
1. 资本公积转增资本(或股本)									
2. 盈余公积转增资本(或股本)									
3. 盈余公积弥补亏损									
4. 设定受益计划变动额									
5. 其他综合收益结转留存收益									
6. 其他									
(五) 专项储备									
1. 本期提取									
2. 本期使用									
(六) 其他									
四、本期期末余额	964,031,086	5,667,442,501.76	18,296,250	329,147,710.46	84,046,097.04	772,002,603.72	7,798,373,748.98	1,515,597.78	7,799,889,346.76

四、会计报表附注

附注是财务报表不可或缺的组成部分。报表使用者要了解企业的财务状况、经营成果和现金流量，应当全面阅读附注。附注相对于报表而言，同样具有重要性。附注提供会计报表信息生成的依据，并提供无法在报表上列示的定性信息和定量信息，从而使得报表中数据的信息更加完整，为财务分析奠定良好的信息基础。根据会计准则规定，附注应当按照一定的结构进行系统合理的排列和分类，有序地披露信息。会计报表附注主要包括企业的基本情况、财务报表的编制基础、遵循企业会计准则的声明、重要会计政策和会计估计、会计政策和会计估计变更以及差错更正的说明、合并财务报表的合并范围、重要报表项目的说明以及重要事项的揭示等内容。

(一) 资产负债表附注

资产负债表中列示的项目是高度浓缩后的信息。受制于资产负债表的格式要求，这些信息的来源和构成无法直接在资产负债表中加以披露。为此，资产负债表的编制者根据现有会计准则的要求，将这些信息在会计报表附注中加以详细披露。由于在披露过程中，其通常会采用表格的形式，因此也可将其称为资产负债表的附表。资产负债表的附表主要有以下两种。

(1) 应付职工薪酬明细表。应付职工薪酬明细表是资产负债表的附表之一，是反映企业应付职工薪酬项目增减变动情况的报表。通过应付职工薪酬明细表，我们可以获得企业支付的职工工资性质的支出、社会保险费、住房公积金和非货币性福利等方面的金额及构成情况的信息，反映企业对员工社会责任的履行情况。

(2) 应交税费明细表。应交税费明细表是资产负债表的附表之一，是反映企业应交税费详细情况的报表。通过应交税费明细表，我们可以获得企业在一定期间各项税费缴纳情况的信息。

除了上述附表之外，资产负债表附注还提供为分析者理解财务报表有关项目所做的进一步解释。资产负债表附注通常解释三种情况：表内有关项目的附注，如对短期投资中的证券市价等；表外有关项目的附注，如对抵押资产等的说明；对资产负债表有关会计政策变化的说明，如存货计价政策变化等。

(二) 利润表附注

为了明确利润表中的数据来源和构成，提供更多的相关信息，现行会计准则要求对部分利润表中的数字，以表格的形式在报表附注中加以披露。利润表的附表包括资产减值损失明细表和分部报告。

(1) 资产减值损失明细表。资产减值损失明细表是利润表的附表之一，用于补充说明企业各项资产减值损失的详细情况。通过资产减值损失明细表，我们可以获得各项资产减值损失详细信息，有助于对企业资产减值政策及实施情况进行客观分析。

(2) 分部报告。分部报告作为利润表的附表之一，是反映企业各经营分部的收入、成本、费用、营业利润、资产总额和负债总额等情况的报表。企业应当以内部组织结构、管理要求、内部报告制度为依据确定经营分部，以经营分部为基础确定报告分部，并按规定披露分部信息。经营分部应当同时满足以下条件：该组成部分能够在日常活动中产生收入、发生费用；企业管理层能够定期评价该组成部分的经营成果，以决定向其配置资源、评价其业绩；企业能够获得该组成部分的财务状况、经营成果和现金流量等有关会计信息。如果未能满足上述规定条件，但企业认为披露该经营分部信息对财务报告使用者是有用的，也可将其确定为报告分部。

除上述附表外，主营业务收入明细表、管理费用明细表、销售费用明细表、财务费用明细表、公允价值变动收益明细表、投资收益明细表等也属于利润表的附表，在附注中予以披露。

除了提供利润表的附表之外，利润表附注还对利润表中重要项目及相关问题进行说明，以便于正确理解与分析利润表。利润表附注通常说明以下问题：有关收入与成本费用的会计政策变化，如收入的确认、存货计价、成本核算方法改变等；利润表中具体项目的补充说明，如营业外收支项目的说明、投资收益项目的说明等；利润表外有关项目的说明，如对其他业务收入与支出的说明等。

(三) 现金流量表附注

现金流量表附注包括以下三方面的内容。
(1) 当期取得或处置子公司及其他营业单位的有关信息。
(2) 将净利润调节为经营活动现金流量。
(3) 现金及现金等价物净增加情况。

在财务报告中，会计报表以确认和计量的方式，采用量化的方法对企业的经营成果财务状况和现金流量情况加以反映；而报表附注以披露的方式，为会计报表中高度概括的数字提供进一步的解释，为会计报表提供详细信息、定性信息，从而增加财务报告使用者能够获取的信息。因此，只有将报表附注和会计报表相结合，才能获取准确全面的财务分析信息。

(四) 所有者权益变动表附注(略)

相关链接2-1

会计报表附注与表外信息的作用

会计报表附注与表外信息的产生源于会计报表固定格式的局限性。为了防止信息不全对会计报表使用者造成信息不对称的理解偏误以及数据来源不准确的迷惑，会计审计工作者们便要突破会计报表中表格的固定性，从而在表格之外，对数据进行完善与补充。会计报表附注以及表外信息已经是一份完整的会计报表中所需要具备的基本结构组成，由于其特殊的产生过程，其所针对的内容也有一定的方向性。通过这两种形式所揭露的信息必须建立在会计报表本身所无法满足以及充分表达的项目和相关条例的基础之上，对于表中已经能够完整表述的信息与数据不需要再进行进一步的赘述。同时，在表现形式方面，这二者要同时具备简洁性和适宜性。

1. 报表附注

报表附注与书籍附注具有相类似性的作用，其目的就是进行解释与补充说明。而且因为会计报表中所涉及的信息量以及信息面十分广泛，这会使得信息阅读者无法快速掌握信息。那么，报表附注的存在就能够帮助阅读者快速获悉信息的来源以及产生某些数据的原因。同时，由于附注所呈现的是数据加上文字的混合模式，这就使得报表不仅具备直观性，还具备详尽性，其内容可以细致到公司的每一笔经济支出与收入，并囊括所有的经营核算值。又一方面，会计报表附注在形式变化方面十分丰富，具有较强的可塑性，可以适应不同类型的各种会计财务报表信息反映。所以，报表附注在会计报表中占据着重要优势。而投资者也能够更加准确以及细致地了解其所想要投资的公司的金融运营状况，从而降低无效投资的风险。

2. 表外信息

表外信息作为会计报表的又一重要组成部分，能够突破会计报表编制者的局限，用更为广泛的其他数据来反映客观事实。表外信息通常包括目前企业的财务状况以及未来企业的发展预估，而未来企业发展预估通常是会计报表编制人员在会计报表中无法直接反映的信息。在表现形式方面，表外信息通常有以下五种属性，即解释性、从属性、灵活性、建设性、多样性。那么，相关人员就可以通过增加附注、注脚甚至于表格的方式来补充会计报表。

但是在进行这方面内容的绘制过程中，同样需要遵循相应的原则，即可靠性、充分性、相关性、适当性、及时性、重要性。换言之，所呈现的内容首先是客观事实，再者必须要与会计报表中所呈现的数据相关联，既然是补充说明就必须要保证内容细致，且能够发挥重要作用。通过表外信息所反映的资讯是其他任何形式的补充说明所不能替代的。同时，在会计财务报表中的表外信息不仅是投资方的本质需求，也是运营方的发展导向。通过表外信息所反映的相关信息与数据能够进一步帮助公司了解公司的运营状况，并根据其中的数据趋势预测公司未来的行业发展导向以及市场经济地位。

资料来源：钟洁梅. 会计报表附注与表外信息应用研究[J]. 财会学习，2020(27)：98-99.

第三节 财务报告分析方法与技术

一、会计报表分析方法

阅读财务报告是财务报告分析的第一步。应当指出的是，在全面阅读财务报告的基础上应注意以下几点：注册会计师审计意见与结论；企业采用的会计原则、会计政策、会计估计及其变更情况；会计信息披露的完整性、真实性；会计报表附注中涉及的重大事项、表外资产情况、会计报表日后事项等；财务情况说明书及管理层讨论。在阅读财务报告的基础上，重点对会计报表进行比较。比较的方法包括水平分析法、垂直分析法和趋势分析法。通过各种比较，揭示财务会计信息的差异及变化，找出需要进一步分析与说明的问题。

(一) 水平分析法

水平分析法，是将反映企业报告期财务状况的信息(特别指会计报表信息资料)与反映企业前期或历史某一时期财务状况的信息进行对比，研究企业各项经营业绩或财务状况的发展变动情况的一种财务分析方法。水平分析法所进行的对比，一般而言，不是指单指标对比，而是对反映某方面情况的报表的全面、综合的对比分析，尤其在会计报表分析中应用较多。因此，通常也将水平分析法称为会计报表分析法。水平分析法的基本要点是将报表资料中不同时期的同项数据进行对比，对比的方式有以下几种。

(1) 绝对值增减变动，其计算公式如下：

$$绝对值变动数量 = 分析期某项指标实际数 - 基期同项指标实际数$$

(2) 增减变动率，其计算公式如下：

$$变动率(\%) = \frac{绝对值变动数量}{基期实际数量} \times 100\%$$

(3) 变动比率值，其计算公式如下：

$$变动比率值 = \frac{分析期实际数值}{基期实际数值}$$

【例2-1】LFYL公司2018—2019年有关营业收入、净利润、每股收益及每股股息的水平分析如表2-6所示。

表2-6 水平分析表

项目	2019年(元)	2018年(元)	差异额(元)	差异率(%)
营业收入	3,475,614,154.78	2,653,120,079.16	822,494,075.62	31.00
净利润	519,456,195.80	355,337,655.15	164,118,540.65	46.19
每股收益	0.51	0.47	0.04	8.51
每股股息	0.1	0.04	0.06	150

从表2-6的水平分析可以看出，LFYL公司2019年比2018年的营业收入、净利润、每股收益和每股股息均有所增长，但各增长变动率是有所不同的。通过进一步分析可判断造成各指标增长率不同的可能原因，为深入分析指明方向。

应当指出，水平分析法通过将企业报告期的财务会计资料与前期对比，揭示各方面存在的问题，为全面深入分析企业财务状况奠定了基础，因此可以说，水平分析法是财务分析的基本方法。另外，水平分析法可用于一些可比性较高的同类企业之间的对比分析，以找出企业间存在的差距。但是，水平分析法在不同企业的应用中，一定要注意其可比性问题，即使在同一企业应用，对于存在差异的评价也应考虑其对比基础。在水平分析法中，仅用变动量或仅用变动率都可能得出片面的甚至是错误的结论，应将两种对比方式结合运用。

(二) 垂直分析法

垂直分析法与水平分析法不同，它的基本点不是将企业报告期的分析数据直接与基期进行对比求出增减变动量和增减变动率，而是通过计算报表中各项目占总体的比重或结构，反映报表中的项目与总体关系情况及其变动情况。会计报表经过垂直分析法处理后，通常称为同度量报表，或称总体结构报表、共同比报表等，如同度量资产负债表、同度量利润表、同度量成本表等都是应用垂直分析法得到的。垂直分析法的一般步骤介绍如下。

(1) 确定报表中各项目占总额的比重或百分比，其计算公式如下：

$$某项目的比重 = \frac{该项目金额}{各项目总金额} \times 100\%$$

(2) 通过各项目的比重，分析各项目在企业经营中的重要性。一般项目比重越大，说明其重要程度越高，对总体的影响越大。

(3) 将分析期各项目的比重与前期同项目比重进行对比，研究各项目的比重变动情况。也可将本企业报告各项目比重与同类企业的可比项目比重进行对比，研究本企业与同类企业的不同，以及成绩和存在的问题。

【例2-2】根据LFYL公司的资料，该企业相关指标经过垂直分析可得表2-7。

表2-7 垂直分析表

项目	2019年(元)	2018年(元)	2019年(%)	2018年(%)
营业收入	3,475,614,154.78	2,653,120,079.16	100	100
营业成本	2,925,150,028.86	2,301,223,485.76	84.16	86.74
营业毛利	550,464,125.92	351,896,593.4	15.84	13.26
净利润	519,456,195.80	355,337,655.15	14.95	13.39

从表2-7的垂直分析可以看出，该企业2019年比2018年营业收入、营业成本、营业毛利和净利润均有所增长。

(三) 趋势分析法

趋势分析法是根据企业连续几年或几个时期的分析资料，运用指数或完成率的计算，确定分析期各有关项目的变动情况和趋势的一种财务分析方法。趋势分析法既可用于对会计报表的整体分析，即研究一定时期报表各项目的变动趋势，也可对某些主要指标的发展趋势进行分析。趋势分析法的一般步骤介绍如下。

(1) 计算趋势比率或指数。指数的计算有两种方法：一是定基指数；二是环比指数。定基指数就是指各个时期的指数都是以某一固定时期为基期来计算的。环比指数则是指各个时期的指数都是以前一期为基期来计算的。趋势分析法通常采用定基指数。

(2) 根据指数计算结果，评价与判断企业各项指标的变动趋势及其合理性。

(3) 预测未来的发展趋势。根据企业以前各期的变动情况，研究其变动趋势或规律，从而可预测出企业未来发展变动情况。

【例2-3】LFYL公司2015—2019年有关营业收入、净利润、每股收益的具体资料如表2-8所示。根据表2-8的信息，运用趋势分析法可得出如表2-9所示的趋势分析表。

表2-8 财务指标表　　　　　　　　　　　　　　　　　　　　　　　　　单位：元

项目	2019年	2018年	2017年	2016年	2015年
营业收入	3,475,614,154.78	2,653,120,079.16	1,575,945,309.43	1,288,770,719.80	1,508,984,686.94
净利润	519,456,195.80	355,337,655.15	201,974,096.53	180,320,697.54	168,163,527.78
每股收益	0.51	0.47	0.41	0.37	0.70

表2-9 趋势分析表

项目	2019年	2018年	2017年	2016年	2015年
营业收入	230.33%	175.82%	104.44%	85.41%	100%
净利润	308.90%	211.30%	120.11%	107.23%	100%
每股收益	72.86%	67.14%	58.57%	52.86%	100%

从表2-9可以看出，2016年LFYL的经营状况较差，营业收入下降，从2017年开始营业收入、净利润、每股收益在逐年增长，尤其是净利润的增长幅度达到208.9%。企业几年来的发展趋势说明，企业的经营状况在不断改善，如果这个趋势能保持下去，2020年的状况也会较好。

二、比率分析法与因素分析法

(一) 比率分析法

比率分析法是财务分析最基本、最重要的方法。正因为如此，有人甚至将财务分析比率与比率分析等同起来，认为财务分析就是比率分析。比率分析法实质上是将影响财务状况的两个相关因素联系起来，通过计算比率，反映它们之间的关系，借以评价企业财务状况经营状况的一种财务分析方法。比率分析的形式有以下三种：第一，百分率，如流动比率为200%；第二，比率，如速动比率为1:1；第三，分数，如负债为总资产的1/2。比率分析法以其简单、明了、可比性强等优点在财务分析实践中被广泛采用。

比率指标的类型主要有构成比率、效率比率和相关比率三类。

1. 构成比率

构成比率又称结构比率，是某项财务指标的各组成部分数值占总体数值的百分比，反映部分与总体的关系。其计算公式如下：

$$构成比率 = \frac{某个组成部分数值}{总体数值} \times 100\%$$

比如，企业资产中流动资产、固定资产和无形资产占资产总额的百分比(资产构成比率)，企业负债中流动负债和长期负债占负债总额的百分比(负债构成比率)等，这些都是构成比率。利用构成比率，可以考察总体中某个部分的形成和安排是否合理，以便协调各项财务活动。

2. 效率比率

效率比率是某项财务活动中所费与所得的比率，反映投入与产出的关系。利用效率比率指标,可以进行得失比较,考察经营成果,评价经济效益。

比如,将利润项目与营业成本、营业收入、资本金等项目加以对比,可以计算出成本利润率、营业利润率和资本金利润率等指标,从不同角度观察与比较企业盈利能力的高低及其增减变化情况。

3. 相关比率

相关比率是以某个项目和与其有关但又不同的项目加以对比所得的比率,反映有关经济活动的相互关系。利用相关比率指标,可以考察企业相互关联的业务安排是否合理,以保障经营活动顺畅进行。

比如,将流动资产与流动负债进行对比,计算出流动比率,可以判断企业的短期偿债能力;将负债总额与资产总额进行对比,可以判断企业长期偿债能力。

采用比率分析法时,应当注意以下几点:对比项目的相关性;对比口径的一致性;衡量标准的科学性。

(二) 因素分析法

因素分析法是依据分析指标与其影响因素之间的关系,按照一定的程序和方法,确定各因素对分析指标差异影响程度的一种技术方法。因素分析法是经济活动分析中最重要的方法之一,也是财务分析的方法之一。因素分析法根据其分析特点可分为连环替代法和差额分析法两种。

1. 连环替代法

连环替代法是将分析指标分解为各个可以计量的因素,并根据各个因素之间的依存关系,顺次用各因素的比较值(通常为实际值)替代基准值(通常为标准值或计划值),据以测定各因素对分析指标的影响。连环替代法由以下几个步骤组成。

(1) 确定分析指标与其影响因素之间的关系,通常用指标分解法,即将经济指标在计算公式的基础上进行分解或扩展,从而得出各影响因素与分析指标之间的关系式。例如,对于总资产报酬率指标,要确定它与影响因素的关系,可按下式进行分解:

$$\begin{aligned}
总资产报酬率 &= \frac{息税前利润}{平均资产总额} \times 100\% \\
&= \frac{营业收入}{平均资产总额} \times \frac{息税前利润}{营业收入} \times 100\% \\
&= \frac{总产值}{平均资产总额} \times \frac{营业收入}{总产值} \times \frac{息税前利润}{营业收入} \times 100\% \\
&= 总资产产值率 \times 产品销售率 \times 销售(息税前)利润率
\end{aligned}$$

分析指标与影响因素之间的关系式,既说明哪些因素影响分析指标,又说明这些因素与分析指标之间的关系及顺序。如上式影响总资产报酬率的有总资产产值率、产品销售率和销售利润率三个因素;它们都与总资产报酬率成正比例关系;它们的排列顺序是总资产产值率在先,其次是产品销售率,最后是销售利润率。

(2) 根据分析指标的报告期数值与基期数值列出两个关系式或指标体系,确定分析对

象。如对于总资产报酬率而言,根据两个指标体系确定分析对象的具体说明如下:

基期总资产报酬率=基期总资产产值率×基期产品销售率×基期销售利润率
实际总资产报酬率=实际总资产产值率×实际产品销售率×实际销售利润率
分析对象=实际总资产报酬率-基期总资产报酬率

(3) 连环顺序替代,计算替代结果。所谓连环顺序替代,就是以基期指标体系为计算基础,用实际指标体系中的每一因素的实际数顺序地替代其相应的基期数,每次替代一个因素,替代后的因素被保留下来。计算替代结果,就是在每次替代后,按关系式计算结果。有几个因素就替代几次,并相应确定计算结果。

(4) 比较各因素的替代结果,确定各因素对分析指标的影响程度。比较替代结果是连环进行的,即将每次替代所计算的结果与这一因素被替代前的结果进行对比,二者的差额就是替代因素对分析对象的影响程度。

(5) 检验分析结果。将各因素对分析指标的影响额相加,其代数和应等于分析对象。如果二者相等,说明分析结果可能是正确的;如果二者不相等,则说明分析结果一定是有误的。

连环替代法的程序或步骤是紧密联系、缺一不可的,尤其是前四个步骤,其中任何步骤出现错误,都会导致结果错误。

【例2-4】某企业2019年和2020年有关总资产产值率、产品销售率、销售利润率与总资产报酬率的资料如表2-10所示。要求:分析各因素变动对总资产报酬率的影响程度。

表2-10 财务指标表

指标	2020年	2019年
总资产产值率	80%	82%
产品销售率	98%	94%
销售利润率	30%	22%
总资产报酬率	23.52%	16.96%

根据连环替代法的步骤和上述总资产报酬率的因素分解式,可得出以下信息。

实际指标体系:80%×98%×30%=23.52%

基期指标体系:82%×94%×22%=16.96%

分析对象是:23.52%-16.96%=+6.56%

在此基础上,按照步骤(3)的做法进行连环顺序替代,并计算每次替代后的结果。

基期指标体系:82%×94%×22%=16.96%

替代第一因素:80%×94%×22%=16.54%

替代第二因素:80%×98%×22%=17.25%

替代第三因素:80%×98×30%=23.52%

根据步骤(4),确定各因素对总资产报酬率的影响程度。

总资产产值率的影响:16.54%-16.96%=-0.42%

产品销售率的影响:17.25%-16.54%=+0.71%

销售利润率的影响:23.52%-17.25%=+6.27%

最后检验分析结果:-0.42%+0.71%+6.27%=+6.56%

2. 差额分析法

差额分析法是连环替代法的一种简化形式，是利用各个因素的比较值与基准值之间的差额，来计算各因素对分析指标的影响。从步骤上来看，差额计算法是将连环替代法的第三步骤和第四步骤合并为一个步骤进行。这个步骤的基本点是：确定各因素实际数与基期数之间的差额，并在此基础乘以排列在该因素前面各因素的实际数和排列在该因素后面各因素的基期数，所得出的结果是该因素变动对分析指标的影响数。

【例2-5】 根据表2-10提供的数据，运用差额分析法分析各因素变动对总资产报酬率的影响程度。

分析对象：23.52%-16.96%＝+6.56%

因素分析如下。

总资产产值率的影响：(80%-82%)×94%×22%＝-0.41%

产品销售率的影响：80%×(98%-94%)×22%＝+0.70%

销售利润率的影响：80%×98%×(30%-22%)＝+6.27%

最后检验分析结果：-0.41%+0.70%+6.27%＝+6.56%

采用因素分析法时，必须注意以下问题：第一，因素分解的关联性。构成经济指标的因素，必须客观上存在着因果关系，并能够反映形成该项指标差异的内在构成原因，否则就失去了应用价值。第二，因素替代的顺序性。确定替代因素时，必须根据各因素的依存关系，遵循一定的顺序并依次替代，不可随意加以颠倒，否则就会得出不同的计算结果。第三，顺序替代的连环性。因素分析法在计算每一因素变动的影响时，都是在前一次计算的基础上进行，并采用连环比较的方法确定因素变化的影响结果。第四，计算结果的假定性。由于因素分析法计算的各因素变动的影响数会因替代顺序不同而有差别，因而计算结果不免带有假定性，即它不可能使每个因素计算的结果都达到绝对的准确。为此，分析时应力求使这种假定合乎逻辑，具有实际经济意义。这样，计算结果的假定性才不至于妨碍分析的有效性。

三、财务综合分析与评价

财务综合分析方法有许多，概括起来可分为两类：一是财务报表综合分析，如资产与权益综合分析、利润与现金流量综合分析等；二是财务指标体系综合分析，如杜邦财务分析体系、杜邦财务指标体系改进分析等。财务综合评价方法有综合指数评价法、综合评分法等。财务综合分析与评价应用比较广泛的有杜邦分析法和沃尔评分法。

(一) 杜邦分析法

杜邦分析法，又称杜邦财务分析体系，简称杜邦体系，是利用各主要财务比率指标间的内在联系，对企业财务状况及经济效益进行综合系统分析评价的方法。该体系是以净资产收益率为起点，以总资产净利率和权益乘数为核心，重点揭示企业获利能力及权益乘数对净资产收益率的影响，以及各相关指标间的相互影响。因其最初由美国杜邦企业成功应用，故得名。

杜邦分析法将净资产收益率(权益净利率)分解为如图2-2所示。其分析关系式为

净资产收益率=销售净利率×总资产周转率×权益乘数

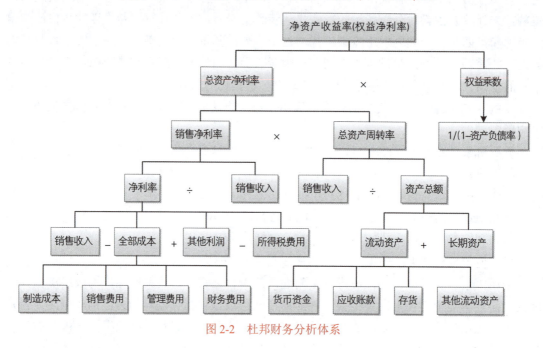

图2-2 杜邦财务分析体系

注：① 本章销售净利率即营业净利率，销售收入即营业收入，销售费用即营业费用。

② 图2-2中有关资产、负债与权益指标通常用平均值计算。

运用杜邦分析法需要注意以下几点。

(1) 净资产收益率是一个综合性最强的财务分析指标，是杜邦分析体系的起点。

财务管理的目标之一是使股东财富最大化，净资产收益率反映了企业所有者投入资本的获利能力，说明了企业筹资、投资、资产营运等各项财务及其管理活动的效率，而不断提高净资产收益率是使所有者权益最大化的基本保证。所以，这一财务分析指标是企业所有者、经营者都十分关心的。而净资产收益率高低的决定因素主要有三个，即销售净利率、总资产周转率和权益乘数。这样，在进行分解之后，就可以将净资产收益率这一综合性指标升降变化的原因具体化，从而它比只用一项综合性指标更能说明问题。

(2) 销售净利率反映了企业净利润与销售收入的关系，它的高低取决于销售收入与成本总额的高低。

要想提高销售净利率，一是要扩大销售收入，二是要降低成本费用。扩大销售收入既有利于提高销售净利率，又有利于提高总资产周转率。降低成本费用是提高销售净利率的一个重要因素，从杜邦分析图可以看出成本费用的基本结构是否合理，从而找出降低成本费用的途径和加强成本费用控制的办法。如果企业财务费用支出过高，就要进一步分析其负债比率是否过高；如果管理费用过高，就要进一步分析其资产周转情况等。从图2-2中还可以看出，提高销售净利率的另一途径是提高其他利润。为了详细地了解企业成本费用的发生情况，在具体列示成本总额时，还可根据重要性原则，将那些影响较大的费用单独列示，以便为寻求降低成本的途径提供依据。

(3) 影响总资产周转率的一个重要因素是资产总额。

资产总额由流动资产与长期资产组成，它们的结构合理与否将直接影响资产的周转速度。一般来说，流动资产直接体现企业的偿债能力和变现能力，而长期资产则体现了企业的经营规模、发展潜力。两者之间应该有一个合理的比例关系。如果发现某项资产比重过大，影响资金周转，就应深入分析其原因，例如企业持有的货币资金超过业务需要，就会影响企业的盈利能力。如果企业占有过多的存货和应收账款，则既会影响获利能力，又会影响偿债能力。因此，还应进一步分析各项资产的占用数额和周转速度。

(4) 权益乘数主要受资产负债率指标的影响。

资产负债率越高，权益乘数就越高，说明企业的负债程度比较高，给企业带来了较多的杠杆利益，同时，也带来了较大的风险。

【例2-6】某企业基本财务数据如表2-11所示，财务比率信息如表2-12所示，分析该企业净资产收益率变化的原因。

表2-11 基本财务数据　　　　　　　　　　　　　　　　　　　　　　　单位：万元

年度	净利润	营业收入	平均资产总额	平均负债总额	全部成本	制造成本	销售费用	管理费用	财务费用
2019年	10,284.04	411,224.01	306,222.94	205,677.07	403,967.43	373,534.53	10,203.05	18,667.77	1,562.08
2020年	12,653.92	757,613.81	330,580.21	215,659.54	736,747.24	684,261.91	21,740.96	25,718.20	5,026.17

表2-12 财务比率

项目	2019年度	2020年度
净资产收益率(%)	10.23	11.01
权益乘数	3.05	2.88
资产负债率(%)	67.2	65.2
总资产净利率(%)	3.36	3.83
营业净利率(%)	2.5	1.67
总资产周转率(次)	1.34	2.29

(1) 对净资产收益率进行分析。该企业的净资产收益率在2019年至2020年出现了一定程度的好转，从2019年的10.23%增加至2020年的11.01%。企业的投资者在很大程度上依据这个指标来判断是否投资或是否转让股份，考察经营者业绩和决定股利分配政策。这一指标对企业的管理者也至关重要。

净资产收益率=权益乘数×总资产净利率

2019年：10.23%＝3.05×3.36%

2020年：11.01%＝2.88×3.83%

通过上述分解可以明显地看出，该企业净资产收益率的变动是资本结构(权益乘数)变动和资产利用效果(总资产净利率)变动两方面共同作用的结果，而该企业的总资产净利率太低，表明其资产利用效果较差。

(2) 对总资产净利率进行分析。

总资产净利率=营业净利率×总资产周转率

2019年：3.36%＝2.5%×1.34

2020年：3.83%＝1.67%×2.29

通过上述分解可以看出2020年该企业的总资产周转率有所提高，说明资产的利用得到了比较好的控制，显示出比2019年较好的效果，表明该企业利用其总资产产生营业收入的效率在增加。总资产周转率提高的同时营业净利率减少，阻碍了总资产净利率的增加。

(3) 对营业净利率进行分析。

$$营业净利率＝\frac{净利润}{营业收入}$$

2019年：2.5%＝10,284.04/411,224.01

2020年：1.67%＝12,653.92/757,613.81

该企业2020年大幅度提高了营业收入，但是净利润的提高幅度却很小，分析其原因是成本费用增多，从表2-11可知：全部成本从2019年的403 967.43万元增加到2020年的736 747.24万元，与营业收入的增加幅度大致相当。

(4) 对全部成本进行分析。

$$全部成本＝制造成本＋销售费用＋管理费用＋财务费用$$

2019年：403,967.43＝373,534.53＋10,203.05＋18,667.77＋1,562.08

2020年：736,747.24＝684,261.91＋21,740.96＋25,718.20＋5,026.17

本例中，导致该企业净资产收益率小的主要原因是全部成本过大。也正是因为全部成本的大幅度提高，导致了净利润提高幅度不大，而营业收入大幅度增加，就引起了营业净利率的降低，显示出该企业销售盈利能力的降低。总资产净利率的提高应当归功于总资产周转率的提高，营业净利率的减少却起到了阻碍的作用。

(5) 对权益乘数进行分析。

$$权益乘数＝\frac{资产总额}{权益总额}$$

2019年：3.05＝306,222.94/(306,222.94−205,677.07)

2020年：2.88＝330,580.21/(330,580.21−215,659.54)

该企业权益乘数下降，说明企业的资本结构在2019年至2020年发生了变动，2020年的权益乘数较2019年有所减小。权益乘数越小，企业负债程度越低，偿还债务能力越强，财务风险有所降低。这个指标同时也反映了财务杠杆对利润水平的影响。该企业的权益乘数一直处于2～5，即负债率在50%～80%，属于激进战略型企业。管理者应该准确把握企业所处的环境，准确预测利润，合理控制负债带来的风险。

对于该企业，最为重要的就是要努力降低各项成本，在控制成本上下功夫，同时要保持较高的总资产周转率。这样，可以使营业净利率得到提高，进而使总资产净利率有大的提高。

(二) 沃尔评分法

企业财务综合分析的先驱者之一是亚历山大·沃尔。他在20世纪初出版的《信用晴雨表研究》和《财务报表比率分析》中提出了信用能力指数的概念，他把若干个财务比率用线性关系结合起来，以此来评价企业的信用水平，被称为沃尔评分法。他选择了7种财务比率，分别给定了其在总评价中所占的比重，总和为100分；然后，确定标准比率，并与实际比率相比较，评出每项指标的得分，求出总评分。

【例2-7】某企业是一家中型电力企业，2020年的财务状况评分的结果如表2-13所示。

表2-13 沃尔综合评分表

财务比率	比重 ①	标准比率 ②	实际比率 ③	相对比率 ④＝③÷②	综合指数 ⑤＝①×④
流动比率	25	2.00	1.66	0.83	20.75
净资产/负债	25	1.50	2.39	1.59	39.75
资产/固定资产	15	2.50	1.84	0.736	11.04
销售成本/存货	10	8	9.94	1.243	12.43
销售收入/应收账款	10	6	8.61	1.435	14.35
销售收入/固定资产	10	4	0.55	0.1375	1.38
销售收入/净资产	5	3	0.40	0.133	0.67
合计	100				100.37

从表2-13可知，该企业的综合指数为100.37，总体财务状况是不错的，综合评分达到标准的要求。但沃尔比重评分法技术上存在缺陷，夸大了达到标准的程度。尽管沃尔比重评分法在理论上还有待证明，在技术上也不完善，但它还是在实践中被广泛地加以应用。

沃尔比重评分法从理论上讲有一个弱点，就是未能证明为什么要选择这7个指标，而不是更多些或更少些，或者选别的财务比率，以及未能证明每个指标所占比重的合理性。沃尔的分析法从技术上讲有一个问题，就是当某一个指标严重异常时，会对综合指数产生不合逻辑的重大影响。这个缺陷是由相对比率与比重相"乘"而引起的。财务比率提高一倍，其综合指数增加100%；而财务比率缩小一半，其综合指数只减少50%。

现代社会与沃尔的时代相比，已有很大的变化。一般认为企业财务评价的内容首先是盈利能力，其次是偿债能力，再次是成长能力，它们之间大致可按5∶3∶2的比重来分配。盈利能力的主要指标是总资产报酬率、销售净利率和净资产收益率，这3个指标可按2∶2∶1的比重来安排。偿债能力有4个常用指标。成长能力有3个常用指标(都是本年增量与上年实际量的比值)。假定仍以100分为总评分。

【例2-8】仍以【例2-7】中企业2020年的财务状况为例，以中型电力生产企业的标准值为评价基础，则其综合评分标准如表2-14所示。

表2-14 综合评分表

指标	评分值	标准比率(%)	行业最高比率(%)	最高评分	最低评分	每分比率的差
盈利能力：						
总资产报酬率	20	5.5	15.8	30	10	1.03
销售净利率	20	26.0	56.2	30	10	3.02
净资产收益率	10	4.4	22.7	15	5	3.66
偿债能力：						
自有资本比率	8	25.9	55.8	12	4	7.475

(续表)

指标	评分值	标准比率(%)	行业最高比率(%)	最高评分	最低评分	每分比率的差
流动比率	8	95.7	253.6	12	4	39.475
应收账款周转率	8	290	960	12	4	167.5
存货周转率	8	800	3,030	12	4	557.5
成长能力：						
销售增长率	6	2.5	38.9	9	3	12.13
净利增长率	6	10.1	51.2	9	3	13.7
总资产增长率	6	7.3	42.8	9	3	11.83
合计	100			150	50	

标准比率以本行业平均数为基础，在给每个指标评分时，应规定其上限和下限，以减少个别指标异常对总分造成不合理的影响。上限可定为正常评分值的1.5倍，下限可定为正常评分值的0.5倍。此外，给分不是采用"乘"的关系，而采用"加"或"减"的关系来处理，以克服沃尔评分法的缺点。例如，总资产报酬率每分比率的差为1.03% = (15.8%-5.5%)÷(30分-20分)。总资产报酬率每提高1.03%，多给1分，但该项得分不得超过30分。

根据这种方法，对该企业的财务状况重新进行综合评价，得124.94分(见表2-15)，可判断出该企业是一个中等略偏上水平的企业。

表2-15 财务情况评分表

指标	实际比率①	标准比率②	差异③=①-②	每分比率④	调整分⑤=③÷④	标准评分值⑥	得分⑦=⑤+⑥
盈利能力：							
总资产报酬率	10	5.5	4.5	1.03	4.37	20	24.37
销售净利率	33.54	26.0	7.54	3.02	2.50	20	22.50
净资产收益率	13.83	4.4	9.43	3.66	2.58	10	12.58
偿债能力：							
自有资本比率	72.71	25.9	46.81	7.475	6.26	8	14.26
流动比率	166	95.7	70.3	39.475	1.78	8	9.78
应收账款周转率	861	290	571	167.5	3.41	8	11.41
存货周转率	994	800	194	557.5	0.35	8	8.35
成长能力：							
销售增长率	17.7	2.5	15.2	12.13	1.25	6	7.25
净利增长率	-1.74	10.1	-11.84	13.7	-0.86	6	5.14
总资产增长率	46.36	7.3	39.06	11.83	3.30	6	9.30
合计						100	124.94

四、图解分析法

图解分析法，亦称图解法，是财务报告分析中经常应用的方法之一。严格地说，图解分析法并不是一种独立的财务报告分析方法，而是上述财务报告分析方法的直观表达形式。例如，对比分析法、结构分析法、趋势分析法、因素分析法及综合分析法等都可用图解分析法来表达。图解分析法的作用在于能形象、直观地反映财务活动过程和结果,将复杂的经济活动及其结果以通俗、易懂的形式表现出来。图表方式能够使信息使用者一目了然,迅速掌握财务状况和经营成果的相关信息。

(一) 对比图解分析法

对比图解分析法,是指用图形的形式,将某一指标的报告数值与基准数值进行对比,以揭示报告数值与基准数值之间的差异。对比图解分析法是实践中广泛应用的图解分析法之一,其形式多种多样。常见的对比分析图是柱形的,如图2-3所示。

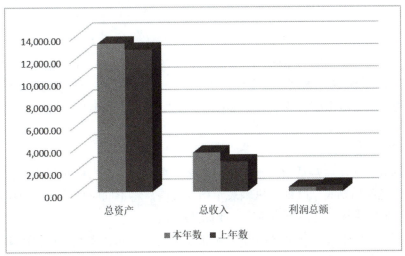

图 2-3　对比分析柱形图

图2-3可直观反映本年度总资产、总收入、利润总额与上年对比的情况。可见,企业本年总资产和总收入都比上年增长的情况下,利润总额却有所下降。这说明企业规模虽有增长,但效益或盈利能力却明显下降。

(二) 结构图解分析法

结构图解分析法,实际上是垂直分析法的图解形式,它以图形的方式表示在总体中各部分所占的比重。结构分析图的形式也有很多种,较常见的为饼形图。图2-4和图2-5反映了某企业的资产结构和权益结构。

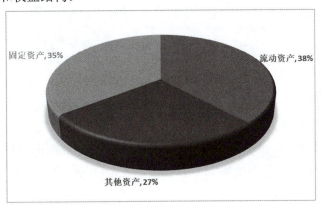

图 2-4　资产结构图

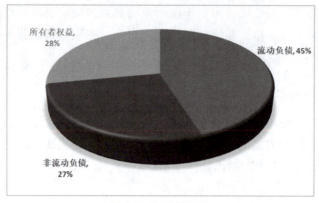

图 2-5　权益结构图

图2-4反映了企业总资产中流动资产占38%，非流动资产占62%；图2-5说明企业总权益中有72%是负债，而其中45%是流动负债，所有者权益仅占28%。通过图解分析可以看出，企业资产结构与权益结构显然是不相适应的，偿债能力特别是短期偿债能力是有问题的。

(三) 趋势图解分析法

趋势图解分析法，通常是指用坐标图反映某一个或某几个指标在一个较长时期内的变动趋势。坐标图的横轴表示时期，纵轴表示指标数值，将不同时期的指标数值用线连接起来，就形成了反映指标变动趋势的曲线，或称折线图。

图2-6反映营业收入、净利润和每股收益的变动趋势。从图中我们可得出如下结论：第一，企业营业收入经历了从下降到较快上升的过程；第二，每股收益与净利润的变动趋势相同，但增长幅度没有净利润的幅度大。

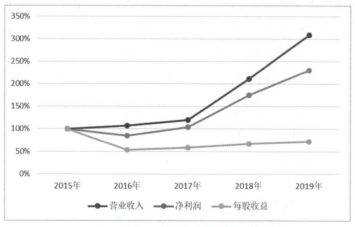

图 2-6　趋势分析图

这里主要应用对比图解分析法、结构图解分析法、趋势图解分析法进行了举例说明，除此之外还有因素图解分析法、量本利图解分析法、综合分析雷达图法等。因素图解分析法是运用因素分解图来反映某项经济指标的影响因素及影响程度的一种图解分析法。它有利于直观、清晰地反映分析指标与影响因素之间的关系。量本利图解分析法通过制作损益平衡图来确定保本销售量和保本销售额。综合分析雷达图法是以直观的方式，从企业的收益性、生产性、流动性、成长性和安全性5个方面综合分析评价企业经营与财务状况的一种图解分析法。

本章小结

财务报告分析的程序，亦称财务报告分析的一般方法，是指进行财务报告分析所应遵循的一般规程，包括4个阶段：信息搜集和整理阶段，战略分析与会计分析阶段，财务报告分析实施阶段，综合评价阶段。

财务报告分析信息是财务报告分析的基础和不可分割的组成部分。没有财务报告分析信息，财务报告分析如"无米之炊"。财务报告分析信息多种多样，依据不同的分类标准，财务报告分析信息有不同的分类，如企业内部信息和企业外部信息，定期信息和不定期信息，实际信息和标准信息、财务信息和非财务信息等。

财务报告是企业对外提供的反映企业某一特定日期的财务状况和某一会计期间的经营成果、现金流量等会计信息的文件。财务报告包括财务报表和其他应当在财务报告中披露的相关信息和资料。财务报表具体由会计报表本身及其附注两部分构成。会计报表包括资产负债表、利润表、现金流量表、所有者权益变动表。

在阅读财务报告的基础上，重点对会计报表进行比较。比较的方法包括水平分析法、垂直分析法和趋势分析法。

此外，财务分析方法还有比率分析法和因素分析法，其中，比率分析法是财务分析最基本、最重要的方法。比率分析法以其简单、明了、可比性强等优点在财务分析实践中被广泛采用。比率指标的类型主要有构成比率、效率比率和相关比率三类。因素分析法是依据分析指标与其影响因素之间的关系，按照一定的程序和方法，确定各因素对分析指标差异影响程度的一种技术方法。因素分析法根据其分析特点可分为连环替代法和差额分析法两种。

财务综合分析与评价应用比较广泛的有杜邦分析法和沃尔评分法。杜邦分析法，又称杜邦财务分析体系，简称杜邦体系，是利用各主要财务比率指标间的内在联系，对企业财务状况及经济效益进行综合系统分析评价的方法。沃尔评分法把若干个财务比率用线性关系结合起来，以此来评价企业的信用水平，它选择了7种财务比率，分别给定了其在总评价中所占的比重，总和为100分；然后，确定标准比率，并与实际比率相比较，评出每项指标的得分，求出总评分。

图解分析法，亦称图解法，是财务分析中经常应用的方法之一。图解分析法的作用在于能形象、直观地反映财务活动过程和结果，将复杂的经济活动及其结果以通俗、易懂的形式表现出来。

思考讨论

1. 财务报告分析分为哪几个阶段?各个阶段的任务是什么?
2. 简述什么是战略分析。
3. 简述比率分析的作用和不足。
4. 运用因素分析法应注意哪些问题?

案例分析

辉山乳业股价暴跌之谜

2017年3月24日,港股上市公司辉山乳业临近午盘直线暴跌,最多跌91.47%,股价由2.93港元跌至0.25港元,一举创造港交所有史以来最大跌幅纪录。截至24日上午收盘,辉山乳业跌85%报收0.25港元。半个小时,320亿市值(港元)灰飞烟灭!随后紧急停牌。股价"雪崩"后,辉山乳业几近断裂的资金链和财务造假问题一并曝光。2017年11月16日,辉山乳业发布公告称,截至2017年3月31日的综合净负债可能达105亿元。市场一片哗然,矛头纷纷指向著名的美国沽空机构——浑水(Muddy Waters)。

在做空报告中,浑水认为辉山乳业的欺诈等违规行为包括以下几种。

1) 供应来源欺诈

辉山乳业宣称其用于奶牛饲养的苜蓿是自产自足,但大量证据表明这是个谎言,这家公司长期从第三方供应商手中大量购买苜蓿。

2) 资本开支造假

辉山乳业在其奶牛养殖场的资本开支方面存在造假行为,他们夸大了这些养殖场所需的花费,夸大程度约在8.93亿~16亿元人民币。资本开支造假的主要目的很有可能是为了支持公司收入报表舞弊。

3) 董事局主席转移资产

辉山乳业董事局主席杨凯似乎从公司窃取了至少1.5亿元人民币的资产——实际数字可能更高。当中涉及将一家最少拥有四个乳牛牧场的附属公司向一位未披露的关联方转移。此事未有披露。相信杨凯控制着这家附属公司及相关牧场。

浑水称,上述报告是他们针对辉山乳业展开了长达数月的调查的结果,期间他们参观了该公司旗下35家牧场、5家生产设施(其中一个因中期建设而停工),以及两个已经对外宣布的、但目前没有建设迹象的生产基地。他们还用无人机观察了一些特定的辉山养殖场。浑水还称,调查人员还与三位乳品专家、数位分布在三个不同大陆省份的牧草供应商和进口商交谈,其中的一些人称他们向辉山乳业出售苜蓿草。

其实公司财务造假已经是多见不怪,从当年著名的"胜景山河""绿大地""万福生科"上市造假案,到欺诈发行退市第一股"欣泰电气"勒令退市案,再到"辉山乳业"股票暴跌案,诸多案例已经表明:企业经营、财务、销售等主要数据造假已经不是个案，已经带有一定普遍代表性，给广大投资者和债权人带来的损失足以引起我们的深思。

问题探讨：

1. 浑水公司针对辉山乳业进行了哪方面的调查？
2. 财务报告分析的信息基础有哪些？

实操项目

通过财经网站下载上市公司年度报告，收集上市公司相关信息，为后续进行财务报告分析做好准备。上市公司年度报告可通过以下网站下载。

新浪财经：https://finance.sina.com.cn/

巨潮资讯网：http://www.cninfo.com.cn/new/index

东方财富网：https://www.eastmoney.com/

第二篇　财务报表解读

- 第三章　资产负债表分析
- 第四章　利润表分析
- 第五章　现金流量表分析
- 第六章　所有者权益变动表分析

第三章

资产负债表分析

学习目标

○ **知识目标**

了解资产负债表的含义和作用；明确资产负债表分析的基本思路；理解资产负债表主要项目的内涵；掌握资产负债表分析的方法。

○ **能力目标**

能够在编制资产负债表水平分析表和垂直分析表的基础上对资产负债表的水平变动情况和结构变动情况做出准确分析，并能够对资产变动的原因进行分析说明，对资产结构、负债结构、所有者权益结构的变动情况进行分析说明；通过水平分析和垂直分析能够对资产负债表中重大变动项目对企业的影响进行解释说明；并利用资产负债表趋势分析对企业财务状况的发展趋势做出评价，具备对企业资产负债表分析和评价的基本能力。

第一节 资产负债表概述

一、资产负债表分析的目的

资产负债表分析的目的在于了解企业所拥有和控制的资源以及企业资本结构的变动情况，并据此评价企业的财务状况、偿债能力，为进行业绩评价奠定基础，具体内容如下。

(1) 了解企业财务状况的变动情况。在企业经营过程中，企业资产规模和各项资产会不断发生变动，与之相适应的是资金来源也会发生相应的变动，资产负债表只是静态地反映出变动后的结果。企业的资产、负债及股东权益在经过一段时期的经营后，发生了什么样的变化，这种变动对企业未来经营会产生什么影响，只有通过对资产负债表进行分析才能知道。

(2) 揭示资产负债表及相关项目的内涵。资产负债表上的数据是企业经营活动的直接结果，但这种结果是通过企业管理人员依据某种会计政策，按照某种具体会计处理方法进行会计处理后编制出来的。因此，企业采用何种会计政策，使用何种会计处理方法，必然会对资产负债表上的数据产生影响。例如，某经营期间耗用的材料一定时，采用不同存货计价方法进行会计处理，期末资产负债表上的存货金额就会有很大差异。如果不能通过分析搞清楚资产负债表及相关项目的内涵，就会把由企业会计处理产生的差异看作生产经营活动导致的结果，从而得出错误的分析结论。

(3) 评价企业会计对企业经营状况的反映程度。资产负债表是否充分反映了企业的经营状况，其真实性如何，资产负债表本身不能说明这个问题。企业管理者出于某种需要，既可能客观地、全面地通过资产负债表反映企业的经营状况，也可能隐瞒企业经营中的某些重大事项。根据一张不能充分真实反映企业经营状况的资产负债表，是不能对企业财务状况的变动及其原因做出合理解释的。

(4) 评价企业的会计政策。企业的会计核算必须在企业会计准则指导下进行，但企业会计在会计政策选择和会计处理方法选择上也有相当的灵活性，如存货计价方法、折旧政策等。不同的会计政策和会计处理方法，体现在资产负债表上的结果往往不同，某种会计处理的背后，总是代表着企业的会计政策和会计目的。深入分析资产负债表及相关项目的不正常变动，了解企业会计政策选择的动机，可以揭示出企业的倾向，评价企业的会计政策，消除会计报表外部使用者对会计信息的疑惑。

二、资产负债表分析的内容

资产负债表分析主要包括以下内容。

(1) 资产负债表水平分析。资产负债表水平分析是指通过对企业各项资产、负债和股东权益项目进行对比分析，揭示企业资产负债表各个项目的增减变动情况，从资产或权益的角度对资产、负债和所有者权益的变动进行分析和评价。

(2) 资产负债表结构分析。资产负债表结构分析是指通过将资产负债表中各项目与资产总额或权益总额进行对比，分析企业的资产构成、负债构成和股东权益构成，揭示企业资产结构和资本结构的合理性，探索企业资产结构优化、资本结构优化的思路。

(3) 资产负债表项目分析。资产负债表项目分析是指在资产负债表水平分析和结构分析的基础上，对资产负债表中变动幅度较大的主要项目进行深入分析，揭示项目变动的真正原因。

(4) 资产负债表趋势分析。资产负债表趋势分析是指通过对较长时期企业总资产及主要资产项目、负债及主要负债项目、股东权益及主要股东权益项目变化趋势的分析，揭示资产、负债、所有者权益各个项目的变动规律及特征，预测企业未来的发展前景。

相关链接3-1

如何看懂资产负债表

资产负债表是企业"四表一注"之一,"四表一注"即资产负债表、利润表、现金流量表、所有者权益(或股东权益)变动表及附注。资产负债表就是把企业在某一时点的资产、负债和所有者权益这三个基本要素的总额及其构成的有关信息,静态地列在一个表内表示出来的会计信息表。整张报表围绕"资产=负债+所有者权益"展开,为左右对称的账户结构。如何看懂资产负债表?

1. 看全貌

通过浏览资产负债表,对企业的资产、负债及净资产及其构成和增减变化有一个初步的了解。由于企业的总资产某种程度上反映了企业的经营规模,其增减变化与企业的负债和股东权益的变化有极大的关系。

2. 看趋势

资产负债表作为反映企业某个时点的静态的报表,具有一定的局限性,需要我们从资产、负债及所有者权益在一定期间内的变动趋势上进行辩证的分析;将静止的数据通过期间变动趋势流动起来,关注企业发展的重点、方向和未来趋势;关注期初期末差额变化较大的项目、对出现大额红字项目进行重点分析。

3. 看结构

由于报表本身的局限性,还要了解各项资产占总资产的构成比例、流动资产及流动资产与长期资产之间的结构。根据企业是属于生产企业(资产会偏重固定资产等长期资产)、贸易企业(资产结构会偏重存货等流动资产)还是服务性质的行业,需重点关注企业的货币资金、现金流量净额,初步判断企业的活力及经营特点。例如,企业应收账款占总资产的比重过高,说明企业资金被占用的情况严重,而其增长速度过快,说明该企业可能因产品的市场竞争能力较弱或受经济环境影响,企业的结算工作质量尚需改进。

4. 看所有者权益

了解企业注册资本和收益留存情况、企业的股利分配政策及未来发展。在企业股东权益中如法定的资本公积金大大超过企业的股本总额,这预示着企业将有良好的股利分配政策,与此同时,如果企业没有充足的货币资金作保证,预计该企业将会选择非现金股利的分配方案。

5. 关注往来款项

往来款项的发生一般情况下都是以合同为支撑的,应收款项属于企业垫付的款项,是否符合企业的收款政策,避免坏账的发生,应收款项数额过大会占用和消耗企业的资源;应付款项是企业占用别人的资金,要进一步分析应付款项余额的合理性,关注企业合同的履约情况,防范法律风险,维持企业信誉。同时需要注意应收款项和应付款项之间的平衡关系。

资料来源:李红琼.怎样分析资产负债表[J].大众投资指南,2019(22):226,228.

第二节 资产负债表一般分析

一、资产负债表水平分析

(一) 资产负债表水平分析表的编制

资产负债表水平分析的目的就是从总体上概括资产、权益的变动情况，揭示资产、负债、所有者权益变动的差异，以便对资产负债表各个项目的变动原因做出解释。资产负债表水平分析的依据是资产负债表，通过水平分析的方法编制资产负债表水平分析表，在此基础上进行分析评价。资产负债表水平分析表的编制思路如下。

(1) 选定比较的标准。资产负债表水平分析要根据分析的目的来选择比较的标准(基期)。当分析的目的在于揭示资产负债表实际变动情况，分析产生实际差异的原因时，其比较的标准应选择资产负债表的上年实际数。当分析的目的在于揭示资产负债表预算或计划执行情况，分析影响资产负债表预算或计划执行情况的原因时，其比较的标准应选择资产负债表的预算数或计划数。

(2) 计算某项目的变动额和变动率。变动额和变动率的计算公式如下：

$$某项目的变动额 = 该项目本期数 - 该项目基期数$$

$$某项目的变动率 = \frac{某项目的变动额}{该项目的基期数} \times 100\%$$

(3) 计算该项目变动对资产总额或权益总额的影响。资产负债表水平分析除了要计算某项目的变动额和变动率外，还应进一步计算出该项目的变动对资产总额和权益总额的影响程度，以便确定影响资产总额和权益总额的重点项目，为进一步的项目分析奠定基础。某项目变动对资产总额和权益总额的影响程度可按下列公式计算：

$$某项目变动对资产总额(权益总额)的影响(\%) = \frac{某项目的变动额}{基期资产总额(权益总额)} \times 100\%$$

根据表2-1提供的资料，编制LFYL公司资产负债表水平分析表，如表3-1所示。

表3-1 LFYL公司资产负债表水平分析表

项目	2019年(元)	2018年(元)	变动情况		对总额的影响(%)
			变动额(元)	变动率(%)	
流动资产					
货币资金	2,243,195,719.00	1,891,830,601.00	351,365,118.00	18.57	2.77
交易性金融资产	2,428,171.05	1,178,770.18	1,249,400.87	105.99	0.01
应收账款(合计)	685,329,973.20	667,194,060.70	18,135,912.50	2.72	0.14
其中：应收票据	0.00	7,355,571.88	-7,355,571.88	-100.00	-0.06
应收账款	685,329,973.20	659,838,488.80	25,491,484.40	3.86	0.20
应收款项融资	2,600,589.94	0.00	2,600,589.94	N/A	0.02
预付款项	56,087,657.17	58,431,556.34	-2,343,899.17	-4.01	-0.02
其他应收款(合计)	17,311,118.56	111,741,302.20	-94,430,183.64	-84.51	-0.74

(续表)

项目	2019年(元)	2018年(元)	变动情况		对总额的影响(%)
			变动额(元)	变动率(%)	
其中：应收利息	0.00	98,467,478.17	-98,467,478.17	-100.00	-0.78
其他应收款	17,311,118.56	13,273,824.06	4,037,294.50	30.42	0.03
存货	416,013,019.80	422,409,057.30	-6,396,037.50	-1.51	-0.05
其他流动资产	21,855,236.84	90,968,855.35	-69,113,618.51	-75.98	-0.54
流动资产合计	3,444,821,486.00	3,243,754,203.00	201,067,283.00	6.20	1.58
非流动资产					
可供出售金融资产	0.00	155,046,095.90	-155,046,095.90	-100.00	-1.22
长期股权投资	110,723,241.00	33,110,574.88	77,612,666.12	234.40	0.61
在建工程	139,314,778.30	191,222,280.90	-51,907,502.60	-27.15	-0.41
固定资产	1,585,735,974.00	1,483,467,909.00	102,268,065.00	6.89	0.81
无形资产	942,827,833.10	974,956,591.00	-32,128,757.90	-3.30	-0.25
开发支出	255,204,995.40	156,142,762.30	99,062,233.10	63.44	0.78
商誉	6,483,982,666.00	6,378,955,565.00	105,027,101.00	1.65	0.83
长期待摊费用	24,482,412.62	31,479,069.45	-6,996,656.83	-22.23	-0.06
递延所得税资产	57,028,287.57	32,330,545.85	24,697,741.72	76.39	0.19
其他非流动资产	38,753,111.47	18,022,094.27	20,731,017.20	115.03	0.16
非流动资产合计	9,814,357,358.00	9,454,733,488.00	359,623,870.00	3.80	2.83
资产总计	13,259,178,844.00	12,698,487,691.00	560,691,153.00	4.42	4.42
流动负债					
短期借款	796,770,083.00	149,288,376.10	647,481,706.90	433.71	5.10
应付账款(合计)	431,868,039.90	533,200,520.40	-101,332,480.50	-19.00	-0.80
其中：应付票据	0.00	50,000,000.00	-50,000,000.00	-100.00	-0.39
应付账款	431,868,039.90	483,200,520.40	-51,332,480.50	-10.62	-0.40
预收款项	8,188,424.54	4,961,780.12	3,226,644.42	65.03	0.03
应付职工薪酬	108,758,217.70	102,709,953.80	6,048,263.90	5.89	0.05
应交税费	48,534,820.86	55,599,544.08	-7,064,723.22	-12.71	-0.06
其他应付款(合计)	325,291,332.80	337,242,000.90	-11,950,668.10	-3.54	-0.09
其中：应付利息	0.00	15,509,249.19	-15,509,249.19	-100.00	-0.12
应付股利	0.00	2,499,000.00	-2,499,000.00	-100.00	-0.02
其他应付款	325,291,332.80	319,233,751.70	6,057,581.10	1.90	0.05
一年内到期的非流动负债	938,141,496.70	1,122,327,424.00	-184,185,927.30	-16.41	-1.45
其他流动负债	0.00	1,205,741.78	-1,205,741.78	-100.00	-0.01
流动负债合计	2,657,552,415.00	2,306,535,341.00	351,017,074.00	15.22	2.76
非流动负债					
长期借款	1,944,154,312.00	2,435,817,142.00	-491,662,830.00	-20.18	-3.87
长期应付职工薪酬	9,744,241.31	8,507,986.32	1,236,254.99	14.53	0.01
长期应付款	702,371.13	2,574,215.09	-1,871,843.96	-72.72	-0.01
预计非流动负债	14,657,930.27	12,938,580.90	1,719,349.37	13.29	0.01
递延所得税负债	132,043,960.70	113,080,228.10	18,963,732.60	16.77	0.15

(续表)

项目	2019年(元)	2018年(元)	变动情况		对总额的影响(%)
			变动额(元)	变动率(%)	
长期递延收益	36,832,412.98	19,144,849.65	17,687,563.33	92.39	0.14
非流动负债合计	2,138,135,229.00	2,592,063,003.00	-453,927,774.00	-17.51	-3.57
负债合计	4,795,687,644.00	4,898,598,344.00	-102,910,700.00	-2.10	-0.81
所有者权益					
股本	964,031,086.00	964,031,086.00	0.00	0.00	0.00
资本公积	5,667,442,502.00	5,667,442,502.00	0.00	0.00	0.00
减：库存股	0.00	18,296,250.00	-18,296,250.00	-100.00	-0.14
其他综合收益	519,616,980.50	329,147,710.50	190,469,270.00	57.87	1.50
盈余公积	84,711,834.29	84,046,097.04	665,737.25	0.79	0.01
未分配利润	1,196,503,472.00	772,002,603.70	424,500,868.30	54.99	3.34
归属于母公司股东权益合计	8,432,305,875.00	7,798,373,749.00	633,932,126.00	8.13	4.99
少数股东权益	31,185,324.58	1,515,597.78	29,669,726.80	1957.63	0.23
所有者权益合计	8,463,491,199.00	7,799,889,347.00	663,601,852.00	8.51	5.23
负债和所有者权益总计	13,259,178,844.00	12,698,487,691.00	560,691,153.00	4.42	4.42

(二) 资产负债表变动情况的分析评价

资产负债表的结构为"资产=负债+所有者权益"，资产负债表左方的项目是资产，代表着企业所拥有和控制的资产规模，资产规模随着企业经营规模的变动而变动。资产规模过小，难以满足企业经营的需要，影响企业经营活动的正常进行。资产规模过大，造成资产的闲置，使资金周转缓慢，影响资产的利用效率。资产作为保证企业经营活动正常进行的物质基础，它的获得必须有相应的资金来源，这就是资产负债表右方列示的项目。企业通过举债或吸收投资来满足其对企业资产的资金融通，从而产生了债权人、投资人对企业资产的两种不同要求权，即权益。资产、权益分别列示在资产负债表左右两方，反映出企业的基本财务状况，对资产负债表变动情况的分析评价可按照"先左边再右边，先整体再局部"的思路从资产和权益两方面进行。

1. 从资产角度进行分析评价

从资产角度进行分析评价主要从下面两方面进行。

(1) 分析总资产规模的变动状况以及各类、各项资产的变动状况，揭示出资产变动的主要方面，从总体上了解企业经过一定时期经营后资产的变动情况。

(2) 发现变动幅度较大或对总资产变动影响较大的重点类别和重点项目。分析时首先要注意发现变动幅度较大的资产类别或资产项目，特别是发生异常变动的项目。其次要把对总资产影响较大的资产项目作为分析重点。某资产项目变动自然会引起总资产发生同方向变动，但不能完全根据该项目本身的变动来说明对总资产的影响。该项目变动对总资产的影响，不仅取决于该项目本身的变动程度，还取决于该项目在总资产中所占的比重。当某项目本身变动幅度较大时，如果该项目在总资产中所占比重较小，则该项目变动对总资产变动的影响就不会太大；反之，即使某个项目本身变动程度较小，如果其比重较大时，其影响程度也很大。例如，本例中交易性金融资产本期自身变动幅度达到105.99%，但由于本项目在资产总额中的比重较小，仅占总资产规模的0.02%，所以对资产总额变动的影响并不大。相反，货币资金项目自身的变动幅度并不大，只有18.57%，但是因其在资产总额中所占的比重较大，占资产总额的16.92%，所以对资产总额变动的影响较大。分析时只有注意到这一点，才能突出分析重点，抓住关键问题，有助于深入分析。

根据表3-1，对LFYL公司总资产变动情况进行以下分析评价。

该公司总资产规模本期增加560,691,153.00元，增长幅度为4.42%，说明LFYL公司本期的资产规模有一定幅度的增长。进一步分析发现：

(1) 流动资产本期增加201,067,283.00元，增长幅度为6.20%，使总资产规模增长了1.58%。非流动资产本期增加了359,623,870.00元，增长幅度为3.80%，使总资产规模增加了2.83%，两者合计使总资产规模增加了560,691,153.00元，增长幅度为4.42%，可见本期资产的增长主要体现在非流动资产的增长上。

(2) 本期流动资产各项目都有不同幅度的增减变动，但其增长主要表现为货币资金的增长，货币资金本期增长了351,365,118.00元，增长幅度为18.57%，对资产总额的影响幅度为2.77%。货币资金的增长可以提高企业的偿债能力、增加资金的流动性，对企业来说是有利的方面，但是货币资金的增加也给管理人员提供了更多可支配的资源，从而产生浪费行为。因此，对货币资金的分析还应结合公司的现金需求量，从资金的利用效率方面考虑。此外，货币资金的增加还应结合利润表和现金流量表项目，以了解资金的来源，明确资金是来源于企业的经营活动、投资活动或筹资活动，以此才能做出恰当的评价。本期应收账款略有增加，增长额为25,491,484.40元，增长幅度为3.86%，对总额的影响为0.2%，说明本期应收账款的规模略有增加，该增加是否合理还应结合公司销售规模的变动和信用政策来进行判断。

(3) 本期非流动资产均有一定规模的增减变动，但变动幅度均不太大，其中非流动资产变动幅度相对较大的是以下三个方面：一是商誉的增加。商誉跟上期相比增加105,027,101.00元，增长幅度为1.65%，使总资产规模增长了0.83%，商誉反映企业购买的投资成本超过被合并企业净资产公允价值的差额。商誉本身是企业发生非同一控制下企业合并的时候才发生的，不需要按期摊销，但需要进行减值测试，计提减值损失。二是固定资产的增加。固定资产本期增加102,268,065.00元，增长幅度为6.89%，使总资产规模增长了0.81%。固定资产规模体现了一个企业的生产能力，但仅仅根据固定资产净值的变动并不能得出企业生产能力上升或下降的结论。固定资产净值反映了企业在固定资产项目上占用的资金，其既受固定资产原值变动的影响，也受固定资产折旧的影响。本例中固定资产净值增加一方面是由经营规模增长、购置的机器设备增加及部分在建工程转入所致，另一方面是因为固定资产当年计提折旧也造成了其价值的减少，但这种变化对该公司生产能力不会有太大影响，只是固定资产新旧程度有些差异而已，总体看该公司的生产能力有所增加。三是开发支出的增长。开发支出本期增加99,062,233.10元，增长幅度为63.44%，对总资产的影响为0.78%。开发支出反映企业开发无形资产过程中能够资本化形成无形资产成本的支出部分。该公司开发支出的增加主要是无形资产研发过程中内部开发支出增加所致，这对公司未来经营有积极作用。

2. 从权益角度进行分析评价

权益角度的分析评价主要从以下两方面进行。

(1) 分析权益总额的变动状况以及各类、各项筹资的变动状况，揭示出权益总额变动的主要方面，从总体上了解企业经过一定时期经营后权益总额的变动情况。

(2) 发现变动幅度较大或对权益总额变动影响较大的重点类别和重点项目，为进一步分析指明方向。

根据表3-1，对LFYL公司权益变动情况进行以下分析评价。

该公司权益总额本期增加560,691,153.00元，增长幅度为4.42%，说明LFYL公司本期的权益总额有一定幅度的增长。进一步分析发现：

(1) 本期负债减少102,910,700.00元，下降幅度为2.1%，使权益总额减少了0.81%。其中流动负债增加351,017,074.00元，增长幅度为15.22%，使权益总额增加2.76%；非流动负债减少453,927,774.00元，下降幅度为17.51%，使权益总额减少3.57%，两者合计使权益总额下降了0.81%。所有者权益本期增加663,601,852.00元，增长幅度为8.51%，使权益总额增加了5.23%，可见本期权益的增加主要是所有者权益的增加。

(2) 本期流动负债的增加主要表现为短期借款的增加。短期借款本期增加了647,481,706.90元，增长幅度为433.71%，使权益总额增加了5.1%，短期借款的增加可能导致公司偿债压力的加大及财务风险的增加。本期非流动负债减少，主要是长期借款减少，本期减少金额为491,662,830.00元，下降幅度为20.18%，使权益总额减少了3.87%，本期长期借款的减少是因为偿还了部分到期的长期债务，长期借款的减少使企业的资本成本降低，偿债压力减小。

(3) 所有者权益本期增加了663,601,852.00元，增长幅度为8.51%，使权益总额增加了5.23%。本期所有者权益的增加主要原因有两个：第一，其他综合收益增加190,469,270.00元，增长幅度为57.87%，使权益总额增加了1.5%，本期其他综合收益的增加主要是外币报表折算差额引起的。第二，未分配利润增加。本期未分配利润增加424,500,868.30元，增长幅度为54.9%，使权益总额增加了3.34%。未分配利润的增加有利于增强企业的财务实力，有利于企业财务资本的保全，降低财务风险，为企业的可持续发展提供源源不断的资金来源。

需要注意的是，权益各项目的变动既可能是由企业经营活动造成的，也可能是由企业会计政策变更造成的，或者是由会计的灵活性造成的，因此，只有结合权益各项目变动情况的分析，才能揭示权益总额变动的真正原因。

3. 资产负债表变动原因分析

资产负债表中项目的变动基本可以由4种情况引起。

(1) 负债变动型。当企业的负债发生变动时，资产负债表右上部分的负债项目发生变动，同时，因为负债的产生而使资产也发生相应的变动，从而引起表格的变动，例如当企业获得银行借款时，负债增加，同时银行存款也增加。

(2) 追加投资变动型。当所有者追加投资时，资产负债表右下部分的权益项目发生变动，同时资产项目相应变动，例如当投资者投入房产时，实收资本和固定资产同时发生变动。

(3) 经营变动型。企业的经营发生变动会引起资产项目的变动，例如当销售产品时，资产部分的存货和应收款项分别发生变动。

(4) 股利分配变动型。例如，当企业发放股利时，所有者权益部分的未分配利润发生变动，同时也引起资产部分相关资产的减少。

二、资产负债表垂直分析

(一) 资产负债表垂直分析表的编制

资产负债表结构反映了资产负债表各项目的相互关系及各项目所占的比重。资产负债表垂直分析是通过计算资产负债表中各项目占总资产或权益总额的比重，分析评价企业资产结构和权益结构的变动情况及合理程度。资产负债表垂直分析表的编制思路如下。

(1) 选定比较的标准。资产负债表垂直分析要根据分析的目的来选择比较的标准(基期)，对比的标准可以是上期实际数、预算数和同行业的平均数或可比企业的实际数。对比标准的选择视分析目的而定。

(2) 计算当期以及基期各资产项目在资产总额中所占的比重，并计算当期以及基期各权益项目在权益总额中所占的比重。

(3) 将当期各项目所占比重及基期各项目所占比重进行对比，分析各项目所占比重的变动情况。

根据表2-1提供的资料，编制LFYL公司资产负债表垂直分析表，如表3-2所示。

表3-2 LFYL公司资产负债表垂直分析表

项目	2019年(元)	2018年(元)	2019年(%)	2018年(%)	变动情况(%)
流动资产					
货币资金	2,243,195,719.00	1,891,830,601.00	16.92	14.90	2.02
交易性金融资产	2,428,171.05	1,178,770.18	0.02	0.01	0.01
应收账款(合计)	685,329,973.20	667,194,060.70	5.17	5.25	-0.09
其中：应收票据	0	7,355,571.88	0.00	0.06	-0.06
应收账款	685,329,973.20	659,838,488.80	5.17	5.20	-0.03
应收款项融资	2,600,589.94	0	0.02	0.00	0.02
预付款项	56,087,657.17	58,431,556.34	0.42	0.46	-0.04
其他应收款(合计)	17,311,118.56	111,741,302.20	0.13	0.88	-0.75
其中：应收利息	0	98,467,478.17	0.00	0.78	-0.78
其他应收款	17,311,118.56	13,273,824.06	0.13	0.10	0.03
存货	416,013,019.80	422,409,057.30	3.14	3.33	-0.19
其他流动资产	21,855,236.84	90,968,855.35	0.16	0.72	-0.55
流动资产合计	3,444,821,486.00	3,243,754,203.00	25.98	25.54	0.44
非流动资产					
可供出售金融资产	0	155,046,095.90	0.00	1.22	-1.22

(续表)

项目	2019年(元)	2018年(元)	2019年(%)	2018年(%)	变动情况(%)
长期股权投资	110,723,241.00	33,110,574.88	0.84	0.26	0.57
在建工程	139,314,778.30	191,222,280.90	1.05	1.51	−0.46
固定资产	1,585,735,974.00	1,483,467,909.00	11.96	11.68	0.28
无形资产	942,827,833.10	974,956,591.00	7.11	7.68	−0.57
开发支出	255,204,995.40	156,142,762.30	1.92	1.23	0.70
商誉	6,483,982,666.00	6,378,955,565.00	48.90	50.23	−1.33
长期待摊费用	24,482,412.62	31,479,069.45	0.18	0.25	−0.06
递延所得税资产	57,028,287.57	32,330,545.85	0.43	0.25	0.18
其他非流动资产	38,753,111.47	18,022,094.27	0.29	0.14	0.15
非流动资产合计	9,814,357,358.00	9,454,733,488.00	74.02	74.46	−0.44
资产总计	13,259,178,844.00	12,698,487,691.00	100	100	0
流动负债					
短期借款	796,770,083.00	149,288,376.10	6.01	1.18	4.83
应付账款(合计)	431,868,039.90	533,200,520.40	3.26	4.20	−0.94
其中：应付票据	0	50,000,000.00	0.00	0.39	−0.39
应付账款	431,868,039.90	483,200,520.40	3.26	3.81	−0.55
预收款项	8,188,424.54	4,961,780.12	0.06	0.04	0.02
应付职工薪酬	108,758,217.70	102,709,953.80	0.82	0.81	0.01
应交税费	48,534,820.86	55,599,544.08	0.37	0.44	−0.07
其他应付款(合计)	325,291,332.80	337,242,000.90	2.45	2.66	−0.20
其中：应付利息	0	15,509,249.19	0.00	0.12	−0.12
应付股利	0	2,499,000.00	0.00	0.02	−0.02
其他应付款	325,291,332.80	319,233,751.70	2.45	2.51	−0.06
一年内到期的非流动负债	938,141,496.70	1,122,327,424.00	7.08	8.84	−1.76
其他流动负债	0	1,205,741.78	0.00	0.01	−0.01
流动负债合计	2,657,552,415.00	2,306,535,341.00	20.04	18.16	1.88
非流动负债：			0.00	0.00	0.00
长期借款	1,944,154,312.00	2,435,817,142.00	14.66	19.18	−4.52
长期应付职工薪酬	9,744,241.31	8,507,986.32	0.07	0.07	0.01
长期应付款	702,371.13	2,574,215.09	0.01	0.02	−0.01
预计非流动负债	14,657,930.27	12,938,580.90	0.11	0.10	0.01
递延所得税负债	132,043,960.70	113,080,228.10	1.00	0.89	0.11
长期递延收益	36,832,412.98	19,144,849.65	0.28	0.15	0.13
非流动负债合计	2,138,135,229.00	2,592,063,003.00	16.13	20.41	−4.29
负债合计	4,795,687,644.00	4,898,598,344.00	36.17	38.58	−2.41
所有者权益			0.00	0.00	0.00
股本	964,031,086.00	964,031,086.00	7.27	7.59	−0.32
资本公积	5,667,442,502.00	5,667,442,502.00	42.74	44.63	−1.89
减：库存股	0	18,296,250.00	0.00	0.14	−0.14
其他综合收益	519,616,980.50	329,147,710.50	3.92	2.59	1.33
盈余公积	84,711,834.29	84,046,097.04	0.64	0.66	−0.02

(续表)

项目	2019年(元)	2018年(元)	2019年(%)	2018年(%)	变动情况(%)
未分配利润	1,196,503,472.00	772,002,603.70	9.02	6.08	2.94
归属于母公司股东权益合计	8,432,305,875.00	7,798,373,749.00	63.60	61.41	2.18
少数股东权益	31,185,324.58	1,515,597.78	0.24	0.01	0.22
所有者权益合计	8,463,491,199.00	7,799,889,347.00	63.83	61.42	2.41
负债和所有者权益总计	13,259,178,844.00	12,698,487,691.00	100	100	0

(二) 资产负债表结构变动情况的分析评价

资产负债表的垂直分析分别从资产、资本两个方面，从静态和动态两个角度进行。从静态角度分析就是以本期资产负债表为分析对象，分析评价其实际构成情况。从动态角度分析就是将资产负债表的本期实际构成与选定的标准进行对比分析。具体来说，资产负债表结构变动情况的分析评价从以下三个方面进行。

1. 资产结构的分析评价

企业资产结构分析评价的思路如下。

(1) 从静态角度观察企业资产的配置情况，特别关注流动资产和非流动资产的比重以及其中重要项目的比重，分析时可通过与行业的平均水平或可比企业资产结构的比较，对企业资产的流动性和资产风险做出判断，进而对企业资产结构的合理性做出评价。从整体上看，流动资产和非流动资产的比重主要受制于企业所处的行业。比如，交通运输业的非流动资产所占比重较大；而在教育、文化等行业中，流动资产所占比重较大。

(2) 从动态角度分析企业资产结构的变动情况，对企业资产结构的稳定性做出评价，进而对企业资产结构的调整情况做出评价。

从表3-2可以看出：

(1) 从静态方面来看资产的风险。流动资产变现能力强，其资产风险较小；非流动资产变现能力较差，其资产风险较大。所以，一个企业中流动资产比重较大时，企业资产的流动性强而风险小，非流动资产比重高时，企业资产弹性较差，不利于企业灵活调度资金，风险较大。该公司本期流动资产比重仅为25.98%，非流动资产比重达74.02%。根据该公司的资产结构，可以认为该公司资产的流动性较差，资产风险较大。

(2) 从动态方面来看资产结构的稳定性。本期该公司流动资产比重略有提高，上升了0.44%，非流动资产比重略有下降，下降了0.44%。结合各资产项目的结构变动情况来看，除货币资金的比重上升了2.02 %、可供出售金融资产下降了1.22%、商誉下降了1.33%之外，其他项目变动幅度不大，说明该公司的资产结构比较稳定。

2. 资本结构的分析评价

企业资本结构分析评价的思路如下。

(1) 从静态角度观察资本的构成，衡量企业的财务实力，评价企业的财务风险，同时结合企业的盈利能力和经营风险，评价其资本结构的合理性。

(2) 从动态角度分析企业资本结构的变动情况，对资本结构的调整情况及对股东收益可能产生的影响做出评价。

从表3-2可以看出：

(1) 从静态方面分析，该公司股东权益比重为63.83%，负债比重为36.17%，资产负债率不是很高，财务风险相对较小。这样的财务结构是否合适，仅凭以上分析难以做出判断，必须结合企业盈利能力和行业平均水平，通过比较分析才能予以说明。

(2) 从动态方面分析，该公司股东权益比重提高了2.41%，负债比重下降了2.41%。其中，短期借款提高了4.83%，长期借款下降了4.52%，未分配利润提高了2.94%，其余各项目变动幅度不大，表明该公司资本结构比较稳定，财务实力略有提升。

3. 资产负债表整体结构的分析评价

资产负债表整体结构分析评价的思路如下。

(1) 分析资产结构与资本结构的依存关系。企业的资产结构受制于企业的行业性质，不同行业性质的资金融通方式也有差异。因此，尽管总资产与总资本在总额上一定相等，但由不同投资方式产生的资产结构与不同筹资方式产生的资本结构却不完全相同，通常资本结构受制于资产结构，但资本结构也会影响资产结构。

(2) 分析评价不同结构可能产生的财务结果，以便对企业未来的财务状况及对企业未来经营的影响做出推断。

资产负债表整体结构主要有两种表现形式。

(1) 稳健结构。稳健结构的主要标志是企业流动资产的一部分资金需要使用流动负债来满足，另一部分资金需要则由非流动负债来满足。其形式如表3-3所示。

表3-3　稳健结构的资产负债表

流动资产	临时性占用流动资产	流动负债
	永久性占用流动资产	非流动负债
非流动资产		
所有者权益		

从表3-3可以看出，稳健型的资产负债表整体结构的财务结果是：第一，足以使企业保持相当优异的财务信誉，通过流动资产的变现足以满足偿还短期债务的需要，企业风险较小。第二，企业可以通过调整流动负债与非流动负债的比例，使负债成本达到企业目标标准。第三，无论是资产结构还是资本结构，都具有一定的弹性，特别是当临时性资产需要降低或消失时，可通过偿还短期债务或进行短期证券投资来调整，一旦临时性资产需要再产生时，又可以重新举借短期债务或出售短期证券来满足其所需。

多数企业资产负债表整体结构都表现为这种形式。

(2) 风险结构。风险结构的主要标志是流动负债不仅用于满足流动资产的资金需要，而且还用于满足部分长期资产的资金需要。这一结构形式不因流动负债在多大程度上满足长期资产的资金需要而改变。其形式如表3-4所示。

表3-4 风险结构的资产负债表

流动资产	流动负债
非流动资产	非流动负债
	所有者权益

从表3-4可以看出，风险型的资产负债表整体结构的财务结果是：第一，财务风险较大，较高的资产风险与较高的筹资风险不能匹配。流动负债和长期资产在流动性上并不对称。如果通过长期资产的变现来偿还短期内到期的债务，必然给企业带来沉重的偿债压力，从而需要企业大大提高资产的流动性。第二，相对于稳健结构形式，其负债成本较低。第三，企业存在"黑字破产"的潜在危险。由于企业时刻面临偿债的压力，一旦市场发生变动，或意外事件发生，就可能引发企业资产经营风险，使企业资金周转不灵而陷入财务困境，造成企业因不能偿还到期债务而"黑字破产"。在实务中，风险结构的企业可能是希望利用流动负债成本较低的优势，来显示更为优异的业绩表现。但是，流动负债较高的财务风险往往会抵消其融资成本的优势。"短贷长用"企业通常会表现出风险结构的资产负债表。这一结构形式只适用于企业处在发展壮大时期，或者在短期内作为一种财务策略来使用。

根据LFYL公司的资产负债表垂直分析表(见表3-2)可以发现，该公司2019年流动资产的比重为25.98%，流动负债的比重为20.04%，属于稳健型结构。该公司2018年流动资产的比重为25.54%，流动负债的比重为18.16%。从动态方面看，相对于2018年，虽然该公司在2019年的资产结构和资本结构都有所改变，但该公司资产结构与资本结构适应程度的性质并未改变。

第三节 资产负债表项目分析

一、主要资产项目分析

(一) 货币资金

货币资金包括现金、银行存款和其他货币资金。货币资金是企业流动性最强、最有活力的资产，同时又是获利能力最低，或者说几乎不产生收益的资产，其拥有量过多或过少对企业生产经营都会产生不利影响。货币资金分析应关注以下几方面。

1. 分析货币资金发生变动的原因

企业货币资金变动的主要原因如下。

(1) 销售规模的变动。企业销售商品或提供劳务是取得货币资金的重要途径，当销售规模发生变动时，货币资金存量规模必然会发生相应的变动，并且二者具有一定的相关性。

(2) 信用政策的变动。销售规模的扩大是货币资金增加的先决条件，如果企业改变信用政策，则货币资金存量规模就会因此而变化。例如，在销售时，企业提高现销比例，货币资金存量规模就会变大些；反之，货币资金存量规模就会小些。如果企业奉行较严格的收账政策，收账力度较大，货币资金存量规模就会大些。

(3) 为大笔现金支出做准备。在企业生产经营过程中，可能会发生大笔的现金支出，如准备派发现金股利，偿还将要到期的巨额银行贷款，或集中购货等，企业为此必须提前做好准备，积累大量的货币资金以备需要，这样就会使货币资金存量规模变大。

(4) 资金调度。一般来说，企业货币资金存量规模过小，会降低企业的支付能力，影响企业的信誉，因此而负担不必要的罚金支出等，或因此而丧失优惠进货的机会及最佳投资机会等；反之，如果货币资金存量规模过大，则会使企业丧失这部分资金的获利机会，影响企业资金的利用效果。企业管理人员对资金的调度会影响货币资金存量规模，如在货币资金存量规模过小时通过筹资活动提高其存量规模，而在其存量规模较大时，通过短期证券投资的方法加以充分利用，就会降低其存量规模。

2. 分析货币资金的质量

货币资金质量的分析要点如下。

(1) 判断货币资金与企业的规模和行业特点是否适应。一般而言，企业的资产规模越大，相应的货币资金规模应当越大，业务收支越频繁，处于货币形态的资产也应越多。在相同的总资产规模条件下，不同行业(如制造业、商业、金融业)的企业货币资金的规模也不同，同时，它还受企业对货币资金运用能力的影响。企业过大的货币资金规模，可能意味着企业正在丧失潜在的投资机会，也可能表明企业的管理人员生财无道。

(2) 分析企业筹资能力。如果企业信誉好，在资本市场上就能够较容易地筹集资金，向金融机构借款也较方便，企业就能应付突发事件而降低风险，企业就没有必要持有大量的货币资金；反之，如果企业信誉不好，借款能力有限，就不得不储存较多的现金来应付各种可能发生的突发性现金需求。

(3) 分析货币资金的构成内容。企业的银行存款和其他货币资金中有些不能随时用于支付的存款，例如不能随时支取的一年期以上的定期存款、有特定用途的信用证存款、商业汇票存款等，它们必将减弱货币资金的流动性，对此，应在报表附注中加以列示，以正确评价企业资产的流动性及其支付能力。

(4) 分析货币资金内部控制制度的完善程度以及实际执行质量，包括企业货币资金收支的全过程，如客户的选择、销售折扣和购货折扣的谈判与决定、付款条件的决定、具体收款付款环节以及会计处理等。

根据表3-1和表3-2可以对LFYL公司的货币资金存量规模、比重及变动情况做出如下分析评价：从存量规模及变动情况看，2019年该公司货币资金比2018年增加了351,365,118.00元，增长了18.57%，究其原因：一是营业收入增加822,494,075.62元，增长率为31%，二是经营活动现金流量增加，2019年经营活动现金流量增加了133,422,916.18元。

相关链接3-2

康美药业货币资金造假

2018年12月28日，证监会向康美药业发出了《调查通知书》，康美药业因涉嫌信息披露违法违规而被证监会调查，立案调查结果显示，康美药业涉嫌财务造假，且造假金额巨大，造假周期长，影响极其恶劣。2019年4月30日，康美药业发布关于会计差错的更正公告，称2018年之前康美药业财务报表账实不符达14处，营业收入、营业成本、费用等方面均存在账实不符的情况，其中，2017年财报中虚增货币资金达300亿元。2019年5月1日，康美药业已深陷舆论漩涡，董事长马兴田签发了致股东信，向广大投资者致歉。同年5月12日，康美药业连续收到了上交所发出的监管函、问询函以及年报问询函，5日后，证监会通报康美药业财务报告造假，康美药业于5月21日主动戴帽变成"ST康美"。

康美药业自2001年上市以来，通过股票、债券、直接融资等累计融资844.83亿元，其中，直接融资达679.98亿元，占比80.49%。货币资金看起来充裕的公司，却大额举债，公司自2006年发行第一支债券后，分别在2017年发行6支，在2018年发行13支，在2014年后呈现加速债券融资的态势。截至2018年5月31日借款余额376.47亿元。2018年6月19日和26日，康美药业通过中国银行发行两期银行间债券的中期票据，金额共20亿元。同年的7月和9月，康美药业分别募集了第一期和第二期公司债券，累计35亿元。从2018年康美药业的货币资金情况和发债规模来看，公司并不缺钱，但是，从截至2018年6月30日的数据来看，康美实业质押股票15.08亿股，质押比例高达92%，这些异常的指标和公司举动，让人不得不怀疑康美药业公司存在财务造假嫌疑。

康美药业2017年前货币资金充足，去除每年短期有息债务后仍有大量货币资金，理论上，不需要每年都大量进行债务融资。从资金管理的角度来看，公司不会将大量的资金存银行活期的同时以高息借入债务资金，康美药业通过举债维持着分红，股利支付率2012年至2017年都维持在较高水平，说明企业利润留存率过低，留存资金存在无法满足正常运营的风险。康美药业在2017年发布的公告中表明：采购相关物品的费用支出、工程物资的费用支出以及各项应收款少列报6.41亿元，为了达到账户平衡，对财务报表中的货币资金项目进行造假，多列支299.44亿元，与2018年年报中的货币资金项目金额相差悬殊，并且在三千多家上市公司中，市值超过300亿元的公司仅占比不到10%，如此巨大的金额，不是"会计差错"，而属于财务舞弊。康美药业为了掩盖被关联方占用大量资金的事实，这笔资金仍旧记账在公司的"货币资金"科目上，因此货币资金虚增，而实际上并没有那么多货币资金。根据康美药业的真实情况，企业的运营资金不足，导致公司不得不大量举债，同时，为了维持股价以获得更多现金，公司不得不通过虚增收入、降低成本来虚增利润，用伪造单据、借口内控不严的方法进行应收账款和存货的虚增，造成毛利率数据异常。

资料来源：刘诗瑜. 康美药业财务造假案例分析[D]. 南昌：江西财经大学，2020.

(二) 应收账款

1. 应收账款(应收票据)分析

应收账款(应收票据)是因为企业提供商业信用产生的。单纯从资金占用角度讲,应收账款的资金占用是一种最不经济的行为,但这种损失往往可以通过企业扩大销售而得到补偿,所以应收账款的资金占用又是必要的。对应收账款的分析,应从以下几方面进行。

(1) 关注企业应收账款的规模及变动情况。企业销售产品是应收账款形成的直接原因,在其他条件不变时,应收账款会随销售规模的增加而同步增加。如果企业的应收账款增长率超过销售收入、流动资产和速动资产等项目的增长率,就可以初步判断其应收账款存在不合理增长的倾向,对此,应分析应收账款增加的具体原因是否正常。从经营角度讲,应收账款变动可能出于以下原因:第一,企业销售规模变动导致应收账款变动。第二,企业信用政策改变。当企业实行比较严格的信用政策时,应收账款的规模就会小些;反之,则会大些。第三,企业收账政策不当或收账工作执行不力。当企业采取较严格的收账政策或收账工作得力时,应收账款的规模就会小些;反之,则会大些。第四,应收账款质量不高,存在长期挂账且难以收回的账款,或因客户发生财务困难,暂时难以偿还所欠货款。

(2) 分析会计估计变更的影响。由于企业经营活动中内在不确定因素的影响,某些会计报表项目不能精确地计量,而只能加以估计。会计估计变更是因为:第一,赖以进行估计的基础发生变化,或者由于取得新的信息、积累更多的经验以及后来的发展变化,可能需要对会计估计进行修订。第二,会计的随意性。企业管理人员为达到特定的目的,如追求高盈利,用带有倾向性的假设对当前业务的未来结果做出预测。如果会计估计变更是因为第一种情况发生的,这种变更会增加财务报表资料的真实性。但如果是因第二情况发生的,财务报表资料就可能会掩盖某些事实,造成财务信息人为失真。无论哪种情况发生,对应收账款的会计估计变更,最终都会使应收账款发生变动。

(3) 分析企业是否利用应收账款进行利润调节。企业利用应收账款进行利润调节的案例屡见不鲜,因此,分析时要特别关注:第一,应收账款的异常增长,特别是会计期末突发性产生的与营业收入相对应的应收账款。如果一个企业平时的营业收入和应收账款都很均衡,而唯独第四季度特别是12月份营业收入猛增,并且与此相联系的应收账款也直线上升,就有理由怀疑企业可能通过虚增营业收入或提前确认收入进行利润操纵。第二,应收账款中关联方应收账款的金额与比例。由于关联方之间的交易并不总是按照市场价格进行,因此关联方交易为企业提供了操纵利润的盈余管理机会。如果一个企业应收账款中关联方应收账款的金额增长异常或所占比例过大,应视为企业可能利用关联交易进行利润调节的信号。

(4) 要特别关注企业是否有应收账款巨额冲销行为。一个企业巨额冲销应收账款,特别是其中的关联方应收账款,通常是不正常的,或者是在还历史旧账,或者是为今后进行盈余管理扫清障碍。这种行为通常被称为"洗大澡"(take a big bath)。当企业发现某年业绩较差时,在该年度进行巨额的应收账款冲销,甚至将本能收回的应收账款进行部分冲销,以便为未来利润的转回提供空间。

根据LFYL公司的会计报表及会计报表附注可知,该公司2019年应收账款余额为

685,329,973.20元，2018年应收账款余额为667,194,060.70元，增长率为2.72%。另根据该公司垂直分析表可知，应收账款占总资产的比重基本不变。会计报表附注提供的应收账款账龄分析表得知，虽然该公司不同期限的应收账款的余额有所增长，但不同期限应收账款的比重基本未变，基本是一年以内的应收账款，占比99.9%，说明公司的信用政策和收账政策比较稳定，对应收账款的变动几乎没有影响。

2. 坏账准备分析

坏账准备作为应收款项的备抵科目，也被经常用来进行费用调整，从而对资产负债表和利润表产生影响。坏账准备的分析应注意以下几点。

(1) 分析坏账准备的提取方法、提取比例的合理性。按会计制度规定，企业可以自行确定计提坏账准备的方法和计提的比例。这可能导致企业出于某种动机，利用会计估计的随意性选择提取比例，随意选择计提方法，人为地调节应收款项净额和当期利润。

(2) 比较企业前后会计期间坏账准备提取方法、提取比例是否改变。一般说来，企业坏账准备的提取方法和提取比例一经确定，不能随意变更。企业随意变更坏账准备的提取方法和提取比例，往往隐藏着一些不可告人的目的。分析时应首先查明当企业坏账准备提取方法和提取比例变更时，企业是否按照信息披露制度的规定，对其变更原因予以说明。然后分析企业这种变更的理由是否充分合理，是正常的会计估计变更还是为了调节利润。

(3) 区别坏账准备提取数变动的原因。坏账准备提取数发生变动，既可能是因为应收款项变动引起的，也可能是由会计政策或会计估计变更引起的，分析时应加以区别。

根据LFYL公司的资产负债表和会计报表附注，对该公司坏账准备变动情况做出如下分析：公司2019年坏账损失采取备抵法核算，坏账准备按决算日应收账款余额进行分类计提，其中按欠款方归集的期末余额前五名合计占应收账款总额的比重为16.62%。本期计提坏账准备-339,273.09元，比上期减少，可见该公司应收账款本期未发生减值。

相关链接3-3

应收账款快速攀升，不差钱还来上市？

深圳奥雅设计股份有限公司(以下简称"奥雅设计")是一家景观设计企业，主要从事以创意设计为主导的EPC总承包业务，具体包含城市设计、景观园林设计、建筑设计等。2019年6月起，奥雅设计开始递交招股说明书拟登陆创业板，发行股票数量不超过1500万股，募资70332.15万元用于服务网络等三个项目的建设。公司已于9月3日过会。虽然成功踏足资本市场，但奥雅设计的招股书依旧透露着一些隐忧：公司应收票据及应收账款增长迅速，其中2017与2019年增速超过了同期营收；2017—2019年，奥雅设计应收票据及应收账款增长迅猛，分别为0.64亿元、0.88亿元、1.68亿元，增速较上一年分别增长64.55%、37.34%、90.64%，同期营业收入较上一年增速分别为42.59%、39.32%、35.96%；同时，公司应收账款周转率虽说高于行业平均水准，但是持续下降，分别为5.29、4.99、4.04。可见其赊销力度正逐渐高于过快的应收款增长速度，奥雅设计或存在有意放宽赊销信用条件刺激营收的行为。

对于应收账款净额在报告期内持续增长的原因，奥雅设计向《投资者网》表示，"主要系公司销售规模逐年持续扩大所致。"同时，该公司称，"最近两年，房地产企业陆续出现提前优化资产结构应对偿债高峰的情况。同时在政策持续收紧、土地调控升级、融资政策趋严的环境下，地产企业融资难度、融资成本均明显升高，部分开发商出现资金紧张，从而对公司销售回款构成一定压力。"从2015年9月第1次辅导备案登记至今，奥雅设计的漫漫上市之路已经走过五个年头。尽管该公司已通过上会审核，但赊销力度加强、回款效率走低是否表明其对下游客户的议价能力正在减弱？数据显示，奥雅设计报告期内应收账款及应收票据占总资产的比例分别为21.32%、20.08%、31.95%，整体增长明显，这是否会占用公司日常资金影响经营，产生流动性风险？虽然已成功涉足资本市场，但奥雅设计仍存在让人担忧的问题。

资料来源：新浪财经. 奥雅设计再闯创业板，应收账款逐年增加[EB/OL]. 2020-08-27. http://finance.sina.com.cn/stock/newstock/zxdt/2020-08-27/doc-iivhvpwy3280197.shtml.

(三) 存货

存货是指企业在正常生产经营过程中持有以备出售的产成品或商品，或者为了出售正处在生产过程中的在产品，或者将在生产过程或提供劳务过程中耗用的材料、物料等。存货在同时满足以下两个条件时，才能加以确认：第一，该存货包含的经济利益很可能流入企业；第二，该存货的成本能够可靠地计量。

1. 存货构成

企业存货资产遍布于企业生产经营全过程，种类繁多，按其性质可分为材料存货、在产品存货和产成品存货。存货构成分析既包括各类存货规模与变动情况分析，也包括各类存货结构与变动情况分析。

(1) 存货规模与变动情况分析。存货规模与变动情况分析，主要是观察各类存货的变动情况与变动趋势，分析各类存货增减变动的原因。在分析存货规模和变动情况时，需要将存货信息与企业所处行业的生产经营特点，上下游行业的联动效应以及供应商和客户关系相结合。根据LFYL公司财务报表附注提供的资料，编制该公司存货变动情况分析表，如表3-5所示。

表3-5 存货变动情况分析表

项目	2019年(元)	2018年(元)	变动情况	
			变动额(元)	变动率(%)
原材料	109,027,155.68	99,083,949.43	9,943,206.25	10.04
在产品	68,331,471.71	78,432,261.77	−10,100,790.06	−12.88
库存商品	189,283,638.73	196,353,759.54	−7,070,120.81	−3.60
发出商品	22,386,163.83	16,016,539.09	6,369,624.74	39.77
在途物资	11,918,251.70	15,965,363.28	−4,047,111.58	−25.35
包装物	7,852,695.52	6,497,730.68	1,354,964.84	20.85
低值易耗品	7,213,642.58	10,059,453.49	−2,845,810.91	−28.29
合计	416,013,019.75	422,409,057.28	−6,396,037.53	−1.51

根据表3-5所示，2019年度存货减少6,396,037.53元，下降幅度为1.51%，存货中的各项目均有所变动。其中，原材料有所增加，增长幅度为10.04%。原材料是保证企业生产经营活动连续进行必不可少的条件，一般来说，随着生产经营规模的扩大，原材料的增加是正常的。此外，在产品和库存商品有所减少，下降幅度分别为12.88%和3.60%。发出商品增加了39.77%，说明该企业销售较好，没有存货积压的现象。

(2) 存货结构与变动情况分析。存货结构指各种存货在存货总额中的比重。各种存货在企业再生产过程中的作用是不同的，其中库存商品和发出商品存货是存在于流通领域的存货，不是保证企业再生产过程不间断进行的必要条件，必须压缩到最低限度。材料类存货是维护再生产活动的必要物质基础，然而它只是生产的潜在因素，所以应把它限制在能够保证再生产正常进行的最低水平上。在产品存货是保证生产过程连续性的存货，企业的生产规模和生产周期决定了在产品存货的存量，在企业正常经营条件下，在产品存货应保持一个稳定的比例。企业生产经营的特点决定了企业存货资产的结构，在正常情况下，存货资产结构应保持相对的稳定性。分析时，应特别注意对变动较大的项目进行重点分析。任何存货资产比重的剧烈变动，都表明企业生产经营过程中有异常情况发生，因此应深入分析其原因，以便采取有针对性的措施加以纠正。

根据LFYL公司财务报表附注提供的资料，编制存货结构分析表，如表3-6所示。

表3-6 存货结构分析表

项目	2019年(元)	2018年(元)	结构变动		
			2019年(%)	2018年(%)	差异(%)
原材料	109,027,155.68	99,083,949.43	26.21	23.46	2.75
在产品	68,331,471.71	78,432,261.77	16.43	18.57	-2.14
库存商品	189,283,638.73	196,353,759.54	45.50	46.48	-0.98
发出商品	22,386,163.83	16,016,539.09	5.38	3.79	1.59
在途物资	11,918,251.70	15,965,363.28	2.86	3.78	-0.91
包装物	7,852,695.52	6,497,730.68	1.89	1.54	0.35
低值易耗品	7,213,642.58	10,059,453.49	1.73	2.38	-0.65
合计	416,013,019.75	422,409,057.28	100.00	100.00	0.00

从表3-6可以看出，该公司存货中所占比重较大的是原材料和库存商品，两者合计的比重为71.71%。本期原材料比重上有一定幅度上升，说明企业进行可持续生产有一定的物质保障；库存商品比重略有下降，表明企业的销售情况较好，整体较为稳定。

2. 存货计价

存货是企业流动资产中最重要的组成部分，是生产经营活动重要的物质基础。存货的变动，不仅对流动资产的资金占用有极大的影响，而且对生产经营活动产生重大影响。存货变动更主要受企业生产经营方面的影响，如生产经营规模的扩张和收缩、资产利用效率的高低、资产周转速度的快慢、存货管理水平的高低等。此外，存货的计价方法也会对资产负债表和利润表产生影响。虽然存货计价方法不会改变存货实物量，但是计价方法能够反映出企业存货管理水平和管理人员对未来经营趋势的预期。

分析存货计价时，应注意分析企业对存货计价方法的选择与变更是否合理。可供企业选择的存货计价有先进先出法、个别计价法和加权平均法。因为价格的变动，存货的不同计价方法会导致不同的结果。在通货膨胀条件下，存货的不同计价方法对资产负债表和利润表的影响更大。存货的不同计价方法对资产负债表和利润表的影响如表3-7所示。

表3-7 存货的不同计价方法对资产负债表和利润表的影响

计价方法	对资产负债表的影响	对利润表的影响
先进先出法	基本反应存货当前价值	利润被高估
个别计价法	基本反应存货真实价值	基本反映真实利润水平
加权平均法	介于两者之间	介于两者之间

存货计价方法的不同选择会产生重大的差异，一些企业在实务中往往将存货计价方法的选择作为操纵利润的手段。分析时应结合企业的具体情况、行业特征和价格变动情况，评价其存货计价方法选择的合理性，同时结合财务报表附注对存货会计政策变更的说明，判断其变更的合理性。

3. 存货的日常管理

企业存货的质量，不仅取决于存货的账面数字，还与存货的日常管理密切相关。只有适当保持各项存货的比例和库存周期，材料存货才能为过程所消化，商品存货才能及时实现销售，从而使存货顺利变现。

相关链接3-4

獐子岛的扇贝又跑了

獐子岛集团股份有限公司系于2001年4月经大连人民政府批准，设立的股份有限公司。2006年9月公司在深圳证券交易所上市，并创造中国农业第一个百元股。公司行业性质属于渔业行业，经营范围许可经营项目：水产品养殖、捕捞、加工、销售；主要产品、劳务：底播虾夷扇贝、鲍鱼、海参等，其中，虾夷扇贝是公司最主要的产品。

2014年10月30日晚间，公司披露三季报，业绩巨亏引发市场轩然大波——公司2014年前三季度实现营业收入7.46亿元，同比增长1.26%；实现归属于上市公司股东的净利润-8.61亿元，同比大减8429.37%。公司2014年第三季度实现营业收入19.93亿元，同比增6.75%；实现归属于上市公司股东的净利润-8.12亿元，同比下降1388.60%。

2018年1月30日晚间，獐子岛公告称，公司发现部分海域的底播虾夷扇贝存货异常，公司预计2017年净利润亏损5.3亿元～7.2亿元。经过4天的重新盘点，獐子岛公司最终将亏损金额确定在6.29亿元，相当于獐子岛2016年净利润的近8倍，这与2017三季报中预告全年1个亿左右的盈利差别很大。

时隔三年，獐子岛的扇贝又"跑路"了，又是将给公司带来巨大损失。獐子岛前一次"冷水团"事件还没有合理解释，质疑声还未消散，这一次獐子岛"扇贝去哪了"第二季开始上演。上述公告显示，造成此次业绩远低于预期的主因在于底播虾夷扇贝存货异常。公司称，公司决定对105.64万亩海域成本为7.35亿元的底播虾夷扇贝存货放弃本轮采播，进行核销处理。对43.02万亩海域成本为3.01亿元的底播虾夷扇贝存货计提跌价准备2.83亿元，合计影响净利润7.63亿元，全部计入当年三季度。公司第三季度季报业绩大幅变脸，由原本预计的盈利5 000万元左右变成亏损，归属于上市公司股东的净利润巨亏最终修正为8.12亿元。

资料来源：獐子岛"扇贝事件"真相浮现[EB/OL]. 2020-07-07. http://finance.china.com.cn/consume/20200707/5312329.shtml.

(四) 固定资产

固定资产是企业最重要的劳动手段，对企业的盈利能力有重大影响。固定资产分析主要从固定资产规模与变动情况、固定资产结构与变动情况、固定资产折旧和固定资产减值准备四方面展开。

1. 固定资产规模与变动情况分析

固定资产规模与变动情况分析主要从固定资产原值变动情况分析和固定资产净值变动情况分析两个方面来进行。

(1) 固定资产原值变动情况分析。固定资产原值是反映固定资产占用量的指标，如果剔除物价变动的影响，也可以说固定资产原值是以价值形式表示固定资产实物量的指标。固定资产原值反映了企业固定资产规模，其增减变动受当期固定资产增加和当期固定资产减少的影响。当期固定资产增加的主要原因有：投资转入固定资产，自行购入固定资产，自建自制固定资产，融资租入固定资产，接受捐赠固定资产，固定资产盘盈，其他原因。当期固定资产减少的主要原因有：出售转让固定资产，投资转出固定资产，固定资产报废清理，固定资产盘亏及毁损，发生非常损失，其他原因。对固定资产原值变动情况及变动原因的分析，可根据财务报表附注和其他相关资料进行。

(2) 固定资产净值变动情况分析。固定资产净值的变动取决于两个方面：一是固定资产原值的变动；二是折旧的变动，而折旧的变动完全取决于折旧政策的选择。固定资产净值变动情况分析就是分析固定资产原值变动和固定资产折旧变动对固定资产净值的影响。

2. 固定资产结构与变动情况分析

企业的固定资产占用资金数额大，资金周转时间长，是资产管理的重点。但是，企业拥有的固定资产不都是生产经营使用的，为此，必须保持合理的结构。

对固定资产结构的分析，可以为企业合理配置固定资产，挖掘固定资产利用潜力提供依据。固定资产按经济用途和使用情况可分为生产用固定资产、非生产用固定资产、未使用固定资产、不需用固定资产、租出固定资产和融资租赁固定资产。对固定资产结构分析可从以下三个方面进行：一是要分析生产用固定资产与非生产用固定资产之间比例的变化情况。在各类固定资产中，生产用固定资产，特别是其中的生产设备，同企业生产经营直接相关，在全部资产中占较大的比重。非生产用固定资产是指间接服务于生产经营活动的各种劳动资料，如职工食堂、宿舍等，这部分固定资产的增长速度一般不应超过生产用固定资产的增长速度。一般来说，非生产用固定资产比重越高，总资产的使用效果越差。二是分析未使用和不需用固定资产比率的变化情况，查明企业在处置闲置固定资产方面的工作是否具有效率。未使用和不需用的固定资产，对固定资产的有效使用是不利的，应该查明原因，采取措施，积极处理，压缩到最低的限度。如因购入未来得及安装，或某项资产正进行检修等，这虽属正常原因，但也应加强管理，应尽可能缩短安装和检修时间，使固定资产尽早投入到生产运营中去。三是分析生产用固定资产内部结构是否合理，要对固定资产的配置做出切合实际的评价，必须结合企业的生产技术特点。

3. 固定资产折旧分析

固定资产折旧方法的选择对固定资产的影响还隐含会计估计对固定资产的影响，如对折旧年限的估计、对固定资产残值的估计等。会计准则和制度允许的折旧方法有年限平均法、工作量法、双倍余额递减法、年数总和法。不同的折旧方法对固定资产价值产生的影响不同。

固定资产折旧分析应注重以下几方面。

(1) 分析固定资产折旧方法的合理性。企业应根据科技发展、环境及其他因素，合理选择固定资产折旧方法。对于利用固定资产折旧方法的选择及折旧方法的变更等手段，达到调整固定资产净值和利润的目的的做法，要通过分析比较揭示出来。

(2) 分析企业固定资产折旧政策的连续性。固定资产折旧方法一经确定，一般不得随意变更。企业变更固定资产折旧方法，可能隐藏着一些不可告人的目的，因此，应分析其变更理由是否充分，同时确定折旧政策变更的影响。

(3) 分析固定资产预计使用年限和预计净残值确定的合理性。分析时，应注意固定资产使用年限和固定资产预计净残值的估计是否符合国家有关规定，是否符合企业实际情况。实务中，一些企业在固定资产没有减少的情况下，往往通过延长固定资产使用年限，使折旧费用大幅减少，达到扭亏增盈的目的。对于这种会计信息失真现象，分析人员应予以揭示并加以修正。

4. 固定资产减值准备分析

固定资产减值准备分析主要从以下几方面进行。

(1) 分析固定资产减值准备变动对固定资产的影响。

(2) 确定固定资产可回收金额。这是确定固定资产减值准备提取数的关键。

(3) 分析固定资产发生减值对生产经营的影响。固定资产发生减值使固定资产价值发生变化，既不同于折旧引起的固定资产价值变化，也不同于其他资产因减值而发生的价值变化。固定资产减值是由有形损耗或无形损耗造成的，如因技术进步已不可使用或已遭毁损不再具有使用价值和转让价值等，虽然固定资产的实物数量并没有减少，但其价值量和企业的实际生产能力都会相应变动。需要指出的是，根据现行准则规定，固定资产减值无法在将来转回，这会降低管理人员计提减值的意愿。如果固定资产实际上已发生了减值，企业不提或少提固定资产减值准备，不仅虚夸了固定资产价值，同时也虚夸了企业的生产能力。根据LFYL公司财务报表附注提供的资料，编制该公司的固定资产规模变动分析表，如表3-8所示。

表3-8 固定资产规模变动分析表   单位：元

项目	房屋及建筑物	机器设备	其他	合计
一、账面原值：				
1. 期初余额	912,323,193.45	921,739,861.96	66,101,082.01	1,900,164,137.42
2. 本期增加金额	87,111,733.57	133,516,450.22	10,190,402.58	230,818,586.37
(1) 购置	471,350.45	14,641,137.56	6,665,044.52	21,777,532.53
(2) 在建工程转入	86,640,383.12	118,875,312.66	3,525,358.06	209,041,053.84
(3) 企业合并增加				
3. 本期减少金额	543,021.21	30,465,875.05	3,379,683.22	34,388,579.48
(1) 处置或报废	543,021.21	30,465,875.05	3,379,683.22	34,388,579.48
(2) 外币报表折算差额	8,670,890.16	−76,028.77	177,576.62	8,772,438.01
4. 期末余额	1,007,562,795.97	1,024,714,408.36	73,089,377.99	2,105,366,582.32
5. 增减额	95,239,602.52	102,974,546.40	6,988,295.98	205,202,444.90
6. 增减(%)	10.44	11.17	10.57	10.80

从表3-8可以看出，该公司本期固定资产原值增加205,202,444.90元，增长率为10.80%。其中，本期固定资产增长的原因主要有两个：其一是在建工程转入，其二是本期购置。其中，房屋及建筑物本期增加95,239,602.52元，机器设备本期增加102,974,546.40元，其他增加6,988,295.98元。机器设备的增加属于生产用固定资产的增加，有利于企业生产能力的提高。本期固定资产的减少主要是因为正常的报废清理所引起的固定资产的减少。

LFYL公司提供的财务报表表明，公司固定资产主要为房屋及建筑物、机器设备、电子设备、运输设备等，折旧方法采用年限平均法。根据各类固定资产的性质和使用情况，确定固定资产的使用寿命和预计净残值，并在年度终了时对固定资产的使用寿命、预计净残值和折旧方法进行复核，如与原先估计数存在差异的，进行相应的调整。对照上年的财务报表附注，可以发现本年公司的固定资产折旧方法、预计净残值、折旧年限均未发生变化，且都符合会计制度规定。由此可以判断该公司资产负债表所列示的固定资产折旧比较可靠。

(五) 商誉

商誉项目，反映企业合并中形成的商誉的价值。本项目应根据"商誉"科目的期末余额，减去相应减值准备后的金额填列。

目前会计上核算的商誉仅仅是指企业在非同一控制下企业合并中，所支付的合并成本大于合并中取得的被购买方可辨认净资产公允价值份额的差额。根据新会计准则，商誉入账后不要求摊销，而是在期末进行减值测试，在资产负债表上按照扣除可能发生的减值损失后的净额列示。并购过程中的高溢价导致了高商誉，而高商誉意味着高风险，在分析时应特别注意商誉是否发生减值。

根据LFYL公司财务报表附注提供的资料，编制该公司的商誉变动分析表，如表3-9所示。

表3-9 商誉变动分析表

形成商誉的事项	期初余额(元)	本期增加额(元) / 外币报表折算差额(元)	期末余额(元)	增减额(元)	增减率(%)
Omni International Corp.	15,131,534.23	249,138.08	15,380,672.31	249,138.08	1.65
CB Cardio Holdings Ⅱ Limited、CB Cardio Holdings Ⅴ Limited	6,363,824,030.55	104,777,962.97	6,468,601,993.52	104,777,962.97	1.65
合计	6,378,955,564.78	105,027,101.05	6,483,982,665.83	105,027,101.05	1.65

由表3-9所示，LFYL公司本期商誉略有增加，增长幅度为1.65%，其变动的主要原因是外币报表折算差额。结合表3-2，商誉在该公司资产总额中所占的比重为48.9%，所占份额较大。公司期末对与商誉相关的各资产组进行了减值测试，首先将该商誉及归属于少数股东权益的商誉包括在内，调整各资产组的账面价值，然后将调整后的各资产组账面价值与其可收回金额进行比较，以确定各资产组(包括商誉)是否发生了减值，经减值测试，未发生减值。虽然经过减值测试该公司商誉未发生减值，但较高的商誉仍然潜藏着较大的风险。

相关链接 3-5

商誉——达摩克利斯之剑

2018年底因计提商誉减值准备导致的黑天鹅事件频出，其中"亏损王"天神娱乐更是引起广泛关注。2016年6月，天神娱乐发布公告，宣布将以发行股份及支付现金的方式购入幻想悦游94.54%的股权；2017年3月，天神娱乐向幻想悦游原股东发行股份；2017年12月6日，天神娱乐通过非公开发行股份募集资金净额9.99亿元，用于本次交易中现金资金的支付。此后，上市公司实际支付现金对价，本次并购交易完成。在此次并购交易中，幻想悦游94.54%的股权总对价确定为34.17亿元，其中现金对价17.11亿元，股份对价17.06亿元。此次合并双方在合并前后不受同一方或相同多方的最终控制，属于非同一控制下的企业合并。本次交易中，被并购方做出了业绩承诺，幻想悦游原股东王玉辉、丁杰等承诺幻想悦游2016—2018年扣除非经常性损益后的净利润分别不低于25,000万元、32,500万元、40,625万元，且累加不少于98,125万元。若承诺期内，幻想悦游公司业绩未达到承诺标准，则承诺方需向天神娱乐公司支付补偿。子公司幻想悦游在2016年和2017年扣除非经常性损益后归母公司的净利润分别为25,651.02万元、33,163.15万元，承诺业绩完成率分别为102.60%、102.04%，这两年的业绩可以说是精准达标。而在2018年，该公司业绩出现断崖式下跌，扣非后净利润仅为14,097.07万元，只完成了承诺业绩的34.70%。而母公司天神娱乐于2017年2月将幻想悦游纳入合并报表范围，2017年共实现净利润12.37亿元，扣非后的净利润为7.41亿元。2018年，天神娱乐对商誉计提减值损失合计金额达到40.60亿元，其中对幻想悦游确认商誉减值17.02亿元，本年度天神娱乐亏损69.78亿元，成本A股名副其实的"亏损王"。

按照现行会计准则的要求，在合并财务报表中，企业合并成本大于合并中取得的被购买方可辨认净资产公允价值份额的差额应确认为商誉。在本案例中，天神娱乐通过发行股份和支付现金的方式合计支付了34.17亿元，购买日幻想悦游可辨认净资产公允价值份额为4.89亿元，两者的差额29.28亿元即被确认为商誉。企业合并所形成的商誉，至少应当在每年年度终了进行减值测试。因为商誉并不会单独产生现金流量，因此应结合相关的资产组进行减值测试。如果相关资产组的可收回金额低于其账面价值，则应将其差额确认为减值损失，减值损失应首先冲减商誉的账面价值。在本案例中，2016年和2017年幻想悦游均完成了相关的业绩承诺，上市公司结合游戏市场规模增长幅度、幻想悦游运营能力、管理层提供的未来游戏上线运营计划及盈利预测等，对并购幻想悦游形成的商誉执行了减值测试，确认未发生减值，因此也无须进行会计处理。2018年，幻想悦游业绩未达标，只完成了承诺业绩的34.70%。上市公司年底对商誉进行了减值测试，测试的商誉犹如悬在上市公司头上的达摩克利斯之剑，监管部门和投资者都对此高度关注。

资料来源：胡春妮.商誉的确认与计量[J].合作经济与科技，2020(22)：158-160.

二、主要负债和所有者权益项目分析

(一) 短期借款

短期借款数额的多少，往往取决于企业生产经营和业务活动对流动资金的需要量，以及现有流动资产的沉淀和短缺情况等。企业应结合短期借款的使用情况和使用效果分析该项目。为了满足流动资产的资金需求，一定数额的短期借款是必需的，但如果数额过大，超过企业的实际需要，不仅会影响资金利用效果，还会因超出企业的偿债能力而给企业的持续发展带来不利影响。短期借款适度与否，可以根据流动负债的总量、当前的现金流量状况和对未来会计期间现金流量的预期来确定。

表3-1显示，LFYL公司2019年短期借款增加了647,481,706.90元，增长幅度达433.71%，使权益总额增加5.10%。虽然短期借款可以降低资金成本，有助于利润的增加，但偿债压力的加大和财务风险的增加应引起公司的注意。

(二) 应付账款及应付票据

应付账款及应付票据因商品交易而产生，其变动原因有以下几点。

(1) 企业销售规模的变动。当企业销售规模扩大时，会增加存货需求，使应付账款及应付票据等债务规模扩大；反之，会使其降低。

(2) 为充分利用无成本资金。应付账款及应付票据是因商业信用产生的一种无资金成本或资金成本极低的资金来源，企业在遵守财务制度、维护企业信誉的条件下对其充分加以利用，可减少其他筹资方式的筹资数额，节约利息支出。

(3) 提供商业信用企业的信用政策发生变化。如果其他企业放宽信用政策和收账政策，企业应付票据及应付账款的规模就会大些；反之，就会小些。

(4) 企业资金的充裕程度。企业资金相对充裕，应付票据及应付账款规模会相对缩减一些；当企业资金比较紧张时，就会影响到应付票据及应付账款的清偿。

在市场经济条件下，企业之间相互提供商业信用是正常的。利用应付票据及应付账款进行资金融通，基本上可以说是无代价的融资方式，但企业应注意合理使用，以避免造成企业信誉损失。表3-1显示，LFYL公司2019年应付票据及应付账款减少101,332,480.50元，降低幅度为19%，通过查看该公司财务报表附注可知，2019年应付款项减少的主要原因是一笔到期的应付票据减少，此外应付账款略有减少，但降低幅度不大。表3-2显示应付款项在权益总额中所占比重为3.26%，与上期相比略有降低，可见该公司对无成本负债的利用程度较低。因此，该公司应妥善安排筹资方式，充分利用无成本负债降低企业资金成本。

(三) 长期借款

长期借款是企业利用负债方式获得长期资金来源的方式。长期借款属于企业重要的融资决策，对于企业生产经营产生深远影响。影响长期借款变动的原因有以下几点。

(1) 银行信贷政策及资金市场的资金供求状况。
(2) 为了满足企业对资金的长期需要。
(3) 保持企业权益结构的稳定性。
(4) 调整企业负债结构和财务风险。

根据表3-1、表3-2提供的资料，LFYL公司2019年长期借款减少491,662,830.00元，降低幅度为20.18%，在权益总额中所占比重为14.66%。结合公司情况和短期借款的增加可知，该企业近期对长期资金的需求减少，降低了长期借款的比重，增加了短期借款以补充流动资金。

关于股东权益项目变动的分析可参见第六章。

第四节　资产负债表趋势分析

资产负债表趋势分析的对象是企业连续若干年的财务状况信息，主要采用比较的方法，分析并观察其变动趋势。

趋势分析法是根据企业连续数期的财务报告，以第一年或另外选择某一年份为基期，计算每一期各项目对基期同一项目的趋势百分比，或计算趋势比例或指数，形成一系列具有可比性的百分数或指数，从而揭示当期财务状况和经营成果的增减变化及发展趋势。对不同时期财务指标的比较，可以计算成动态比率指标，依据采用的基期不同，所计算的动态指标比率有定基趋势分析和环比趋势分析两种。

(一) 资产项目趋势分析

1. 绝对额分析

将企业连续几年的流动资产、非流动资产的部分项目的绝对额进行比较，以查看这些资产项目的变化趋势，从而观察企业资产的变动情况。LFYL公司2015—2019年资产负债表部分资产金额如表3-10所示。

表3-10 LFYL公司部分资产项目的绝对额趋势分析   单位：元

项目	2015年	2016年	2017年	2018年	2019年
货币资金	268,848,376.00	286,521,937.70	236,392,862.60	1,891,830,601.00	2,243,195,719.00
应收票据及应收账款	229,590,882.20	191,825,772.60	200,649,551.60	667,194,060.70	685,329,973.20
存货	159,433,839.70	183,514,694.50	247,337,634.40	422,409,057.30	416,013,019.80
流动资产合计	768,604,853.30	839,993,709.10	765,233,441.60	3,243,754,203.00	3,444,821,486.00
固定资产净额	518,053,079.90	521,156,968.30	686,778,436.60	1,483,467,909.00	1,585,735,974.00
商誉	14,316,664.34	18,499,890.47	17,611,823.39	6,378,955,565.00	6,483,982,666.00
非流动资产合计	728,665,064.30	747,021,177.20	1,071,803,683.00	9,454,733,488.00	9,814,357,358.00
资产总计	1,497,269,918.00	1,587,014,886.00	1,837,037,125.00	12,698,487,691.00	13,259,178,844.00

将表3-10的部分数据反映在图形中，如图3-1所示。

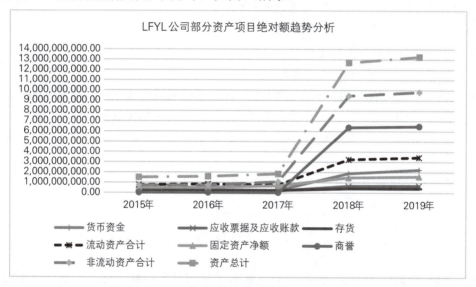

图3-1 LFYL公司部分资产项目的绝对额趋势分析

由表3-10和图3-1可以看出，LFYL公司的资产总额在2015—2019年这5年里呈持续上升趋势，尤其是在2017年至2018年之间上升速度很快。其中，流动资产和非流动资产也有相应的增长趋势。在流动资产中，货币资金在2017年以后稳步增长，应收账款和应收票据也略有提高，存货变动幅度不大，说明该企业销售状况较好。非流动资产中固定资产在2017年以后略有提高，商誉在2018年大幅度增加，超过了流动资产合计。查询报表附注可知，该企业在2017年发生了非同一控制下的企业合并，支付对价大幅超过了对方可辨认资产公允价值，因此产生了大额的商誉，分析时要注意商誉可能产生的风险。

2. 环比分析

环比分析一般是指报告期水平与前一期水平之比，表明项目逐期的发展速度。计算货币资金、存货、商誉、固定资产等资产项目相邻两期的变动百分比，可以观察这些项目变动的方向和幅度，从而全面分析企业资产的变动情况。LFYL公司2015—2019年部分资产项目的环比趋势分析如表3-11所示。

表3-11　LFYL公司部分资产项目的环比趋势分析

项目	2016年/2015年	2017年/2016年	2018年/2017年	2019年/2018年
货币资金	106.57%	82.50%	800.29%	118.57%
应收票据及应收账款	83.55%	104.60%	332.52%	102.72%
存货	115.10%	134.78%	170.78%	98.49%
流动资产合计	109.29%	91.10%	423.89%	106.20%
固定资产净额	100.60%	131.78%	216.00%	106.89%
商誉	129.22%	95.20%	36219.73%	101.65%
非流动资产合计	102.52%	143.48%	882.13%	103.80%
资产总计	105.99%	115.75%	691.25%	104.42%

由表3-11的环比数据可以看出，LFYL公司的总资产在过去几年里呈现增长的趋势，尤其2017—2018年增长迅速。相应地，流动资产和非流动资产在2017—2018年增加尤为明显，2018—2019略有增加。总体来说，由于货币资金占流动资产的比重较大，而货币资金和应收票据及应收账款总体增加，因此流动资产总体呈现不断增长的势头。非流动资产的变化趋势也是总体增长。其中，固定资产变化不大，而商誉变化较大。总体来说，企业的流动资产呈现不断增加的趋势，非流动资产也在不断增长，因此，企业总资产呈现出较为平稳的增长趋势。

3. 定基分析

定基分析就是选定一个固定的期间作为基期，计算各分析期的流动资产、非流动资产等相关项目与基期相比的百分比。这种分析不仅能看出相邻两期的变动方向和幅度，还可以看出较长期间的总体变动趋势，便于进行较长期间的趋势分析。LFYL公司2015—2019年部分资产项目的定基趋势分析如表3-12所示。

表3-12　部分资产项目的定基趋势分析

项目	2015年(基期)	2016年	2017年	2018年	2019年
货币资金	100.00%	106.57%	87.93%	703.68%	834.37%
应收票据及应收账款	100.00%	83.55%	87.39%	290.60%	298.50%
存货	100.00%	115.10%	155.13%	264.94%	260.93%
流动资产合计	100.00%	109.29%	99.56%	422.03%	448.19%
固定资产净额	100.00%	100.60%	132.57%	286.35%	306.10%
商誉	100.00%	129.22%	123.02%	44556.16%	45289.76%
非流动资产合计	100.00%	102.52%	147.09%	1297.54%	1346.90%
资产总计	100.00%	105.99%	122.69%	848.11%	885.56%

由表3-12可以看出，LFYL公司资产每年都有所增长。具体来看，流动资产中货币资金、应收账款及应收票据的增长水平是较快速的，存货也在增长，但相对来说波动性较大的是非流动资产中的商誉项目，在2017年发生非同一控制下企业合并之后增长了445.56倍之多，可见该企业存在着潜在的风险，分析时应多加关注该商誉是否发生减值迹象。此外，固定资产项目也有所增加，尤其在2019年增加了3.06倍，查阅报表附注可知固定资产增加主要是机器设备增加，可见该公司的生产能力也有所提高。

总体来说，总资产规模的扩大得益于流动资产中的货币资金、应收款项、存货及非流动资产中的商誉、固定资产等项目的增加。

(二) 负债项目趋势分析

1. 绝对额分析

将企业连续几年的流动负债、非流动负债的部分项目的绝对额进行比较，以查看这些负债项目的变化趋势，从而观察企业负债的变动情况。LFYL公司2015—2019年资产负债表部分负债金额如表3-13所示。

表3-13　LFYL公司部分负债项目的绝对额分析　　　　　　　　　　　　　　单位：元

项目	2015年	2016年	2017年	2018年	2019年
短期借款	—	—	61,257,166.54	149,288,376.00	796,770,083.00
应付票据及应付账款	170,196,192.30	164,823,852.30	229,316,737.10	533,200,520.40	431,868,039.90
流动负债合计	303,733,697.00	273,986,628.60	391,229,028.30	2,306,535,341.00	2,657,552,415.00
长期借款	—	—	—	2,435,817,142.00	1,944,154,312.00
非流动负债合计	9,757,398.86	12,997,805.20	17,499,523.19	2,592,063,003.00	2,138,135,229.00
负债合计	313,491,095.90	286,984,433.80	408,728,551.50	4,898,598,344.00	4,795,687,644.00

将表3-13中的部分数据反映在图形中，如图3-2所示。

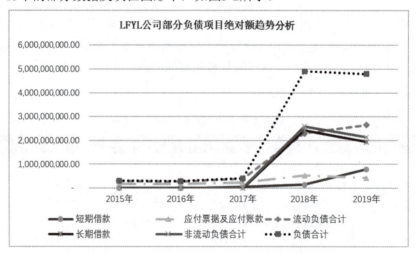

图 3-2　LFYL 公司部分负债项目的绝对额趋势分析

由表3-13和图3-2可以看出，LFYL公司的总负债在2017年以后大幅度上升，2019年略有下降。通过负债各项目分析可知，在总负债的变动中，流动负债在2017年以后持续增长，非流动负债在2018年增长幅度较大，2019年有所下降。流动负债的增加主要是短期借款在2019年增长幅度加大，而非流动负债下降主要是长期借款在2019年有所下降。

2. 环比分析

计算负债等相关项目相邻两期的变动百分比，以查看负债项目的变动方向和幅度，从而分析企业的偿债能力。LFYL公司部分负债项目的环比趋势分析如表3-14所示。

表3-14 LFYL公司部分负债项目的环比趋势分析

项目	2016年/2015年	2017年/2016年	2018年/2017年	2019年/2018年
短期借款	—	—	243.71%	533.71%
应付票据及应付账款	96.84%	139.13%	232.52%	81.00%
流动负债合计	90.21%	142.79%	589.56%	115.22%
长期借款	—	—	—	79.82%
非流动负债合计	133.21%	134.63%	14812.19%	82.49%
负债合计	91.54%	142.42%	1198.50%	97.90%

通过表3-14可以看出，负债总额从2017年开始上升，2018年增长幅度最大，增长了11.98倍，2019年略有下降。流动负债持续上升，非流动负债在2016—2018年上升，2018年达到最大，2019年有所下降，与总负债的变动趋势基本保持一致。总体来看，企业的负债呈现一定的波动性。

3. 定基分析

通过对部分负债项目的定基分析，计算分析其中的流动负债、非流动负债等相关项目与基期相比的百分比，不仅能够看出相邻两期负债的变动方向和幅度，还可以看出一个较长期间的总体变动趋势，便于进行较长期间的趋势分析。LFYL公司部分负债项目的定基趋势分析如表3-15所示。

表3-15 LFYL公司部分负债项目的定基趋势分析

项目	2015年(基期)	2016年	2017年	2018年	2019年
短期借款	—	—	—	—	—
应付票据及应付账款	100.00%	96.84%	134.74%	313.29%	253.75%
流动负债合计	100.00%	90.21%	128.81%	759.39%	874.96%
长期借款	—	—	—	—	—
非流动负债合计	100.00%	133.21%	179.35%	26565.10%	21912.96%
负债合计	100.00%	91.54%	130.38%	1562.60%	1529.77%

通过分析可以看出，近5年负债的增长幅度很大，相较于2015年，负债总额增长达到15.3倍，流动负债增长达8.75倍，非流动负债更是增长达219.12倍，可见该公司财务杠杆提高，应注意进一步防范财务风险。

(三) 所有者权益项目趋势分析

1. 绝对额分析

LFYL公司2015—2019年所有者权益项目的绝对额分析如表3-16所示。

表3-16 LFYL公司所有者权益项目的绝对额分析　　　　　　　　　　　　单位：元

项目	2015年	2016年	2017年	2018年	2019年
实收资本	247,200,000.00	494,355,000.00	494,355,000.00	964,031,086.00	964,031,086.00
资本公积	593,238,363.10	355,477,575.80	361,004,823.00	5,667,442,502.00	5,667,442,502.00

(续表)

项目	2015年	2016年	2017年	2018年	2019年
盈余公积	34,386,111.09	38,791,985.14	44,160,584.34	84,046,097.04	84,711,834.29
未分配利润	389,612,836.60	467,409,842.60	564,034,585.30	772,002,603.70	1,196,503,472.00
股东权益合计	1,182,654,991.00	1,298,896,636.00	1,426,156,427.00	7,798,373,749.00	8,432,305,875.00

将表3-16中的数据反映在图形中，如图3-3所示。

由表3-16和图3-3可以看出，LFYL公司在2015—2019年的5年时间里所有者权益规模逐年增长。其中，实收资本在2017年大幅增加，由前述分析可知，这是由于企业发行新股并购其他企业所致，资本公积的增加主要是股本溢价。另外，未分配利润处于稳步上升的趋势，说明企业自身经营状况良好，自身"造血"机制处于良性状态。

图 3-3　LFYL 公司所有者权益项目的绝对额趋势分析

2. 环比分析

LFYL公司所有者权益项目的环比趋势分析如表3-17所示。

表3-17　LFYL公司所有者权益项目的环比趋势分析

项目	2016年/2015年	2017年/2016年	2018年/2017年	2019年/2018年
实收资本	199.98%	100.00%	195.01%	100.00%
资本公积	59.92%	101.55%	1569.91%	100.00%
盈余公积	112.81%	113.84%	190.32%	100.79%
未分配利润	119.97%	120.67%	136.87%	154.99%
股东权益合计	109.82%	109.87%	546.09%	108.51%

在对LFYL公司5年里的股东权益环比分析结果可以看出，股东权益总额每年都有所增长，2018年增长幅度最大，2019年趋于平稳。2019年实收资本、资本公积没有改变，股东权益的增加主要是未分配利润的增加。

3. 定基分析

LFYL公司所有者权益项目的定基趋势分析如表3-18所示。

表3-18 LFYL公司所有者权益项目的定基趋势分析

项目	2015年(基期)	2016年	2017年	2018年	2019年
实收资本	100.00%	199.98%	199.98%	389.98%	389.98%
资本公积	100.00%	59.92%	60.85%	955.34%	955.34%
盈余公积	100.00%	112.81%	128.43%	244.42%	246.35%
未分配利润	100.00%	119.97%	144.77%	198.15%	307.10%
股东权益合计	100.00%	109.82%	120.66%	658.90%	714.96%

在选择以2015年为基期的定基比较中可以看出，所有者权益在这5年中持续增长，股东权益总额增长7.15倍。其中，实收资本增长3.9倍，资本公积增长9.55倍，盈余公积增长2.46倍，未分配利润增长3.07倍。总体来说，近5年间，LFYL公司的财务实力有所增强。

本章小结

资产负债表分析的目的，在于了解企业会计对企业财务状况的反映程度，以及所提供会计信息的质量。通过资产负债表分析，揭示资产负债表及相关项目的内涵；了解企业财务状况的变动情况及变动原因。

资产负债表水平分析是在运用水平分析法编制资产负债表水平分析表的基础上，从资产和权益两方面对其进行分析评价。从资产角度分析评价主要围绕两个方面进行：第一，分析评价总资产的变动情况和各类、各项资产的变动情况；第二，发现变动幅度较大或对总资产影响较大的重点类别或项目。从权益角度分析评价主要围绕两个方面进行：第一，分析评价权益总额的变动情况及各类、各项筹资的变动情况；第二，发现变动幅度较大或对权益总额变动影响较大的重点类别和重点项目。

资产负债表垂直分析是在运用垂直分析法编制资产负债表垂直分析表的基础上，先从静态角度对资产结构和权益结构进行分析评价，后从动态角度对资产结构和权益结构的变动情况进行分析评价，最后对资产负债表整体结构进行分析评价。

资产负债表项目分析从资产负债表水平分析和垂直分析的基础上，找出重点变动项目进行分析和评价，并且找出重点项目变动的原因及对企业未来经营的影响。

资产负债表趋势分析利用公司财务报表近五年的数据反映资产负债表各项目的变动趋势，按照绝对额趋势分析、环比趋势分析、定基趋势分析的方法分别对资产项目、负债项目和所有者权益项目进行分析，观察各项目的变动情况。

思考讨论

1. 资产负债表的含义是什么？内容有哪些？资产负债表分析有哪些作用？
2. 该如何对资产负债表进行水平分析？
3. 该如何对资产负债表进行结构分析？
4. 货币资金的分析要点是什么？货币资金的分析要注意哪些事项？

5. 应收账款的分析要点是什么？
6. 如何理解存货的概念、构成？如何对存货进行分析？
7. 如何对固定资产进行分析？固定资产分析要注意哪些事项？
8. 资产负债表趋势分析从哪些方面进行？

案例分析

永辉超市参股公司申请破产，股东投资八年一场空

2020年12月9日，上海上蔬永辉生鲜食品有限公司(简称"上蔬永辉")官方网站发布破产重整公告称，近年来，公司出现持续亏损且扭亏无望。特别是2020年以来，公司经营发生流动性危机，周转资金严重短缺。上蔬永辉以不能清偿到期债务、明显缺乏清偿能力为由向上海市第三级中级人民法院申请破产清算。截至2020年10月31日，上蔬永辉账面资产总计7.33亿元，负债总计8.58亿元，所有者权益-1.25亿元。

据上市公司永辉超市股份有限公司(简称"永辉超市")公告，永辉超市持有上蔬永辉股权的32.14%。永辉超市虽然不是上蔬永辉的控股股东，但在最初的出资中，永辉超市出资4500万元，上海蔬菜集团出资5500万元。根据永辉超市2019年年报长期股权投资数据，永辉超市对上蔬永辉的期初投资额为5064.05万元，后续未追加投资，已与当期确认全额损失。根据永辉超市公告，截至2019年底，永辉超市对上蔬永辉的长期股权投资账面净值为0元，上蔬永辉的破产清算不会对公司2020年以及以后年度的投资收益产生影响。除上述投资外，截至公告日，上蔬永辉及其子公司尚欠公司251.22万元款项未结清，该款项预计在上蔬永辉破产清算后收回的可能性极小，公司将对该款项全额计提减值准备。

2020年12月10日，永辉超市收报7.26元，跌3.33%，总市值为690.9亿元。从K线走势看，永辉超市自2020年4月份反弹至11.07元后，便步入下跌通道。

问题探讨：
1. 永辉超市对哪些项目计提了减值准备？
2. 减值准备计提的前提条件是什么？
3. 上蔬永辉破产清算对永辉超市将产生什么样的影响？

实操项目

根据第二章实操项目所收集的上市公司财务报表资料，对资产负债表进行水平分析、结构分析、项目分析及趋势分析。

第四章 利润表分析

学习目标

○ **知识目标**

了解利润表的含义和作用；明确利润表分析的基本思路；理解利润表主要项目的内涵；掌握利润表分析的方法。

○ **能力目标**

能够在编制利润表水平分析表和垂直分析表的基础上，对利润表的水平变动情况和结构变动情况做出准确分析，并能够对利润表项目变动的原因进行分析说明；能够分析利润项目变动的趋势，并在上述分析的基础上对企业整体的经营成果做出综合评价，具备对企业利润表分析和评价的基本能力。

第一节 利润表概述

一、利润表的含义和作用

利润表是反映企业在一定会计期间的经营成果的财务报表。利润表是以"利润=收入-费用"这一会计等式为依据编制而成的，是一张动态的财务报表。利润表的列报必须充分反映企业经营业绩的主要来源和构成，有助于使用者判断净利润的质量及风险，有助于使用者预测净利润的持续性，从而做出正确的决策。

二、利润表分析的目的

利润表分析的目的可以从以下5个方面进行。

(1) 可以解释、评价和预测企业的经营成果和获利能力，为投资决策提供依据。经营成果通常指以营业收入、其他业务收入抵扣成本、费用、税金等的差额所表示的收益信息。经营成果是一个绝对值指标，可以反映企业财富增长的规模。获利能力是一个相对值指标，它指企业运用一定的经济资源(如人力、物力)获取经营成果的能力。通过比较和分析同一企业在不同时期，或不同企业在同一时期的资产收益率、成本收益率等指标，能够揭示企业利用经济资源的效率；通过比较和分析收益信息，可以了解某一企业收益增长的规模和趋势；根据利润表所提供的经营成果信息，股东、债权人和管理部门可解释、评价和预测企业的获利能力，据以对是否投资或追加投资、投向何处、投资多少等做出决策。

(2) 可以解释、评价和预测企业的偿债能力，为筹资决策提供依据。偿债能力指企业以资产清偿债务的能力。利润表本身并不提供偿债能力的信息，然而企业的偿债能力不仅取决于资产的流动性和资本结构，也取决于获利能力。企业在个别年份获利能力不足，不一定影响偿债能力，但若一家企业长期丧失获利能力，则资产的流动性必然由好转坏，资本结构也将逐渐由优变劣，陷入资不抵债的困境。因而，如果获利能力不强甚至亏损的企业，通常其偿债能力不会很强。

(3) 可以为企业管理层的经营决策提供依据。比较和分析利润表中各种构成要素，可知悉各项收入、成本、费用与收益之间的消长趋势，发现各方面工作中存在的问题，揭露缺点，找出差距，改善经营管理，努力增收节支，杜绝损失的发生，做出合理的经营决策。

(4) 可以考核和评价企业经营管理人员的经营业绩和管理水平，为业绩考核提供依据。通过对利润表中各项构成因素的比较分析，可以考核企业经营目标的完成情况，发现各方面工作中存在的问题，促使企业经营管理人员找出差距，明确重点，不断提高经营管理水平。

(5) 可以为税务部门课征税款提供依据。利润表反映的收入、费用、成本及利润情况，可以为税务部门课征税款提供依据，也可以作为有关贸易组织和政府有关部门制定价格的基本依据。此外，利润表还是国民经济核算中计算国民收入的主要资料来源。

三、利润表分析的内容

在明确利润分析作用之后，进一步进行利润分析时，应凭借利润表及相关信息展开。本章的利润表分析主要由以下内容构成。

(一) 利润表综合分析

通过利润表综合分析，主要对利润表主表各项利润额增减变动、利润结构变动情况进行分析。

(1) 利润额增减变动分析。利润额增减变动分析，主要是借助水平分析法，结合利润形成过程中相关的影响因素，反映利润额的变动情况，评价企业在利润形成过程中的各方面管理业绩并揭露存在的问题。

(2) 利润结构变动分析。利润结构变动分析，主要是在对利润表进行垂直分析的基础上，通过各项利润及成本费用相对于收入的占比，反映企业各环节利润的构成、利润率及成本费用水平。

(二) 利润表项目分析

在利润表水平分析和垂直分析的基础上对利润表中的重大变动项目进行分析，找出项目变动的原因，保证利润表数据的真实性和准确性。

(三) 利润表趋势分析

利润表趋势分析是指通过对较长时期企业的收入、成本费用及利润的变化趋势进行的分析，揭示收入、成本费用、利润各个项目的变动规律及特征，预测企业未来的发展前景。

■ 相关链接4-1

打击财务造假需要更多"啄木鸟"

中国证监会日前点名A股上市公司宜华生活定期报告存在严重虚假记载：2016年至2019年4年内虚增利润20亿元、存款80亿元，隐瞒关联资金300亿元。这是在2020年康得新、康美药业、獐子岛、东方金钰、长园集团、中健网农案等6起典型财务造假案之后，监管部门通报的又一起财务造假大案，凸显监管塑造市场良好生态、保护投资者合法权益的坚定决心，也反映出当前A股市场打击财务造假依然任重道远。

传统的监管部门现场稽查和财务审计虽然发挥了重要作用，但也有一定局限性。比如，上市公司常用的利润表、资产负债表、现金流量表涉及30个基础指标及众多非常用指标，完全依靠稽查和现场审计，很难监控这么多指标的长期变化，尤其在部分上市公司善于"藏亏损于表外""藏亏损于存货""藏亏损于应收账款"等情况下，仅靠中介机构的力量很难让造假公司完全现形；又如，在上市公司日常的财务审计中，虽然需要针对全年的多张报表进行审计，但在资产负债表审核中一般仅衡量12月31日那个时间点的指标，过了这一时间点的在建工程、存货周转率、资产负债率等指标，可能出现较大变化，心怀不轨的上市公司很可能利用资产负债表这一特性，找资金帮忙"蒙混过关"。

在注册制下，投资者要根据上市公司的信息披露来做出投资价值判断，对新股定价和上市公司估值表现将更多依靠市场力量。面对上市公司发布的海量财务信息，除了努力推动监管转型之外，各方也不妨引入市场化做空机构、社会监督、有奖举报等外部力量来打击财务造假，这不仅是目前规范市场生态的有益尝试，也是营造市场经济诚信交易环境的应有之义。

一方面，要加快形成全社会积极参与的监督体系，尤其是学习成熟市场"重奖举报"的经验，补齐证券惩罚和稽查的短板，推动人人敢监督、愿监督、能监督的氛围加速形成。另一方面，目前A股市场的融资融券业务开展不平衡，融资多、融券少，投资者经常会碰到无券可借的情况。要推动资本市场做空机制不断完善，让市场自身发挥监督作用，让更多专业投资者、投资机构成为市场"啄木鸟"，对造假行为开展有效监督。

资料来源：周琳.打击财务造假需要更多"啄木鸟"[N].经济日报，2021-02-02.

第二节 利润表综合分析

一、利润表水平分析

(一) 利润表水平分析表的编制

根据利润额增减变动水平分析法，编制利润表水平分析表，可以采用增减变动额和增减变动百分比两种方法表示，目的在于分析利润表各项目增减变动的幅度。

根据表2-2提供的资料，编制LFYL公司利润表水平分析表，如表4-1所示。

表4-1 LFYL公司利润表水平分析表

项目	2019年(元)	2018年(元)	变动额(元)	变动(%)
一、营业总收入	3,475,614,154.78	2,653,120,079.16	822,494,075.62	31.00
营业收入	3,475,614,154.78	2,653,120,079.16	822,494,075.62	31.00
二、营业总成本	2,925,150,028.86	2,301,223,485.76	623,926,543.10	27.11
营业成本	1,854,869,877.49	1,576,817,068.67	278,052,808.82	17.63
税金及附加	25,377,274.13	28,770,311.11	-3,393,036.98	-11.79
销售费用	561,594,327.71	359,530,079.21	202,064,248.50	56.20
管理费用	208,029,399.64	161,928,612.49	46,100,787.15	28.47
财务费用	77,777,402.72	28,203,542.33	49,573,860.39	175.77
研发费用	197,501,747.17	133,471,033.73	64,030,713.44	47.97
资产减值损失	0.00	12,502,838.22	-12,502,838.22	-100.00
公允价值变动收益				
投资收益	3,012,666.15	3,685,227.46	-672,561.31	-18.25
其中：对联营企业和合营企业的投资收益	3,012,666.15	189,510.30	2,823,155.85	1489.71
汇兑收益				
三、营业利润	568,271,218.06	363,725,032.37	204,546,185.69	56.24
加：营业外收入	18,473,520.38	740,685.47	17,732,834.91	2394.11
减：营业外支出	10,448,507.90	6,549,001.87	3,899,506.03	59.54
其中：非流动资产处置损失				
四、利润总额	576,296,230.54	357,916,715.97	218,379,514.57	61.01
减：所得税费用	56,840,034.74	2,579,060.82	54,260,973.92	2103.90
五、净利润	519,456,195.80	355,337,655.15	164,118,540.65	46.19
归属于母公司所有者的净利润	490,295,086.01	346,714,031.16	143,581,054.85	41.41
少数股东损益	29,161,109.79	8,623,623.99	20,537,485.80	238.15
六、每股收益				
基本每股收益(元/股)	0.51	0.47	0.04	8.51
稀释每股收益(元/股)	0.51	0.47	0.04	8.51
七、其他综合收益	192,864,368.62	322,042,587.89	-129,178,219.27	-40.11
八、综合收益总额	712,320,564.42	677,380,243.04	34,940,321.38	5.16

(续表)

项目	2019年(元)	2018年(元)	变动额(元)	变动(%)
归属于母公司所有者的综合收益总额	680,764,356.09	675,080,056.88	5,684,299.21	0.84
归属于少数股东的综合收益总额	31,556,208.33	2,300,186.16	29,256,022.17	1271.90

(二) 利润增减变动情况分析

利润表通过一定的表格来反映企业的经营成果。由于不同国家和地区对财务报表的信息要求不完全相同，因此利润表的结构也不完全相同。目前比较普遍的利润表的结构是单步式和多步式，我国企业会计准则规定利润表采用多步式。多步式的利润表便于对企业的生产经营状况进行分析，分析导致利润变动的原因。因此，利润表的分析思路是"从下往上看"，即从净利润—利润总额—营业利润—营业毛利，一步一步分析引起利润变动的因素。

1. 净利润

净利润是指企业所有者最终取得的财务成果，或可供企业所有者分配或使用的财务成果。本例中，LFYL公司2019年实现净利润519,456,195.80元，本期增加164,118,540.65元，增长率为46.19%。其中归属于母公司股东的净利润本期增加143,581,054.85元，增长了41.41%；少数股东损益本期增加20,537,485.80元，增长了238.15%。从水平分析表来看，公司净利润增长的主要原因是利润总额的增加。但是，本期所得税费用增加了54,260,973.92元，增长率为2103.90%，这是影响净利润的不利因素。因为所得税增加的影响，本期利润总额增长幅度达61.01%，而净利润增长幅度只有46.19%。

2. 利润总额

利润总额是反映企业全部财务成果的指标，它反映企业的营业利润以及营业外收支情况。本例中，LFYL公司2019年利润总额本期增加218,379,514.57元，提高了61.01%，究其原因是公司营业利润本期增加了204,546,185.69元，提高了56.24%，这是影响利润总额的主要因素；同时，营业外收入本期增加17,732,834.91元，增长了2394.11%，这也是影响利润总额的有利因素，营业外支出本期增加3,899,506.03元，提高了59.54%，这是影响利润的不利因素。

3. 营业利润

营业利润反映企业一定时期内自身的经营成果，是企业计算利润的第一步，通常也是一定时期内企业盈利最主要、最稳定的来源。它既包括企业在销售商品、提供劳务等日常活动中所产生的营业毛利，又包括企业公允价值变动净收益、对外投资的净收益和接受政府补助的其他收益，营业利润大致反映了企业自身生产经营业务的财务成果。本例中，公司营业利润增加56.25%，主要原因是营业收入和投资收益的增加以及成本费用的减少。营业收入本期增加822,494,075.62元，增长了31%；税金及附加减少3,393,036.98元，下降了11.79%；资产减值损失减少12,502,838.22元，下降了100%；对联营企业和合营企业的投资收益增加2,823,155.85元，增加了1489.71%。上述各项目都是影响营业利润增加的有利因素，促使营业利润增加。本期营业成本增加623,926,543.10元，增加了27.11%，低于营业收入的增幅；销售费用增加202,064,248.50元，增长幅度为56.20%；管理费用增加46,100,787.15元，增加了28.47%；财务费用增加49,573,860.39元，增长幅度为175.77%；研发费用增加64,030,713.44元，增加了47.97%。这些是影响营业利润的不利因素，上述因素综合起来使营业利润增加204,546,185.69元，增长幅度为56.24%。

4. 营业毛利

营业毛利是指企业营业收入与营业成本之间的差额。本例中，LFYL公司2019年营业毛利是550,464,125.92元，2018年营业毛利是351,896,593.40元，2019年营业毛利比2018年增加198,567,532.52元，增长率为56.43%，其中最为关键的影响因素是由于营业收入的增加对营业毛利形成有利影响。

从整体上看，LFYL公司利润率有所提高，利润增长的主要原因有四个：一是营业收入的增加，这是利润增加的根本原因；二是税金及附加的减少；三是资产减值损失的减少；四是对联营企业和合营企业的投资收益的增加。对利润增长的不利因素主要是营业成本、销售费用、管理费用、财务费用、研发费用的增加，这些项目变动的原因将在第三节项目分析中具体介绍。

二、利润表垂直分析

(一) 利润表垂直分析表的编制

利润表垂直分析表主要以利润表为依据，利用垂直分析的方法，通过计算各因素或各种财务成果在营业收入中所占的比重，分析财务成果的构成及其增减变动的合理性。

根据表2-2提供的资料，编制LFYL公司利润表垂直分析表，如表4-2所示。

表4-2　LFYL公司利润表垂直分析表

项目	2019年(元)	2018年(元)	2019年(%)	2018年(%)	差异(%)
一、营业总收入	3,475,614,154.78	2,653,120,079.16	100	100	0
营业收入	3,475,614,154.78	2,653,120,079.16	100	100	0
二、营业总成本	2,925,150,028.86	2,301,223,485.76	84.16	86.74	-2.57
营业成本	1,854,869,877.49	1,576,817,068.67	53.37	59.43	-6.06
税金及附加	25,377,274.13	28,770,311.11	0.73	1.08	-0.35
销售费用	561,594,327.71	359,530,079.21	16.16	13.55	2.61
管理费用	208,029,399.64	161,928,612.49	5.99	6.1	-0.12
财务费用	77,777,402.72	28,203,542.33	2.24	1.06	1.17
研发费用	197,501,747.15	133,471,033.75	5.68	5.03	0.65
资产减值损失	0.00	12,502,838.22	0	0.47	-0.47
公允价值变动收益					
投资收益	3,012,666.15	3,685,227.46	0.09	0.14	-0.05
其中：对联营企业和合营企业的投资收益	3,012,666.15	189,510.30	0.09	0.01	0.08
汇兑收益					

(续表)

项目	2019年(元)	2018年(元)	2019年(%)	2018年(%)	差异(%)
三、营业利润	568,271,218.06	363,725,032.37	16.35	13.71	2.64
加：营业外收入	18,473,520.38	740,685.47	0.53	0.03	0.5
减：营业外支出	10,448,507.90	6,549,001.87	0.3	0.25	0.05
其中：非流动资产处置损失					
四、利润总额	576,296,230.54	357,916,715.97	16.58	13.49	3.09
减：所得税费用	56,840,034.74	2,579,060.82	1.64	0.1	1.54
五、净利润	519,456,195.80	355,337,655.15	14.95	13.39	1.55
归属于母公司所有者的净利润	490,295,086.01	346,714,031.16	14.11	13.07	1.04
少数股东损益	29,161,109.79	8,623,623.99	0.84	0.33	0.51
六、每股收益					
基本每股收益(元/股)					
稀释每股收益(元/股)					
七、其他综合收益	192,864,368.62	322,042,587.89	5.55	12.14	-6.59
八、综合收益总额	712,320,564.42	677,380,243.04	20.49	25.53	-5.04
归属于母公司所有者的综合收益总额	680,764,356.09	675,080,056.88	19.59	25.44	-5.86
归属于少数股东的综合收益总额	31,556,208.33	2,300,186.16	0.91	0.09	0.82

(二) 利润表结构变动情况分析

从表4-2可以看出LFYL公司2019年度各项经营财务成果的构成情况。其中，营业利润占营业总收入的比重为16.35%，与2018年的13.71%相比有所提升，提高了2.64%；2019年利润总额占营业收入的比重为16.58%，2018年为13.49%，提高了3.09%；2019年净利润占营业总收入的比重为14.95%，2018年为13.39%，增长了1.56%。从利润的构成情况上看，LFYL公司盈利能力2019年比2018年有所提升，进一步分析LFYL的利润变动原因，主要是营业收入提高、投资收益增加以及营业成本、税金及附加和资产减值损失减少所致，由此可知，LFYL公司收入提高、成本费用下降，盈利能力增强。

第三节 利润表项目分析

一、营业收入分析

收入是指企业在日常活动中形成的、会导致所有者权益增加的、与所有者投入资本无关的经济利益的总流入。其中，日常活动是指企业为完成其经营目标所从事的经常性活动以及与之相关的其他活动。因此，这里的收入通常就是指营业收入。

(一) 收入的确认与计量

1. 从收入确认分析

在我国《企业会计准则——基本准则》对收入的定义中，工业企业制造并销售产品、商品流通企业销售商品、咨询公司提供咨询服务、软件公司为客户开发软件、安装公司提供安装服务、建筑企业提供建造服务等，均属于企业的日常活动。日常活动所形成的经济利益的流入应当确认为收入。

在明确收入内涵的基础上，应着重进行以下几方面分析。

(1) 收入确认时间合法性分析，即分析本期收入与前期收入或后期收入的界线。

(2) 在特殊情况下，企业收入确认的分析，如附有销售退款条件销售时收入的确认、附有质量保证条款销售时收入的确认、售后回购收入的确认等，其收入的确认与一般性确认不同。

(3) 收入确认方法合理性的分析，如对采用产出法和投入法的条件与估计方法是否合理等的分析。

2. 企业收入确认原则

企业与客户之间的合同同时满足下列五项条件时，企业应当在客户取得相关商品控制权时确认收入。

(1) 合同各方已批准该合同并承诺履行各自义务。

(2) 该合同明确了合同各方与所转让商品(或提供劳务)相关的权利和义务。

(3) 该合同有明确的与所转让商品相关的支付条款。

(4) 该合同具有商业实质，即履行该合同将改变企业未来现金流量的风险、时间分布或金额。

(5) 企业因向客户转让商品而有权取得的对价很可能收回。

3. 企业收入计量分析

企业应当首先确定合同的交易价格，再按照分摊至各单项履约义务的交易价格计量收入。企业在确定交易价格时，应当考虑可变对价、合同中存在的重大融资成分、非现金对价以及应付客户对价等因素的影响，并应当假定按照现有合同的约定向客户转让商品，且该合同不会被取消、续约或变更。

企业收入计量分析主要是指营业收入计量分析。企业的营业收入是指全部营业收入减去销售退回、折扣与折让后的余额。因此，营业收入计量分析，关键在于确认销售退回、折扣与折让的计量是否准确。根据会计准则规定，销售退回与折让的计量比较简单，而销售折扣问题相对较复杂，应作为分析重点。分析时应根据商业折扣与现金折扣的特点，分别分析折扣的合理性与准确性以及对企业收入的影响。

(二) 营业收入分析要点

企业收入分析不仅要研究其总量，而且应分析其结构及其变动情况，以了解企业的经营方向和会计政策选择。企业收入包括主营业务收入和其他业务收入。其他业务收入是指企业除了主营业务收入以外的其他销售或其他业务的收入,也是与企业为完成其经营目标所从事的经常性活动相关的活动实现的收入,例如:工业企业对外出售不需用的原材料、出租固定资产、出租无形资产、出租包装物和商品、用材料进行非货币性交易(非货币性交易具有商业实质且公允价值能够可靠计量)或债务重组等实现的收入。营业收入的分析应重点从以下几个方面进行。

(1) 关注营业收入的增长幅度,以判断其收入增长的稳定性。只有收入较为稳定或稳步增长的企业,其生产和再生产才能正常进行,但也必须注意收入的增长是否在合理的范围内。

(2) 分析企业营业收入的品种构成。在从事多品种经营的条件下,企业不同产品的营业收入构成对报告使用者有十分重要的意义,占营业收入比重大的产品是企业过去业绩的主要增长点。报表分析者可以通过对体现企业过去主要业绩的商品的未来发展趋势进行分析,以此判断企业的未来发展。

(3) 分析企业营业收入的地区构成。企业在不同地区商品或劳务的营业收入构成对报告使用者也具有重要价值,占营业收入比重大的地区是企业过去业绩的主要地区增长点。从消费者的心理与行为表现来看,不同地区消费者对不同商品具有不同的偏好和忠诚度,不同地区的市场潜力在很大程度上制约着企业的未来发展。

LFYL公司2019年的收入构成情况如表4-3所示。

表4-3 LFYL公司营业收入构成分析表

项目	2019年		2018年		同比增减
	金额(元)	占营业收入比重	金额(元)	占营业收入比重	
营业收入合计	3,475,614,154.78	100%	2,653,120,079.16	100%	31.00%
分行业					
健康防护手套	1,678,156,621.10	48.28%	1,598,939,804.61	60.27%	4.95%
心脏介入器械(包括自产和代理)	1,737,336,133.26	49.99%	1,012,733,019.48	38.17%	71.55%
其他	60,121,400.42	1.73%	41,447,255.07	1.56%	45.06%
分产品					
健康防护手套	1,678,156,621.10	48.28%	1,598,939,804.61	60.27%	4.95%
心脏介入器械(包括自产和代理)	1,737,336,133.26	49.99%	1,012,733,019.48	38.17%	71.55%
其他	60,121,400.42	1.73%	41,447,255.07	1.56%	45.06%
分地区					
境内	1,096,084,402.31	31.54%	602,981,610.44	22.73%	81.78%
境外	2,379,529,752.47	68.46%	2,050,138,468.72	77.27%	16.07%

由表4-3可知,LFYL公司营业收入全部为主营业务收入,且2019年与2018年相比同比增长31%,说明该企业主营业务非常突出,且经营效果良好。从分行业和分产品情况来看,该公司属于医疗行业,产品以健康防护手套和心脏介入器械为主,两种产品在营业收

入中的比重分别占到48.28%和49.99%，与2018年相比，健康防护手套在营业收入中的比重有所下降，下降幅度为11.99%，心脏介入器械在营业收入中的比重有所提高，提高幅度为11.82%。从分地区来看，LFYL公司的营业收入中境内部分占31.54%，来自于境外的部分占68.46%，可见LFYL公司的营业收入以境外为主，通过与2018年的收入构成相比，2019年来自于境内的收入比重有所提高，提高幅度为8.81%，来自于境外的收入有所降低，降低幅度为8.81%。

相关链接4-2

华为2019年报：全球销售收入同比增加19.1%，净利润627亿

2020年3月31日，华为发布2019年年度报告。报告显示，华为整体经营稳健，实现全球销售收入8588亿元，同比增长19.1%，净利润627亿元，经营活动现金流914亿元，同比增长22.4%。2019年华为持续投入技术创新与研究，研发费用达1317亿元，占全年销售收入的15.3%，近十年投入研发费用总计超过6000亿元。

华为轮值董事长徐直军表示："2019年对华为来说是不平凡的一年，在极为严峻的外部挑战下，全体华为员工团结一致，聚焦为客户创造价值，赢得广大客户和伙伴的尊重和信任，整体经营稳健。"

2019年，在运营商业务领域，华为引领5G商用进程，与全球运营商一起设立了5G联合创新中心，持续推动5G商用和应用创新；推出RuralStar系列解决方案，有效解决偏远、边际覆盖难题，累计为超过50个国家和地区的4000多万偏远区域人口提供移动互联网服务，实现销售收入2967亿元，同比增长3.8%。

企业业务助力行业客户数字化转型，打造数字世界底座。全球已有700多个城市、世界500强企业中的228家，选择华为作为其数字化转型的伙伴；华为首次发布了计算产业战略，致力于成为智能世界的"黑土地"，推出全球最快昇腾910AI处理器及AI训练集群Atlas 900，实现销售收入897亿元，同比增长8.6%。

消费者业务领域保持稳健增长，智能手机发货量超过2.4亿台，PC、平板、智能穿戴、智慧屏等以消费者为中心的全场景智慧生态布局进一步完善，实现销售收入4673亿元，同比增长34%。

徐直军强调："面对未来更趋复杂的外部环境，我们唯有持续提升产品和服务的竞争力，聚焦为客户和社会创造更大价值、开放创新，才能抓住行业数字化、智能化的历史机遇，实现持续稳健的发展。"

资料来源：华为2019年营收8588亿元，同比增长19.1%，净利润627亿[EB/OL]. 2020-03-31. http://finance.eastmoney.com/a/202003311438871030.html

二、成本费用分析

费用是指企业在日常活动中发生的、会导致所有者权益减少的、与向所有者分配利润

无关的经济利益的总流出。产品(或劳务)成本是指企业为生产产品、提供劳务而发生的各种耗费，包括为生产产品、提供劳务而发生的直接材料费用，以及直接人工费用和各种间接费用。企业应当在确认收入时，将已销售产品或已提供劳务的成本等从当期收入中扣除，计入当期损益。在利润表中，成本主要是指营业成本，计入当期损益的费用一般是指企业在日常活动中发生的税金及附加、销售费用、管理费用、财务费用和资产减值损失等。

从各项财务成果的分析可以看出，成本费用对财务成果具有十分重要的影响，降低成本费用是增加财务成果的关键或重要途径。因此，进行财务成果分析，应在揭示财务成果完成情况的基础上，进一步对影响财务成果的基本要素即成本费用进行分析，以找出影响成本升降的原因，为降低成本费用、促进财务成果的增长指明方向。

(一) 营业成本分析

营业成本是指与营业收入相关的、已经确定了归属期和归属对象的成本，反映企业经营主要业务和其他业务所发生的成本总额。营业成本包括企业的主营业务成本和其他业务成本。

1. 主营业务成本

在不同类型的企业里，主营业务成本有不同的表现形式。在制造业企业或工业企业，主营业务成本表现为售出产品的生产成本；在商品流通企业里，主营业务成本表现为售出商品的成本。工业企业产品销售成本是指售出产品的实际生产成本，它是根据已销产品的数量和实际单位成本计算出来的。在实务中，往往是每月末汇总销售成本后一并结转，而不是在每次发出库存商品时立即结转产品销售成本。商品流通企业售出商品的成本，即商品采购成本，是商品流通企业为销售商品而在采购时支付的成本。

2. 其他业务成本

其他业务成本是指企业确认的除主营业务活动以外的其他经营活动所发生的支出，包括销售材料的成本、出租固定资产的折旧额、出租无形资产的摊销额、出租包装物的成本或摊销额等。采用成本模式计量投资性房地产的，其投资性房地产计提的折旧额或摊销额，也反映在本项目中。

3. 营业成本项目的分析要点

(1) 分析影响营业成本水平高低的因素。营业成本水平影响因素既有企业不可控的因素，如受市场因素的影响而引起的价格波动，也有企业可以控制的因素，如在一定的市场价格水平条件下，企业可以通过选择供货渠道、采购批量等来控制成本水平，还有企业通过成本会计系统的会计核算(如通过对发出存货采用不同的计价方法)来控制企业制造成本。因此，对营业成本降低和提高的质量评价，应结合多种因素来进行。

LFYL 公司2019年的营业成本构成分析如表4-4所示。

表4-4　LFYL公司营业成本构成分析表

行业分类	项目	2019年		2018年		同比增减
		金额(元)	占营业成本比重	金额(元)	占营业成本比重	
健康防护手套	原材料	882,852,981.57	47.60%	822,279,642.27	52.15%	7.37%
健康防护手套	加工费用	538,609,561.54	29.04%	394,366,287.84	25.01%	36.58%
心脏介入器械(包括自产和代理)	原材料和外购成本	254,284,188.52	13.71%	248,276,751.12	15.75%	2.42%
心脏介入器械(包括自产和代理)	其他	136,368,740.97	7.35%	80,291,765.34	5.09%	69.84%
其他	其他	42,754,404.89	2.30%	31,602,622.10	2.00%	35.29%

　　由表4-4可知，LFYL公司的产品主要为健康防护手套以及心脏介入器械，其中健康防护手套的主要成本构成是原材料及加工费用，原材料成本占营业成本的比重为47.60%，加工费用所占比重为29.04%，2019年与2018年相比，原材料在营业成本中所占的比重有所下降，下降比重为4.55%，加工费用在营业成本中所占的比重有所提高，上升比重为4.03%；心脏介入器械的主要成本构成为原材料和外购成本，在成本总额中所占比重为13.71%，与2018年相比，该成本所占的比重下降了2.04%，心脏介入器械中的其他成本所占比重为7.35%，2019年与2018年相比提高了2.26%。

　　(2) 分析营业收入与营业成本的配比。从企业利润的形成过程来看，企业的营业收入减去营业成本后的余额为毛利。企业必须有毛利，才有可能形成营业利润。因此，关注企业一定规模的毛利和较高的毛利率是报表分析者的普遍心态。毛利率主要取决于行业，竞争度不同，企业所处行业的毛利率就不同；此外，毛利率还与企业内部的运作效率和经营方式相关。

　　LFYL公司2019年的毛利率变动分析如表4-5所示。

表4-5　LFYL公司毛利率变动分析表

项目	营业收入(元)	营业成本(元)	毛利率	毛利率比上年同期增减
分行业				
健康防护手套	1,678,156,621.10	1,421,462,543.11	15.30%	-8.61%
心脏介入器械(包括自产和代理)	1,737,336,133.26	386,346,967.22	77.76%	10.20%
分产品				
健康防护手套	1,678,156,621.10	1,421,462,543.11	15.30%	-8.61%
心脏介入器械(包括自产和代理)	1,737,336,133.26	386,346,967.22	77.76%	10.20%
分地区				
境内	1,044,591,465.32	234,890,798.20	77.51%	4.25%
境外	2,370,901,289.04	1,572,918,712.13	33.66%	1.84%

　　由表4-5可知，从分行业和分产品来看，LFYL公司主要产品健康防护手套的毛利率为15.30%，2019年与2018年同期相比，毛利率下降了8.61%；心脏介入器械的毛利率为

77.76%，2019年与2018年同期相比有所提高，提高了10.20%。从分地区来看，LFYL公司境内销售毛利率为77.51%，2019年与2018年同期相比提高了4.25%；境外销售毛利率为33.66%，2019年与2018年同期相比提高了1.84%。结合表4-4成本构成表分析，LFYL公司健康防护手套的原材料成本所占比重较大，且加工费用上升，毛利率较低且与2018年同期相比下降幅度较大，心脏介入器械成本较低，毛利率高，且毛利率与2018年同期相比有较大幅度提高，因此，企业应进一步分析成本变动的原因，做好成本控制，提升利润空间，同时进一步做好产品更新换代，准确把握利润增长点。

相关链接4-3

散热组件营业成本同比增加872%，硕贝德2020年净利润下滑68%

2021年3月20日，硕贝德披露了2020年年度报告，报告期内公司实现营业收入18.5亿元，同比增长5.5%；归属于上市公司股东的净利润2997.3亿元，同比下滑67.73%。

从产品来看，2020年，硕贝德天线实现营业收入9.56亿元，占营收比重为51.78%，同比增加4.10%；指纹模组实现营收5.96亿元，营收占比32.28%，同比增加3.67%；散热组件实现营收1.44亿元，营收占比7.83%，同比暴增861.77%；其他实现营收1.5亿元，营收占比8.11%，同比减少38.00%。

值得注意的是，其散热组件产品在实现营收同比增长861.77%的同时，其营业成本也较上年同期增加了872.43%，这或许是其净利润下滑的原因之一。

硕贝德表示，2020年年初受疫情影响，部分新款智能终端产品发布时间推迟，5G换机潮与供应链备货周期存在一定程度的延后，同时，中美贸易争端持续，美国加大对中国龙头科技企业的制裁，都对其业绩产生影响。

展望未来，硕贝德将继续坚持"两个聚焦、一个强化"的发展战略，以移动终端天线、系统侧基站天线、车载智能天线、指纹识别模组及散热器件组件等产品为核心，加大在终端天线、基站天线、指纹模组及散热器件等方面的研发投入及市场开拓力度；聚焦大客户，深度挖掘客户的价值，在巩固现有客户的基础上，开拓优质的新客户，为客户提供专业化、定制化的全方面服务。

资料来源：散热组件营业成本同比增加872%，硕贝德2020年净利润下滑68%[EB/OL]. 2021-03-22. http://www.sohu.com/a/456752323_166680.

（二）各项费用情况分析

1. 研发费用

2018年6月财政部下发《关于修订印发2018年度一般企业财务报表格式的通知》(财会〔2018〕15号)中新增"研发费用"项目，从"管理费用"中分拆出来。该项目反映企业进行研究与开发过程中发生的费用化支出，分析该项目时，应注意与营业收入进行配比。同时注重企业是否将研发支出过度资本化，导致计入当期的研发费用较少，从而达到调节利润的目的。

2. 期间费用

(1) 期间费用包括销售费用、管理费用、财务费用，下面对其逐一介绍。

① 销售费用。销售费用是企业销售商品或提供劳务过程中发生的费用，包括运输费、装卸费、包装费、保险费、展览费和广告费、商品维修费、预计产品质量保证损失，以及由销售本企业商品而专设的销售机构(含销售网点、售后服务网点等)的职工薪酬、业务费、折旧费等经营费用。

对于生产企业来说，销售费用只是可控成本中的一部分。贸易型公司的可控成本是销售费用，因此需要强化管理销售费用，甚至要强化到业务单位和个人身上。销售费用与整个行业经营的形态有关，如来料加工企业的销售费用很少，而营销型企业的销售费用则很高。

② 管理费用。管理费用是企业为组织和管理生产经营所发生的费用，包括企业在筹建期间内发生的开办费、企业的董事会和行政管理部门在经营管理中发生的或者应由企业统一负担的公司经费(包括行政管理部门职工薪酬、修理费、物料消耗、低值易耗品摊销、办公费和差旅费等)、工会经费、待业保险费、劳动保险费、董事会费(包括董事会成员津贴、会议费和差旅费等)、聘请中介机构费、咨询费(含顾问费)、诉讼费、业务招待费、技术转让费、矿产资源补偿费、排污费等。

管理费用与企业发展阶段有关。比如，有些外资企业刚进入中国时，因为外籍高层管理人员比较多，支付的费用较高，所以企业的管理费用很高。再如，企业进入快速发展阶段以后，管理费用随着管理的跨度和难度的增加，直接表现为管理费用的上升。

③ 财务费用。财务费用是企业为筹集生产经营所需资金而发生的费用，包括利息支出(减利息收入)、汇兑损失(减汇兑收益)以及相关的手续费等。为购建固定资产的专门借款所发生的借款费用，在固定资产达到预定可使用状态前按规定应予资本化的部分，不包括在财务费用内。

财务费用与企业在每个阶段的融资风险是联系在一起的。产生融资行为，就会发生财务费用，这里就产生了财务风险。

(2) 期间费用的分析要点主要如下。

① 分析销售费用、管理费用、财务费用与营业收入的配比。了解企业销售部门、管理部门的工作效率以及企业融资业务的合理性。分析期间费用与营业收入配比时，具体又分两种形式：一是营业收入以高于期间费用的速度增长，使得营业利润大量增加，表明公司经营业务呈上升趋势，产品市场需求大；二是营业收入与期间费用成比例增长，导致利润增长，说明公司主营业务处于一种稳定成熟的状态，利润有一定保障。

② 从销售费用的构成上看，有的与企业业务活动规模有关(如运输费、销售佣金、展览费等)，有的与企业从事销售活动人员的待遇有关，也有的与企业未来发展、开拓市场、扩大品牌知名度有关。销售费用中的广告费用一般是作为期间费用处理的，有公司基于业绩反映的考虑，往往把广告费用列为长期待摊费用核算，这实际上是把期间费用予以资本化。

③ 片面追求在一定时期的管理费用降低，有可能对企业的长期发展不利。一方面，管理层可以对管理费用中诸如业务招待费、技术开发费、董事会会费、职工教育经费、涉外费、租赁费、咨询费、审计费、诉讼费、修理费、管理人员工资及福利费等采取控制或降低其规模等措施，但是，这种控制或降低或者对企业的长期发展不利，或者影响有关人员的积极性。另一方面，折旧费、摊销费等是企业以前各个会计期间已经支出的费用，不存在控制其支出规模的问题，对这类费用的处理更多是受企业会计政策的影响。因此，在企业业务发展的条件下，不应当降低企业的管理费用。

④ 财务费用的主体是经营期间发生的利息支出，其大小主要取决于三个因素：贷款规模、贷款利息率和贷款期限。从总体上说，如果因贷款规模导致利润表财务费用的下降，企业会因此而改善盈利能力，但我们对此也要警惕，企业可能因贷款规模的降低而使发展受到限制；由于企业利率水平主要受外在环境的影响，因此我们不应对企业因贷款利率的宏观下调而导致的财务费用降低给予过高的评价；贷款期限的改变使得利率降低，从而降低财务费用，这往往又会导致企业财务风险加大。

财务费用还包括汇兑损失。对有大量外汇业务的企业，要特别注意外汇市场汇率变动风险对企业理财的影响。

LFYL公司期间费用及研发费用如表4-6所示。

表4-6 LFYL公司各项费用变动表

项目	2019年(元)	2018年(元)	同比增减	重大变动说明
销售费用	561,594,327.71	359,530,079.21	56.20%	主要系本报告期将CBCH II、CBCH V纳入合并期间较上年同期增加所致
管理费用	208,029,399.64	161,928,612.49	28.47%	主要系本报告期将CBCH II、CBCH V纳入合并期间较上年同期增加所致
财务费用	77,777,402.72	28,203,542.33	175.77%	主要系本报告期将CBCH II、CBCH V纳入合并期间较上年同期增加及汇兑收益减少所致
研发费用	197,501,747.31	133,471,033.73	47.97%	主要系本报告期将CBCH II、CBCH V纳入合并期间较上年同期增加所致

由表4-6可知，LFYL公司的销售费用、管理费用、财务费用、研发费用与上期相比均有所增加，其中销售费用同比提高了56.2%、管理费用提高了28.47%、财务费用提高了175.77%、研发费用提高了47.97%，究其原因主要是企业并购，新公司纳入合并范围所致。

为了深入说明各项费用变动情况及其合理性，还应进一步从各项费用构成及其变动情况进行分析。下面以销售费用为例进行说明，具体如表4-7所示。

由表4-7可知，2019年产品销售费用结构中业务宣传费所占的比重最大，占销售费用的36.60%，其次是销售人员的职工薪酬，所占比重为33.13%，再次是差旅费，占销售费用的比重为10.72%。从动态角度来看，2019年职工薪酬的增长幅度最大，提高了3.08%，下降幅度最大的是业务宣传费，下降了1.41%，其他项目变动幅度不大。各项目变动的具体原因，应结合企业实际做进一步分析。

表4-7 LFYL公司销售费用结构分析表

项目	本期发生额(元)	比重(%)	上期发生额(元)	比重(%)	变动情况(%)
运输费	47,296,226.18	8.42	34,335,188.50	9.55	-1.13
业务宣传费	205,529,889.43	36.60	136,652,659.96	38.01	-1.41
职工薪酬	186,034,959.37	33.13	108,009,194.55	30.04	3.08
仓储费	1,909,507.50	0.34	2,110,370.99	0.59	-0.25
销售代理费	16,463,859.44	2.93	8,585,991.64	2.39	0.54
营销咨询费	17,566,813.48	3.13	9,405,122.69	2.62	0.51
检测检验费	1,283,090.71	0.23	1,861,165.04	0.52	-0.29
差旅费	60,209,176.11	10.72	40,421,936.58	11.24	-0.52
招待费	358,515.19	0.06	399,474.78	0.11	-0.05
财产保险费	1,885,238.94	0.34	1,837,684.47	0.51	-0.18
办公费	14,190,654.84	2.53	9,470,501.85	2.63	-0.11
折旧与摊销	2,887,988.01	0.51	1,640,931.97	0.46	0.06
其他	5,978,408.51	1.06	4,799,856.19	1.34	-0.27
合计	561,594,327.71	100.00	359,530,079.21	100.00	0.00

期间费用中的其他项目，如管理费用、财务费用分析均可采用同样的分析思路和方法。

相关链接4-4

完美日记失宠，巨额销售费用换不来利润

日前，完美日记的母公司逸仙电商发布了在美上市后的首份年报：2020年全面营收52.3亿元，但是净亏损26.8亿元。如此看来，完美日记成了一门赚吆喝却不赚钱的生意。

时间推至半年前，完美日记是投资圈现象级的案例。仅仅成立三年，获四轮融资，成功上市。获得了汇集真格、高榕、弘毅、高瓴、博裕、老虎环球、CMC、华平、凯雷、正心谷创新资本等十几家国内一线的大牌投资机构的青睐。它的估值曾经在一年内翻了四倍，市值最高时甚至达到了成立20年的上海家化的三倍。其实，早在2019年下半年，医美、美妆行业就被资本市场持续看好。以化妆品消费而言，中国在2010—2019年期间，以9.6%的复合增速领跑全球。摩根士丹利曾在2019年10月发布的报告预测，未来五年内，中国在全球美妆市场的份额可能增长至66%，占全球美妆业增长的近一半。另一个重要原因，是完美日记借助互联网迅速崛起的能力。不同于大部分医美、美妆公司的女性创始人，完美日记的黄锦峰有着在宝洁、御泥坊供职的经历，对美妆的品牌营销推广更有心得。借助互联网流量红利，以及中国强大的供应链体系，催生了完美日记的快速增长。

但是，烧钱式的营销背后是增收不增利，市场营销的费用激增，亏损巨大。在营销费用方面，最近三年，逸仙电商营销费用一直处于激增状态，2018年、2019年与2020年市场营销费用分别为3.09亿、12.51亿、34.6亿，分别占营收的比重为48.69%、41.28%、66%。2020年，逸仙电商的经营费用由2019年的17.84亿元增长172.7%至60.47亿元。从产品技术含量而言，并没有核心竞争力，而且，研发的投入占比很小。逸仙电商2020年第四季度的研

发费用为2560万元人民币，与该季度营收19.6亿元相比，占比约为1.3%。

从2019年开始，完美日记线下布局，目前已覆盖全国22个省市自治区、47座城市，并且计划三年内，在华东地区开店200家，全国开店600家。截至2020年9月，完美日记体验店相关支出为1.96亿，两年以来平均每家店的花费为126.23万元。据悉，目前全国已经开了200家实体店，若要完成600家实体店，仍是一笔不小的投入。然而，加大线下的布局，这就意味着销售渠道需要更多的金钱支持。完成收购案，也需要充足的资金保障。就像是一个死循环，钱越花越多，盈利却没有日程.

资料来源：完美日记失宠，巨额销售费用换不来利润[EB/OL]. 2021-03-23. http://new.qq.com/rain/a/20210323A07HAE00.

三、营业利润分析

(一) 资产减值损失

利润表中资产减值损失项目的构成以及增减变动情况，通常在财务报表附注中，以编制资产减值准备明细表的形式加以说明。目前，除了金融类资产改为信用减值损失以外，几乎所有的其他资产都涉及资产减值损失，具体包括存货跌价损失及合同履约成本减值损失、投资性房地产减值损失、固定资产减值损失、长期股权投资减值损失、在建工程减值损失、工程物资减值损失、无形资产减值损失、开发支出减值损失、商誉减值损失等。

受我国市场发展状况影响，我国上市公司常常利用资产减值准备转回来粉饰报表，而资产减值准备的可操作性又会为平滑利润带来很大方便。通过资产减值损失的计提和转回调节利润的方法主要有两种：一种是处在盈利状况下的公司利润微薄，若按照准则规定计提减值准备，微薄的利润就会变为亏损了。为了避免出现亏损，公司可能会不提本该计提的减值准备，制造虚假利润，造成繁荣的假象。另一种是处在亏损状态下的公司想让报表使用者产生扭亏为盈的假象，但实际上扭亏为盈又做不到，便计提巨额的资产减值准备，待下个会计年度，计提的巨额资产减值准备一旦转回，就会造成财务状况良好、有扭亏为盈的迹象，甚至可能会有盈利颇高的假象。因此，现行会计准则规定，对于资产计提的减值准备一经确认不得转回，而且不得随意变更计提方法和计提比例。除了存货、应收账款等有确凿证据证明能够收回的资产减值允许转回外，固定资产、摊销期限明确的无形资产等非流动资产减值不允许转回。即使如此，分析时仍应注意大额计提减值准备的行为，防止利用减值准备平滑利润的行为，保证报表信息的真实可靠。

根据LFYL公司会计报表附注中有关资产减值损失的资料，可编制资产减值损失分析表，如表4-8所示。

由表4-8可知，LFYL公司本期资产减值损失主要由存货跌价损失和固定资产减值损失两部分组成，与上期相比，存货跌价损失减少，降幅为63.24%，固定资产减值损失上期为0，本期增加了-163,520.04元。需要注意的是，存货跌价损失在有确凿证据证明能够收回的情况下允许转回，而固定资产减值损失一旦计提不允许转回。

表4-8　LFYL公司资产减值损失分析表

项目	本期发生额(元)	上期发生额(元)	增减额(元)	变动(%)
坏账损失	0	6,836,399.38	-6,836,399.38	-100
存货跌价损失	-7,108,882.03	-19,339,237.60	12,230,355.57	-63.24
固定资产减值损失	-163,520.04	0	-163,520.04	-
合计	-7,272,402.07	-12,502,838.22	5,230,436.15	-41.83

(二) 投资收益

投资收益是指企业对外投资确认的投资收益或投资损失。投资收益项目的分析要点如下。

(1) 在我国企业会计准则中，投资收益包括长期股权投资收益和金融资产投资收益。一般而言，长期股权投资所取得的投资收益是企业在正常的生产经营中所取得的可持续投资收益。例如，下属公司生产经营状况好转，有了比较大的收益，开始回报母公司，这部分的投资收益越高，那么企业的可持续发展能力就越强，对于投资者来说，这种企业就越具有投资价值。

(2) 并不是所有的长期股权投资都是可持续的，如企业处置长期股权投资所获得的投资收益是一次性的。这些收益是为企业带来真实现金流入的收益，实际上也是资本市场发展的产物。

(3) 要注意不能把上市公司报表中的公允价值变动收益作为上市公司的投资收益，它是随着市场价格的变动而发生的账面价值变化，是没有产生现金流的未实现的收益。

根据LFYL公司会计报表附注中有关投资收益的资料，可编制资产投资收益分析表，如表4-9所示。

表4-9　LFYL公司投资收益分析表

项目	本期发生额(元)	上期发生额(元)	增减额(元)	变动(%)
权益法核算的长期股权投资收益	3,012,666.15	189,510.30	2,823,155.85	1489.71
处置子公司产生的投资收益	0	2,844,178.65	-2,844,178.65	-100
购买银行理财产品取得的投资收益	0	153,225.21	-153,225.21	-100
购买金融衍生品取得的投资收益	0	498,313.30	-498,313.30	-100
合计	3,012,666.15	3,685,227.46	-6,697,893.61	-181.75

由表4-9可知，LFYL的投资收益主要来源于权益法核算的长期股权投资收益，增长额为2,823,155.85元，增长幅度为1489.71%。

四、利润总额分析

利润总额是企业的营业利润加上营业外收入减去营业外支出后的余额，利润总额代表企业当期综合盈利能力，也直接关系到各利益相关者的利益分配问题。

(一) 营业外收入

营业外收入是指企业发生的与其经营活动无直接关系的各项净收入，主要包括非货币性资产交换利得、债务重组利得、盘盈利得、罚没利得、与企业日常活动无关的政府补助利得、确实无法支付而按规定程序经批准后转作营业外收入的应付款项等。营业外收入相当于意外的利得或非常收益。

进行营业外收入项目分析时，应注意以下要点。

(1) 注意分析营业外收入与营业收入的区别：首先，营业收入是持续的、由主要或中心营业活动产生的，如销售商品收入；营业外收入是一种利得，是非常的、由非营业活动产生的，且多半为管理层所不能控制或左右的，如罚没收入，数额一般较小，如果数额较大，则需要具体分析。其次，营业收入是总额概念，必须与费用相配比；营业外收入是净额概念，它或者已经将对立因素抵销(如出售资产净收益是售价与账面价值抵销后的净额)，或本来就只有一个金额，如诉讼获胜后的赔偿收入。营业外收入与营业外支出一般不存在直接的对应关系和配比关系。

(2) 注意分析营业外收入形成的原因。需注意：债务重组会给债务企业带来营业外收入，但这种收益是一次性和临时性的，如果企业不以此为契机改善经营管理、盘活资金、提高资金使用效果，即使能一次性获得债务重组收益，也仍将陷于财务困难的泥潭之中。

根据LFYL公司会计报表附注中有关营业外收入的资料，可编制营业外收入分析表，如表4-10所示。

表4-10　LFYL公司营业外收入分析表

项目	本期发生额(元)	上期发生额(元)	增减额(元)	变动(%)
非流动资产报废利得合计	53,123.31	254,650.48	−201,527.17	−79.14
其中：固定资产报废利得	53,123.31	254,650.48	−201,527.17	−79.14
与日常活动无关的政府补助	17,676,800.00	404,423.00	17,272,377.00	4270.87
其他	743,597.07	81,611.99	661,985.08	811.14
合计	18,473,520.38	740,685.47	17,732,834.91	2394.11

由表4-10所示，LFYL公司本期营业外收入增加17,732,834.91元，增长幅度为2394.91%，主要原因是与日常活动无关的政府补助增加，增加了17,272,377.00元，增长幅度为4270.87%。

(二) 营业外支出

营业外支出是企业发生的与其经营活动无直接关系的各项净支出，包括非流动资产毁损报废损失、非货币性资产交换损失、债务重组损失、罚款支出、捐赠支出、非常损失等。营业外支出相当于意外的损失或非常损失。

分析营业外支出应注意其与费用的区别：费用是日常经营活动产生的，是总额概念；营业外支出是由非日常经营活动产生的，是净额概念。

根据LFYL公司会计报表附注中有关营业外支出的资料，可编制营业外支出分析表，如表4-11所示。

表4-11　LFYL公司营业外支出分析表

项目	本期发生额(元)	上期发生额(元)	增减额(元)	变动(%)
对外捐赠	3,491,939.11	472,409.90	3,019,529.21	639.18
非流动资产报废损失合计	6,827,782.38	5,088,274.44	1,739,507.94	34.19
其他	128,786.41	988,317.53	−859,531.12	−86.97
合计	10,448,507.90	6,549,001.87	3,899,506.03	59.54

表4-11所示，LFYL公司的营业外支出项目主要是对外捐赠和非流动资产报废损失两项，本期对外捐赠增加了3,019,529.21元，增长幅度为639.19%，非流动资产报废损失增加了1,739,507.94元，增长率为34.19%。

相关链接4-5

剥开南风股份上半年扭亏为盈的"真面目"：1.5亿营业外收入"贡献"大

南风股份一直以来的发展战略目标是立足于通风与空气处理行业，通过对现有产品的技术升级、核心市场深度挖掘、高端市场重点拓展，以及积极参与新材料、新工艺等新兴技术和产业，并择机涉足高端能源装备制造业其他子领域，拓展产业链，努力打造技术一流、产品一流、服务一流的高端装备制造商和综合服务商。

近日，南风股份发布了2020年半年度报告，数据显示，公司上半年实现营业收入2.3亿元，同比下降24.43%；实现归属于上市公司股东的净利润8152.68万元，同比增长1035.3%；基本每股收益0.17元。查看公司利润表数据，数据显示，本报告期确认营业外收入1.5亿元，主要原因系公司根据诉讼案件二审判决结果，转回部分预计负债所致。而公司实际的营业利润为−3575.74万元，由此来看，公司的8152.68万元的净利润中1.5亿元营业外收入起了重大的作用。

2020年8月31日，深交所下发了关于对南方风机股份有限公司的2020年半年报问询函。针对这1.5亿元营业外收入，深交所要求结合公司计提预计负债的依据、诉讼判决结果说明预计负债转回时点及转回金额的确认依据，公司前期计提预计负债是否谨慎、合理，本期预计负债转回是否合理，是否存在调节利润的情形。

资料来源：剥开南风股份上半年扭亏为盈的"真面目"：1.5亿营业外收入"贡献"大[EB/OL]. 2020-09-01. http://finance.eastmoney.com/a/202009011615940181.html

五、净利润分析

净利润是企业最终的财务成果，是企业利润总额减去所得税费用的结果。净利润属于所有者权益，构成利润分配的对象。净利润是公司的净利，在其他条件不变的情况下，净利润越多，企业盈利能力就越强，经营成果也就越显著。从表面上看，它受收入和成本的影响，但实际上，它还反映公司产品产量及质量、品种结构、市场营销等方面的工作质量，因而，在一定程度上反映了公司的经营管理水平。

(一) 所得税费用项目分析

所得税费用是指按税法规定从企业的生产经营所得和其他所得中交纳的税金，是企业当期的一项费用。

所得税会计是从资产负债表出发，比较资产负债表上列示的资产、负债，按照企业会计准则规定确定的账面价值与按照税法规定确定的计税基础，对于两者之间的差额分别应纳税暂时性差异与可抵扣暂时性差异，确认相关的递延所得税负债与递延所得税资产，并在此基础上确定每一期间利润表中的所得税费用。

所得税费用项目分析的要点主要如下。

(1) 将所得税费用与利润总额进行比较，分析所得税费用的合理性。利润表中的所得税费用，在不考虑时间性差异和永久性差异的条件下，应当与企业的利润总额成正比例。在考虑时间性差异和永久性差异的条件下，利润表中的所得税费用与企业的利润总额呈现出比较复杂的关系。企业在所得税费用方面的节约，属于企业税务筹划的范畴，与企业常规的费用控制具有明显的不同。因此，企业对所得税费用不存在常规意义上的降低或控制问题。

(2) 关注纳税调整项目。纳税调整项目包括纳税调整增加项目和纳税调整减少项目。纳税调整增加项目主要包括税法规定不允许扣除项目，以及企业已计入当期费用但超过税法规定扣除标准的金额，如超过税法规定扣除标准的工资支出、业务招待费支出、税收罚款滞纳金、非公益性捐赠支出等；纳税调整减少项目主要包括按税法规定允许弥补的亏损和准予免税的项目，如5年内未弥补完的亏损、国债利息收入等。

(二) 净利润项目分析

净利润作为评价指标，注意其局限性。

(1) 它是一个总量绝对指标，不能反映公司的经营效率，缺乏公司之间的可比性。

(2) 它作为评价指标，容易使公司追求眼前利益，产生短期行为，不利于公司的长远发展。比如，可能导致公司不进行技术改造及设备更新，不开发新产品，不处理积压商品，不进行正常的设备维修与保养，只注意价格竞争，不注意公司综合力的提高等。

(3) 就目前我国相当数量企业的现状来看，企业往往过分强调盈利能力，而忽视偿债能力，普遍对盈利能力与偿债能力的协调统一缺乏足够的认识。这些企业在短期内可能由于拖欠债务的偿还而增加生产经营的投入，表面上提高了企业的盈利能力，但实际的结果是，在生产经营过程中大量占用资金，削弱了资金的流动性，最后导致企业出现严重的债务危机，甚至会出现破产的危险。针对这种盈利能力的提高，分析者应提高警惕。

第四节　利润表趋势分析

一、绝对额分析

绝对额分析是指将企业连续几年的利润表相关项目的绝对额进行对比，以查看这些项目的变化趋势。LFYL公司2015—2019年的相关项目的绝对额分析如表4-12所示。

表4-12 LFYL利润表绝对额趋势分析   单位：元

项目	2019年	2018年	2017年	2016年	2015年
一、营业总收入	3,475,614,154.78	2,653,120,079.16	1,575,945,309.43	1,288,770,719.80	1,508,984,686.94
营业收入	3,475,614,154.78	2,653,120,079.16	1,575,945,309.43	1,288,770,719.80	1,508,984,686.94
二、营业总成本	2,925,150,028.86	2,301,223,485.76	1,324,591,830.01	1,090,715,681.52	1,290,394,776.87
营业成本	1,854,869,877.49	1,576,817,068.67	1,081,133,377.62	938,770,728.19	1,117,516,769.87
税金及附加	25,377,274.13	28,770,311.11	19,803,898.96	16,806,454.58	6,157,274.76
销售费用	561,594,327.71	359,530,079.21	61,147,704.56	50,477,626.25	53,284,949.73
管理费用	208,029,399.64	161,928,612.49	131,019,819.20	101,436,910.20	113,071,903.72
财务费用	77,777,402.72	28,203,542.33	23,175,578.72	-21,139,310.28	-24,786,732.38
研发费用	197,501,747.17	133,471,033.73	0.00	0.00	0.00
资产减值损失	0.00	12,502,838.22	8,311,450.95	4,363,272.58	25,150,611.17
公允价值变动收益	0.00	0.00	7,164.97	-34,537.47	0.00
投资收益	3,012,666.15	3,685,227.46	1,883,794.33	18,928,235.94	5,393,560.32
其中：对联营企业和合营企业的投资收益	3,012,666.15	189,510.30	-232,867.79	685,022.04	396,897.03
三、营业利润	568,271,218.06	363,725,032.37	257,671,741.32	216,948,736.75	223,983,470.39
加：营业外收入	18,473,520.38	740,685.47	3,732,191.51	3,455,758.27	3,341,250.31
减：营业外支出	10,448,507.90	6,549,001.87	7,780,139.98	333,153.82	2,790,362.88
其中：非流动资产处置损失	0.00	0.00	0.00	83,626.88	30,245.93
四、利润总额	576,296,230.54	357,916,715.97	253,623,792.85	220,071,341.20	224,534,357.82
减：所得税费用	56,840,034.74	2,579,060.82	51,649,696.32	39,750,643.66	56,370,830.04
五、净利润	519,456,195.80	355,337,655.15	201,974,096.53	180,320,697.54	168,163,527.78
归属于母公司所有者的净利润	490,295,086.01	346,714,031.16	200,864,341.90	181,069,380.03	170,211,819.24
少数股东损益	29,161,109.79	8,623,623.99	1,109,754.63	-748,682.49	-2,048,291.46
六、每股收益					
基本每股收益(元/股)	0.51	0.47	0.41	0.37	0.70
稀释每股收益(元/股)	0.51	0.47	0.41	0.37	0.70
七、其他综合收益	192,864,368.62	322,042,587.89	-1,501,922.50	1,625,926.99	1,208,986.85
八、综合收益总额	712,320,564.42	677,380,243.04	200,472,174.03	181,946,624.53	169,372,514.63
归属于母公司所有者的综合收益总额	680,764,356.09	675,080,056.88	199,362,419.40	182,695,307.02	171,420,806.09
归属于少数股东的综合收益总额	31,556,208.33	2,300,186.16	1,109,754.63	-748,682.49	-2,048,291.46

将表4-12中的相关数据反映在图形中，形成如图4-1、图4-2所示的绝对额趋势分析图。

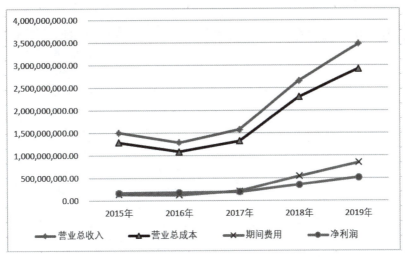

图 4-1　LFYL 公司部分利润项目绝对额趋势分析

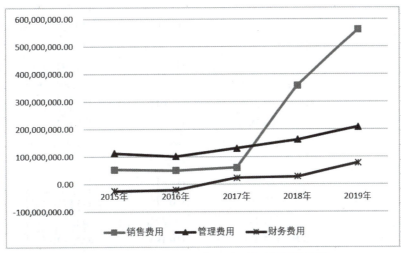

图 4-2　LFYL 公司期间费用项目绝对额趋势分析

由表4-12及图4-1、图4-2可知，5年间LFYL公司的营业规模呈大幅增长趋势，尤其是2017年以后，相应的营业成本、期间费用上升幅度较大，净利润也有一定幅度的增长。期间费用中管理费用和财务费用平稳上升，销售费用增长幅度较大，尤其是2017年之后呈大幅度提高趋势。

二、环比分析

环比分析是指计算收入、费用、利润等相关项目相邻两期的变动百分比，以查看这些项目变动的方向和幅度，从而分析企业盈利能力的变动情况。LFYL公司各年间利润表相关项目的环比趋势如表4-13所示。

表4-13　LFYL公司利润表项目环比趋势分析

项目	2016年/2015年	2017年/2016年	2018年/2017年	2019年/2018年
一、营业总收入	85.41%	122.28%	168.35%	131.00%
营业收入	85.41%	122.28%	168.35%	131.00%
二、营业总成本	84.53%	121.44%	173.73%	127.11%
营业成本	84.01%	115.16%	145.85%	117.63%
税金及附加	272.95%	117.84%	145.28%	88.21%
销售费用	94.73%	121.14%	587.97%	156.20%
管理费用	89.71%	129.16%	123.59%	128.47%
财务费用	85.28%	−109.63%	121.70%	275.77%
研发费用	—	—	—	147.97%
资产减值损失	17.35%	190.49%	150.43%	0.00%
公允价值变动收益	—	−20.75%	0.00%	—
投资收益	350.94%	9.95%	195.63%	81.75%
三、营业利润	96.86%	118.77%	141.16%	156.24%
加：营业外收入	103.43%	108.00%	19.85%	2494.11%
减：营业外支出	11.94%	2335.30%	84.18%	159.54%
四、利润总额	98.01%	115.25%	141.12%	161.01%
减：所得税费用	70.52%	129.93%	4.99%	2203.90%
五、净利润	107.23%	112.01%	175.93%	146.19%
归属于母公司所有者的净利润	106.38%	110.93%	172.61%	141.41%
少数股东损益	36.55%	−148.23%	777.07%	338.15%
六、每股收益				
基本每股收益(元/股)	52.86%	110.81%	114.63%	108.51%
稀释每股收益(元/股)	52.86%	110.81%	114.63%	108.51%
七、其他综合收益	134.49%	−92.37%	−21442.02%	59.89%
八、综合收益总额	107.42%	110.18%	337.89%	105.16%

由表4-13可见，2016年与2015年相比，经营情况有所下降。营业收入只占2015年的85.41%，同时营业总成本下降了15.47%，销售费用、管理费用、财务费用均有所降低，投资收益增长了250.94%，营业外收入增加了3.43%，使得利润总额为上年的98.01%，同时所得税费用减少了将近30%，最终使得净利润提高了7.23%。但企业2016年整体经营情况变差。

2017年与2016年相比，经营情况开始好转。营业收入上升了22.28%，伴随着营业收入的增长，营业成本、税金及附加、销售费用、管理费用也随之增长，同时投资收益大幅度降低，使得营业利润的增长幅度小于收入的增长幅度，增长幅度为18.77%。营业外收入增长了8%，但是营业外支出增长了2235.30%，使得利润总额较营业利润的增长幅度有所下降，增长了15.25%。又因所得税费用增加了29.93%，使得净利润的增长幅度只有12.01%。

2018年与2017年相比，收入情况快速增长，且增长态势明显。营业收入增长了68.35%，相应的营业总成本增长了73.73%，税金及附加、销售费用、管理费用都出现了大幅上升，其中销售费用上升明显，上升了487.97%，这是影响营业利润的不利因素。营业收入增加的同时，投资收益也进一步提高，上升幅度为95.63%，最终使营业利润增长了41.16%，利润总额基本保持一致。又因为所得税费用的大幅度降低，最终使净利润的增长幅度达到75.93%，超过了营业收入的增长幅度。

2019年与2018年相比，收入情况继续保持增长。营业收入增长了31%，营业成本、销售费用、管理费用、财务费用都有一定程度的提高，同时因税金及附加及资产减值损失的减少，使得营业利润增长了56.24%。2019年的营业外收入大幅提高，提高幅度为2394.11%，使得利润总额的增长幅度达到61.01%。又因所得税费用的大幅度增加，最终使得净利润的增长幅度为46.19%。

从总的趋势来看，LFYL公司的经营规模虽各年有所波动，但整体呈上升趋势。营业收入大幅度上涨，而利润总额和净利润整体增长趋势更强，可见该公司整体盈利能力增强，发展趋势良好。

三、定基分析

定基分析就是选定一个固定的期间作为基期，计算各分析期的收入、费用、利润等相关项目与基期相比的百分比。这种分析不仅能看出相邻两期的变化方向和幅度，还可以看出一段较长期间的总体变化趋势，便于进行较长期间的趋势分析。

LFYL公司2015—2019年利润表相关项目的定基趋势如表4-14所示。

表4-14 LFYL公司利润表项目定基趋势分析

项目	2015年(基期)	2016年	2017年	2018年	2019年
一、营业总收入	100.00%	85.41%	104.44%	175.82%	230.33%
营业收入	100.00%	85.41%	104.44%	175.82%	230.33%
二、营业总成本	100.00%	84.53%	102.65%	178.33%	226.69%
营业成本	100.00%	84.01%	96.74%	141.10%	165.98%
税金及附加	100.00%	272.95%	321.63%	467.26%	412.15%
销售费用	100.00%	94.73%	114.76%	674.73%	1053.95%
管理费用	100.00%	89.71%	115.87%	143.21%	183.98%
财务费用	100.00%	85.28%	-93.50%	-113.78%	-313.79%
资产减值损失	100.00%	17.35%	33.05%	49.71%	0.00%
投资收益	100.00%	350.94%	34.93%	68.33%	55.86%
三、营业利润	100.00%	96.86%	115.04%	162.39%	253.71%
加：营业外收入	100.00%	103.43%	111.70%	22.17%	552.89%
减：营业外支出	100.00%	11.94%	278.82%	234.70%	374.45%
四、利润总额	100.00%	98.01%	112.96%	159.40%	256.66%
减：所得税费用	100.00%	70.52%	91.62%	4.58%	100.83%
五、净利润	100.00%	107.23%	120.11%	211.30%	308.90%
归属于母公司所有者的净利润	100.00%	106.38%	118.01%	203.70%	288.05%
少数股东损益	100.00%	36.55%	-54.18%	-421.02%	-1423.68%
六、每股收益					
基本每股收益(元/股)	100.00%	52.86%	58.57%	67.14%	72.86%
稀释每股收益(元/股)	100.00%	52.86%	58.57%	67.14%	72.86%
七、其他综合收益	100.00%	134.49%	-124.23%	26637.39%	15952.56%
八、综合收益总额	100.00%	107.42%	118.36%	399.94%	420.56%

从表4-14可以看出LFYL公司2015—2019年的利润表变动趋势。2015—2019年期间，2016年经营状况不太好，营业收入、营业利润、利润总额下降，2017年之后开始迅速增长，尤其是净利润的增长幅度达到208.9%，伴随营业收入的增长，营业成本和各项费用也呈上升趋势，尤其是销售费用增长幅度很大，2019年的增长幅度达到953.95%。因此，对于LFYL公司来说，一方面是收入、利润的提高带来的盈利能力增强，另一方面也应适度控制成本费用的增加，进一步提升企业利润空间。

本章小结

企业利润，通常是指企业在一定会计期间收入减去费用后的净额以及直接计入当期的利得和损失等，亦称为财务成果或经营成果。在商品经济条件下，企业追求的根本目标是企业价值最大化或股东权益最大化。而无论是企业价值最大化，还是股东权益最大化，其基础都是企业利润。利润已成为现代企业经营与发展的直接目标。企业的各项工作最终都与利润的多少相关。利润分析可正确评价企业各方面的经营业绩，及时、准确地发现企业经营管理中存在的问题，为投资者、债权者的投资与信贷决策提供正确信息。利润表分析主要包括利润表综合分析、利润表项目分析和利润表趋势分析。

利润表综合分析包括利润表项目增减变动水平分析和利润结构变动分析。通过对利润表的水平分析，从利润的形成角度，反映利润额的变动情况，揭示企业在利润形成过程中的管理业绩及存在的问题。利润结构变动分析，主要是在对利润表进行垂直分析的基础上，揭示各项利润及成本费用与收入的关系，以反映企业的各环节的利润构成、利润及成本费用水平。

利润表项目分析包括营业收入分析、成本费用分析、营业利润分析、利润总额分析等内容。收入是影响利润的重要因素，营业收入分析的内容具体包括收入的确认与计量分析、企业收入的构成分析等。成本费用分析主要包括产品营业成本分析和期间费用分析两部分，营业成本分析包括主营业务成本分析和其他业务成本分析，期间费用分析包括销售费用分析、财务费用分析和管理费用分析。营业利润分析主要对资产减值损失和投资收益两方面进行分析。利润总额分析主要分析营业外收入和营业外支出。

利润表趋势分析利用财务报表近五年的数据分析企业利润表各项目的增减变动趋势。利润表趋势分析包括利润表项目绝对额分析、环比分析和定基分析。

思考讨论

1. 利润表分析的目的是什么？
2. 如何对利润表进行水平分析？利润表水平分析的思路是什么？
3. 利润表垂直分析的重点是什么？
4. 企业收入分析的内容有哪些？

5. 资产减值损失如何影响企业的利润？
6. 如何对企业利润表进行趋势分析？

案例分析

瑞幸咖啡财务造假

瑞幸咖啡（以下简称"瑞幸"），本质上是快消费零售的一种新型O2O（Online to Offline，从线上到线下）模式，由神州优车前COO（首席运营官）钱治亚，于2017年6月在厦门注册成立，于当年10月第一家门店实现了试营业。之后瑞幸进行了快速扩张：2018年年初陆续在北京、上海、天津等13个城市试运营，截至2018年末，净营业收入已达8.407亿元。次年5月于纳斯达克正式上市，成为中国创业公司中最快上市的企业，当日总市值约为42亿美元。瑞幸实现快速上市与其标榜采用的利用互联网技术，采取"线上+线下"相结合的经营模式密切相关。上市后的瑞幸在资本市场上股价不断走高，涨幅一度高达233.87%；2019年末全国已累计开设4507家门店，成为我国门店数量最多的咖啡连锁品牌。在一路走高的情况下，瑞幸于2020年1月又进行增发融资，规模超11亿美元，按当日收盘价50美元计算，总市值高达约126亿美元。

当人们对瑞幸在资本市场的发展速度瞠目结舌时，瑞幸业绩指标在两个月内超过160%的异常涨幅，也引起了美国浑水公司的注意。2020年1月31日，浑水公司发布了一则对瑞幸咖啡的匿名做空报告，指出瑞幸自2019年三季度开始捏造财务及运营数据、虚报营业收入，这使瑞幸当日股价下跌将近10.74%。浑水公司的报告中指出，其对瑞幸进行了以下调查：

(1) 浑水公司动用1510名员工，广撒网探访瑞幸近千家门店，收集上万张购物小票，在这巨额的资金、人力投入中发现了瑞幸通过人为控制取餐码，夸大订单销量的虚假事实，这使得2019年第三季度门店销售收入夸大了69%，四季度营业收入虚增89%。

(2) 瑞幸夸大其2019年三季度广告支出费用逾150%。据年报显示第三季度广告费用为3.82亿元，而实际评估后只为4600万元，仅占财报费用的12%。瑞幸公司通过夸大广告费用支出使现金转出，而后把虚增的广告费又转回门店收入中，进而大幅度提高了销售收入。

(3) 存在隐含关联方交易。瑞幸在2019年3月通过收购宝沃汽车，将1.37亿元转移给关联方王百因，而后从王百因公司购买咖啡机，存在可能通过此方式将1.37亿元再转回瑞幸。

迫于浑水公司报告的压力，2020年4月2日瑞幸公开自曝了公司伪造22亿元交易额，并虚增相关的费用和成本的财务造假事实。这使瑞幸股票开盘大跌85%，截至收盘股价跌为6.4美元，最终瑞幸事件以2020年5月19日公司被停牌退市告终。

问题探讨：
1. 瑞幸财务造假的手段有哪些？
2. 瑞幸造假事件暴露出了哪些问题？
3. 如何防范上市公司财务造假？

实操项目

根据第二章实操项目所收集的上市公司财务报表资料,对利润表进行综合分析、项目分析及趋势分析。

第五章

现金流量表分析

学习目标

○ **知识目标**

明确现金流量表的结构与内容、现金流量表分析的目的；理解现金流量表与资产负债表和利润表的关系；掌握现金流量表分析步骤和各步骤包括的主要分析内容。

○ **能力目标**

能够运用现金流量表分析基本程序与方法，对企业现金流量各活动现金流量进行分析；能够将现金流量表信息与利润表和资产负债表信息结合分析，揭示财务状况及效果的质量水平与特点。

第一节 现金流量表概述

一、现金与现金流量表

现金流量表是以收付实现制为基础编制的，反映企业一定会计期间内现金及现金等价物流入和流出信息的动态报表。现金流量表中的现金是一个广义的概念，它包括现金和现金等价物。其中现金是指企业的库存现金、银行存款、其他货币资金以及可以随时用于支付的存款。不能随时用于支付的存款不属于现金。现金等价物是指企业持有的期限短、流动性强、易于转换为已知金额现金、价值变动风险很小的投资。期限短，一般是指从购买日起三个月内到期。企业可以根据具体情况，确定现金等价物的范围，一经确定不得随意变更。在实务当中被企业认定为现金等价物的常见资产主要有：三个月内到期的债券投资，三个月内到期的票据保证金，结构性存款，定期存放同业款项等。股票等权益性投资不属于现金等价物，因为权益性投资变现的金额通常不确定。

现金流量表中的现金流量包括现金流入量和现金流出量，用来表示企业现金和现金等价物的增减变动情况。我国会计准则规定现金流量表主表的编制格式为按经济活动的性质分别归集经营活动、投资活动和筹资活动产生的现金流入量、现金流出量和现金流量净额，最后得出企业净现金流量。现金流量表补充资料的编制格式为以净利润为基础调整相关项目得出经营活动净现金流量。

相关链接5-1

四川长虹现金流量表信息

四川长虹(公司代码：600839)作为首批国企改革试点企业，其财务状况也吸引了众多关注。表5-1所示的四川长虹现金流量表体现了其近10年来的发展状况。

表5-1 四川长虹现金流量信息表   单位：元

日期	经营活动产生的现金流量净额	投资活动产生的现金流量净额	筹资活动产生的现金流量净额	现金及现金等价物净增加额	净利润
2008年	3,565,495,508.53	-1,610,988,374.94	197,061,655.36	2,128,959,846.67	262,649,694.80
2009年	-2,411,228,674.05	-723,524,300.54	4,752,856,711.50	1,612,614,756.38	539,311,956.92
2010年	-738,536,958.90	-806,328,536.26	3,933,740,332.03	2,377,719,260.32	477,311,986.32
2011年	-1,219,806,004.64	-746,118,649.62	1,877,486,015.34	-103,689,361.87	322,783,871.46
2012年	719,459,181.27	-136,807,167.20	1,045,917,234.96	1,510,216,434.50	273,188,244.93
2013年	2,889,283,147.06	-1,118,172,439.69	-1,391,491,999.52	221,083,831.38	757,230,412.10
2014年	1,920,744,485.81	-930,532,891.01	1181776120.72,	2,279,463,422.34	267,502,219.16
2015年	3,236,231,014.60	-2,912,266,978.10	-2,862,844,758.69	-2,460,314,166.27	-1,724,531,133.46
2016年	4,670,497,536.68	-2,926,214,433.31	-4,893,763.08	1,816,342,389.72	1,159,434,277.68
2017年	1,456,160,300.99	519,175,167.36	830,032,862.00	2,778,563,310.92	661,353,408.85
2018年	4,424,987,980.63	-2,750,956,902.67	-683,586,448.92	1,003,347,411.34	660,760,207.15
2019年	1,565,512,587.09	328,053,926.65	737,722,770.36	2,653,205,332.99	334,321,210.68

根据表5-1提供的信息可以看出，四川长虹除了2015年，从2008年至2019年连续盈利，但是经营活动现金流量却波动较大，尤其是2008年至2012年，出现了由正转负，持续负值，又由负转正的大幅度波动。以收付实现制为基础编制的现金流量表，被人们比作"利润的测谎仪"。净利润的含金量过低甚至为负，属于典型的"纸面富贵"。这种"富贵"往往难以为继。净利润高于经营活动产生的现金流量净额很可能出于两种原因：其一，利润是真实的，但没有收回现金，存在现金回收风险；其二，利润是虚构的，所以何来现金？无论哪种情况，对于投资者来说都意味着巨大的投资风险。经营活动在流失现金，公司只能严重依赖外部筹资补充现金，导致负债过高，财务危机一触即发。同时，四川长虹投资活动和筹资活动产生的现金流量净额持续大幅度波动，正负转换。这种情况则需要深入分析其现金流量表及相关因素。

现金被喻为企业的血液。只有现金循环周转顺畅，企业才能焕发勃勃生机。而经营活动产生现金流量的能力是企业自身的造血功能，如果企业无法持续产生充足的经营现金流量，需要不断地筹资来填补资金缺口，必然会遭遇资金链断裂的厄运。因此，现金流量表分析的作用不容忽视。

资料来源：四川长虹财务报表数据整理所得。

二、现金流量表与资产负债表、利润表的关系

现金流量表与资产负债表和利润表并不是相互脱离、彼此独立的，它们之间有着内在的勾稽关系。根据资产负债表的平衡式，我们可以分析影响现金及现金等价物变动的因素。

资产=负债+所有者权益

现金+非现金流动资产+非流动资产=流动负债+非流动负债+所有者权益

现金=流动负债+非流动负债+所有者权益-非现金流动资产-非流动资产

其中：

所有者权益=实收资本(或股本)+资本公积+盈余公积+留存收益

留存收益=净利润+年初未分配利润-提取的公积金-应付利润(股利)

以上分析表明，公司现金变化与资产负债表、利润表有关：现金与非现金资产和非流动资产变化是反向变化关系。负债与所有者权益项目变化同现金变化是同向变化关系。企业一定时期产生的净现金流量是经营活动、投资活动和筹资活动净现金流量的合计数，结合资产负债表中期末与期初现金及现金等价物的变化差额，可以分析出净现金流量变动的原因。所有者权益的变化主要与留存收益有关，而留存收益主要取决于公司经营活动创造的净利润以及公司的股利政策。

在净利润的基础上，加上非经营活动损失(筹资和投资活动的损益)，如处置固定资产、无形资产、其他长期资产损失、固定资产报废损失、财务费用、投资损失；加上不支付现金的费用，如计提的减值准备、计提固定资产折旧、无形资产摊销、长期待摊费用摊销、待摊费用减少和预提费用增加；加上非现金流动资产减少，减去非现金流动资产增加；加上经营性应付项目增加，减去经营性应付项目的减少等，形成了现金流量表补充资料，从净利润到经营活动净现金流量的调整。

三、现金流量表分析的目的

现金流量表反映了企业在一定时期内创造的现金数额，揭示了在一定时期内企业现金变动情况，通过分析现金流量表中现金的流动状况，可以实现以下目的。

(1) 从动态上了解企业现金流量变动情况和变动原因。通过现金流量表分析，可以说明企业从哪里取得现金，又将现金用于哪些方面，从动态上说明现金的变动情况，揭示现金的来龙去脉。

(2) 判断企业获取现金流量的能力。企业获取现金的能力是评估企业价值的基础，经营活动现金流量反映企业自我创造现金的能力，筹资活动反映企业从外部获取现金的能力，对现金流量表分析能够判断企业获取现金的能力。

(3) 评价企业盈利的质量。利润是按权责发生制计算的，用于反映当期的财务成果，利润不代表真正实现的收益，账面上的利润满足不了企业的资金需要。因此，盈利企业仍然有可能发生财务危机，高质量的盈利必须有相应的现金流入作保证，这就是人们更重视现金流量的原因之一。

相关链接5-2

现金流量表的地位和作用

现金流量表与有形的、实实在在的现金流量息息相关，这一点令其引人注目，并形成和利润表的鲜明对比关系，进而使其占据着财务报告体系中的"第三把交椅"。可想而知，现金流量表根据收付实现制原则予以编制，而利润表则是在权责发生制(应计制)的基础上来计量和评价公司绩效的。具体来讲，现金流量表可以起到四个方面的作用。

1. 揭示企业现金流入流出的来龙去脉

现金流量表能够告诉读者一定期间企业宝贵的现金"从哪里来，到哪里去"的信息，即提供企业在一定期间内现金流入、流出的动向，现金数额的增减变动的原因和结果。这是现金流量表最基本的作用，也是最基本的功能。例如，某公司在2017年度增加了1,000万元的现金。你可以在公司的现金流量表中发现公司经营活动导致现金增加900万元，来自投资活动的现金流量减少了300万元，来自筹资活动的现金流量增加了400万元，如此等等，你就可以对公司的资金使用和运作思路有一个大致的认识和把握。

2. 有助于评价公司的支付能力、偿债能力和周转能力

借助现金流量表提供的信息，你可以发现企业现金的充足程度和增减变动数额，从而体现企业手头的宽裕或者紧张程度，使其基本的支付能力和应付眼下债务的能力得以体现，如果经营活动的现金流量充足，则意味着企业充满着活力，并通过自身经营来赚钱。靠自身创造出现金流，在风险面前的免疫力就会增强，其支付能力和偿债能力也就有了坚实的基础和后盾。例如，上面提到的那个公司现金增加了1,000万元，进一步我们发现其中经营活动就"贡献"了900万元。与其说是企业对1,000万元的现金流感到满意，不如说更令企业感到欣慰的是企业正在靠自身苦心孤诣地经营来赚取大量的钞票。

3. 有助于评价企业利润的质量和经营绩效

借助现金流量表提供的信息，你可以分析企业净利润与相关现金流量产生差异的原因。"钱是赚回来的，利润是算出来的。"这两者之间因为会计的手法不同而存在一定的差距，我们可以借助于现金流量表，了解经营活动的现金流量与净利润之间产生差距的原因以及差距的大小，进而对利润的质量予以透视，进一步深入考察企业的经营绩效。比如，某公司授意销售部门经理在2017年度要完成2,000万元的销售指标。如果仅仅为了完成销售收入和利润计划，销售部门经理就会放宽信用条件，只管把东西卖出去就行了，而不用考虑收钱的问题，于是公司就存在大量的应收账款和坏账风险，利润和现金流量之间的出入，从中可以测知企业利润"虚胖"，盈余质量大打折扣。如果同时告诉销售经理必须拿回2,000万元，销售经理的销售行为就会变得积极而谨慎，有了现金保障的利润才是可靠

的、健康的利润。

4. 有助于预测和规划企业未来的现金流量和财务前景

借助于现金流量表提供的信息，掌握企业经营活动、投资活动和筹资活动所形成的现金流量，据以预测企业在未来产生现金的能力，并为分析和判断企业的财务前景提供信息。例如，如果公司的经营活动的现金流量是一个较大的正数，而投资活动的现金流量却是一个较大的负数，则意味着企业可能正在利用当前较好的经营形势和财务状况进行投资性的扩张，进一步壮大公司实力，从而获取今后更高的组织绩效。这样的财务前景通常也是值得期待的。

资料来源：零点财经. 现金流量表的地位与作用[EB/OL]. 2018-02-23. https://www.zcaijing.com/kbbcg/58631.html.

四、现金流量表分析的内容

现金流量表分析主要包括以下内容。

(1) 现金流量表综合分析。它主要包括现金流量表的一般分析、水平分析、结构分析、趋势分析、组合分析以及自由现金流量的分析。

(2) 现金流量表分项分析。它主要对现金流量表的主要项目分析，包括经营活动现金流量项目分析、投资活动现金流量项目分析、筹资活动现金流量项目分析。

(3) 现金流量与利润综合分析。它主要包括现金流量表与利润表信息的联系分析、经营活动现金流量净额与净利润关系分析。

第二节 现金流量表综合分析

一、现金流量表一般分析

在现金流量表中，全部的现金流量项目被分为三类，即经营活动产生的现金流量、投资活动产生的现金流量和筹资活动产生的现金流量。进行现金流量表一般分析，是根据这三类活动项目的数据，对企业现金流量情况进行分析与评价。本节以LFYL公司现金流量表的资料为基础，对该公司2019年现金流量表进行一般分析。

(一) 经营活动现金流量的一般分析

对经营活动现金流量进行一般分析，主要存在以下三种情况。

(1) 经营活动现金流量净额小于零，即经营活动的现金流入量小于现金流出量，这意味着企业通过正常的商品购销带来的现金流入不足以弥补其现金流出。这种情况下，经营不仅不能支持投资或者偿债，而且还要借助收回投资或举借新债所取得的现金，才能维持正常经营。出现这种情况可能是经营活动没有造血机能，需要靠其他两项活动输血才能维持生存。如果这种局面在长期内不能改变，企业将会陷于财务困境。

(2) 经营活动现金流量净额等于零，即经营活动的现金流入量等于现金流出量，这意味着企业经营过程中的现金"收支平衡"，企业通过正常的商品购销带来的现金流入恰好能够弥补经营现金流出。这种情况持续下去，会使企业增加未来收益的长期投资无法实施，对简单再生产的维持也只能停留在短期内，对企业的长远发展不利。

(3) 经营活动现金流量净额大于零，即经营活动的现金流入量大于现金流出量，这意味着企业经营活动比较正常，具有"自我造血"功能，通过经营活动收取的现金，不仅能满足经营本身付现成本需要，而且剩余的部分还可以用于再投资或偿债。在这种条件下，企业的成长情况将呈现出较好的态势。

LFYL公司2019年经营活动产生现金流量净流入782,789,096.79元，即经营活动现金流入量大于经营活动现金流出量。通过初步对比可以发现，经营活动现金流入主要项目为"销售商品、提供劳务收到的现金""收到其他与经营活动有关的现金"项目，和2018年相比增长明显。而经营活动现金流出主要项目"购买商品、接受劳务支付的现金""支付给职工以及为职工支付的现金""支付其他与经营活动有关的现金"都有所增加。

(二) 投资活动现金流量的一般分析

对投资活动现金流量进行一般分析，主要存在以下两种情况。

(1) 投资活动现金流量净额大于或等于零，即投资活动产生的现金流入量大于或等于现金流出量。出现这种情况的原因有两个：一是企业投资收益显著，尤其是短期投资回报收现能力较强，使本期的投资收益大于投资支出；二是企业面临财务危机，又难以从外部筹资，处置了一些长期资产，以补偿经营活动与筹资活动方面的现金需求。

(2) 投资活动现金流量净额小于零，即投资活动产生的现金流入量小于现金流出量。这种情况也从两个方面进行分析，一种是企业投资收益状况和取得的经济效益较差，导致现金的净流出；另一种是企业当期为了形成以后的长期资产，有较大额的对外投资，导致投资活动净现金流量小于零。

LFYL公司2019年投资活动产生现金流量净流出388,310,788.99元，投资活动产生的现金流入量小于现金流出量。投资活动现金流入主要项目是"取得投资收益所收到的现金"和"处置固定资产、无形资产和其他长期资产收回的现金净额"，分别产生现金流入量24,60,965.07元和1,999,680.13元，同时公司投资活动很活跃，且金额较大，其中主要的"购建固定资产、无形资产和其他长期资产支付的现金""投资所支付的现金"活动分别产生现金流出额356,689,967.97元和100,562,662.22元，流出量大于流入量。

(三) 筹资活动现金流量的一般分析

对筹资活动现金流量进行一般分析，主要存在以下两种情况。

(1) 筹资活动产生的现金净流量大于零，即筹资活动产生的现金流入量大于现金流出量。这种情况是否正常，关键要看此筹资活动是否已纳入企业的发展规划，即此活动是以扩大投资和经营活动为目标的主动筹资行为，还是因投资和经营活动的现金流出失控造成的企业不得已的筹资行为。

(2) 筹资活动产生的现金净流量小于零,即筹资活动产生的现金流入量小于现金流出量。这种情况可能是因为企业在本会计期间集中发生偿还债务、偿付利息、利润分配等业务,但也可能是因为企业在投资活动和企业战略发展方面没有更多规划的一种表现。

LFYL公司2019年筹资活动产生现金流量净流入28,183,193.95元,公司主要筹资活动中"偿还债务支付的现金"1,529,415,326.30元,"分配股利、利润或偿付利息所支付的现金"137,415,378.47元,"支付其他与筹资活动有关的现金"941,604,336.84元,引起的现金流出量比2018年有所增加,同时"取得借款收到的现金"1,484,953,728.17元,"收到其他与筹资活动有关的现金"1,151,664,507.39元等,使得筹资活动产生的现金流入量略大于现金流出量,所以2019年筹资活动现金净流量金额大于零。

二、现金流量表水平分析

现金流量表的一般分析,只能说明企业当期现金流量产生的原因和情况,不能揭示本期现金流量与前期现金流量的差异。现金流量表水平分析可以解决这一问题。本节以LFYL公司2018—2019年现金流量表资料为例,编制现金流量表水平分析表,如表5-2所示。

表5-2　LFYL公司现金流量表水平分析表

项目	2019年(元)	2018年(元)	变动额(元)	变动(%)
一、经营活动产生的现金流量				
销售商品、提供劳务收到的现金	3,570,753,152.25	2,626,776,094.68	943,977,057.57	35.94
收到的税费返还	191,312,577.07	87,602,181.71	103,710,395.36	118.39
收到的其他与经营活动有关的现金	70,239,413.77	22,979,882.23	47,259,531.54	205.66
经营活动现金流入小计	3,832,305,143.09	2,737,358,158.62	1,094,946,984.47	40.00
购买商品、接受劳务支付的现金	1,768,191,152.54	1,249,740,312.90	518,450,839.64	41.48
支付给职工以及为职工支付的现金	569,982,200.36	348,177,002.56	221,805,197.80	63.70
支付的各项税费	208,917,764.50	149,232,426.75	59,685,337.75	39.99
支付的其他与经营活动有关的现金	502,424,928.90	340,842,235.80	161,582,693.10	47.41
经营活动现金流出小计	3,049,516,046.30	2,087,991,978.01	961,524,068.29	46.05
经营活动产生的现金流量净额	782,789,096.79	649,366,180.61	133,422,916.18	20.55
二、投资活动产生的现金流量				
收回投资所收到的现金	61,172,048.00	67,101,197.67	-5,929,149.67	-8.84
取得投资收益所收到的现金	2,460,965.07	651,538.51	1,809,426.56	277.72
处置固定资产、无形资产和其他长期资产所收回的现金净额	1,999,680.13	241,293.67	1,758,386.46	728.73
处置子公司及其他营业单位所收到的现金净额	0.00	5,325,510.71	-5,325,510.71	-100.00
收到的其他与投资活动有关的现金	3,309,148.00	2,580,000.00	729,148.00	28.26
投资活动现金流入小计	68,941,841.20	75,899,540.56	-6,957,699.36	-9.17
购建固定资产、无形资产和其他长期资产所支付的现金	356,689,967.97	441,090,979.48	-84,401,011.51	-19.13
投资所支付的现金	100,562,662.22	136,500,000.00	-35,937,337.78	-26.33

(续表)

项目	2019年(元)	2018年(元)	变动额(元)	变动(%)
取得子公司及其他营业单位支付的现金净额	0.00	1,368,453,540.67	-1,368,453,540.67	-100.00
支付的其他与投资活动有关的现金	0.00	0.00	0.00	0.00
投资活动现金流出小计	457,252,630.19	1,946,044,520.15	-1,488,791,889.96	-76.50
投资活动产生的现金流量净额	-388,310,788.99	-1,870,144,979.59	-1,481,834,190.60	-79.24
三、筹资活动产生的现金流量				
吸收投资收到的现金	0.00	1,792,023,180.00	-1,792,023,180.00	-100.00
其中：子公司吸收少数股东投资收到的现金	0.00	0.00	0.00	0.00
取得借款收到的现金	1,484,953,728.17	310,069,424.81	1,174,884,303.36	0.00
发行债券收到的现金	0.00	0.00	0.00	0.00
收到的其他与筹资活动有关的现金	1,151,664,507.39	0.00	1,151,664,507.39	N/A
筹资活动现金流入小计	2,636,618,235.56	2,102,092,604.81	534,525,630.75	25.43
偿还债务支付的现金	1,529,415,326.30	303,087,391.88	1,226,327,934.42	404.61
分配股利、利润或偿付利息所支付的现金	137,415,378.47	156,303,889.35	-18,888,510.88	-12.08
其中：子公司支付给少数股东的股利、利润	0.00	0.00	0.00	0.00
支付的其他与筹资活动有关的现金	941,604,336.84	14,757,754.26	926,846,582.58	6280.40
筹资活动现金流出小计	2,608,435,041.61	474,149,035.49	2,134,286,006.12	450.13
筹资活动产生的现金流量净额	28,183,193.95	1,627,943,569.32	-1,599,760,375.37	-98.27
四、汇率变动对现金及现金等价物的影响	4,335,918.32	25,196,444.83	-20,860,526.51	-82.79
五、现金及现金等价物净增加额	426,997,420.07	432,361,215.17	-5,363,795.10	-1.24
加：期初现金及现金等价物余额	663,954,077.78	231,592,862.61	432,361,215.17	186.69
六、期末现金及现金等价物余额	1,090,951,497.85	663,954,077.78	426,997,420.07	64.31

从表5-2可以看出，LFYL公司2019年"现金及现金等价物净增加额"比2018年减少了5,363,795.10元。其中，2019年"经营活动产生的现金流量净额"782,789,096.79元，"投资活动产生的现金流量净额"-388,310,788.99元，"筹资活动产生的现金流量净额"28,183,193.95元。

经营活动现金流量净额2019年比2018年增加了133,422,916.18元，增长率为20.55%。经营活动现金流入量和流出量分别较上年增加了1,094,946,984.47元和961,524,068.29元，增长率分别为40.00%和46.05%，由此可以看出，该公司经营活动现金流入量增加额大于现金流出量增加额，使现金流量净额较大幅度增加。经营活动现金流入量增加主要原因是"销售商品、提供劳务收到的现金"增加了943,977,057.57元，增长率为35.94%，其次"收到的税费返还"增加103,710,395.36元，增长率为118.39%，"收到的其他与经营活动有关的现金"增加了47,259,531.54元，增长率为205.66%。经营活动现金流出量增加主要原因是"购买商品、接受劳务支付的现金"增加了518,450,839.64元，增长率为41.48%，"支付给职工以及为职工支付的现金"增加了221,805,197.80元，增长率为63.70%，"支付的其他与经营活动有关的现金"增加了161,582,693.10元，增长率为47.41%。

投资活动现金流量净额2019年比2018年减少了1481,834,190.60元，降低率为79.24%。筹资活动现金流入量比上年减少了6,957,699.36元，降低率为9.17%；投资活动现金流出量较上年减少了1,488,791,889.96元，降低率为76.50%，由此可以看出，该公司投资活动现金流入量减少额大大小于现金流出量的减少额，使现金流量净额表现为投资活动净流出额的减少。投资活动现金流入量项目中变化较为显著的主要是"收回投资所收到的现金"减少了5,929,149.67元，降低率为8.84%；"处置子公司及其他营业单位收到的现金净额"2019年为0元，比2018年减少了15,325,510.71元，降低率为100.00%，其次是"取得投资收益所收到的现金"增加了1,809,426.56元，增长率为277.72%，"处置固定资产、无形资产和其他长期资产所收回的现金净额"增加了1,758,386.46元，增长率为728.73%。投资活动现金流出量增加的主要原因是"取得子公司及其他营业单位支付的现金净额"减少了1,368,453,540.67元，降低率为100.00%，其次是"购建固定资产、无形资产和其他长期资产所支付的现金"减少了84,401,011.51元，降低率为19.13%，"投资所支付的现金"减少了35,937,337.78元，降低率为26.33%。从投资活动现金流量变动可以看出，该公司2018年进行了较大规模的投资活动，而2019年的投资活动出现了明显的收缩。

筹资活动现金流量净额2019年比2018年减少了1,599,760,375.37元，降低率为98.27%。筹资活动现金流入量比上年增加了534,525,630.75元，增长率为25.43%；筹资活动现金流出量较上年增加了2,134,286,006.12元，增长率为450.13%，由此可以看出，该公司筹资活动现金流入量增加额小于现金流出量的增加额，使现金流量净额表现为筹资活动净额的减少。筹资活动现金流入量项目中变化较为显著的主要是2019年没有"吸收投资收到的现金"，而2018年"吸收投资收到的现金"1,792,023,180.00元，其次"取得借款收到的现金"增加了1,174,884,303.36元，"收到其他与筹资活动有关的现金"增加了1,151,664,507.39元。筹资活动现金流出量增加主要原因是"偿还债务支付的现金"增加1,226,327,934.42元，增长率为404.61%，"支付其他与筹资活动有关的现金"增加了926,846,582.58元，增长率为6280.40%，而"分配股利、利润或偿付利息所支付的现金"减少了18,888,510.88元，降低率为12.08%。从筹资活动现金流量的变动情况可以看出，该公司2018年进行了股权筹资，而2019年取得借款的同时，偿还了大量的债务。

三、现金流量表结构分析

现金流量表结构分析的主要目的是揭示现金流入量和现金流出量的结构状况，说明企业当期现金流量管理的重点。现金流量表结构分析通常采用垂直分析法，针对直接法编制的现金流量表资料进行分析。本节以LFYL公司2018—2019年现金流量表资料为例，编制现金流量表结构分析表，如表5-3所示。

表5-3 LFYL公司现金流量表结构分析表

项目	2019年(元)	2018年(元)	流入结构(%) 2019年	流入结构(%) 2018年	流入结构(%) 变动情况	流出结构(%) 2019年	流出结构(%) 2018年	流出结构(%) 变动情况	内部结构(%) 2019年	内部结构(%) 2018年	内部结构(%) 变动情况
一、经营活动产生的现金流量											
销售商品、提供劳务收到的现金	3,570,753,152.25	2,626,776,094.68	54.62	53.44	1.18				93.18	95.96	-2.79
收到的税费返还	191,312,577.07	87,602,181.71	2.93	1.78	1.14				4.99	3.20	1.79
收到的其他与经营活动有关的现金	70,239,413.77	22,979,882.23	1.07	0.47	0.61				1.83	0.84	0.99
经营活动现金流入小计	3,832,305,143.09	2,737,358,158.62	58.62	55.69	2.93				100.00	100.00	0.00
购买商品、接受劳务支付的现金	1,768,191,152.54	1,249,740,312.90				28.91	27.72	1.19	57.98	59.85	-1.87
支付给职工以及为职工支付的现金	569,982,200.36	348,177,002.56				9.32	7.72	1.60	18.69	16.68	2.02
支付的各项税费	208,917,764.50	149,232,426.75				3.42	3.31	0.11	6.85	7.15	-0.30
支付的其他与经营活动有关的现金	502,424,928.90	340,842,235.80				8.22	7.56	0.66	16.48	16.32	0.15
经营活动现金流出小计	3,049,516,046.30	2,087,991,978.01				49.87	46.32	3.55	100.00	100.00	0.00
经营活动产生的现金流量净额	782,789,096.79	649,366,180.61									
二、投资活动产生的现金流量											
收回投资所收到的现金	61,172,048.00	67,101,197.67	0.94	1.37	-0.43				88.41	88.41	0.32
取得投资收益所收到的现金	2,460,965.07	651,538.51	0.04	0.01	0.02				3.57	0.86	2.71
处置固定资产、无形资产和其他长期资产所收回的现金净额	1,999,680.13	241,293.67	0.03	0.00	0.03				2.90	0.32	2.58
处置子公司及其他营业单位收到的现金净额	0.00	5,325,510.71	0.00	0.11	-0.11				0.00	7.02	-7.02
收到的其他与投资活动有关的现金	3,309,148.00	2,580,000.00	0.05	0.05	0.00				4.80	3.40	1.40
投资活动现金流入小计	68,941,841.20	75,899,540.56	1.05	1.54	-0.49				100.00	100.00	0.00
购建固定资产、无形资产和其他长期资产所支付的现金	356,689,967.97	441,090,979.48				5.83	9.78	-3.95	78.01	22.67	55.34
投资所支付的现金	100,562,662.22	136,500,000.00				1.64	3.03	-1.38	21.99	7.01	14.98
取得子公司及其他营业单位支付的现金净额	0.00	1,368,453,540.67				0.00	30.35	-30.35	0.00	70.32	-70.32

128

(续表)

项目	2019年(元)	2018年(元)	流入结构(%) 2019年	流入结构(%) 2018年	流入结构(%) 变动情况	流出结构(%) 2019年	流出结构(%) 2018年	流出结构(%) 变动情况	内部结构(%) 2019年	内部结构(%) 2018年	内部结构(%) 变动情况
支付的其他与投资活动有关的现金	0.00	0.00				0.00	0.00	0.00	0.00	0.00	0.00
投资活动现金流出小计	457,252,630.19	1,946,044,520.15				7.48	43.17	-35.69	100.00	100.00	0.00
投资活动产生的现金流量净额	-388,310,788.99	-1,870,144,979.59									
三、筹资活动产生的现金流量											
吸收投资收到的现金	0.00	1,792,023,180.00	0.00	36.46	-36.46				0.00	85.25	-85.25
其中：子公司吸收少数股东投资收到的现金	0.00	0.00	0.00	0.00	0.00				0.00	0.00	0.00
取得借款收到的现金	1,484,953,728.17	310,069,424.81	22.71	6.31	16.40				56.32	14.75	41.57
发行债券收到的现金	0.00	0.00	0.00	0.00	0.00				0.00	0.00	0.00
收到的其他与筹资活动有关的现金	1,151,664,507.39	0.00	17.62	0.00	17.62				43.68	0.00	43.68
筹资活动现金流入小计	2,636,618,235.56	2,102,092,604.81	40.33	42.77	-2.44				100.00	100.00	0.00
偿还债务支付的现金	1,529,415,326.30	303,087,391.88				25.01	6.72	18.29	58.63	63.92	-5.29
分配股利、利润或偿付利息所支付的现金	137,415,378.47	156,303,889.35				2.25	3.47	-1.22	5.27	32.97	-27.70
其中：子公司支付给少数股东的股利、利润	0.00	0.00				0.00	0.00	0.00	0.00	0.00	0.00
支付的其他与筹资活动有关的现金	941,604,336.84	14,757,754.26				15.40	0.33	15.07	36.10	3.11	32.99
筹资活动现金流出小计	2,608,435,041.61	474,149,035.49				42.65	10.52	32.14	100.00	100.00	0.00
筹资活动产生的现金流量净额	28,183,193.95	1,627,943,569.32									
现金流入总额	6,537,865,219.85	4,915,350,303.99	100.00	100.00	0.00						
现金流出总额	6,115,203,718.10	4,508,185,533.65				100.00	100.00	0.00			
四、汇率变动对现金及现金等价物的影响	4,335,918.32	25,196,444.83									
五、现金及现金等价物净增加额	426,997,420.07	432,361,215.17									
加：期初现金及现金等价物余额	663,954,077.78	231,592,862.61									
六、期末现金及现金等价物余额	1,090,951,497.85	663,954,077.78									

(一) 现金流入结构分析

现金流入结构分析分为总流入结构分析和内部流入结构分析。总流入结构分析是将经营活动、投资活动和筹资活动的现金流入加总合计，然后分别计算三类活动现金流入量占总流入金额的比率，进而分析现金流入的结构和含义，明确企业现金来自何方。内部流入结构分析是分析经营活动、投资活动和筹资活动等内部各项具体业务活动产生的现金流入金额占相应活动现金流入金额的比率，进而分析三类活动中现金流入分别主要来自何种业务活动。

1. 总流入结构分析

LFYL公司2019年现金流入总量为6,537,865,219.85元，其中经营活动现金流入量、投资活动现金流入量和筹资活动现金流入量所占比重分别为58.62%、1.05%和40.33%。由此可见，现金流入量主要是由经营活动产生的，与2018年相比也增加了2.93%，经营活动中的"销售商品、提供劳务收到的现金"项目占现金流入总量的比重为54.62%，是最主要的现金流入项目，与2018年相比提高了1.18%。

LFYL公司2019年现金流入量中筹资活动产生的现金流入量仅次于经营活动，筹资活动中的"取得借款收到的现金"项目占现金流入总量的比重为22.71%，是第二主要的现金流入项目，是与2018年相比占现金流入总量比重提高最大的项目，显著提高16.40%。除此之外，"收到其他与筹资活动有关的现金"项目占比17.62%。

以现金总流入量为基础，总流入结构中经营活动现金流入量中各项目比重与2018年相比都有所增加；投资活动现金流入量中"收回投资所收到的现金"和"处置子公司及其他营业单位收到的现金净额"项目比重明显降低；筹资活动现金流入量中"吸收投资收到的现金"项目比重显著降低，同时"取得借款收到的现金"和"收到其他与筹资活动有关的现金"项目占比显著提高。

2. 内部流入结构分析

经营活动现金流量内部流入结构中"销售商品、提供劳务收到的现金"项目现金流入构成了最主要的现金流入，内部流入结构占比93.18%，但和2018年比较同比降低了2.79%。其次是"收到的税费返还"项目现金流入占比4.99%，同比略有上升。

投资活动现金流量内部流入结构中"收回投资所收到的现金"项目是最主要的内部流入，占比88.73%，与2018年比较略微增加0.32%，其次是"取得投资收益所收到的现金"项目，占比3.57%，同比显著上升2.71%。

筹资活动现金流量内部流入结构中"取得借款收到的现金"项目和"收到其他与筹资活动有关的现金"项目构成了其主要的内部现金流入项目，分别占比56.32%和43.68%，与2018年相比呈较大幅度增加，分别增加41.57%和43.68%。

总体来说，每一个企业的现金流入量中，经营活动的现金流入应当占有大部分的比重，特别是其主营业务活动流入的现金应明显高于其他经营活动流入的现金。这意味着，企业的生产经营活动能够为企业带来充裕的现金流入，企业的"造血"功能比较强。对于一个单一经营、主营业务突出的企业，其主营业务的现金流入可能占到经营活动现金流入的95%以上。对于一个稳健型的企业，一般专心于其特定经营范围内的业务，企业的经营活动的现金流入所占的比例也肯定会很高。而对于一个激进型的企业，总体筹资和投资都十分活跃。如果企业筹资有力且投资得当，可能在筹资活动中流入了现金，又在前期的投资活动中得到了大量的现金收益回报，这类企业投资和筹资活动的现金流入所占比例会高些，有些甚至可能会超过经营活动的现金比例。与之相反，如果企业筹资虽有力但投资不当，企业的现金流入结构可能是筹资的现金流入很大，而投资活动经常只有现金流出，少有甚至没有现金流入。

(二) 现金流出结构分析

现金流出结构分析分为总流出结构分析和内部流出结构分析。总流出结构分析是将经营活动、投资活动和筹资活动的现金流出加总合计，然后分别计算三类活动现金流出量金额占总流出金额的比率，进而分析现金流出的结构和含义，明确企业现金去向何方。内部流出结构分析是分析经营活动、投资活动和筹资活动等内部各项具体业务活动产生的现金流出金额占相应活动现金流出金额的比率，进而分析三类活动中现金流量分别具体流向了何种业务活动。

1. 总流出结构分析

LFYL公司2019年现金流出总量为6,115,203,718.10元，其中经营活动现金流出量、投资活动现金流出量和筹资活动现金流出量所占比重分别为49.87%、7.48%和42.65%。由此可见，现金流出量主要是由经营活动产生的，与2018年相比也增加了3.55%，经营活动中的"购买商品、接受劳务支付的现金"项目占现金流出总量的比重为28.91%，是最主要的现金流出项目，与2018年相比提高了1.19%。

LFYL公司2019年现金流出总量中筹资活动产生的现金流出量仅次于经营活动，筹资活动中的"偿还债务支付的现金"项目占现金流出总量的比重为25.01%，是第二主要的现金流出项目，是与2018年相比占现金流出总量比重提高最大的项目，显著提高18.29%。除此之外，"支付其他与筹资活动有关的现金"项目占比15.40%。

以现金总流出量为基础，总流出结构中经营活动现金流出量中各项目比重与2018年相比都略有增加；投资活动现金流出量中各项目比重与2018年相比都显著降低，其中"取得子公司及其他营业单位支付的现金净额"项目比重明显降低，2019年为0元，比2018年降低了30.35%；筹资活动现金流出量中"分配股利、利润或偿付利息所支付的现金"项目比重略有降低，同时"偿还债务支付的现金"和"支付其他与筹资活动有关的现金"项目占比有较大幅度提高。

2. 内部流出结构分析

经营活动现金流量内部流出结构中"购买商品、接受劳务支付的现金"项目现金流出构成了最主要的现金流出，内部流出结构占比57.98%，但和2018年比较同比降低了1.87%。其次是"支付给职工以及为职工支付的现金"项目现金流出占比18.69%，同比上升2.02%。

投资活动现金流量内部流出结构中"购建固定资产、无形资产和其他长期资产所支付的现金"项目是最主要的内部流出，占比78.01%，与2018年比较大幅度增加55.34%，其次是"投资所支付的现金"项目，占比21.99%，同比显著上升14.98%。另外，"取得子公司及其他营业单位支付的现金净额"项目需要着重说明一下，2018年该项目产生现金流出量1,368,453,540.67元，占比70.32%，而2019年没有产生现金流出量，引起投资活动现金流出量减少。

筹资活动现金流量内部流出结构中"偿还债务支付的现金"项目和"分配股利、利润或偿付利息所支付的现金"项目构成了其主要的内部现金流出项目，分别占比58.63%和5.27%，与2018年相比呈较大幅度下降，分别降低5.29%和27.70%。

一般情况下，企业经营活动中的购买商品、接受劳务和支付经营费用等活动支出的现金往往占相对较大的比重，投资活动和筹资活动的现金流出则因企业财务政策不同而存在较大的差异。在企业正常的经营活动中，其经营活动的现金流出应当具有一定的稳定性，各期变化幅度一般不大，但投资和筹资活动的现金流出量随着交付投资款、偿还到期债务、支付股利等活动的发生，其稳定性相对较差，甚至具有偶发性、随意性。因此，分析企业的现金流出结构，应当结合具体情况具体分析。

相关链接5-3

从现金流看，疫情下哪些行业在"裸泳"

现金流是企业价值的基础，健康的现金流是企业生存发展的前提和保障。在当前疫情防控常态化的环境下，众多企业收入剧降，而员工薪酬、房屋租金、到期债务等刚性支出压力凸显，现金流直接决定了企业的生死存亡。因此，从现金流角度出发，基于乐观、中性、悲观三种情形以及若干指标，实证测算对比各行业受疫情冲击的程度，以期为投资决策提供参考。

从现金流看，哪些行业受疫情冲击最大？各行业生产经营受影响程度如何？

企业现金流可分为经营活动现金流、投资活动现金流和筹资活动现金流三类，其中，经营现金流直接反映企业生产经营活动状况，其变动情况可作为评判疫情影响的主要依据。而投资、筹资现金流的不确定性较大(比如一季度和二季度的投资、融资规模没有明确的逻辑关系)，难以预测未来变动，且本报告的目的是衡量疫情的冲击及各行业能支撑的时间，更关注企业的内生经营状况和实力。

因此，下面内容以企业经营现金流为主要视角，筹资现金流仅考虑企业依靠自身固定资产等可能获取的抵押贷款，投资现金流未纳入。具体而言，经营现金流包括经营现金流入、流出、净额三个方面，每方面内部又可分为各种细项，可分别从现金的流入端、流出端、净额端分析企业的现金流压力。

(1) 流入端。休闲服务、地产、建材、汽车、家电等行业生产经营受影响最大。从各行业2020年一季度销售商品、提供劳务收到现金的同比增速可以直观看出各行业生产经营受到的影响。其中，休闲服务受冲击明显大于其余行业，其销售现金流较2019年接近减半；房地产、建材、汽车、家电、轻工等行业受冲击也较为严重，销售现金流下降近20%。

(2) 流出端。休闲服务、TMT、军工、纺服等行业的固定经营现金流出压力最大。疫情下，购买商品、接受劳务支付的现金一般随着企业销售现金流入同步下降，而房屋租金、员工薪酬等固定支出才是现金流的主要压力来源，可从租赁费与员工薪酬占现金流出的比例衡量各行业的固定现金流出压力。可发现休闲服务、TMT、纺服、军工等行业的固定经营现金流出压力较大，其中休闲服务行业的租赁费比例较高，主因中国国旅的机场免税店租赁费规模较大，而TMT、纺服、军工等行业的员工薪酬比例较高。

(3) 净额端。多数行业的净现金降幅远大于现金流入降幅。综合考虑生产经营过程中的现金流入与流出，各行业受疫情冲击的程度最终体现在净现金流的变动上。可发现由于各行业现金流入与流出变动幅度不同，净现金流的变动幅度明显更大，交运、建材等多个行业净现金流下降超200%。交运、建材、纺服、商贸等行业的净现金流降幅不仅超过了其自身的现金流入降幅，也超过了生产经营受疫情影响最严重的休闲服务行业，主因这些行业购买商品、接受劳务支付的现金和员工薪酬等现金流出项降幅相对较小，部分流出分项甚至同比小幅上升，造成净现金流降幅明显大于现金流入降幅。

资料来源：熊园.宏观专题：从现金流看，疫情下哪些行业在"裸泳"？[N].证券研究报告，2020-05-19.

四、现金流量表趋势分析

现金流量表趋势分析就是根据企业连续多期的现金流量数据进行对比分析，发现现金流量发展变化的特征，以及体现出来的企业经营、投资和筹资活动的特点。下面以LFYL公司2014—2019年现金流量表资料为基础，从绝对数、环比发展速度和定基发展速度这三方面进行趋势分析。

(一) 绝对数趋势分析

现金流量表绝对数趋势分析是将连续数期现金流量表数据并列起来，发现各项目、各活动的增减变动状况，说明企业的现金流量趋势变化。下面采用LFYL公司2014—2019年现金流量表数据中现金流量净额资料，从经营活动、投资活动和筹资活动三个方面，编制绝对数趋势图进行分析，如图5-1所示。

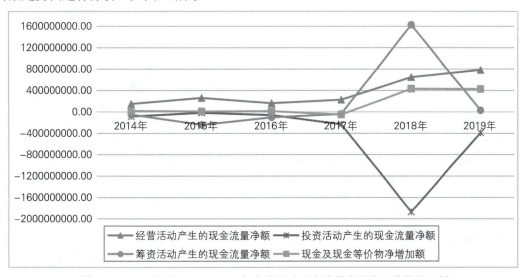

图5-1　LFYL公司2014—2019年各类活动现金流量净额绝对数趋势分析

根据图5-1显示,LFYL公司2014—2019年(除2017年)现金及现金等价物净增加额,都为正值,呈现净流入状态,其中2014—2016年间比较平稳,变化不大,2017年由正转负,形成现金及现金等价物净流出,但2018—2019年又迅速回升。那么,是什么原因导致该公司现金及现金等价物净增加额的波动呢?这需要结合公司不同活动产生的现金流量净额进行具体分析。

图5-1显示LFYL公司2014—2017年经营活动产生的现金流量净额一直为正数,呈现净流入,虽有波动,但波动很小,2017—2019年出现了较大幅度的增加,与现金及现金等价物净增加额的变动趋势类似,但远不如投资活动产生的现金流量净额和筹资活动产生的现金流量净额的变化幅度大,说明该公司近6年间经营状况良好并持续发展。2014—2019年间投资活动产生的现金流量净额都为负,呈现现金净流出,筹资活动产生的现金流量净额2018年以前变化为负,呈现现金净流出,在2018—2019年转负为正,呈现净流入,但是这两个活动产生的现金流量净额方向基本相反,尤其是2015年投资活动产生的现金流量净额略有增加,而筹资活动产生的现金流量净额明显下降;2018年表现更显著,发生了剧烈的投资活动现金流量净额的流出量增加和筹资活动现金流量净额流入量增加,2019年二者又同时收缩,说明2018年LFYL公司进行了较大的投资活动,且所需现金流量主要依靠筹资活动。

为了更详细地分析LFYL公司2014—2019年间现金流量的变动情况和原因,我们分别绘制了LFYL公司经营活动、投资活动和筹资活动现金流入量与流出量绝对数趋势分析图,如图5-2、图5-3和图5-4所示。

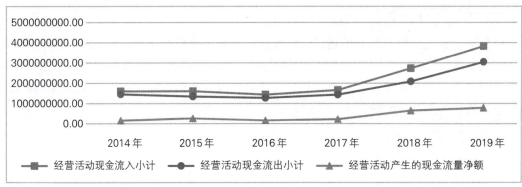

图 5-2　LFYL 公司 2014—2019 年经营活动现金流量绝对数趋势分析

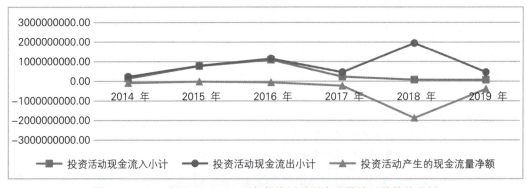

图 5-3　LFYL 公司 2014—2019 年投资活动现金流量绝对数趋势分析

图 5-4 LFYL 公司 2014—2019 年筹资活动现金流量绝对数趋势分析

根据图5-2显示，LFYL公司2014—2019年(除2015年)经营活动现金流入量与流出量大致保持了同增同减的变化趋势，2017—2019年经营活动现金流入量增加更快一些，而且在此期间经营活动的现金流入量和流出量均较大幅度提高，说明LFYL公司的经营规模正在扩张，引起经营活动现金流量净额出现增加的趋势。图5-3显示LFYL公司投资活动现金流入量与流出量在2014—2017年也表现出基本的同向变化趋势，使投资活动产生的现金流量净额保持平稳且未形成明显的投资活动产生的现金流量净流出，但在2017—2019年投资活动现金流出量大幅度提高，而现金流入量较大幅度降低，引起投资活动产生的现金流量净额显著减少，呈现明显的净流出，尤其是2018年，投资活动现金流出量达到了高峰，2019年有所回缩，该增长主要是由于LFYL公司2018年并购公司引起的，说明LFYL公司之前的对外投资取得了良好的资金回报。图5-4显示LFYL公司在2014—2016年筹资活动现金流入量与流出量大致同方向变化，且数额较小，筹资活动现金流出量降低速度略大于筹资活动现金流入量下降速度，表现为筹资活动产生的现金流量净出量减少的趋势，但是2017—2019年由于LFYL公司并购公司对资金需求的大量增加，使筹资活动现金流入量大幅度增加，进行了较大规模的筹资活动，同时筹资活动现金流出量也较大幅度增加。整体而言，LFYL公司处于经营规模扩张期，经营状况良好，应进一步寻找提高经营效果和投资收益的措施。

(二) 环比发展速度趋势分析

现金流量表环比分析法是以前一期为基期，将相邻两年的现金流量表数据相比较，计算出环比发展速度，分析趋势百分比，更明确地说明现金流量的发展变化趋势。以本期经营活动产生的现金流量净额与前一期经营活动产生的现金流量净额之比为例，当该比值大于100%时，表明公司经营现金流量呈上升趋势，有利于公司经营规模进一步扩大和成长；当该比值等于或接近100%时，说明公司经营活动产生的现金流量较前一期没有增长，经营活动现金流量的成长能力不强，此时需要具体考察经营活动现金流量未能实现增长的具体原因，从而为今后改善现金流量动态管理指明方向；当该比值小于100%时，说明公司经营活动现金流量在逐步萎缩，此时需要深入分析其中的原因并及时采取相应的措施以扭转公司不利的局面。本节内容以LFYL公司2014—2019年现金流量表数据为基础，分析其环比发展速度趋势，具体如表5-4所示。

表5-4　LFYL公司2015—2019年现金流量表环比发展速度趋势分析

项目	2015年/2014年	2016年/2015年	2017年/2016年	2018年/2017年	2019年/2018年
一、经营活动产生的现金流量					
销售商品、提供劳务收到的现金	100.08%	90.08%	114.41%	165.78%	135.94%
收到的税费返还	112.97%	70.79%	165.25%	116.83%	218.39%
收到的其他与经营活动有关的现金	67.74%	99.92%	49.75%	620.30%	305.66%
经营活动现金流入小计	100.32%	89.36%	115.68%	164.59%	140.00%
购买商品、接受劳务支付的现金	88.86%	94.73%	110.39%	111.26%	141.48%
支付给职工以及为职工支付的现金	100.07%	97.23%	119.30%	233.85%	163.70%
支付的各项税费	138.44%	119.65%	80.22%	236.26%	139.99%
支付的其他与经营活动有关的现金	116.18%	66.37%	190.22%	339.95%	147.41%
经营活动现金流出小计	92.75%	94.52%	112.70%	145.44%	146.05%
经营活动产生的现金流量净额	173.09%	62.74%	138.82%	285.35%	120.55%
二、投资活动产生的现金流量					
收回投资所收到的现金	—	149.74%	20.13%	31.21%	91.16%
取得投资收益所收到的现金	—	120.96%	35.02%	30.78%	377.72%
处置固定资产、无形资产和其他长期资产所收回的现金净额	37.65%	276.30%	4795.21%	6.07%	828.73%
处置子公司及其他营业单位收到的现金净额	139.68%	6.47%	0.00%	—	0.00%
收到的其他与投资活动有关的现金	0.00%	—	69.29%	25.62%	128.26%
投资活动现金流入小计	528.00%	141.31%	21.16%	32.83%	90.83%
购建固定资产、无形资产和其他长期资产所支付的现金	61.83%	220.99%	256.38%	172.48%	80.87%
投资所支付的现金	657.81%	140.60%	19.46%	67.12%	73.67%
取得子公司及其他营业单位支付的现金净额	0.00%	—	0.00%	—	0.00%
支付的其他与投资活动有关的现金	0.00%	—	64.10%	0.00%	—
投资活动现金流出小计	340.16%	146.01%	40.10%	421.58%	23.50%
投资活动产生的现金流量净额	-18.11%	-380.79%	-391.28%	-811.52%	-20.76%
三、筹资活动产生的现金流量					
吸收投资收到的现金			0.00%		0.00%
其中：子公司吸收少数股东投资收到的现金	—	—	—	—	—
取得借款收到的现金	71.34%	25.07%	107.76%	445.49%	478.91%
发行债券收到的现金	—	—	—	—	—
收到其他与筹资活动有关的现金	117.89%	0.00%	—	—	—
筹资活动现金流入小计	95.05%	18.42%	107.76%	3,020.14%	125.43%
偿还债务支付的现金	145.77%	12.30%	12.59%	3,631.78%	504.61%
分配股利、利润或偿付利息所支付的现金	135.15%	184.24%	103.31%	155.54%	87.92%
其中：子公司支付给少数股东的股利、利润	—	—	—	—	—
支付其他与筹资活动有关的现金	0.00%	—	3.16%	18,447.19%	6,380.40%
筹资活动现金流出小计	141.59%	28.08%	65.58%	435.33%	550.13%
筹资活动产生的现金流量净额	-493.15%	-42.14%	-38.74%	4,140.86%	1.73%
四、汇率变动对现金及现金等价物的影响	221.90%	254.85%	86.30%	285.27%	17.21%

(续表)

项目	2015年/2014年	2016年/2015年	2017年/2016年	2018年/2017年	2019年/2018年
五、现金及现金等价物净增加额	48.59%	152.89%	370.49%	847.28%	98.76%
加：期初现金及现金等价物余额	107.68%	103.47%	105.12%	81.94%	286.69%
六、期末现金及现金等价物余额	103.47%	105.12%	81.94%	286.69%	164.31%

  LFYL公司2015年经营活动产生的现金流量净额与2014年经营活动产生的现金流量净额之比为173.09%，说明2015年与2014年经营活动产生的现金流量净额相比有较大幅度上升，经营效果较好，但是2016年经营活动产生的现金流量净额与2015年经营活动产生的现金流量额之比为62.74%，说明2016年与2015年经营活动产生的现金流量净额相比下降了，2017—2019年环比发展速度都大于100%，尤其2018年达到了285.35%，大幅度增长185.35%，说明LFYL这几年经营活动产生的现金流量净额呈现持续增长的状态，经营持续良好。LFYL公司投资活动产生的现金流量净额均为负，且2016—2018年环比发展速度分别为-380.79%、-391.28%和-811.52%，这说明2016—2018年LFYL进行了大规模的投资活动，投资活动产生现金流量净额净流出增加。LFYL公司筹资活动产生的现金流量净额2015—2017年环比发展速度分别为-493.15%、-42.14%和-38.74%，出现负值是因为2014—2017年LFYL公司筹资活动产生的现金流量净额均为负值，说明其变化趋势是环比下降的，但是2018—2019年筹资活动产生的现金流量净额环比发展速度由负转正，因为2017年筹资活动产生的现金流量净额为负值，而2018年筹资活动产生的现金流量净额为正值，说明2018年和2019年其筹资活动产生的现金流量净额是明显上升的。

  进行现金流量表环比发展速度分析时需要注意，当比值出现负值时，需要考虑正负值的影响。特别要注意：第一，当前后两期的项目金额均为负数时，前后期比值大于100%时，应该在最后的比值前面增加负号，否则会错误地解释数据的增减变动。例如，2014—2019年投资活动产生的现金流量净额均为负数，期间的环比发展速度应该在数据前面增加负号，表明该前后期现金净流量的金额是处于下降趋势的。第二，当后一期项目符号为正，而前一期项目符号为负时，应该在最后的比值前面去掉负号，否则也会错误解释数据的增减变动。例如筹资活动产生的现金流量净额，2018年的金额为正值，2017年的金额为负值，所得的环比发展速度比值为-4140.86%，但是实际上是增长趋势，因此应该去掉数值前面的负号。表5-4中的比值已经调整了正负号。

(三) 定基发展速度趋势分析

  现金流量表定基发展速度趋势分析是固定某选定期间为基期，然后其余各期数据与基期数据相比较，计算出趋势百分比。这样计算出的各会计期间的趋势百分比都是以固定基期为计算基础的，所以能够明确地反映出有关项目和基期相比较发生了多大的变化。表5-5反映了LFYL公司2014—2019年现金流量表定基发展速度趋势分析的资料。

表5-5　LFYL公司2015—2019年现金流量表定基发展速度趋势分析

项目	2014年(基期)	2015年	2016年	2017年	2018年	2019年
一、经营活动产生的现金流量						
销售商品、提供劳务收到的现金	100%	100.08%	90.15%	103.14%	170.99%	232.44%
收到的税费返还	100%	112.97%	79.97%	132.14%	154.39%	337.16%
收到的其他与经营活动有关的现金	100%	67.74%	67.69%	33.67%	208.89%	638.47%
经营活动现金流入小计	100%	100.32%	89.64%	103.69%	170.66%	238.93%
购买商品、接受劳务支付的现金	100%	88.86%	84.18%	92.92%	103.39%	146.27%
支付给职工以及为职工支付的现金	100%	100.07%	97.30%	116.08%	271.44%	444.37%
支付的各项税费	100%	138.44%	165.65%	132.89%	313.96%	439.53%
支付的其他与经营活动有关的现金	100%	116.18%	77.10%	146.67%	498.61%	734.98%
经营活动现金流出小计	100%	92.75%	87.67%	98.80%	143.70%	209.88%
经营活动产生的现金流量净额	100%	173.09%	108.59%	150.75%	430.16%	518.54%
二、投资活动产生的现金流量						
收回投资所收到的现金		—	—	—	—	—
取得投资收益所收到的现金		—	—	—	—	—
处置固定资产、无形资产和其他长期资产所收回的现金净额	100%	37.65%	104.02%	4,987.98%	302.80%	2,509.43%
处置子公司及其他营业单位收到的现金净额	100%	139.68%	9.04%	0.00%	13.61%	0.00%
收到的其他与投资活动有关的现金	100%	0.00%	13.56%	9.39%	2.41%	3.09%
投资活动现金流入小计	100%	528.00%	746.15%	157.90%	51.85%	47.09%
购建固定资产、无形资产和其他长期资产所支付的现金	100%	61.83%	136.64%	350.31%	604.22%	488.60%
投资所支付的现金	100%	657.81%	924.90%	179.98%	120.80%	89.00%
取得子公司及其他营业单位支付的现金净额	100%	0.00%	28.42%	0.00%	15750.44%	0.00%
支付的其他与投资活动有关的现金	100%	0.00%	10.51%	6.74%	0.00%	0.00%
投资活动现金流出小计	100%	340.16%	496.67%	199.15%	839.58%	197.27%
投资活动产生的现金流量净额	100%	18.11%	68.97%	269.87%	2190.08%	454.74%
三、筹资活动产生的现金流量						
吸收投资收到的现金		—	—	—	—	—
其中：子公司吸收少数股东投资收到的现金						
取得借款收到的现金	100%	71.34%	17.88%	19.27%	85.85%	411.13%
发行债券收到的现金		—	—	—	—	—
收到其他与筹资活动有关的现金	100%	117.89%	0.00%	0.00%	0.00%	14,848.31%
筹资活动现金流入小计	100%	95.05%	17.51%	18.87%	569.75%	714.63%
偿还债务支付的现金	100%	145.77%	17.93%	2.26%	82.01%	413.83%
分配股利、利润或偿付利息所支付的现金	100%	135.15%	249.00%	257.24%	400.11%	351.76%

(续表)

项目	2014年(基期)	2015年	2016年	2017年	2018年	2019年
其中：子公司支付给少数股东的股利、利润		—	—	—	—	—
支付其他与筹资活动有关的现金	100%	0.00%	27.66%	0.87%	161.39%	10,297.53%
筹资活动现金流出小计	100%	141.59%	39.75%	26.07%	113.49%	624.35%
筹资活动产生的现金流量净额	100%	493.15%	207.82%	80.50%	-3,333.42%	-57.71%
四、汇率变动对现金及现金等价物的影响	100%	221.90%	565.50%	-488.05%	1,392.27%	239.59%
五、现金及现金等价物净增加额	100%	48.59%	74.29%	-275.24%	2,332.04%	2,303.11%
加：期初现金及现金等价物余额	100%	107.68%	111.42%	117.13%	95.98%	275.16%
六、期末现金及现金等价物余额	100%	103.47%	108.77%	89.13%	255.52%	419.86%

当表5-5中的数据大于100%时，表明该项目较基期处于增长状态；当表5-5中的数据小于100%时，表明该项目较基期处于下降状态。同时需要注意，当比值出现负值时，增减幅度不能依据最后的比值进行解释，需要考虑正负值的影响。从表5-5中可以看出，2015—2019年LFYL公司经营活动现金流入量总体是与流出一样呈现不断增长的态势，表明在此期间公司的经营规模迅速扩大。经营活动产生的现金流量净额2015—2019年与2014年的比值分别为173.09%、108.59%、150.75%、430.16%和518.54%，该比值均大于100%，因此这几期的经营活动产生的现金流量净额相比于2014年上升的趋势非常明显，尤其以2019年最大。LFYL公司投资活动产生的现金流量净额2015—2019年与2014年的比值分别为18.11%、68.97%、269.87%、2190.08%和454.74%，可以看出这几期的投资活动产生的现金流量净额相比于2014年变化的趋势非常明显，2015—2016年该比值小于100%，表明均为负增长，说明企业的投资活动获得良好的回报。2017—2019年投资活动产生的现金流量净额定基发展速度远超100%，尤其是2018年达到了2190.08%，表明2018年LFYL公司进行了大规模投资。LFYL筹资活动产生的现金流量净额2015—2019年与2014年的比值分别为493.15%、207.82%、80.50%、-3333.42%和-57.71%，可以看出2015—2016年筹资活动产生的现金流量净额相比于2014年变化的趋势为上升，2017年小于100%，2014—2017年LFYL公司筹资活动产生的现金流量净额均为负值，说明企业筹资活动现金流出较多，用于偿付债务、分配股利及利润支付的现金较多。2018—2019年筹资活动产生的现金流量净额为正值，所以定基发展速度比值为负值，表明其筹资活动出现了大量的现金流入，该公司进行了大规模的筹资活动。

总体说来，对现金流量表进行水平分析，主要是从动态的视角考察企业的现金流量状况，较为深刻地解释各项数据消长变化及其发展趋势，发现财务报表内含的深层次的财务关系，并有利于对未来做出合乎逻辑的预测。现金流量表的水平分析可以按绝对数进行比较，也可以按相对数进行比较；可以从环比数据分析，也可以从定基数据分析。但是，在相对数的分析过程中，需要考虑负值对分析结果的影响。

五、现金流量组合分析

(一) 现金流量组合情况分析

企业经营活动、投资活动和筹资活动产生的现金流量净额，都有可能出现正数或负数的情况，三者组合有8种情形，不同的组合反映出不同的现金流量状况，如表5-6所示。

表5-6 现金净流量组合情况分析表

序号	经营活动现金净流量	投资活动现金净流量	筹资活动现金净流量
1	+	+	+
2	+	+	−
3	+	−	+
4	+	−	−
5	−	+	+
6	−	+	−
7	−	−	+
8	−	−	−

情况1：同时存在大量的经营活动、投资活动和筹资活动现金净流入量。这种组合体现公司拥有充沛的现金流入量。经营活动和投资活动都为企业带来现金净流入量的同时，公司还在积极地开展筹资活动，可能在为大笔支出做准备。企业的现金存量增加，如果没有较好的投资计划，可能会出现资金闲置的情况。

情况2：经营活动和投资活动产生现金净流入量，筹资活动导致现金净流出量。这种组合一般意味着企业的经营和投资状况良好，已进入债务偿还期或者为股东分配股利。

情况3：经营活动和筹资活动产生现金净流入量，投资活动导致现金净流出量。这种组合反映公司利用经营活动产生的现金流量以及筹资获得的资金进行了投资活动。企业实施扩张政策，可能有助于企业未来持续稳定的利润增长，还要视投资活动效果而定。

情况4：经营活动产生现金净流入量，投资活动和筹资活动导致现金净流出。这种组合预示着企业依赖经营活动的现金流入量进行投资活动并偿还债务或分配股利，体现经营活动较强的现金产生能力，也要提防现金消耗量过大导致现金不足。

情况5：经营活动产生现金净流出，投资活动和筹资活动带来现金净流入。在这种情况下，经营收现收入无法弥补经营付现成本，出现现金短缺，正在通过筹资活动及投资变现或投资收益补充经营活动现金缺口。如果企业无法采取有效措施扭转经营活动的困境，长此以往将可能导致企业资金链断裂。

情况6：经营活动和筹资活动导致现金净流出，投资活动带来现金净流入。这样的企业形成了由投资活动现金流量独自苦苦支撑的局面。投资活动产生的现金流量既要填补经营活动现金缺口，又要偿还债务或支付股利。此时要分析投资活动现金流量的产生来源。如果是来自子公司或联营、合营企业的可持续的投资收益，尚可维持局面。如果是来自出售投资性资产，可能会出现破产情况。

情况7：经营活动和投资活动带来现金净流出量，筹资活动产生现金净流入量。企业一方面经营陷入困境，一方面扩大投资，此时严重依赖外部融资，希望能通过高质量的投资挽救困局。

情况8：经营活动、投资活动和筹资活动现金流量全部净流出。此时的企业内部经营活动流失现金，外部的筹资活动也在抽取现金，只能通过消耗存量资金进行对外投资，投资活动的效果决定了企业未来的命运。

LFYL公司2019年现金流量组合属于第3种类型，即经营活动和筹资活动产生现金流量净额为正值，投资活动产生现金流量净额为负值。现金流量被喻为企业的血液，我们以此来看LFYL公司，应该是经营活动"造血功能"强大，投资活动"用血"增加，筹资活动"体外输血"充足，整体活动中现金流量"血液"顺畅。现金流量组合分析只是针对一般性情况的初步分析，在此基础上应结合具体的现金流量信息进一步深入。如有特殊情况发生，影响了分析结论应及时纠正。

(二) 企业生命周期与现金流量组合情况分析

企业经营状况的好坏与企业经营发展所处的不同时期密切相关，从而影响企业在经营发展时期从经营活动获取现金的能力的大小。企业的经营发展时期有初创期、成长期、成熟期和衰退期，在不同的经营发展时期，其获取现金的能力不同，所表现出的现金流量特征也不一样，如表5-7所示。

表5-7 企业生命周期与现金流量组合情况分析

生命周期现金流量	经营活动现金净流量	投资活动现金净流量	筹资活动现金净流量
初创期	−	−	+
成长期	+	−	+/−
成熟期	+	+/−	−
衰退期	−	+	−

当企业处于初创期时，企业发展速度较快，资金需求量大，而企业的生产经营活动未走上正轨，企业从经营活动中获取现金的能力较差。为了扩大产品的生产能力和市场占有率，企业必然增加投资支出和营销支出。这一阶段，现金流量特征具体表现为经营活动产生的现金流量净额较小，投资活动现金流出大于现金流入，企业现金流量的净增加额主要依靠筹资活动产生的现金流量。此时，应利用现金流量表着重对企业的现金流出方向结构进行分析，从而判断企业的发展潜力。

当企业处于成长期时，企业产品销售势头良好，这一阶段的企业必然扩大其生产能力。这时的现金流量特征具体表现为经营活动产生现金的能力不断增强，经营活动现金流入量大于现金流出量，但对外筹资仍然是解决资金需求的主要方式。

当企业处于成熟期时，企业往往采取成本控制和低价策略扩大销售额，销售支出不断增加，产品销售和市场需求基本趋于稳定。这一阶段，现金流量特征具体表现为经营活动产生现金流量的能力达到最大，成为企业现金流量的主流，且处于稳定状态。企业能够向股东支付较多的股利、加速偿还负债，筹资活动产生的现金流量常为巨额的现金流出。企业前期形成的投资获得收益，对外投资机会减少，投资活动现金流出也趋于减少。

当企业处于衰退期时，企业的产品老化并逐步退出市场，现金流量特征具体表现为现金流量不顺畅，企业会面临破产灭亡与转型重生的选择。企业可能会处置持有的固定资产、无形资产、持有的股票或债券，获得投资活动现金流弥补现金需求不足。

　　LFYL公司现金流量特征具体表现为经营活动产生现金的能力不断增强，经营活动现金流入量大于现金流出量，表明该公司产品销售势头良好，公司必然扩大其生产能力。投资活动产生现金流量净额特征具体表现为投资活动现金流出量大于现金流入量，扩大投资规模，但仍然需要对外筹资解决资金需求。总体上LFYL公司处于成长期后期，向成熟稳定期发展。

相关链接5-4

企业不同生命周期现金流量特征

　　企业如同人一样是一个有机的生命体，也要经历生老病死的全过程。在生命周期的不同阶段，企业现金流量的表现特征也不相同。现金流量是维持企业生存发展的根本力量，其对企业的作用即如同血液对于人一样重要，企业生存发展必须拥有足够的现金。企业不同生命周期的经营状况，其经营、投资、筹资三大现金流量呈现不同的特征。根据这些特征，可以把企业分成以下五大类型。

1. 创业型公司的现金流量特征

　　此类企业初入市场，资金有限，利润水平较低。其现金流量特征为：①企业需投入大量的人力、物力对产品进行推广，经营活动净现金流量为负；②投资活动消耗的现金流量远大于经营活动产生的现金流量，投资活动净现金流量为负；③存在大量筹资需求，筹资活动净现金流量为正。

2. 成长型公司的现金流量特征

　　此类企业生产规模逐步增加，市场份额加大，销售收入增加，其现金流量的特征为：①净利润及经营活动现金净流入持续快速增长；②企业需要大量的资金进行投资，投资活动现金流为负值；③企业依然会面临资金紧张，筹资活动的净现金流量为正；④净现金总流量为正。

3. 稳健经营的绩优公司的现金流量特征

　　此类企业的产品一般占有稳定的市场份额，规模效应使单位产品成本降低，营收稳定，其现金流量的特征为：①净利及经营活动现金流量持续增长，但幅度不大；②经营活动现金流入量大于投资活动现金支出量；③遇到无端质疑时，有能力大量回购自家股票，发放现金股利。

4. 财务危机四伏的地雷企业的现金流量特征

　　这类企业一般无核心竞争力但又好大喜功，财务风险意识弱，管理失控。其现金流量的特征为：①应收账款大幅增加，净利润增长，但经营活动的现金流量为负数；②盲目追求增长，投资活动现金大幅增加；③短期借款大幅增加的同时，由于信用差而导致应付账款大量减少。

5. 夕阳企业的现金流量特征

　　在衰退期，企业只能依靠降价来提升销售收入，相应的利润减少，现金流入量减少，导致企业出现亏损。其现金流量的特征为：①净利润与经营活动现金流量持续下降；②投资活动基本暂停，处于收取投资回报状态，甚至需要不断处理资产以获取现金；③无法稳定地支付现金股利。

上面通过分析企业不同的生命周期，对其经营活动、投资活动和筹资活动的现金流量进行深度分析，以期企业能够对不同阶段的现金流量进行合理的管理，降低企业的经营风险，提高资金使用效率。反过来，我们通过对企业现金流量的深入分析，可以帮助我们判别企业处于的不同阶段，找出那些未来有发展前景的公司。

资料来源：王艳茹. 企业不同生命周期的现金流特征研究[J]. 会计之友(下旬刊)，2010(6)：19-20.

六、企业自由现金流量

企业自由现金流量是指企业在满足了目前的经营活动和扩大再生产经营活动的现金需求量之后，剩余可支配现金流量。这部分现金流量是在不影响公司持续发展的前提下，可以分配给企业资本提供者的最大现金流量。当企业经营活动净现金流量大于零时，说明经营活动的收现收入能够弥补现成本，企业目前的生产经营规模可以持续进行。如果扩大生产经营规模，可能还需要追加营运资本，进行固定资产投资。所以，企业自由现金流量可通过如下公式计算获得：

企业自由现金流量=经营活动现金净流量–营运资本追加额–资本性支出

在企业自由现金流量的基础上，减去支付偿还债务本息所支出的现金，加上债务筹资取得现金流入量，可得到股权自由现金流量，即企业可以以股利的形式分别分配给股东的现金流量，也可选择留在企业以备未来规划需要。股权自由现金流量的计算公式如下所示：

股权自由现金流量=企业自由现金流量–债权人现金流量

其中：

债权人现金流量=新增债务筹资额–偿还债务本息额

所以：

股权自由现金流量=经营活动现金净流量–营运资本追加额–资本性支出–
偿还债务本息额+新增债务筹资额

企业自由现金流量不仅可以为企业决策提供信息，还可以作为企业价值评估的基础。

相关链接5-5

自由现金流量的作用

在我们选择投资目标的过程当中，自由现金流量是一个非常重要的参考标准。从投资的角度来说，投资一家企业，其实就是想在未来赚取它的自由现金流。如果一个企业经营多年依旧没有自由现金流量，那么显然企业的经营是不成功的，从投资的本质来说就是放弃现在的现金而在未来能够以更多的现金的形式来补偿给投资者。那么，我们应该如何来看待自由现金流量，如何来运用？

从定义上来说自由现金流量，就是企业产生的、在满足了再投资需要之后剩余的现金流量，这部分现金流量是在不影响公司持续发展的前提下可供分配给企业资本供应者的最大现金额。简单地说,自由现金流量是指企业经营活动产生的现金流量扣除资本性支出的差额,其实定义说得非常清晰明了,但在现实的应用当中,还是需要我们特别的注意。

自由现金流量是由企业经营产生,这是一个大前提,一定是企业经营产生的,非经营产生的现金流量不计算在内,也不能作为被减数去使用,而减数是资本支出,是指企业为取得长期资产而发生的支出,或为了取得为一个以上会计期间提供效益的财产或劳务所发生的支出。该项支出发生时,都应予以本金化,先记入适当的资产账户,然后再按各期受益程度转作费用。资本支出通常包括固定资产增置及改造支出。这些支出的目的不是维持其原有的服务能力,而是为了获得更大的未来效益。显然资本支出是为了取得长期收益而支出的费用。

显然对于一个优质的公司来说,自由现金流量越是充沛越是质地上乘,表示一个公司的获取现金的能力更强,而考量一个企业的真实强弱的重要标准就是获取现金的能力,特别是获取自由现金流量的能力,这是投资的核心思路,只有足够强的自由现金流量才能体现公司的价值。

在目前的宏观经济条件下,自由现金流量充沛的公司总是能够让人放心,能够让人安心地持有,而不担心公司会有危机。必定融资成本越高,越显得现金的可贵,只有足够的现金才能支撑企业的运营。

资料来源:自由现金流量的作用[EB/OL]. 2019-10-15. http://caifuhao.eastmoney.com/news/20191015064940538030230.

第三节 现金流量表分项分析

一、经营活动现金流量项目分析

(一) 经营活动现金流入量项目分析

1. 销售商品、提供劳务收到的现金

该项目反映企业本期销售商品、提供劳务实际收到的现金,以及前期销售商品、提供劳务本期收到的现金(包括销售收入和应向购买者收取的增值税销项税额)和本期预收的款项减去本期销售本期退回的商品和前期销售本期退回的商品支付的现金。企业销售材料和代购代销业务以及经营租赁收到的现金,也在本项目中反映。票据贴现属于企业的经营活动,发生的票据贴现息作为该项目的减项在收到的现金中扣除后反映。

此项目是企业现金流入的主要来源,数额大、所占比例高是其正常现象,如果出现相反情况则要高度关注。此项目的现金流入金额与利润表中的营业收入项目相对比,可以判断企业当期营业收入的现金回笼情况。计算销售收现率时,销售商品、提供劳务收到的现金项目当中包含了向购买者收取的增值税销项税额,而营业收入项目当中却不包含销项税额,所以建议参考报表附注当中所披露的税率进行调整。一般情况下,较高的销售收现率表明企业产品定位正确，适销对路，并已形成卖方市场的良好经营环境。但应注意是否有例外的情况，识别现金流量表是否美化，避免给投资者的决策带来误导。LFYL公司2019年"销售商品、提供劳务收到的现金"项目金额与调整营业收入后的金额对比，计算出来的销售收现率为114.04%。考虑到企业出口业务会享受退税政策，可以认为该公司的销售收现情况良好。

2. 收到的税费返还

该项目反映企业收到返还的各种税费，具体指企业上交后由税务相关政府部门返还的增值税、所得税、消费税、关税和教育费附加等。此项目通常数额不大，对经营活动现金流入量影响也不大。LFYL公司2019年收到的税费返还金额为191,312,577.07元，占现金流入量比重为2.93%。如果补贴收入金额较大，分析时应注意补贴收入只是国家税收优惠政策的体现，并不代表企业持续的获取现金流的能力。

3. 收到其他与经营活动有关的现金

该项目反映企业除了上述项目外，收到的其他与经营活动有关的现金流入。具体如捐赠收入、罚款收入、经营租赁收到的租金、流动资产损失中由个人赔偿的现金收入等。该项目金额较大的应当单独列示，但其不是企业经营活动流入现金的主要渠道，通常少、不稳定则正常。该项目可结合利润表的"营业外收入""其他业务收入""财务费用"等项目分析。LFYL公司2019年收到的"其他与经营活动有关的现金"为70,239,413.77元，占经营活动现金流入的1.07%，根据附注资料显示，主要是收到的政府补助53,849,863.51元。

(二) 经营活动现金流出量项目分析

1. 购买商品、接受劳务支付的现金

该项目反映企业本期为购买商品、接受劳务实际支付的现金(包括增值税进项税额)，以及本期支付前期购买商品、接受劳务的未付款项和本期预付款项。本期发生的购货退回收到的现金应从本项目内扣除。

此项目应是企业现金流出的主要方向，通常具有数额大、所占比重大的特点。将其与资产负债表的"应付款项"和"预付账款"等项目相比较，可以判断企业购买商品付现率的情况，借此可以了解企业资金的紧张程度或企业的商业信用情况，从而可以更加清楚地认识到企业目前所面临的财务状况如何。LFYL公司2019年"购买商品、接受劳务支付现金"为1,768,191,152.54元，占现金流出总量的比重为28.91%。

2. 支付给职工以及为职工支付的现金

该项目反映企业本期实际支付给职工的工资、奖金、各种津贴和补贴，以及为职工支付的其他费用，如企业为职工交纳的养老、失业等社会保险基金。但支付的离退休人员的各项费用在"支付其他与经营活动有关的现金"项目中反映；支付的在建工程人员的费用应在"购建固定资产、无形资产和其他长期资产支付的现金"项目中反映。此项目也是企业现金流出的主要方向，但金额波动不大。LFYL公司2019年"支付给职工以及为职工支付的现金"为569,982,200.36元，占现金流出总量的比重为9.32%。

3. 支付的各项税费

该项目反映企业按照规定当期支付给税务部门的各种税费,包括本期发生并支付的税费,以及本期支付以前各期发生的税费和预交的税金,如支付的教育附加、矿产资源补偿费、印花税、房产税、土地增值税、车船税等。该项目不包括计入固定资产价值、实际支付的耕地占用税等,也不包括本期退回的增值税、所得税。LFYL公司2019年"支付的各项税费"为208,917,764.50元,占经营活动现金流出总额的3.42%。

4. 支付其他与经营活动有关的现金

该项目反映企业除上述各项目外,支付的其他与经营活动有关的现金流出,如罚款支出、支付的差旅费、业务招待费、保险费、经营租赁支付的现金等。该项目主要与利润表的"销售费用"及"管理费用"项目相对应,多属于固定性支出,不会促进营业收入成正比例变化,应严格控制,多加关注。LFYL公司2019年"支付的其他与经营活动有关的现金"为502,424,928.90元,占现金流出总量的比重为8.22%,根据附注资料显示,主要是"与管理费用、研发费用有关的付现"125,326,911.86元,"与销售费用有关的付现"365,101,309.45元。

二、投资活动现金流量项目分析

(一) 投资活动现金流入量项目分析

1. 收回投资所收到的现金

该项目反映企业出售、转让或到期收回除现金等价物以外的交易性金融资产、长期股权投资而收到的现金,以及收回长期债权投资本金而收到的现金,但不包括长期债权投资收回的利息,以及收回的非现金资产。此项目不能绝对地追求较大发生额,投资扩张是企业未来创造利润的增长点,缩小投资可能意味着企业在规避投资风险、投资战略改变或企业存在资金紧张的问题。LFYL公司2019年"收回投资所收到的现金"为61,172,048.00元,占现金流入量比重为0.94%,可见公司当年并未大规模收回投资。

2. 取得投资收益所收到的现金

该项目反映企业因股权性投资而分得的现金股利、因债权性投资而取得的现金利息收入以及从子公司、联营企业或合营企业分回利润而收到的现金。股票股利不在本项目中反映。该项目金额同利润表当中的投资收益项目进行对比分析,可以考察投资收益的收现状况;同资产负债表当中的投资资产金额进行对比分析,可以考察投资资产的现金回报情况。LFYL公司2019年"取得投资收益所收到的现金"为2,460,965.07元,占现金流入总量的比重为0.04%。LFYL公司2019年确认投资收益金额为3,012,666.15元,投资收益的现金回收率为81.69%。

3. 处置固定资产、无形资产和其他长期资产所收回的现金净额

该项目反映企业出售、报废固定资产、无形资产和其他长期资产所取得的现金(包括因

资产毁损而收到的保险赔偿收入),减去为处置这些资产而支付的有关费用后的净额。固定资产报废、毁损的变卖收益,以及由于自然灾害所造成的固定资产等长期资产损失而收到的保险赔偿收入,也在本项目中反映,所填数目应为正数。如果出现负数,则说明企业在该项投资活动中并没有真正发生现金流入,而是发生了现金流出,因而应在投资活动现金流出量下的"其他与投资活动有关的现金"项目中以正数反映。此项目一般金额不大,如果数额较大,表明企业产业、产品结构将有所调整,或者表明企业未来的生产能力将受到严重的影响、已经陷入深度的债务危机之中,靠出售设备来维持经营。LFYL公司2019年由于"处置固定资产、无形资产和其他长期资产所收回的现金净额"为1,999,680.13元,占现金流入总量0.03%,说明LFYL公司现有生产能力良好。

4. 处置子公司及其他营业单位所收到的现金净额

该项目反映企业处置子公司及其他营业单位所取得的现金,减去在处置过程中发生的各项费用支出后的净额。处置子公司及其他营业单位属于公司重大影响事项,公司一般会单独发布公告或者在年度报告中有详细说明,可结合相关信息判断该事项对企业未来经营发展会产生何种影响。LFYL公司2019年未发生处置子公司及其他营业单位收到的现金的事项。

5. 收到的其他与投资活动有关的现金

该项目反映除了上述各项目外,收到的其他与投资活动有关的现金。LFYL公司2019年"收到的其他与投资活动有关的现金"为3,309,148.00元,占现金流入总量0.05%。

(二) 投资活动现金流出量项目分析

1. 购建固定资产、无形资产和其他长期资产所支付的现金

该项目反映企业购建固定资产、取得无形资产和其他长期资产所支付的现金及增值税税款,以及支付的在建工程和无形资产负担的职工薪酬的现金支出。它包括购买固定资产等产生的汇兑损益,不包括为购建固定资产而发生的借款利息资本化的部分,以及融资租赁固定资产支付的租赁费。此项目表明企业扩大再生产力的强弱,可以了解企业未来的经营方向和获利能力,揭示企业未来经营方式和经营的发展变化。LFYL公司2019年由于"购建固定资产、无形资产和其他长期资产所支付的现金"流出金额为356,689,967.97元,占现金流出总量的比重为5.83%,可见公司生产规模将进一步扩大,生产能力增强。

2. 投资所支付的现金

该项目反映企业取得的除现金等价物以外的权益性投资和债权性投资所支付的现金,包括企业取得的除现金等价物以外的短期股票投资、短期债券投资、长期股权投资、长期债权投资支付的现金,以及支付的佣金、手续费等附加费用。此项目表明企业参与资本市场运作、实施股权及债权投资能力的强弱,分析投资方向与企业的战略目标是否一致。LFYL公司2019年"投资所支付的现金"金额为100,562,662.22元,占现金流出总量的比重为1.64%,增强了资本市场的参与程度。

3. 取得子公司及其他营业单位支付的现金净额

该项目反映企业购买子公司或其他营业单位中用现金支付的部分减去子公司或其他营业单位持有的现金及现金等价物后的净额。购买子公司及其他营业单位属于公司的重大影响事项，公司一般会单独发布公告或者在年度报告中详细予以说明，可结合相关信息判断该事项对企业未来经营发展会产生何种影响。LFYL公司2019年未发生取得子公司及其他营业单位支付的现金净额的事项。

4. 支付的其他与投资活动有关的现金

该项目反映企业除了上述项目外，支付的其他与投资活动有关的现金流出。LFYL公司2019年"支付的其他与投资活动有关的现金"为0元。

三、筹资活动现金流量项目分析

(一) 筹资活动现金流入量项目分析

1. 吸收投资收到的现金

该项目反映企业以发行股票、债券等方式筹集资金实际收到的款项净额(发行收入减去支付的佣金等发行费用后的净额)。企业发行股票、债券等由企业直接支付的审计费、咨询费、宣传费、印花税等费用，在"支付其他与筹资活动有关的现金"项目中反映。此项目表明企业通过资本市场筹资能力的强弱。该项目如有发生额，数额一般较大。LFYL公司2019年"吸收投资收到的现金"为0元。

2. 取得借款收到的现金

该项目反映企业在本期内向银行等金融机构举借各种短期、长期借款而收到的现金。此项目数额的大小，表明企业通过银行等金融机构筹集资金能力的强弱，在一定程度上代表了企业银行信用的高低。LFYL公司2019年"取得借款收到现金"为1,484,953,728.17元，占现金流入总量的22.71%，借款是公司当年所采取的主要筹资方式。

3. 收到的其他与筹资活动有关的现金

该项目反映企业除了上述项目外，收到的其他与筹资活动有关的现金流入，如捐赠等。LFYL公司2019年"收到的其他与筹资活动有关的现金"为1,151,664,507.39元，占现金流入总量的比重为17.62%，是LFYL公司筹资活动第二重要的现金流入来源。根据备注资料显示，其主要为收回受限资金的本金及利息。

(二) 筹资活动现金流出量项目分析

1. 偿还债务支付的现金

该项目反映企业以现金偿还债务的本金，包括偿还银行或其他金融机构的借款本金、偿还债券本金等。此项目有助于分析企业资金周转是否已经达到良性的循环状态。LFYL

公司2019年"偿还债务支付的现金"为1,529,415,326.30元，占现金流出总量的比重是25.01%。

2. 分配股利、利润或偿付利息支付的现金

该项目反映企业实际支付的现金股利、支付给其他投资单位的利润或用现金支付的借款利息、债券利息。该项目可结合利润表的"财务费用"和所有者权益变动表的"利润分配"项目进行分析，还需要考虑利息费用化和资本化的影响。LFYL公司2019年该项目的现金流出额为137,415,378.47元，占现金流出总量的比重为2.25%。

3. 支付的其他与筹资活动有关的现金

该项目反映企业除上述各项目外，支付的其他与筹资活动有关的现金流出，包括以发行股票、债券等方式筹集资金而由企业直接支付的审计和咨询等费用、为购建固定资产而发生的借款利息资本化部分、融资租入固定资产所支付的租赁费、以分期付款方式购建固定资产以后各期支付的现金等。一般数额较小，如果数额较大，应注意分析其合理性。LFYL公司2019年该项目现金流出额为941,604,336.84元，占现金流出总量的比重为15.40%。根据备注资料显示，其主要是支付银行借款受限资金939,533,288.18元。

四、汇率变动对现金流量的影响分析

汇率变动对现金流量的影响反映于企业将外币现金流量及境外子公司的现金流量折算为人民币时，所采用的现金流量发生日的汇率或平均汇率折算的人民币金额，与"现金及现金等价物净增加额"中外币现金净增加额按期末汇率折算的人民币金额之间的差额。汇率变动对现金流量的影响，应作为调节项目，在现金流量表中单独列示。调增数增大现金净流量，调减数抵减现金净流量。LFYL公司2019年"汇率变动对现金及现金等价物的影响"为4,335,918.32元。

五、现金及现金等价物分析

现金及现金等价物分析主要围绕以下三方面展开。

(1) "现金及现金等价物的净增加额"项目金额等于"经营活动产生的现金流量净额""投资活动产生的现金流量净额"和"筹资活动产生的现金流量净额"三者的合计数，再调整外币现金资产汇率变动影响金额。LFYL公司2019年经营活动、投资活动和筹资活动产生的现金流量净额分别为782,789,096.79元、-388,310,788.99元和28,183,193.95元，汇率变动的影响金额为4,335,918.32元，当年"现金及现金等价物的净增加额"为426,997,420.07元。

(2) "期初现金及现金等价物余额"项目可结合资产负债表"货币资金"项目期初余额分析。LFYL公司2019年"期初现金及现金等价物余额"为663,954,077.78元，其中包含库存现金38,587.89元，可随时用于支付的银行存款646,132,611.13元，可随时用于支付的其他货币资金697,620.00元。

(3) "期末现金及现金等价物余额"项目可结合资产负债表"货币资金"项目期末余额分析。LFYL公司2019年期末货币资金余额为2,243,195,719.00元，剔除其中的限制

部分1,152,244,221.15元，不存在现金等价物，所以"期末现金及现金等价物余额"为1,090,951,497.85元。

第四节 现金流量与利润综合分析

一、现金流量表与利润表信息的联系

利润表是反映企业一定期间经营成果的重要报表，揭示了企业利润的计算过程和利润的形成过程。利润被看成评价企业经营业绩及盈利能力的重要指标，但却存在一定的缺陷。有的企业账面利润数额很大，看似业绩可观，而现金却入不敷出，经营举步维艰直至破产；还有的企业虽然巨额亏损，却现金充足，周转自如。所以，仅以利润来评价企业经营业绩和获利能力失之偏颇。如能结合现金流量表所提供的现金流量信息，特别是经营活动现金流量信息，进行分析，则较为客观全面。

事实上，利润和现金流量是从不同角度反映企业业绩的两个指标，利润是权责发生制下的应计利润，现金流量是收付实现制下的现金利润，二者的关系可以通过现金流量表的补充资料揭示出来。具体分析时，可将现金流量表的有关指标与利润表的相关指标进行对比，以评价企业利润和现金流量的质量。

例如，可以采用销售收现比率、净利润经营现金比率等指标反映企业现金流量对利润表数据的补充解释能力。销售收现比率是指经营活动产生的现金流量净额与销售收入总额的比率。该比率反映每1元销售收入得到的净现金，其数值越大表明销售收现能力越好。如果该比率过低，则说明销售收入中所形成的应收账款较多。同时如果应收账款期限较长，占用资金较多，资金周转会放慢，造成资金紧张，而且一部分应收账款还可能形成坏账。净利润经营现金比率是指经营活动产生的现金流量净额与净利润的比率。该指标反映每1元净利润所对应的现金金额，其数值越大，表明每1元净利润所对应的现金金额越高，可供企业自由支配的现金量越大，净利润的质量就越高。该指标对于防范企业人为操纵利润从而给报告使用者带来决策失误有重要作用。

相关链接5-6

从财报看广州浪奇：销售毛利率持续垫底　现金流五年负值

最近，A股又发生了一个奇葩事件，广州浪奇(000523)的价值5.72亿元存货离奇消失。这是堪称继獐子岛"扇贝跑了"之后，A股上演的又一奇葩剧情。扇贝可以"自己跑"，几亿元的存货能去哪儿？我们通过研究广州浪奇的财务报告，发现了一些端倪。

在当今日化用品企业尽力利用品牌效应去打开市场时，广州浪奇生存的方式仍然像一家代工厂，尽管有着很高的营收水平，但只能获得很低的销售毛利率。广州浪奇长期的低毛利率、负净现金流，不得不通过一些手段去维持公司的经营发展。2020年9月24日晚间，广州浪奇公告，公司因资金状况紧张出现部分债务逾期情况。经公司财务部门统计核实，截至2020年9月24日，公司逾期债务合计39,4974,881.42元，占公司最近一期经审计净资产的20.74%，涉及被冻结银行账户12个。9月27日，广州浪奇再度发布公告称，公司此前分别

与江苏鸿燊物流有限公司(以下简称"鸿燊公司")和江苏辉丰石化有限公司(以下简称"辉丰公司")签订协议,将公司货物分别储存于二者的瑞丽仓和辉丰仓。但这两家公司均否认保管公司的货物,所涉库存货物账面价值合计5.72亿元。此时,5.72亿元的货物到底有没有存在,如果存在的话是如何"不翼而飞"的?这一问题属实令人疑惑。9月28日,深交所下发了关注函,要求广州浪奇说明与鸿燊公司、辉丰公司关于第三方仓储业务的开展情况,要求公司披露"所有存货存放地点、金额、库龄、第三方仓储业务合作方、近期盘点情况等,全面核查是否存在其他存货异常情形"。

而广州浪奇的公告显示,原定于9月30日回复深交所关注函。公司以"对关注函所提有关事项尚需进一步核查"为由,又将关注函回复推迟至10月15日。而10月10日,公司再次发布了关于延期回复深圳证券交易所关注函的公告,公告称公司预计于2020年10月31日前完成对关注函的回复工作并及时履行相关信息披露。

10月10日,广州浪奇对外发布公告称,公司于近日收到广州市天河区人民法院下发的《民事裁定书》和《冻结/查封扣押财产清单》,申请人立根公司与公司仲裁程序中的财产保全一案,立根公司向中国广州仲裁委员会提出财产保全申请,要求冻结本公司的银行存款人民币约6,717.77万元或查封、扣押其等值财产,广州市天河区人民法院已立案受理并做出裁定,裁定立即开始执行。目前收到冻结账户实际受限金额合计1,152.60万元,对公司经营产生一定影响。该事项对公司本期利润或期后利润的影响仍具有不确定性。

广州浪奇主要生产、销售洗衣粉,日化业务是该公司的主营业务。该公司2019年年报显示,广州浪奇在2019年的总营收为123.98亿元,其中在化学原料和化学制品制造业、日用品零售业(主要为洗衣粉)收入为111.83亿元,占比超过90%;此外,广州浪奇还有少量的糖业及食品、饮料零售业业务,这部分业务贡献了公司绝大部分剩余的营收,但总体来说占比不高。作为一家日化企业,品牌的溢价对于公司的盈利能力有着十分重要的作用,品牌知名度和商誉溢价力是衡量其核心竞争力的关键因素。然而对于广州浪奇来说,它非常低的主营业务毛利率,完全不像是一家品牌驱动型企业,更像是一家主要负责加工的来料加工型企业。品牌驱动型企业通常拥有比较高的销售毛利率,且倾向于投入较高的营销费用来维持其产品的品牌形象;而来料加工型企业通常毛利率很低,且很少投入资金用于品牌推广。从公开的数据可以看到,近三年(2017—2019年)广州浪奇的销售毛利率分别为2.82%、3.37%、4.85%。其中,核心产品(洗衣粉,即工业产品)的毛利率分别为1.73%、2.15%、2.56%。而在营销投入方面,该公司的营销费用分别为1.30亿元、2.10亿元、2.26亿元,占当期营收的比重(销售费用率)分别为1.10%、1.59和1.82%。如此低的核心产品的溢价,导致公司难以投入过多资金用于品牌和产品营销,其毛利率和销售费用率处于一个极低的水平也并不意外。为此,我们在日用化学产品行业中寻找几家类似企业的2019年数据进行相应指标的对比,如表5-8所示。

表5-8 同行业企业的指标数据对比

指标	上海家化	珀莱雅	蓝月亮	广州浪奇
营业收入(亿元)	75.97	31.24	70.50	123.98
销售毛利率(%)	61.88	63.96	63.16	4.85
销售费用率(%)	42.17	39.14	32.95	1.82

可以看出，广州浪奇的销售毛利率和销售费用率远低于同行业的其他企业，说明其在产品战略选择和营销模式上存在问题。然而，该公司的营业收入却远高于其他企业，这不免让我们对其盈利质量的实际水平产生疑惑，为何能够在如此低的毛利率之下仍保持如此大的营收规模？其存货的变化对于公司经营的影响又体现在哪里？现金持续流出，何以维持运营？在取得如此高的营业收入数据下，广州浪奇近五年的净利润也确实显示盈利，2015年—2019年的数据分别为2,967.02万元、3,899.21万元、3,379.96万元、6,915.97万元、6,237.22万元。然而，更能反映其经营实际状况的现金流量表却表现出不同的结果。该公司在近五年中经营活动现金流均为负值，即经营活动现金流净额呈现出连续净流出的状态，2015年—2019年的数据分别为-0.41亿元、-6.95亿元、-1.88亿元、-4.42亿元、-5.57亿元，如表5-9所示。

表5-9　广州浪奇的销售数据

指标	2015年	2016年	2017年	2018年	2019年
营业收入(亿元)	75.70	98.49	118.11	132.49	123.98
净利润(亿元)	0.30	0.39	0.34	0.69	0.62
经营活动现金流净额(亿元)	-0.41	-6.95	-1.88	-4.42	-5.57

从表5-9可以看出，在2015年—2019年间，广州浪奇营业收入从75.70亿元上升至最高的132.49亿元，并在2019年少许回落，然而其同期的净利润却仅从2,967.02万元上升至最高6,915.97万元。与其如此大规模的营收水平相比，该公司净利润水平过于低下，体现出其盈利能力显著不足。尽管该公司实现的净利润水平较低，但至少利润表仍显示出持续盈利的状态。而现金流量表却呈现出截然不同的景象。该公司近五年的经营活动现金流每年都持续净流出，其流出的规模从0.41亿元至6.95亿元不等。而仅在2020年上半年，受疫情影响，广州浪奇的经营活动现金流净额净流出6.61亿元。可以看出，近年来其实际经营现金流净额赤字远高于同期净利润。从上述分析可以看出，在2015年—2019年间，广州浪奇营收规模上升的同时亏损也在逐步加大。之所以该公司可以连续保持利润表的盈利，主要得益于大规模的筹资活动。近五年来，广州浪奇筹资活动现金流量净流入累计超过8.5亿元。这体现在其大量举债及增发再融资。在此情况下，广州浪奇可以在过去五年经营活动现金流持续赤字的情况下，仍然有足够的账面资金去弥补现金上的漏洞，并且能维持账面利润的盈利。但与此同时，仍需要注意到其资金链存在的风险。如果广州浪奇不能有效地解决经营现金流持续净流出的问题，一旦其账面资金耗光，融资途径受阻，资金链出现断裂，那么该公司的账面盈利也会出现影响。回到一开始提到的问题，为什么价值5.72亿元的"存货"会突然失踪？该公司实际存货的质量如何？我们关注到近年来，广州浪奇账面上的存货有一次猛增。在2015年至2017年间，该公司存货一直保持在较低的水平，然而在2017年至2018年间，该公司账面存货产品从3.50亿元猛增至13.59亿元，增长了288.29%。

这就让我们对这笔失踪的"存货"的真实性产生怀疑，因为当时其在资产负债表上出现就十分可疑。截至2020年6月30日，该公司账面存货余额仍为15.71亿元。这就说明本次失踪的5.72亿存货达到其存货账面价值的三成以上。一般来说，前一年产品销售情况良好，为了进一步实现市场规模上的扩张，存货规模才会相应扩大。然而，根据广州浪奇的财报数据，2018年比较低的营收增长率和销售毛利率并不能支撑其如此大规模的存货扩张。相反，广州浪奇更应该适当减少存货规模，提升存货流动性和运营效率，以规避存货和流动性风险。

由此可见，这些存货"走"的有问题，"来"的时候更有问题。

此外，我们可以看到广州浪奇过去几年的应收账款规模总体上也在不断扩大，最可能的原因就是广州浪奇一直不停地用应收账款去换增长，存在长期大量地扩大赊销以换取客户订单的情况，这正是该公司营业收入和应收账款账面上很高、净利润账面盈利而经营现金流却持续净流出的原因。

另一方面，我们关注到之前广州浪奇的公告，称关于部分库存货物可能涉及风险的事项，公司已将一名涉案人员移送公安机关，公安机关已立案侦查，据报道，这位涉案人员名为黄健彬，担任奇化网财务总监。该公司允许供应商和采购商进驻并在线交易。在2018年，广东奇化的营业收入达到53.49%，相当于广州浪奇当年全部营业收入的44.67%。

鸿燊公司实控人黄勇军曾公开表示，鸿燊公司确实与广州浪奇签订了仓储合约，但并未实际入库，这期间曾应上市公司要求帮其"完善数据"。此外，黄勇军还向媒体透露称，"瑞丽仓"并非鸿燊公司的仓库，而是从别人那里租来的仓库。而且据他了解，这个仓库是背后的公司也与广州浪奇有扯不清的关系。

资料来源：郑自豪. 从财报看广州浪奇：销售毛利率持续垫底 现金流五年负值[EB/OL]. 2020-10-15. http://www.01caijing.com/article/270040.htm.

二、经营活动现金流量净额与净利润的关系分析

利润和现金流量的关系可以通过现金流量表的补充资料揭示出来，即现金流量表附表。现金流量表附表是现金流量表非常重要的部分，主要由三方面的内容构成：第一部分是将净利润调节为经营活动现金流量，实际就是以本期净利润为起点，用间接法调整现金的收支及有关项目的增减变动，据此计算得到经营活动现金流量。利润表以权责发生制原则确认和计量当期净利润，而净利润包括经营活动与非经营活动的损益；现金流量表以收付实现制原则确认和计量现金流量。因此，需要调整非现金收支及非经营活动的现金收支，从而将净利润调节为经营活动现金流量。第二部分是不涉及现金收支的重大投资和筹资活动，我国目前主要有债务转为资本、一年内到期的可转换公司债券和融资租入固定资产。第三部分是现金及现金等价物净变动情况，反映为货币资金账户及现金等价物期末与期初余额的差额，应该与现金流量表中"五、现金及现金等价物净增加额"的金额相等。下面以公式来表示经营活动产生的现金流量净额与净利润之间的关系：

经营活动现金流量净额=净利润−非付现经营性收入+非付现经营性费用−非经营性收入+非经营性费用−非现金流动资产净变化额+非现金流动负债净变化额

现金流量表主表的各项目金额实际上就是每笔现金流入、流出的归属，而附表的各项目金额则是相应会计账户的当期发生额或期末与期初余额的差额。下面以LFYL公司2019年的现金流量表附表为例进行分析，详细数据资料如表5-10所示。

表5-10 净利润现金流量调节表

补充资料	2019年(元)	2018年(元)	增加额(元)	增长率
净利润	519,456,195.80	355,337,655.15	164,118,540.65	46.19%
资产减值准备	7,272,402.07	12,502,838.22	-5,230,436.15	-41.83%
固定资产折旧、油气资产折耗、生产性物资折旧	131,471,477.44	99,519,437.36	31,952,040.08	32.11%
无形资产摊销	54,283,008.04	35,520,882.08	18,762,125.96	52.82%
长期待摊费用摊销	12,255,516.22	6,893,910.67	5,361,605.55	77.77%
处置固定资产、无形资产和其他长期资产的损失	2,144,642.23	2,124,194.83	20,447.40	0.96%
固定资产报废损失	6,774,659.07	4,833,623.96	1,941,035.11	40.16%
财务费用	75,215,595.62	66,401,556.83	8,814,038.79	13.27%
投资损失	-3,012,666.15	-3,685,227.46	672,561.31	-18.25%
递延所得税资产减少	-24,412,440.52	4,078,941.31	-28,491,381.83	-698.50%
递延所得税负债增加	-88,225.39	-30,323,960.56	30,235,735.17	-99.71%
存货的减少	2,421,268.35	85,195,957.06	-82,774,688.71	-97.16%
经营性应收项目的减少	21,499,874.49	-157,041,057.80	178,540,932.29	-113.69%
经营性应付项目的增加	-38,491,404.75	173,578,867.00	-212,070,271.75	-122.18%
其他	15,999,194.27	-5,571,438.04	21,570,632.31	-387.16%
经营活动产生现金流量净额	782,789,096.79	649,366,180.61	133,422,916.18	20.55%

从表5-10可以看出，LFYL公司净利润2019年比2018年增加了164,118,540.65元，增长率为46.19%，经营活动产生的现金流量净额2019年比2018年增加了133,422,916.18元，增长率为20.55%，通过以下分析可以更具体地体现LFYL2019年经营活动产生的现金流量净额相对于2018年变化的具体原因。

(1) LFYL公司2019年"固定资产折旧、油气资产折耗、生产性物资折旧"和"无形资产摊销"大幅度增加，增加额分别为31,952,040.08元和18,762,125.96元，增长率分别为32.11%和52.82%，是引起经营活动产生现金流量净额变化的主要原因。

(2) LFYL公司2019年"财务费用""长期待摊费用摊销"和"固定资产报废损失"都对经营活动产生现金流量净额的增加产生了积极影响，使得2019年LFYL公司经营活动产生现金流量净额分别增加8,814,038.79元、5361,605.55元和1,941,035.11元。

(3) LFYL公司经营性应付项目金额2019年比2018年增加是负值，偿还的经营性应付项目是正值，是导致经营活动产生现金流量净额变化的又一原因。

相关链接5-7

现金流视角看一季报

——基于2020年一季报的更新

在政策经济周期框架下，经营性现金流是连接金融数据与全A盈利增速的重要一环。2019年12月我们对三季报通过现金流分析，提出周期中下游景气整体企稳，可选消费景气度底部改善明显，TMT景气出现向上拐点，必需消费品接近繁荣顶点的判断。疫情暴发前行业表现基本符合这一判断，但2020年一季度的疫情对上市公司经营性现金流带来的普遍冲击，改变了经济企稳复苏的节奏。根据上市公司一季报，我们继续将现金流视为营收和利润的前瞻指标，依据现金流来对各行业景气度进行比较分析。

(1) 周期：业绩整体承压，景气度呈结构性亮点。上游：整体较差，但小金属带动有色行业现金流连续两个季度改善；中游：电力设备及新能源行业现金流延续改善，机械中的通用设备、电力设备中的电源设备、电气设备景气度较高；下游：军工的盈利增速、现金流大幅提升，多个二级行业体现较高景气；建筑营收、现金流量并未改善，但考虑到这是典型的逆周期调节导致的"反常"规律，并不值得悲观，地产板块现金流较差，收入增速也大幅下滑，但其中的房地产服务板块现金流环比改善值得关注。

(2) 消费：可选消费值得关注，必需消费景气或在高点。可选消费一季度收入和利润增速大幅下降，但乘用车、小家电在2020年一季度现金流延续了2019年以来的改善，二季度有望迎来景气向上拐点，且乘用车PB估值分位较低，属于性价比较高的行业；必需消费医药和农业一季度现金流改善，但整体偏谨慎，农林牧渔或已越过景气高点。食品饮料景气在高位徘徊，白酒行业收入增速受影响小，但2020年PPI低位徘徊、CPI高位回落，对白酒盈利增速和提价能力形成压力。

(3) TMT：盈利能力和现金流降幅整体较小，关注半导体、电信运营和云服务。电子行业现金流量改善最为明显，通信、传媒的现金流量占收入比例小幅下降，而计算机的收入增速和现金流受损较大。结合收入增速和"国产替代"叠加5G建设的催化，电子中的半导体、通信中的电信运营及计算机的云服务更值得关注。

(4) 金融：2020年整体业绩或承压，券商估值合理，或受益于资本市场改革。一季度商业银行利润增速的下行与资产端收益率的下行同步，经济增长乏力的背景下利差仍存在压力。保险行业短期的盈利能力与资产端的收益率相关性较高，低利率对其形成不利影响。券商业绩与股指运行高度相关，我们对市场整体并不悲观，也相对看好低估值券商板块的弹性。

现金流量指标还应结合长期的盈利能力和中期的景气趋势进行分析。高ROE意味着龙头公司在需求不足时具有更强的市占率提升的优势，如必需消费龙头；二季度及下半年行业景气变动的重点仍关注"逆周期调节"：第一，基建投资增速提升；第二，地产竣工及可选消费复苏；第三，科技领域"国产替代"推进；而现金流优异的子行业业绩韧性更强。

小企业现金流量风险有多大？一季度主要是周期和可选行业经营性现金流恶化，小企业现金流量环比变动不是主要因素，但本身持有现金少；一季度上市公司融资大增降低了现金流风险，但小企业仍然存在一定现金缺口。

资料来源：谢超.现金流视角看一季报——基于2020年一季报的更新[N].证券研究报告，2020-05-13.

本章小结

现金流量表是以收付实现制为基础编制的，反映企业一定会计期间现金及现金等价物流入和流出信息的一张动态报表。通过现金流量表分析，可以达到以下目的：①从动态上了解企业现金变动情况和变动原因。②判断企业获取现金的能力。③评价企业盈利的质量。

现金流量表综合分析包括现金流量表一般分析、现金流量表水平分析、现金流量表结构分析、现金流量表趋势分析、现金流量组合分析和自由现金流量分析。现金流量表一般分析以现金流量表的数据为基础，对企业现金流量总况进行分析与评价。现金流量表水平分析可以揭示本期现金流量与前期或预计现金流量的差异。现金流量表结构分析从现金流入总结构和内部结构、现金流出总结构和内部结构分析，可以揭示现金流入量和现金流出量的结构情况，明确企业现金来自何方，流向何处。现金流量表趋势分析可以揭示现金流量长期发展变化特征。现金流量组合分析可以发现企业当前的经营状况特征。企业自由现金流量等于经营活动现金流量减去营运资本追加额和资本性支出。

现金流量表分项分析包括经营活动现金流量项目分析、投资活动现金流量项目分析、筹资活动现金流量项目分析、汇率变动对现金的影响分析和现金及现金等价物净增加额分析。

现金流量与利润综合分析包括现金流量表与利润表信息的联系分析、经营活动现金流量净额与净利润关系分析。

思考讨论

1. 什么是现金流量表？现金流量表的结构是怎么样的？
2. 什么是现金流量表的水平分析？
3. 什么是现金流量表的结构分析？如何对现金流量表进行结构分析？
4. 如何正确评价经营活动产生的现金流量？
5. 现金流量表和利润表存在什么样的关系？现金流量表上什么信息不能直接从利润表中找到？

案例分析

蒙娜丽莎2020半年报：增加三成的净利润与减少717.53%的现金流

2020年上半年的疫情冲击之下，蒙娜丽莎是家居企业中营收和利润都没有下降的少数之一。数据显示，2020年上半年蒙娜丽莎总营业收入为17.88亿元，同比增长了11.42%，归属于上市公司股东的净利润2.16亿元，同比增长31.13%。然而在营收增长的背后，蒙娜丽莎因货款回笼延迟，在建工程和固定资产投入增加等出现的资金压力渐增问题，也逐渐凸显。

从数据来看，相比于同行企业，蒙娜丽莎2020年上半年经营业绩受到的市场冲击并不算大，营收增幅有所下降，但净利润的同比增长幅度却是近三年最高。

2020年上半年，蒙娜丽莎总营业收入为17.88亿元，扣除非经常性损益的归母净利润为2.02亿元，同比增幅也达到了33.19%。同期加权平均净资产收益率为7.14%，同比微增0.88个百分点。

表5-11、表5-12为蒙娜丽莎近几年的经营数据。

表5-11　2019—2020年现金流量表相关数据分析

现金流量表项目	2020年中报	2019年中报	同比发展速度
经营活动产生现金流量净额(元)	−266,772,196.11	322,127,197.56	−182.82%
投资活动产生现金流量净额(元)	−530,936,935.04	−131,627,156.45	−303.36
筹资活动产生现金流量净额(元)	502,489,362.53	−142,717,915.65	452.09%
现金及现金等价物净增加额(元)	−295,172,192.11	47,798,560.35	−717.53%

表5-12　2017—2020年报告期关键指标分析

报告期关键指标	2020年中报	2019年中报	2018年中报	2017年中报
营业收入	17.88亿元	16.04亿元	14.10亿元	12.40亿元
净利润	2.16亿元	1.65亿元	1.33亿元	1.22亿元
扣非净利润	2.02亿元	1.52亿元	1.27亿元	1.16亿元

问题探讨：

1. 蒙娜丽莎现金流量净额水平分析结果如何？
2. 蒙娜丽莎现金流量净额结构分析如何？
3. 试分析蒙娜丽莎现金流量净额与净利润和营业收入的关系如何？

实操项目

根据第二章实操项目所收集的上市公司财务报表资料，与LFYL公司进行现金流量表水平、结构、趋势和组合的对比分析，比较两个公司的优势和劣势。

第六章

所有者权益变动表分析

学习目标

○ **知识目标**

明确所有者权益变动表的内涵及其与其他对外报表的联系；理解所有者权益变动表编制与分析的意义；掌握所有者权益变动表分析的具体内容和方法。

○ **能力目标**

能够灵活运用所有者权益变动表分析的基本程序与方法，对企业所有者权益变动表及其主要项目的变动情况进行合理性或信息质量的说明；能够学会判断对所有者权益有直接和间接影响的主要因素，深化理解所有者权益主要项目变动的内容。

第一节 所有者权益变动表概述

一、所有者权益变动表的内涵

所有者权益变动表是一张总结性的报表，它总结了影响所有者权益的所有交易，反映本期(年度或中期)内截至期末所有者权益变动情况的报表。新会计准则颁布前公司所有者权益变动情况是以资产负债表附表形式予以体现的，新会计准则颁布后要求上市公司于2007年开始正式对外呈报所有者权益变动表。所有者权益变动表成为与资产负债表、利润表和现金流量表并列披露的第四张财务报表。

2014年1月26日，财政部发布了修订版《企业会计准则第30号——财务报表列报》(财会〔2014〕7号)，并规定自2014年7月1日起在所有执行企业会计准则的企业范围内执行，鼓励在境外上市的企业提前执行，2006年2月15日发布的《企业会计准则第30号——财务报表列报》同时废止。根据2014年准则，所有者权益变动表最大的变化为："综合收益总额"取代"净利润"和"直接计入所有者权益的利得和损失"项目及其总额。所有者权益是指公司资产扣除负债后由股东享有的"剩余权益",也称为净资产,是股东投资资本与经营过程中形成的留存收益的集合,是股东投资和公司发展实力的资本体现。所有者权益在公司经营期内可供企业长期、持续地使用,是公司生存和发展的基础,按其来源或者形成渠道划分,可分为投入资本(包括实收资本和资本公积)和留存收益(包括盈余公积和未分配利润)。投入资本为原始投入的资本,留存收益为经营形成的资本。前者主要来自股东投入,后者源于企业经营积累。

所有者权益变动表应当反映构成所有者权益的各组成部分当期的增减变动情况。所有者权益变动表至少应当单独列示下列项目的信息。

(1) 综合收益总额。在合并所有者权益变动表中应单独列示归属于母公司所有者的综合收益总额和归属于少数股东的综合收益总额。

(2) 会计政策变更和会计差错更正的累计影响金额。

(3) 所有者投入资本和向所有者分配利润等。

(4) 按照规定提取的盈余公积。

(5) 所有者权益各组成部分的期初和期末余额及其调节情况。

二、所有者权益变动表分析的目的

所有者权益变动表分析,是通过所有者权益的来源及其变动情况,了解会计期间内影响所有者权益增减变动的具体原因,判断构成所有者权益各个项目变动的合法性与合理性,为报表使用者提供较为真实的所有者权益总额及其变动信息。

所有者权益变动表分析的具体目的如下。

(1) 有利于对企业的保值增值情况做出分析。对所有者权益变动表进行分析,可使财务分析主体利用所有者权益变动表提供的全面收益信息与投入资本比较,对管理层受托责任的履行情况,即投入资本的保值增值情况做出更全面的考核判断,使企业着眼于长期战略,避免只顾眼前利益和收益超前分配。

(2) 有利于揭示所有者权益增减变动的原因。所有者权益变动表不仅包括所有者权益总量的增减变动信息,还包括所有者权益增减变动的重要结构性信息,特别要反映直接计入所有者权益的利得和损失,让报表使用者准确理解所有者权益增减变动的根源。分析主体根据所有者权益变动表的资料以及其他财务资料,分析企业所有者权益总额及各具体项目增减变动情况和变动趋势,以揭示增减变动的原因、存在的问题及差距,实现各自的利益价值最大化。

(3) 有利于对企业的利润分配情况进行分析。企业利润分配政策影响企业的价值,所有者权益变动表在"利润分配"项目下反映当年对所有者分配的利润金额和按规定提取的盈余公积金额,财务分析主体可据此分析企业的利润分配项目、利润分配政策以及利润分配趋势等内容。

(4) 有利于明确会计政策变更和前期差错更正的影响。会计政策变更和前期差错更正对所有者权益本年年初余额的影响,原先主要在财务报表附注中得以体现,很容易被投资者忽略。所有者权益变动表上直接列示会计政策变更、前期差错更正的有关信息,可以清晰地反映会计政策变更的合理性以及会计差错更正的幅度,具体报告会计政策变更和前期差错更正对所有者权益的影响数额。

三、所有者权益变动表分析的内容

所有者权益变动表分析的内容主要包括以下几点。
(1) 所有者权益变动表水平分析、结构分析和所有者权益变动表趋势分析。
(2) 所有者权益变动表的主要项目分析。
(3) 所有者权益变动影响因素分析。

相关链接6-1

方大特钢或成A股最慷慨公司

方大特钢科技股份有限公司(前身为南昌长力钢铁股份有限公司,以下简称"方大特钢")是南昌钢铁有限责任公司最主要的子企业。在岗员工近8,000人,各类专业技术人员1,100余人。方大特钢科技股份有限公司是具有炼焦、烧结、炼铁、炼钢、轧钢全流程生产工艺和配套设施,拥有弹簧扁钢和汽车零部件产品特色优势的钢铁联合企业。

方大特钢2019年2月21日晚间披露年报,公司2018年实现营业收入172.86亿元,同比增长23.96%;净利润29.27亿元,同比增长15.26%。基本每股收益2.08元。公司拟每10股派发现金红利17元,共计派发现金红利24.65亿元,方大特钢近五年现金分红情况如表6-1所示。

表6-1 方大特钢近五年现金分红情况

项目	2014年	2015年	2016年	2017年	2018年	合计
现金分红(亿元)	10.6	10.32	3.34	21.22	24.65	60.14
归属于上市公司股东的净利润(亿元)	5.69	1.06	6.66	25.40	29.27	68.08
派息率(%)	186	30	50	84	84	88
经营活动产生的现金流量净额(亿元)	8.33	7.07	13.45	25.54	35.73	90.12
投资活动产生的现金流量净额(亿元)	0.25	−0.61	−0.12	−6.39	3.41	−3.46
自由现金流(亿元)	8.58	6.46	13.33	19.15	39.14	86.66
现金分红/自由现金流(%)	124	5	25	111	63	69
购买理财产品净流出现金(亿元)				5.50	−5.50	0.00
定期存款净增加额(亿元)						0.00
吸收投资收到的现金(亿元)					6.68	6.68
调整后自由现金流(亿元)	8.58	6.46	13.33	24.65	40.32	93.34
现金分红/调整后自由现金流(%)	124	5	25	86	61	64
资产负债率(%)	65.51	75.63	65.46	39.99	29.96	

方大特钢给人的印象是"豪气",有报道称:2019年1月19日,方大特钢就因3.12亿现金墙在网上火了一把,成为"别人家的公司"。当天,方大特钢并没有直接将年终奖打入员工工资卡内,而是举办了一场发奖仪式。符合条件的员工每人6万;符合条件的退休员工每人5,000元红包。令人赞赏的是,方大特钢不仅对员工慷慨,对股东也颇为大方,2018年度将盈利的84%作为股息派发给股东。公司于2019年2月22日发布2018年年报,以前一个交

易日的收盘价12.46元计算，其股息收益率(每股股息/股价)高达13.64%。

虽然如此，我们仍然需要问过以下几个问题才能给方大特钢的这份利润分配预案打分：第一，是否有足够的业绩支撑？第二，公司的财务安全是否有保障？第三，是否给未来发展留下了足够的资金？

答案是肯定的。

第一，2018年方大特钢实现归属于上市公司股东的净利润29.27亿元，加权净资产收益率高达57.67%，虽然方大特钢经营业绩具有周期性，但与那些另类高分红的公司相比，其盈利能力强大且稳定。在过去的几年中，方大特钢年年盈利，加权净资产收益率最低也有3.46%。因此，可以认为其高分红有足够的业绩支撑。第二，2018年末，方大特钢的资产负债率只有29.96%。假设公司2018年度24.65亿元的股息已于那时派发，其资产负债率也不过40.28%。考虑到公司盈利能力的支持，除非未来有大的资本支出而大举借贷，否则很难陷入财务困境。第三，方大特钢未来会有大的资本支出吗？很难。公司年报中有一段话"2018年钢铁去产能深入推进，国内钢铁行业提前完成了5年化解过剩产能1亿~1.5亿吨上限目标，市场环境明显改善，企业效益明显好转。"尝到了去产能甜头的钢铁行业，大概很难再像过去一样拼命上产能。更何况，即便在完成了去产能目标后，2018年中国大陆粗钢产量仍然高达9.28亿吨，名列全球第一，是第二名(印度)产量的8.72倍。这样的产能水平应该是够用了。

从案例中我们可以发现，公司绩效直接影响所有者权益，并且与所有者权益项目有着密切关联，股利决策的合理与否直接影响公司净资产规模，也影响公司未来的价值创造。

资料来源：孙旭东.方大特钢2018年度利润分配预案点评[J].证券市场周刊，2019(17).

第二节　所有者权益变动表一般分析

一、所有者权益变动表的水平分析

所有者权益变动表的水平分析，是将所有者权益各个项目的本期数与基期数进行对比，揭示企业当期所有者权益各个项目的水平及其变动情况和关系，以及其公司净资产的变动原因，从而进行相关分析与决策的过程。

所有者权益变动表的水平分析是通过对所有者权益的来源及其变动情况进行分析，了解会计期间内影响所有者权益增减变动的具体原因，判断构成所有者权益各个项目变动的合法性与合理性，为报表使用者提供较为真实的所有者权益总额及其变动信息。对于所有者权益变动表所包含的财务状况质量信息，主要应关注："输血性"变化和"盈利性"变化；所有者权益内部项目互相结转的财务效应；公司股权结构的变化与方向性含义；会计核算因素的影响；公司股利分配方式所包含的财务状况质量信息等。

下面以LFYL公司的所有者权益变动表为基础资料，进行所有者权益变动表的水平分析，并编制水平分析表，对LFYL公司所有者权益变动表的规模变动原因予以具体项目分析，如表6-2所示。

表6-2 LFYL公司所有者权益变动表的水平分析

2019年度

单位：元

项目	归属于母公司所有者权益							少数股东权益	所有者权益合计
	股本	资本公积	减：库存股	其他综合收益	盈余公积	未分配利润	小计		
一、上年期末余额	964,031,086.00	5,667,442,502.00	18,296,250.00	329,147,710.50	84,046,097.04	772,002,603.70	7,798,373,749.00	1,515,597.78	7,799,889,347.00
加：会计政策变更									
前期差错更正									
同一控制下企业合并									
其他									
二、本年期初余额	964,031,086.00	5,667,442,502.00	18,296,250.00	329,147,710.50	84,046,097.04	772,002,603.70	7,798,373,749.00	1,515,597.78	7,799,889,347.00
三、本期增减变动金额（减少以"-"号填列）			(18,296,250.00)	19,046,927.08	665,737.25	424,500,868.50	633,932,125.80	29,669,726.80	663,601,852.60
本年增减变化率(%)			(1.00)	0.06	0.01	0.55	0.08	19.58	0.09
本年增减变动构成比重(%)			(0.03)	0.03	0.00	0.64	0.96	0.04	1.00
（一）综合收益总额				19,046,927.08		490,295,086.00	680,764,356.10	31,556,208.33	712,320,564.40
（二）所有者投入和减少资本			(18,296,250.00)				18,296,250.00		18,296,250.00
1. 所有者投入的普通股									
2. 其他权益工具持有者投入资本									
3. 股份支付计入所有者权益金额			(18,296,250.00)				18,296,250.00		18,296,250.00
4. 其他					665,737.25	(65,794,217.53)	(65,128,480.28)	1,886,481.53	(67,014,961.81)
（三）利润分配									

162

(续表)

项目	2019年度								
	归属于母公司所有者权益							少数股东权益	所有者权益合计
	股本	资本公积	减:库存股	其他综合收益	盈余公积	未分配利润	小计		
1. 提取盈余公积					665,737.25	(665,737.25)			
2. 提取一般风险准备									
3. 对所有者(或股东)的分配						(38,561,243.44)	(38,561,243.44)		(38,561,243.44)
4. 其他						(26,567,236.84)	(26,567,236.84)	1,886,481.53	(28,453,718.37)
(四) 所有者权益内部结转									
1. 资本公积转增资本(或股本)									
2. 盈余公积转增资本(或股本)									
3. 盈余公积弥补亏损									
4. 设定受益计划变动额									
5. 其他综合收益结转留存收益									
6. 其他									
(五) 专项储备									
1. 本期提取									
2. 本期使用									
(六) 其他									
四、本期期末余额	964,031,086.00	5,667,442,502.00		519,616,980.50	84,711,834.29	1,196,503,472.00	8,432,305,875.00	31,185,324.58	8,463,491,199.00

163

从表6-2可知，LFYL公司2019年所有者权益比2018年增加了66,3601,852.60元，增长幅度为8.51%，从影响的主要项目看，最主要的原因是本年未分配利润总额424,500,868.50元的贡献，占所有者权益增加额的63.97%，说明LFYL公司以盈利为资本保值增值的模式。增加净利润是经营资本增加的源泉，也是所有者权益增长的重要途径。健康成长型的公司应通过投资收益实现经营积累，实现投资者资本的保值增值。从目前看来，LFYL公司正是在重视和追求权益回报，以回归公司本质"以盈利为目的的经济组织"。

除此之外，所有者权益变动表的水平分析还应当对所有者权益规模变动原因逐一分析。

(一) 实收资本(或者股本)变动情况的分析

实收资本(或者股本)的增加包括资本公积转入、盈余公积转入、利润分配转入和发行新股等多种渠道，前三种都会稀释股票的价格，而发行新股既能增加注册资本和股东权益，又可增加公司的现金资产，这是对公司发展最有利的增股方式。LFYL公司2019年股本没有发生增减变动。

(二) 资本公积变动情况的分析

资本公积是指归所有者所共有的、非收益转化而形成的资本。资本公积增加的原因包括资本(股本)溢价和其他资本公积，比如接受捐赠、法定财产重估增值和资本溢价。

接受捐赠是指企业因接受其他部门或个人的现金或实物等捐赠而增加的资本公积；法定财产重估增值是指企业在分立、合并、变更和投资时资产评估或者合同、协议约定的资产价值与原账净值的差额；资本溢价是指投资人缴付的出资额超出其认缴资本金的差额，包括股份有限公司发行股票的溢价净收入及可转换债券转换为股本的溢价净收入等。LFYL公司在2019年年末所有者权益变动表中，资本公积未发生变动。

(三) 其他综合收益变动情况的分析

其他综合收益是指企业根据其他会计准则规定未在当期损益中确认的各项利得和损失，扣除所得税影响后的净额。它包括以后会计期间不能重分类进损益的其他综合收益项和以后会计期间在满足规定条件时将重分类进损益的其他综合收益项两大类。LFYL公司在2019年年末所有者权益变动表中，本期其他综合收益增加19,046,927.08元，占本期变动总额的2.87%，变动主要来源于其他权益工具投资公允价值变动。

(四) 盈余公积变动情况的分析

盈余公积是指公司从税后净利润中提取的公司积累基金。盈余公积按规定可用于弥补亏损，也可按法定程序转增资本金，法定公积金提取率为10%，盈余公积的增减变动情况可以直接反映出公司创利及其积累的情况。LFYL公司2019年从净利润中提取盈余公积与2018年相比，增加了665,737.25元，占变动总额的0.1%，体现出LFYL公司利润积累的实力。

(五) 未分配利润的分析

未分配利润是企业留待以后年度分配的结存利润。2019年LFYL公司未分配利润当期增加424,500,868.50元，增幅达54.99%，说明公司当期有较强的持续发展能力和继续分红能力。

除了上述母公司层面原因外，影响LFYL公司本期所有者权益变动的项目还包括：少数股东权益对本期所有者权益变动的影响为29,669,726.80元，占本期变动总额的4.47%。

二、所有者权益变动表的结构分析

所有者权益变动表的结构分析是对所有者权益各个子项目变动占所有者权益变动的比重进行计算，并进行分析评价，揭示企业当期所有者权益各个子项目的比重及其变动情况，解释企业净资产构成的变动原因，从而进行相关决策的过程。以LFYL公司2018—2019年所有者权益变动表为基础资料，编制LFYL公司2019年所有者权益变动表的结构分析表，如表6-3所示。

表6-3　LFYL公司所有者权益变动表的结构分析

项　　目	2018年	2019年	变动
一、上年期末余额			
二、本年期初余额			
三、本期增减变动金额(减少以"-"号填列)	100.00%	100.00%	
(一) 综合收益总额	10.63%	107.34%	96.71%
(二) 所有者投入和减少资本	90.92%	2.76%	-88.16%
1. 所有者投入的普通股	90.67%	0.00%	-90.67%
2. 其他权益工具持有者投入资本	0.00%	0.00%	0.00%
3. 股份支付计入所有者权益的金额	0.34%	2.76%	2.42%
4. 其他	-0.09%	0.00%	0.09%
(三) 利润分配	-1.55%	-10.10%	-8.55%
1. 提取盈余公积	0.00%	0.00%	0.00%
2. 提取一般风险准备	0.00%	0.00%	0.00%
3. 对所有者(或股东)的分配	-1.55%	-5.81%	-4.26%
4. 其他	0.00%	-4.29%	-4.29%
(四) 所有者权益内部结转			
(五) 专项储备			
(六) 其他			
四、本期期末余额			

从表6-3可以看出LFYL公司2019年所有者权益变动项目总构成为100%，主要包括综合收益变动、所有者投入和减少资本变动、利润分配变动。其中综合收益变动构成了主要部分，2019年与2018年相比所占结构比重增长了96.71%；所有者投入和减少资本变动构成比重2019年与2018年相比降低了88.16%，主要是由于所有者投入的普通股的构成下降了90.67%；利润分配项目构成比重2019年与2018年相比降低了8.55%，主要是由于对所有者

(或股东)的分配和其他分别降低了4.26%和4.29%。

三、所有者权益变动表的趋势分析

所有者权益变动表的趋势分析是通过所有者权益变动表各个项目的变动情况，观察和分析股本、资本公积、盈余公积、未分配利润等项目的变动趋势，深入理解和掌握所有者权益项目增减变动的原因与规律，为财务预测、财务决策、编制财务预算和估算企业价值提供依据。由于所有者权益变动表已反映资产负债表中所有者权益项目由期初到期末的具体变动，因此，所有者权益变动表趋势分析是对资产负债表趋势分析的补充与延伸。

以LFYL公司2015—2019年的所有者权益变动表中的数据，进行所有者权益主要项目数据资料，并编制趋势图进行趋势分析，如表6-4和图6-1所示。

表6-4　LFYL公司所有者权益变动表本期变动额趋势分析　　　　　　　　　　单位：元

项目	2015年	2016年	2017年	2018年	2019年
股本	7,200,000.00	247,155,000.00	0.00	469,676,086.00	0.00
资本公积	93,301,991.43	-237,760,787.30	5,527,247.14	5,306,437,679.00	0.00
盈余公积	5,862,647.79	4,405,874.05	5,368,599.20	39,885,512.70	84,711,834.29
未分配利润	114,909,171.50	77,797,005.98	96,624,742.70	207,968,018.50	1,196,503,472.00
所有者权益	137,994,506.10	116,251,630.70	128,278,120.60	6,371,580,774.00	8,463,491,199.00

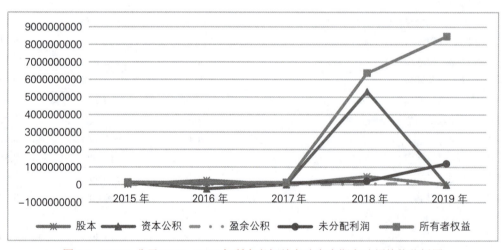

图6-1　LFYL公司2015—2019年所有者权益变动表本期变动额趋势分析图

根据表6-4和图6-1显示，LFYL公司2015—2019年所有者权益变动表本期变动额中所有者权益变动在2017—2019年间变动幅度较大，且2017—2018年的变动与资本公积变动特别相关，其次是未分配利润的小幅度增长作用。股本和盈余公积变动很小，长期趋势基本持平。

第三节　所有者权益变动表项目分析

所有者权益变动表项目分析是将组成所有者权益的主要项目进行具体剖析对比，揭示其变动原因、合理与合法性以及是否有人为操控的迹象等。所有者权益变动表的项目主要是净利润、利润分配、不影响利润但直接影响所有者权益的其他项目，如可供出售金融资产公允价值变动、按照权益法核算年度长期股权投资的非损益因素变动等。此外，还有直接调整年初所有者权益的事项，如会计政策变更、前期差错更正。

所有者权益变动表的主要项目可以从以下公式具体理解：

本期所有者权益变动额=净利润+其他综合收益税后净额+会计政策变更和前期差错更正的累积影响+所有者或股东投入资本-向所有者或股东分配的利润

为了避免与资产负债表中所有者权益项目的分析重复，本节所有者权益变动主要项目的分析主要是综合收益总额分析、会计政策变更的分析和前期差错更正的分析。

一、综合收益总额分析

综合收益总额反映企业在某一期间除所有者以其所有者身份进行的交易之外的其他交易或事项所引起的所有者权益变动。其金额为净利润和其他综合收益扣除所得税影响后净额相加后的合计金额。

【例6-1】某公司2019年实现综合收益总额4,000万元，分配股利1,000万元，增发新股1,800万元，试确定所有者权益变动额。

根据综合收益总额与所有者权益变动额关系的公式，所有者权益变动额计算如下：

所有者权益变动额=综合收益总额+增发新股-分配的股利
=4,000+1,800-1,000=4,800(万元)

综合收益总额分析中的其他综合收益是指企业根据其他会计准则规定未在当期损益中确认的各项利得和损失。利得是指由企业非日常活动所形成的、会导致所有者权益增加的、与所有者投入资本无关的经济利益的流入。损失是指由企业非日常活动所发生的、会导致所有者权益减少的、与向所有者(或股东)分配利润无关的经济利益的流出。根据定义，其他综合收益中的利得和损失是指不应计入当期损益、会导致所有者权益发生增减变动的、与所有者投入资本或者向所有者(或股东)分配利润无关的利得或者损失。

其他综合收益项目应当根据其他相关会计准则的规定分为下列两类列报：以后会计期间不能重分类进损益的其他综合收益项目；以后会计期间在满足规定条件时将重分类进损益的其他综合收益项目。

2014年《企业会计准则第30号——财务报表列报》修订前，已实现的利得与损失在发生当年记入利润表，未实现确认的利得与损失则应在资产负债表中确认，同时，所有者权益变动表涵盖这些信息。该准则修订后，利润表新增"其他综合收益各项目分别扣除所得税影响后的净额"和"综合收益总额"项目。两类其他综合收益在利润表中进行列报，以下将对两大类其他综合收益进行说明。

(一) 以后会计期间不能重分类进损益的其他综合收益项目

该类综合收益项目主要包括以下几种。

(1) 重新计量设定受益计划净负债或净资产导致的变动。根据《企业会计准则第9号——职工薪酬》的规定，有设定受益计划形式离职后福利的企业应当将重新计量设定受益计划净负债或净资产导致的变动计入其他综合收益，并且在后续会计期间不允许转回至损益。

(2) 按照权益法核算的在被投资单位不能重分类进损益的其他综合收益变动中所享有的份额。根据《企业会计准则第2号——长期股权投资》的规定，投资方取得长期股权投资后，应当按照应享有或应分担的被投资单位其他综合收益的份额，确认其他综合收益，同时调整长期股权投资的账面价值。投资单位在确定应享有或应分担的被投资单位其他综合收益的份额时，该份额的性质取决于被投资单位的其他综合收益的性质，即如果被投资单位的其他综合收益属于"以后会计期间不能重分类进损益"类别，则投资方确认的份额也属于"以后会计期间不能重分类进损益"类别。

(二) 以后会计期间在满足规定条件时将重分类进损益的其他综合收益项目

该类综合收益项目主要包含以下几种。

(1) 按照权益法核算的在被投资单位可重分类进损益的其他综合收益变动中所享有的份额。根据《企业会计准则第2号——长期股权投资》的规定，投资方取得长期股权投资后，应当按照应享有或应分担的被投资单位其他综合收益的份额，确认其他综合收益，同时调整长期股权投资的账面价值。关于其他综合收益的具体处理为：如果确认的其他综合收益是利得，则按相应比例计算增加数，贷记"其他综合收益—权益法下享有被投资单位的相应利得"；如果是损失，则借记"其他综合收益—权益法下享有被投资单位的相应损失"。在处置该项长期股权投资时，应将计入"其他综合收益"的累计金额转入当期损益。

(2) 以公允价值计量且其变动计入其他综合收益的金融工具(债务工具)产生的其他综合收益。

(3) 按照金融工具准则规定，对金融资产重分类按规定可以将原计入其他综合收益的利得或损失转入当期损益的部分。

(4) 现金流量套期工具产生的利得或损失中属于有效套期的部分。按照《企业会计准则第24号——套期保值》的规定，现金流量套期工具产生的利得或损失中属于有效套期的部分，应当确认为所有者权益(其他综合收益)；属于无效套期的部分(扣除直接确认为所有者权益后的其他利得或损失)，应当计入当期损益；境外经营净投资的套期，应当按照类似于现金流量套期的规定处理。具体账务处理为：属于无效套期形成的利得或损失计入"公允价值变动损益"科目，属于有效套期形成的利得或损失计入"其他综合收益—现金流套期工具损益"或"其他综合收益—境外经营净投资损益"科目。且对于有效套期形成的利得或损失部分，套期保值准则规定在一定的条件下，将原直接计入所有者权益(其他综合收益)中的套期工具损益累计金额转出，计入当期损益。

(5) 外币财务报表折算差额。根据《企业会计准则第19号——外币折算》的规定，企业对境外经营的财务报表进行折算时，应当将外币财务报表折算差额在资产负债表中所有者权益项目下单独列示(通过其他综合收益项目)。具体账务处理为：借或贷记"其他综合收益—外币报表折算差额"，贷或借记"财务费用—汇兑差额"；企业在处置境外经营时，应当将资产负债表中所有者权益项目下列示的、与该境外经营相关的外币报表折算差额，自所有者权益项目转入处置当期损益，部分处置境外经营的，应当按处置的比例计算处置部分的外币财务报表折算差额，转入处置当期损益。

(6) 根据相关会计准则规定的其他项目。如根据《企业会计准则第3号——投资性房地产》，非投资性房地产转换为以公允价值模式计量的投资性房地产时，应当按该项房地产转换日的公允价值入账，公允价值与账面价值的差额计入所有者权益(其他综合收益)。具体账务处理为：转换日，公允价值与账面价值借方差额计入"公允价值变动损益"，贷方差额计入"其他综合收益—投资性房地产转换损益"。该项投资性房地产处置时，将"其他综合收益"的累计金额转入当期损益。

为了更加清晰地说明其他综合收益是如何影响所有者权益增减变化的，下面结合例6-2展开详细说明。

【例6-2】甲公司2019年实现净利润400万元，分配股利80万元，增发新股210万元。2019年1月1日，该公司从证券市场购入乙公司发行在外的股票10万股作为其他权益工具投资核算，每股支付价款2元，另支付相关费用1万元。2019年11月30日，该公司决定将一栋办公楼转换为采用公允价值模式进行后续计量的投资性房地产，该办公楼的账面原值为600万元，已累计计提折旧20万元，已计提的固定资产减值准备为30万元，转换日公允价值为700万元。2019年12月31日，乙公司股票每股收盘价为3.2元。试确定甲公司2019年所有者权益变动额。

根据以上有关其他综合收益的分析可知：

其他权益工具投资公允价值变动产生的其他综合收益=3.2×10-(2×10+1)=11(万元)

投资性房地产后续计量转换产生的其他综合收益=700-(600-20-30)=150(万元)

其他综合收益合计=11+150=161(万元)

根据综合收益总额与所有者权益变动额关系的公式可得：

所有者权益变动额=400+161+210-80=691(万元)

具体项目如下：

涉及的项目	金额(万元)
净利润	400
+其他综合收益	161
+新增股本	210
-分配股利	80
所有者权益变动额	691

二、会计政策变更的分析

(一) 会计政策与会计政策变更

会计政策是指会计主体在会计核算过程中所采用的原则、基础和会计处理方法。公司在会计核算中所采用的会计政策，通常应在会计报表附注中加以披露，需要披露的项目包括合并政策、外币折算方法、收入的确认原则、存货的计价方法、长期投资的核算方法、坏账损失的核算方法、借款费用的处理方法等。

会计政策变更是指在特定的情况下，企业可以对相同的交易或事项由原来采用的会计政策改用另一会计政策。在一般情况下，公司应在每期采用相同的会计政策，不应也不能随意变更会计政策。否则，势必削弱会计信息的可比性，使会计报表使用者在比较公司的经营业绩时发生困难。但是，满足下列条件之一的，可以变更会计政策。

(1) 法律、行政法规或者国家统一的会计制度等要求变更。比如，国家发布统一的关于增值税会计处理的核算办法后，企业应及时按照新的办法处理有关增值税事项。

(2) 会计政策变更能够提供更可靠、更相关的会计信息。比如，企业原先一直采用直接转销法核算坏账，由于信用环境的改变，应收账款演变为坏账的可能性增大，继续使用直接转销法核算坏账将会虚增企业某一会计期间的资产和盈利，因此备抵法的会计政策则更能体现应收账款的账面价值。

(二) 会计政策变更在表中的列示与分析

会计政策变更主要应当采用追溯调整法进行处理，将会计政策变更累积影响数调整列报前期最早期初留存收益。追溯调整法是指对某项交易或事项变更会计政策，视同该项交易或事项初次发生时即采用变更后的会计政策，并以此对财务报表相关项目进行调整的方法。

会计政策变更的累积影响数是指按照变更后的会计政策，对以前各期追溯计算的列报前期最早期初留存收益应有金额与现有金额之间的差额。会计政策变更的累积影响数需要在所有者权益变动表中单独列示。

对于会计政策变更的累积影响数的分析，主要目的在于合理区分属于会计政策变更和不属于会计政策变更的业务或事项。一般而言，不属于会计政策变更的业务或事项具体包括以下两种。

(1) 当期发生的交易或事项与以前相比具有本质差别而采用新的会计政策。例如，某企业一直通过经营租赁方式租入设备，进行生产，但从本年度起，新租入的设备采用融资租赁方式，因此企业本年度采用融资租赁的会计处理方法进行设备租入和使用的记录与报告。由于经营租赁与融资租赁具有本质区别，因而这种变化不属于会计政策变更。

(2) 对初次发生的或不重要的交易或事项而采用新的会计政策。例如，某企业第一次发生跨年度的劳务供应合同项目，对这种项目采取了完工百分比法于年末确认收入。对企业来说，虽然采取了新的收入确认方法，但这种做法不属于会计政策变更。又比如，某企业一直将购买办公用品而发生的费用直接记入管理费账户，从本期开始，企业决定凡购买的办公用品都要先记入物料用品账户，然后在领用后转入有关费用账户。由于办公用品支出属于企业的零星开支，且这种改变对资产、费用和利润的影响很小，属于不重要的事项，因而这种变更不必作为会计政策变更的内容进行专门披露。

(三) 影响会计方法选择的深层原因

无论财务报告中所陈述的会计方法选择或变更的理由看起来多么合理，无论审计给出的审计意见多么肯定，作为财务报告分析者，都不能仅仅停留于此，而应该关注公司会计方法选择或变更的深层次原因。

(1) 出于税收支出的考虑。财务会计准则与税法规定之间存在一定程度的关联性与制约性，会计方法的选择或变更极有可能出于税收筹划的考虑。

(2) 数据收集成本的影响。不同的会计政策下的会计方法所导致的数据收集成本可能也是不尽相同的。例如，历史成本计量比公允价值计量的数据收集成本较低；用直线法计提固定资产折旧比用其他方法的数据收集成本较低，等等。

(3) 经营成本的影响。会计方法的选择可能间接影响公司的经营成本。例如，对固定资产采取加速折旧方法，在固定资产使用的前期与后期，由此而负担的公司经营费用就会有所不同。

(4) 出于融资成本的考虑。融资成本的变化将影响会计方法的选择或变更。例如，假定某企业在向银行借款时所签订的借款协议中，规定了资产负债率的上限为65%，但没有对企业会计方法的选择或变更加以限制。在这种情况下，如果企业管理层预见到某年年末企业的资产负债率很可能会突破65%，那么企业管理层就可能通过变更会计方法，设法增大资产的账面价值或减少负债的账面价值，以使资产负债率指标不超过65%，从而避免违背借款协议条款。否则，一旦违约行为发生，银行所将采取的行动，诸如通过重新谈判调高利率或强行收回贷款等，都可能会导致企业融资成本的直接或间接上升。

(5) 出于对利益相关者之间财富再分配的考虑。财务报告数据常常是各种不同的利益群体进行财富分配(如经理报酬、薪酬计划等)的基本依据，因此，企业选择和变更会计方法的可能原因之一，是改变这种利益分配的依据。国内外研究表明，企业管理层往往会通过采取一定的技术处理(包括有意识地选择或变更会计方法)操控利润，以增加自己所得的报酬，等等。

三、前期差错更正的分析

(一) 前期差错与前期差错更正

前期差错是指由于没有运用或错误运用以下两种信息而对前期财务报表造成遗漏或误报：第一，编报前期财务报表应当加以考虑的可靠信息；第二，前期财务报表批准报出时能够取得的可靠信息。前期差错通常包括计算错误、应用会计政策错误、疏忽或曲解事实和舞弊产生的影响，以及存货和固定资产盘盈等。

前期差错更正是指企业应当在重要的前期差错发现后的财务报表中，调整前期相关数据。前期差错更正主要采用追溯重述法，它是指在发现前期差错时，视同该项前期差错从未发生过，从而对财务报表相关项目进行更正的方法。

(二) 前期差错更正在表中的列示与分析

本期发现与以前期间相关的重大会计差错，如果影响损益，应按其对损益的影响数调整发现当期的期初留存收益，财务报表其他相关项目的期初数也应一并调整；如不影响损益，应调整财务报表相关项目的期初数。

对于前期差错更正累积影响数的分析，主要目的在于及时发现与更正前期差错，合理判断和区分相关业务是属于会计政策变更还是属于会计差错更正类别，以实现信息的准确性。

会计差错发生的原因可归纳为三类：第一，会计政策使用方面的差错。例如，按照国家统一的会计制度规定，为购建固定资产而发生的借款费用，在固定资产达到预定可使用状态后，其发生额应计入当期损益，若继续予以资本化，则属于采用了法律或会计准则等行政法规、规章所不允许的会计政策。第二，会计估计方面的差错。会计估计是指企业对其结果不确定的交易或事项以最近可利用的信息为基础所做的判断。常见的要进行会计估计的项目包括：坏账、存货遭受毁损、全部或部分陈旧过时；固定资产预计可使用年限与净残值；无形资产的受益期；收入确认中的估计等。由于经济业务中不确定因素的影响，企业在会计估计过程中会出现错误。例如，国家规定企业可以根据应收账款期末余额的一定比例计提坏账准备，企业有可能在期末多计提或少计提坏账准备，从而影响损益的计算结果。第三，其他差错。在会计核算中，企业有可能发生除以上两种差错以外的其他差错。例如，错记借贷方向、错记账户、漏记交易或事项、对事实的忽视和滥用等。

会计差错只要发生就会使报出信息失真，按其影响程度的不同，会计差错可分为重大会计差错和非重大会计差错。重大会计差错是指影响会计报表可靠性的会计差错，其特点是差错的金额比较大，足以影响财务报表的使用者对企业的财务状况和经营成果做出正确判断。按照重要性原则，如果某项差错占有关交易或事项金额的10%以上，则可以被认为是重大会计差错。非重大会计差错是指不足以影响会计报表使用者对企业财务状况和经营成果做出正确判断的会计差错。无论是否是重大会计差错，都应在发现前期差错的当期进行前期差错更正，在所有者权益变动表中适时披露。

第四节　所有者权益变动对财务状况质量的影响

一、股利政策与财务状况质量

(一) 影响股利政策的主要因素

通过分析所有者权益变动表，可以了解公司股利分配政策。影响股利分派的因素主要有四个方面。

(1) 法律因素。法律没有要求公司一定要分派股利，但对公司某些情况下不能分派股利做出了限制。例如，公司法定注册资本受到损害时，不允许动用股本金支付股利；公司无偿债能力或破产时不允许支付股利。此外，股东收到的现金股利须纳税，于是公司偏好采取发放股票股利来保存大部分利润，从而为股东提供资本收益。

(2) 所有权因素。所有权因素包括控制权和税收两方面。具有控制权的权益资本来源有两个：一个是留存收益；一个是发行新股。提高股利支付比例意味着留存收益减少，增发新股的可能性增大，而发行新股可能使原股东控制权被稀释或丧失；反之，降低股利支付比例，便可避免这种情况的出现。在税收政策上，一般对公司和股东征收双重所得税，这种税收政策影响股利政策。如果公司由少数高收入的股东持有，这些股东为减少所得税支付，就可能要求较低的现金股利支付率，并转而要求获取股票股利形式的资本收益，因为资本收益的所得税税率较低；反之，如果公司由多数低收入的股东持有，他们会要求提高现金股利支付率。

(3) 公司自身因素。公司自身因素包括资产流动性、举债能力、投资项目和偿债需要。公司资产流动性高，一般能按较高的现金支付比例支付股利。容易取得融资的公司，可采取略为宽松的股利政策，即可按较高比例支付现金股利。公司未来有许多投资项目，且其投资收益率高于资本成本，这种情况下公司需要大量资金，便会按较低比例支付现金股利。如果公司需要以现金偿还债务，将会减少现金股利支付额。

(4) 其他因素。例如为保护债权人利益，债务合同会制定有若干限制股利支付的条件，如规定留存收益的最低限额，达不到时不能支付股利等。

(二) 股利政策的类型

常用的股利政策的类型有剩余股利政策、固定或稳定增长的股利政策、固定股利支付率政策、低正常股利加额外股利政策。

在剩余股利政策下，留存收益先保证再投资的需要，有助于降低再投资的资金成本，保持最佳的资本结构，实现企业价值的长期最大化。但是，若完全遵照执行剩余股利政策，股利发放额就会每年随着投资机会和盈利水平的波动而波动。剩余股利政策不利于投资者安排收入和支出，也不利于公司树立良好的形象。

在固定或稳定增长的股利政策下，鉴于股利政策本身的信息含量，稳定的股利有利于向市场传递着公司正常发展、财务状况良好的信息，有利于树立公司的良好形象，增加投资者对公司的信心。但是，由于不论公司盈利多少，均要支付固定或按固定比率增长的股利，这可能导致企业资金紧张，财务状况恶化。

在固定股利支付率政策下，股利的支付与企业的盈利状况紧密联系，体现"多盈多分、少盈少分、无盈不分"的股利分配原则。但是，在某些情况下会造成企业的财务压力。这是因为公司实现的盈利多，并不能代表公司有足够的现金流用来支付较高的股利额。

在低正常股利加额外股利政策下，股利的支付与企业的盈利状况紧密联系，但企业拥有更大的灵活性，财务压力较小。

股利分配政策决定着税后利润在支付股利和盈余积累之间的分配比例。较高的股利支付水平表明公司有较好的盈利水平、良好的财务状况和现金流量，但是，同时表明公司的盈余累积较少，意味着未来扩大再生产将受到较大限制。通过股东权益变动表可分析公司股利分配策略和股利分配情况，而股利政策与企业的财务状况有着紧密的联系，股利政策的变化影响和反映着公司的财务状况。

我国上市公司分红主要采用现金股利和股票股利，它们会引起所有者权益发生变动，对公司财务状况有着不同的影响。

(三) 股利政策对财务状况质量的影响

股利是股东实现利益的一种重要方式。在我国，股利通常有两种方式：一种是现金股利(派现)，即以现金支付股利；另一种是股票股利(也称送股)，即以股票支付股利。这两种方式对企业财务状况的影响是不同的：现金股利使企业的资产和所有者权益同时减少，股东手中的现金增加；股票股利使流通在外的股份数增加，企业账面的未分配利润减少，股本增加、每股账面价值和每股收益被稀释。

1. 现金股利(派现)

现金股利(派现)是指公司以现金向股东支付股利的形式，是公司最常见、最易被投资者接受的股利支付方式。这种形式能够满足大多数投资者希望得到稳定投资回报的要求。公司支付现金股利，不仅要符合法定要求，即具备足够的可分配资产，还取决于公司的投资需要、现金流量和股东意愿等因素。

现金股利(派现)对财务状况质量的影响主要如下：现金股利(派现)将减少公司的资产和留存收益规模，降低公司的财务弹性，既影响所有者权益内部结构变化，又影响公司整体的投资与筹资决策。所以管理层在决定采用现金股利(派现)时，应当权衡各方面的因素，使现金股利决策能够消除投资者期望收益的不确定性，传递优势信息动机，树立良好的市场形象，从而提高公司的市场价值。

【例6-3】2019年末某公司有流通在外的股票1100万股，每股股价8元，公司的市场价值总额是8800万元。表6-5是该公司简化的上年年末的资产负债表。

表6-5 简化资产负债表(现金股利支付前)　　　　　　　　　　　　　　　　单位：元

资产		负债和所有者权益	
现金	35,000,000	负债	10,000,000
其他资产	53,000,000	所有者权益	78,000,000
资产总计	88,000,000	负债和所有者权益总计	88,000,000

假设公司管理层本年末决定每股发放1元的现金股利，支付股利后该公司简化的资产负债表，如表6-6所示。

表6-6 简化的资产负债表(现金股利支付后)　　　　　　　　　　　　　　　单位：元

资产		负债和所有者权益	
现金	35,000,000	负债	10,000,000
其他资产	53,000,000	所有者权益	78,000,000
资产总计	88,000,000	负债和所有者权益总计	88,000,000

由表6-6可知，如果该公司决定每股发放1元的额外现金股利，则需支付现金1,100万元，由此使公司资产的市场价值和所有者权益均下降到7,700万元，每股市价下降到7元。

2. 股票股利(送股)

股票股利(送股)是指公司以股票形式向投资者发放股利的方式，即按比例向股东派发公司的股票。它具体的做法是：在公司注册资本尚未足额时，以股东认购的股票作为股利支付，也可以发行新股支付股利。在实际操作过程中，有的公司增发新股时，预先扣除当年应分配股利，减价配售给老股东；也有公司发行新股时进行无偿增资配股，即股东无须缴纳任何现金和实物即可取得公司发行的股票。

公司选择股票股利(送股)的动因如下：第一，送股固然不会增加股票的内在价值，但是对股东来说，可以看作是股东将收益作为本金留存公司的一种再投资行为。只要公司长期经营发展良好，股票红利收益还是很客观的。第二，从市场评价来看，大量股票股利(送股)后每股收益被稀释，填补每股盈利的缺口，给公司经营提出了更高的要求。根据信息理论，大量股票股利(送股)给市场传递一种公司对盈利增长有信心的信号。第三，公司股票股利(送股)决策最直接的动因是更多地筹集资金。比如，承销商会建议某些小盘股，先送红股将盘子做大，然后配股，这样配股价不致太高，还可以多筹资。第四，送股还有避税、降低交易成本等优点。

股票股利(送股)对财务状况质量的影响主要如下：股票股利是一种特殊的股利形式，它不直接增加股东的财富，不会导致企业资产的流出或负债的增加，不影响公司的资产、负债及所有者权益总额的变化，所影响的只是所有者权益内部有关项目及其结构的变化，即将未分配利润转为股本(面值)或资本公积(超面值溢价)。股票股利的发放增加了公司在外的股票数量。股票股利增加了每位股东持有公司股份的绝对额，但并不影响每位股东占公司股东权益的比重。

股票股利(送股)还对每股收益和每股市价的产生影响。股票股利(送股)后，如果盈利总额不变，普通股股数的增加会引起每股收益和每股市价的下降，但由于股东所持股份的比例不变，每位股东所持股票的市场价值总额仍保持不变。发放股票股利对每股收益和每股市价的影响，可以通过对原每股收益、每股市价的调整直接算出。其计算公式如下：

发放股票股利后的每股收益$=E_0/(1+D_s)$

式中：E_0——发放股票股利前的每股收益；
D_s——股票股利发放率。

发放股票股利后的每股市价$=M/(1+D_s)$

式中：M——除权日的每股市价。

【例6-4】假定某公司本年净利润为260万元，股利分配时的股票市价为15元/股，发行在外的流通股股数为200万股，股利分配政策为10股送0.4股，则试确定股票股利政策对每股收益和每股市价的影响。

根据股票股利(送股)对每股收益和每股市价的影响关系，计算如下：
发放股票股利后的每股收益=2,600,000÷[2,000,000×(1+4%)]=12.5(元)
发放股票股利后的每股市价=15÷(1+4%)=14.42(元)

二、股票分割与财务状况质量

(一) 股票分割的含义

股票分割是在保持原有股本总额的前提下，将每股股份分割为若干股，使股票面值降低而增加股票数量的行为。

股票分割对中小投资者购买股票更具吸引力，具体说来可归纳为以下几点。

(1) 股票分割可降低公司股票的市场价格，从而易于在市场上流通，这有利于吸引投资者买卖公司股票。

(2) 股票分割实际上是向投资者传递公司发展前景良好的信息。因为股票分割意味着公司想以较低的发行价吸引投资者购买公司的新股票，公司的股票价格有上升趋势。

(3) 如果股票分割后的每股现金股利比股票分割前高，股东可获得较多的利益，从而对公司的发展充满信心，并且不会随便出售手中持有的股票。这无疑有利于稳定公司的股票价格。

当然，公司如果认为流通中的股票价格过低，可通过反分割的方法将每股价格提高。在国际上，股票的分割和反分割都会受到有关法律的限制。

(二) 股票分割对财务状况质量的影响

股票分割会影响所有者权益，因为股票分割不属于股利分配，但与股票股利在效果上有一些相似之处，即股票分割不直接增加股东的财富，不影响公司的资产、负债及所有者权益的金额变化。与股票股利(送股)的不同之处在于股票股利影响所有者权益有关各项目的结构发生变化，而股票分割则不会改变公司的所有者权益结构。

股票分割也会影响每股收益和每股市价，虽然股票分割不属于某种股利，但和股票股利一样，它会对公司的每股收益、每股市价等产生影响。在其他条件不变的情况下，进行股票分割会使公司的每股收益和每股市价下降。

三、库存股与财务状况质量

(一) 库存股的概念

库存股亦称库藏股，是指公司购回而没有注销并由该公司持有的已发行的股份。库存股在回购后并不一定注销，由公司持有并决策，在适当的时机可以再向市场出售或用于员工的激励。库存股仍然是公司发行在外的股份，只是没有再流通，因此，资产负债表中将其列作股本的减项。库存股作为已经发行未流通的股份，不能参加股利分配，没有表决权。我国《公司法》规定，公司可回购自己已经发行的股票，但仅限于减少注册资本、与持有本公司股份的其他公司合并、将股份奖励给本公司职工，以及股东因对股东大会做出的公司合并、分立决议持异议而要求公司收购其股份等四种情况。由于公司法限制了回购股份的目的，因而公司很难按照财务和市场目的回购自己的股票。

库存股可以被理解为将股利一次性支付给股东，属间接股利分配形式。股票回购的原因一般有以下两点：第一，实施基于股票的管理层激励，管理层可以低于市价的价格购买公司的股票，从而使管理层和股东的利益一致。第二，提高每股收益，减少在外的股票数量，会使每个股东享有的利润增加，从而提高每股收益。

库存股同时具备以下四个特点：第一，库存股是本公司的股票；第二，库存股是已发行的股票；第三，库存股是收回后尚未注销的股票；第四，库存股是可以再次出售的股票。根据定义也可以做如下理解：凡是属于公司未发行的股票、公司持有的其他公司的股票或者是公司已收回并注销的股票都不能被视为库存股。

回购股份时，借：库存股，贷：银行存款；注销回购股份时，借：股本(按回购数乘以股票购买的价格)、资本公积(也可以在贷方，表示回购价格低于股本价格)，贷：库存股，其中按股本和回购价格先冲减资本公积，再冲减盈余公积，不够冲减的情况下再冲减未分配利润。

除了股票回购外，本公司股东或债务人以股票抵偿公司的债务、股东捐赠本公司的股票等行为都会形成库存股。

(二) 库存股对财务状况质量的影响

(1) 库存股不是公司的一项资产，而是所有者权益的减项，发生时不影响总股本变化，注销时库存股对所有者权益总额有影响。

【例6-5】某公司2019年股票为1,000万股，面值1元，资本公积(股本溢价)为3,000万元，盈余公积为4,000万元，经过股东大会批准，以现金回购本公司股票200万股并注销。假定按每股2元回购。

该公司回购库存股并注销会影响所有权权益总额发生变化，股本减少200×1=200(万元)，资本公积(股本溢价)减少200万元，同时公司库存现金减少400万元。

(2) 库存股的变动不影响损益，只影响所有者权益。由于库存股不是公司的一项资产，因此再次发行库存股时，其所产生的收入与取得时的账面价值之间的差额不会引起公司损益的变化，而是引起公司所有者权益的增加或减少。比如，公司以低价格买入库存股，以高价格卖出库存股，则成本和卖价间的差异会记录为资本公积的增加。

(3) 库存股的权力受限。由于库存股没有具体股东，因此，库存股的权力会受到一定的限制，如不具有股利分派权、表决权、分派剩余财产权等。

从实质影响看，股票回购可以被认为是将股利一次性支付给股东，属于间接股利分配，但股票回购比高股利政策更有财务影响：第一，合理增加库存股能进一步提高股票价格，吸引投资者。公司通过增加库存股可以减少发行在外的流通股，从而达到提高每股净收益和每股股利的目的，以保持或提高股价。第二，合理增加库存股可减少股东人数，化解外部控制或减少施加重要影响的公司和企业，以避免公司自身被收购或者恶意运作。第三，公司通过库存股的合理运用，可以调整自身的资本结构，保证股东和债权人的利益。

相关链接6-2

恺英网络"麻烦"不断：遭40多名股东员工举报，第四大股东违规减持被通报，2019由盈转亏

A股游戏公司恺英网络近来"麻烦事"不断。6月28日，针对"恺甲骑士"公众号发布的《恺英网络40多名股东及员工实名举报》(以下简称《举报》)一文，恺英网络(002517.SZ)当晚发布了《致圣杯投资及骐飞投资全体合伙人的公开信》，表示《举报》中无端指控公司参与了圣杯投资、骐飞投资两家合伙企业自身的商事行为，将两家合伙企业历史商业活动的现实困境责任归咎于公司。

《举报》中指出，恺英前董事长王悦签署不对等协议为他人输送利益，并私自将圣杯投资、骐飞投资两家平台的股票质押，导致圣杯和骐飞欠下巨额债务且无法清偿，被质押的股票已经或正在被海通证券拍卖，其中圣杯的股票几乎已经被私下处置完毕。

《举报》还称，恺英网络现任董事长金锋(涉嫌内幕交易罪，目前取保候审)不断动用不明来源资金，使用非法手段背后推动恺英网络对外质押的股票，不断以低价接票。"据知情人士透露，现董事长金锋通过各种手段积极推动圣杯和骐飞股票的拍卖，不断从二级市场、大宗交易接票。金锋的目的是成为恺英网络的第一大股东、实控人，取代前任董事长王悦。在此过程中，圣杯和骐飞的所有股东都成了牺牲品。"

根据恺英网络披露的增持计划公告，金锋在3月—6月期间前后斥资约4.5亿元购入恺英网络股票。根据wind最新的数据显示，金锋目前持有恺英网络1.48亿股，占上市公司总股本的6.89%，新进十大股东名单。值得注意的是，此段时间也是恺英网络借壳上市以来的股价历史低位。

根据举报信所称，上市前夕，恺英网络内部出台了1.28元/股认购的股权激励机制，持股平台为圣杯投资和骐飞投资，老员工均按照恺英网络的要求将认购金足额汇入了指定账户。

然而，六年之后，这些老员工在近期拿到圣杯投资和骐飞投资的财务资料后发现：作为恺英网络的股东，不但没有分红的可能，所持有的上市公司股票几乎已经被质押、被处置或马上要被拍卖；但即便如此，圣杯与骐飞仍有数亿的债务待偿还。

目前骐飞投资质押股份数量为8,742.76万股，占其持股比例76.63%，占总股本4.06%；圣杯投资质押股份数量为4,088.02万股，占其持股比例98.42%，占总股本1.9%。叠加王悦已全数质押的4.62亿股，恺英网络目前股权质押比例为37.67%。资料显示，恺英网络股份有限公司(002517.SZ)是中国互联网游戏上市公司。公司于2010年12月在深圳证券交易所中小板挂牌上市，2015年12月通过资产置换及发行股份购买资产并募集配套资金方式收购上海恺英网络科技有限公司(简称"上海恺英")100%股权。圣杯投资、骐飞投资两家合伙企业通过参与公司本次定向增发等方式成为公司股东，圣杯投资、骐飞投资的全体合伙人通过两家合伙企业成为公司间接股东。

恺英网络在公开信中表示，根据工商资料显示，圣杯投资、骐飞投资作为合伙企业于2014年4月25日由上海恺英的部分员工投资设立，其中圣杯投资执行事务合伙人为冯显超、骐飞投资执行事务合伙人为王悦。

根据《中华人民共和国合伙企业法》及圣杯投资、骐飞投资《合伙协议》的约定，有限合伙企业由普通合伙人和有限合伙人组成，普通合伙人对合伙企业债务承担无限连带责任，有限合伙人以其认缴的出资额为限对合伙企业债务承担责任。恺英网络认为，冯显超和王悦应当按照法律规定，分别对两家合伙企业的经营管理承担相应的法定责任。

今日早间，圣杯投资、骐飞投资股东给予"回击"称，恺英网络无非是主张圣杯投资与骐飞投资是独立的法人，理应独自承担目前面临的困境，"但事实是，恺英网络自始至终完全控制了圣杯投资与骐飞投资。"

此外，恺英网络第四大股东近日因违规减持被通报批评。6月18日，恺英网络股东上海海桐开元兴息股权投资合伙企业(有限合伙)收到监管函，被深交所给予通报批评的处分，并记入上市公司诚信档案，向社会公开。

监管函显示：2019年10月9日，恺英网络因涉嫌信息披露违法违规被证监会立案调查，截至目前尚未结案。海桐兴息作为恺英网络持股5%以上股东，于2019年10月24日至2019年10月30日期间通过集中竞价方式减持恺英网络股份610万股，违规减持金额累计为1,717.1万元。上述行为违反了《股票上市规则(2018年11月修订)》第1.4条、第3.1.8条和本所《上市公司股东及董事、监事、高级管理人员减持股份实施细则》第九条的规定。

财务数据方面，恺英网络2019年年报显示，2019年归属于母公司所有者的净利润亏损18.51亿元，上年同期净利润1.74亿元，由盈转亏；营业收入20.37亿元，同比减少11.0%；基本每股收益-0.8606元，上年同期基本每股收益0.08元。

2020年第一季度报告显示，报告期内营业收入为4.23亿元，比上年同期减少36.93%。归属于上市公司股东的净利润为2,974.05万元，比上年同期减少66.35%。

资料来源：楚济慈. 恺英网络"麻烦"不断：遭40多名股东员工举报，第四大股东违规减持被通报，2019由盈转亏[EB/OL]. 2020-06-29. https://www.01caijing.com/article/265483.htm.

四、可转债、债转股以及股份支付与财务状况质量

(一) 可转换公司债券的发行与行权

根据《上市公司证券发行管理办法》，可转换公司债券是指发行公司依法发行，在一定时间内依据约定的条件可以转换成股份的公司债券。可转换公司债券赋予投资者在一定的时间内根据约定的条件将债券转换成发行公司普通股票的自由选择权，而不承担必须进行转换的义务，并且在转股前一直享有债权人的权益。换言之，可转换持有人可以选择持有至到期，要求公司还本付息，也可以在约定的时间内转换成股票，享受股利分配或资本增值。

可转换公司债券发行时，应将其包含的负债成分和权益成分进行拆分，将负债成分确认为应付债券，权益成分确认为其他权益工具，故而可转换公司债券的发行会使所有者权益中的其他权益工具增加。

【例6-6】某公司经批准于2018年1月1日以50,000万元的价格(不考虑相关税费)发行面值为50,000万元的可转换公司债券。该可转换公司债券的期限为5年，每年1月1日付息，票面年利率为4%，实际年利率为6%，(P/A,6%,5)=4.2124，(P/F,6%,5)=0.7473。可计算出该可转换债券负债成分的公允价值=50,000×0.7473+50,000×4%×4.2124=45789.8(万元)，权益成分公允价值=50,000-45,789.8=4210.2(万元)。故而该可转换公司债券的发行会使所有者权益中的其他权益工具增加4,210.2万元。

可转换公司债券持有人行使转换权利时，其持有的债券就会转化为股票，其转换时的账务处理为：按可转换公司债券的余额，借记应付债券—可转换公司债券(面值、利息调整)，按期权益成分的金额，借记其他权益工具。按股票面值和转换的股数计算股票面值总额，贷记股本，按其差额，贷记资本公积—股本溢价。可见，可转换公司债券行权时，股本会增加，其他权益工具会减少，资本公积也会变化。

> **相关链接6-3**

100000亿机构资金争抢80亿平银转债额度：
银行可转债成了"资产荒"下的香饽饽

交通银行600亿、中信银行400亿、平安银行260亿、江苏银行200亿、浦发银行500亿……

2018年年底监管层对银行发行可转债的集中审核和批复，使得"银行转债扩容"成为2019年年初转债市场的重要话题。而2019年"打头阵"的平安银行转债更是热火朝天，机构10.75万亿资金争抢对应的80亿额度，火爆程度创下了历史记录，这又让市场对接下来有望发行的其他银行转债有了更多期待。平银转债率先发行260亿可转债。除原股东优先配售的部分之外，留给网下A、B类机构投资者的额度约为80亿元，网上公共投资者配售额度约7,700万元。

2019年1月21日，平安银行公布的发行结果实在是大超市场预期：网下机构申购总额高达10.75万亿元，有效申购账户4,363个，中签率仅为0.074%左右，有效申购倍数高达1,400倍；网上公共投资者申购总额1711亿元，中签率为0.0449%；10.75万亿的申购规模，打破了此前光大银行可转债的发行纪录。

2017年3月，光大银行可转债网下配售金额约172亿元，而申购金额则高达3.44万亿元，申购倍数高达200倍。不过也需要说明，当时的转债申购要求机构投资者拿出更高的保证金金额(保证金金额为申购金额的10%)，而此次平银转债申购保证金金额为每户50万元，因此，实际冻结的资金规模比光大转债要低不少。

根据公告，平银转债发行期限6年，票面利率按年分别为0.2%、0.8%、1.5%、2.3%、3.2%、4.0%。约定转股价为11.77元——也就是说，如果平安银行未来股价超过11.77元，投资者可以转换成公司股票，获得比持有债券更高的收益率。

截至1月23日收盘，平安银行股价为10.35元，比约定的转股价格低约12%。

有投资者提出疑问，如果需要一个涨停板才能够转股，为什么不直接买入正股呢？平安银行的股价是否有大幅上涨的潜力？

Wind统计显示，目前平安银行的市盈率为6.58倍，超过A股上市股份行的平均水平(5.77倍)，也就是说，平安银行以市盈率维度的估值高于同业，通过提升股票估值来实现股价大幅上涨的潜力弱于同业。

但是另外很具有张力的是，银行发完转债，转股意愿都较强，一方面为了对大型投资人有个交代，另一方面转债在转股之后方可用于补充核心一级资本，所以他们在市值管理上往往也会多使把劲；当然同时，部分银行业务转型后，业绩、资产质量均出现改善信号，也有利于支撑股价上涨。

2019年年初时，不少研究机构认为，由于待发转债的几只银行股市净率均小于1，而银行转债转股价一般不得低于每股净资产，若以此底价发行，初始的转股溢价率即在30%以上，如果不优化发行条款(例如提高票面利率)，则难以顺利发行。

但事实上，平安银行以0.85倍市净率发行平银转债，依然受到机构投资者的热烈追捧。

历史上看，当前市场共有8只银行转债，存量余额为763亿元，约占转债市场总余额的35.30%。退出方式上，已退市的5只银行转债均以转股的方式退出。此次平安银行发行的可转债转股期为"自可转债发行结束之日起满6个月后的第1个交易日起至可转债到期日止"。这意味着，平安银行有望在2019年内实现转股。

可转债的本质是"债券+看涨期权"。投资者可按照发行时约定的价格，将债券转换成公司普通股票。也就是比普通公司债多了一份"转股"的权利——如果公司股价大涨并超过事先约定的转股价，投资者可将可转债转换成公司股票，享受股价上涨带来的额外收益。但反之，如果股价不达预期，投资者不想转股，也可持有至到期，和普通公司债一样收取本金和利息。

听起来不错，但风险也还是存在。首先，大部分可转债平均年利息只有1%~2%，比银行存款还低，如果持有至到期肯定是不划算的。此外，可转债包含赎回条款，限制了投资者持有可转债的获利空间。如果连续一段时间股价比约定的转股价格高出一定比例，公司可以强行以相对低价(比发行价稍高)赎回债券。例如，此次平银转债有条件赎回条款为：连续30个交易日中，至少15个交易日收盘价不低于当期转股价格的120%，即股价达到14.12元即有可能触发赎回条款。

2017年9月信用申购新规(原先是资金申购)出台之后，只要有股票账户的投资者都可以参与可转债打新，没有持仓要求、无须缴纳保证金，对散户来说堪称无风险套利。根据历史数据，信用申购之前可转债上市第一天可涨20%，虽然不及打新股收益丰厚，但中1签也可以赚200元。

因此，在信用申购初期，投资者申购热情一度非常强烈，雨虹转债、林洋转债、隆基转债等首日盘中涨幅均超过20%；然而好景不长，随着供给快速增加，仅仅过了2个月，2017年11月末嘉澳转债上市后，转债的首日表现便不尽如人意，甚至频频跌破发行价。

同时，普通投资者参与多了之后，中签率迅速下降，彼时机构投资人士便表示，"以前中签率在千分之一和千分之三之间，现在可能连万分之一都不到，对机构来说打新增强收益非常有限"。更重要的是，转债没有锁定期，让原先拥有配售权的转债股东轻松减持套现，或许所谓的"无风险套利"只是大股东的游戏。

资料来源：夏心愉. 100000亿机构资金争抢80亿平银转债额度：银行可转债成了"资产荒"下的香饽饽[EB/OL]. 2019-01-24. http://www.01caijing.com/blog/329828.htm.

(二) 债务重组、债务转为资本

债务重组是指债务人在发生财务困难的情况下，债权人按照其与债务人达成的协议或法院的裁定做出让步的事项。"债务人发生财务困难"是指债务人出现资金周转困难或经营困境，导致其无法或者没有能力按原定条件偿还债务；"债权人做出让步"是指债权人同意发生财务困难的债务人现在或者将来以低于重组债务账面价值的金额或者价值偿还债务。债务人发生财务困难是债务重组的前提条件，债权人做出让步是债务重组的必要条件。

债务重组主要有以下几种方式：第一，以资产清偿债务；第二，将债务转为资本；第三,修改其他债务条件;第四,以上三种方式的组合。其中会涉及所有者权益变动的重组方式为将债务转为资本,其债务人账务处理为:企业将重组债务转为资本的,应按重组债务的账面余额,借记"应付账款"等科目,按债权人因放弃债券而享有本企业股份的面值总额,贷记"实收资本"或"股本"科目,按股份的公允价值总额与相应的实收资本或股本的差额,贷记或借记"资本公积—资本溢价"或"资本公积—股本折价"科目,按其差额,贷记"营业外收入—债务重组利得"科目。

【例6-7】2018年1月8日,黄河公司销售一批材料给甲公司(乙公司为股份有限公司),价款为150,000元,增值税为24,000元,付款期为2个月。由于甲公司发生财务困难,无法按期支付货款,2019年7月10日,双方经过协商达成一项债务重组协议,黄河公司同意甲公司以其部分股权抵偿该账款。假设债务转为资本后甲公司注册资本为6,000,000元,净资产的公允价值为7,200,000元,抵债股份占乙公司注册资本的2%。相关手续已办理完毕。假定黄河公司对该应收账款计提了1%的坏账准备。不考虑其他相关税费。

分析:黄河公司取得甲公司股份的公允价值=7,200,000×2%=144,000(元)

黄河公司占甲公司注册资本的份额=6,000,000×2%=120,000(元)

黄河公司取得甲公司股份的资本溢价=144,000-120,000=24,000(元)

黄河公司应确认的债务重组利得=17,400-144,000=30,000(元)

2019年7月10日,债务人甲公司的账务处理如下:

借:应付账款—黄河公司　　　　　　　　　　　174,000
　　贷:股本　　　　　　　　　　　　　　　　120,000
　　　　资本公积—股本溢价　　　　　　　　　30,000

该债务重组使得债务人甲公司短期负债减少174,000元,同时股本增加120,000元,资本公积增加30,000元。

相关链接6-4

淘集集下调债务重组协议首批还款比例至15%

2019年10月18日消息,今日获悉,淘集集方面调整了债务重组协议的首批还款比例。根据获得的资料,淘集集方面表示,对于在10月20日24点前未签署重组合同的商家,首批到账金额条款将从20%调整到15%。

至于这部分商家的剩余债务偿还比例会如何调整,淘集集方面相关负责人表示"具体情况稍后再告知"。同时,该人士确认,针对在10月20日24点前签署该协议的商家,平台依旧会按照20%、10%、70%的债务比例进行还款。

对于这次调整,部分商家表示并不知情。温州电商私圈创始人马凯跃认为,这是淘集集企图施压和催促商家签约。

此外,淘集集方面相关负责人强调称,当前淘集集的重组事项有比较好的进展。不过,神秘的重组方至今仍未现身。

资料来源:淘集集下调债务重组协议首批还款比例至15%[EB/OL]. 2019-10-18. http://www.01caijing.com/article/46021.htm.

(三) 以权益结算的股份支付

以权益结算的股份支付,是"以股份为基础的支付"的简称,是指企业为获取职工和其他方提供服务而授予权益工具或者承担以权益工具为基础确定的负债的交易。

股份支付具有以下几个特征:第一,股份支付是其他与职工或其他方之间发生的交易;第二,股份支付是以获取职工或其他方服务为目的的交易;第三,股份支付交易的对价或其定价与企业自身权益工具未来的价值密切相关。

股份支付主要分为以权益结算的股份支付和以现金结算的股份支付两大类,其中以权益结算的股份支付会对所有者权益有影响。

【例6-8】长江公司为一上市公司。2017年1月1日,公司向其200名管理人员每人授予100股股票授权,这些职员从2017年1月1日起在该公司连续服务3年,即可以5元每股购买100股长江公司股票,从而获益。公司估计该期权在授予日的公允价值为18元。第一年有20名职员离开长江公司,长江公司估计3年中离开的职员的比例将达到20%;第二年又有10名职员离开公司,公司将估计的职员离开比例修正为15%;第三年又有15名职员离开。

第一,费用和资本公积计算过程如表6-7所示。

表6-7　以权益结算的股份支付当期费用计算表　　　　　　　　　单位:元

年份	计算	当期费用	累计费用
2017年	200×100×(1-20%)×18×1/3	96,000	96,000
2018年	200×100×(1-15%)×18×2/3-96000	108,000	204,000
2019年	155×100×18-204000	75,000	279,000

第二,账务处理如下所示:

(1) 2017年1月1日:授权日不做账务处理。

(2) 2017年12月31日:

借:管理费用　　　　　　　　　　　　　　　　　96,000
　贷:资本公积——其他资本公积　　　　　　　　　96,000

(3) 2018年12月31日:

借:管理费用　　　　　　　　　　　　　　　　　108,000
　贷:资本公积——其他资本公积　　　　　　　　　108,000

(4) 2019年12月31日:

借:管理费用　　　　　　　　　　　　　　　　　75,000
　贷:资本公积——其他资本公积　　　　　　　　　75,000

(5) 假设155名职员都在2017年12月31日行权,长江公司股份面值为1元:

借:银行存款　　　　　　　　　　　　　　　　　77,500
　　资本公积——其他资本公积　　　　　　　　　279,000
　贷:股本　　　　　　　　　　　　　　　　　　15,500
　　资本公积——股本溢价　　　　　　　　　　　341,000

通过例6-8可知,长江公司以权益结算的股份,支付在员工服务期间逐年确认管理费用和资本公积,使得资本公积项目逐年增加,在行权日,服务期间确认的资本公积转销,同时确认股本和股本溢价,使得所有者权益发生变动。

五、可持续增长率与财务状况质量

可持续增长率是指不增发新股并保持目前经营效率和财务政策条件下公司销售所能增长的最大比率。此处的经营效率指的是销售净利率和资产周转率;财务政策指的是股利支付率和资本结构。

可持续增长率的假设前提是:第一,公司不愿或者不能筹集新的权益资本,增加债务是其唯一的外部筹资来源;第二,公司打算继续维持目前的目标资本结构;第三,公司打算继续维持目前的目标股利政策;第四,公司的净利率将维持当前的水平,并且可以涵盖负债的利息;第五,公司的资产周转率将维持当前的水平。在上述假设条件成立的情况下,销售的增长率与可持续增长率相等。公司的这种增长率状态,称为可持续增长或平衡增长。

可持续增长率=(年末所有权权益余额-年初所有者权益余额)/年末所有权权益余额

可持续增长率=(销售净利率×总资产周转率×权益乘数×留存收益率)/(1-销售净利率×总资产周转率×权益乘数×留存收益率)

从上述公式可以看出,在构成可持续增长率的四项财务指标中,销售净利率和总资产周转率的乘积是总资产净利率,它体现了企业运用资产获取收益的能力,在一定意义上代表着企业的经营方针;权益乘数在一定意义上代表着企业的财务政策和目前的资本结构;留存收益率和与之相关的股利支付率则在一定意义上代表着企业的盈余分配政策。盈余分配政策会影响所有者权益的变动。留存比率高,则意味着股利发放较少,企业可将更多的资金用于再投资,增加企业价值;留存比率低,则意味着企业发放较多股利,用于未来投资的资金就会减少。可以说,可持续增长率是由企业当前的经营效率、资本结构和盈余分配政策决定的内在增长能力,是企业目前的经营方针、财务政策以及盈余分配政策综合作用的结果,它从更深层次上综合揭示了企业的增长速度与目前的经营方针、财务政策以及盈余分配政策之间的关系。归结起来,企业可持续增长的能力取决于以下四个因素。

(1) 销售净利率。销售净利率的提高将会增强企业从内部产生现金的能力,从而提高它的可持续增长率。

(2) 股利政策。从可持续增长率的公式可以看出,支付的股利占净利润的比率降低,会提高留存收益率。这会增加内部产生的权益,从而提高可持续增长率。

(3) 筹资政策。权益乘数显示出的债务权益率的提高将会加大企业的财务杠杆。因为这会使额外的债务筹资成为可能,所以它会提高可持续增长率。

(4) 总资产周转率。企业总资产周转率的提高会增加每一个单位资产所产生的销售收入。这会减少企业在销售增长时对新资产的需求,从而提高可持续增长率。

本章小结

所有者权益变动表是反映公司本期(年度或中期)内截至期末所有者权益增减变动情况

的报表。它全面反映了企业的所有者权益在年度内的变化情况,直接反映了主体在一定期间的总收益和总费用,从全面收益角度反映了主体收益的综合变动。

所有者权益是指企业资产扣除负债后由股东享有的"剩余收益",也被称为净资产。所有者权益变动表一般应单独列报以下项目:第一,会计政策变更和前期差错更正的累积影响金额;第二,综合收益总额;第三,所有者投入和减少资本;第四,利润分配;第五,所有者权益内部结转;第六,实收资本(或股本)、其他权益工具、资本公积、库存股、其他综合收益、盈余公积、未分配利润、所有者权益合计的本年金额和上年金额。

所有者权益变动表一般分析包括所有者权益变动表的水平分析、结构分析和趋势分析。所有者权益变动表的水平分析,是将所有者权益各个项目的本期数与基准(可以是上期数等)进行对比,揭示公司当期所有者权益各个项目的水平及其变动情况,解释公司净资产的变动原因,从而为决策服务的过程。所有者权益变动表的结构分析,是对所有者权益各个子项目的变动占所有者权益变动的比重予以计算,并进行分析评价,揭示公司当期所有者权益各个项目的比重及其变动情况,解释公司净资产构成的变动原因,从而进行相关决策的过程。所有者权益变动表的趋势分析,是通过所有者权益变动表重要项目的变动趋势,深入理解和掌握所有者权益项目增减变动的原因与规律,为财务预测、财务决策、编制财务预算和估算企业价值提供依据。根据分析目的,所有者权益变动表的趋势分析可以包括公司内部变动趋势和行业变动趋势等内容。

所有者权益变动表项目分析,是对组成所有者权益的主要项目进行具体剖析对比,分析其变动成因、合理合法性、有否人为操控的迹象等的过程。

所有者权益变动对财务状况质量的影响分析,主要根据影响所有者权益变化的重要财务决策行为进行其财务结果分析,这些行为具体包括:股利政策中的现金股利(派现)和股票股利(送股)、股票分割、库存股、可持续增长率等对所有者权益的影响,进而揭示其对财务状况质量的影响。

思考讨论

1. 简述所有者权益变动表分析的目的及内容。
2. 如何分析所有权益变动表中列示的会计政策变更?
3. 如何分析所有权益变动表中列示的前期差错更正?
4. 如何进行所有者权益变动表的水平分析?
5. 股利政策对所有者权益变动有何影响?
6. 如何理解《企业会计准则——基本准则》中的所有者权益?

案例分析

长城汽车2019年财务报告中的所有者权益变动表,如表6-8所示。

表6-8 长城汽车2019年财务报告中的所有者权益变动表

单位：万元

项目	股本	资本公积	其他综合收益	盈余公积	未分配利润	少数股东权益	股东权益合计
一、本年年初余额	912,726.90	141,123.10	-26,232.10	562,894.70	3,661,970.50	16,375.60	5,268,858.70
二、本年增减变动金额	—	2.06	2,150.70	12,672.40	172,614.80	-16,375.60	171,064.20
（一）综合收益总额	—	—	2,150.70	—	449,687.45	3,385.80	455,224.00
（二）所有者投入和减少资本	—	—	—	—	—	—	—
（三）利润分配	—	—	—	24,097.30	-288,792.20	—	-264,694.80
1. 提取法定公积金	—	—	—	24,059.50	-24,059.50	—	—
2. 提取任意公积金	—	—	—	—	—	—	—
3. 提取企业发展基金	—	—	—	37.90	-37.90	—	—
4. 提取储备基金	—	—	—	—	—	—	—
5. 对股东的分配	—	—	—	—	-264,694.80	—	-264,694.80
6. 提取职工奖励及福利基金	—	—	—	—	—	—	—
7. 福利企业减免税金	—	—	—	-11,424.90	11,424.90	—	—
（四）所有者权益内部结转	—	—	—	-11,424.90	11,424.90	—	—
1. 资本公积转增股本	—	—	—	—	—	—	—
2. 盈余公积转增股本	—	—	—	—	—	—	—
3. 盈余公积弥补亏损	—	—	—	—	—	—	—
4. 其他	—	2.06	—	—	294.50	-19,761.40	-19,464.90
（五）其他	—	2,000.00	—	—	—	—	2,000.00
1. 同一控制下企业合并取得的子公司原股东投入	—	—	—	—	—	—	—
2. 同一控制下企业合并的对价	—	-1,997.90	—	—	—	—	-1,997.90
3. 处置子公司	—	—	—	—	—	-19,761.40	-19,761.40
4. 其他	—	—	—	—	294.50	—	294.50

问题探讨：

1. 长城汽车2019年度所有者权益变动中，主要由哪些原因引起的？

2. 长城汽车2018—2019年分红方案采用现金股利政策，是否会对所有者权益变动产生影响？

3. 2020年长城汽车进一步增强了股权股利的激励政策，预计是否会对所有者权益变动产生影响？

实操项目

根据第二章实操项目所收集的上市公司财务报表资料，结合其股利政策、库存股、可转债等情况，对所有者权益变动表进行水平分析、结构分析、项目分析。

第三篇　财务能力分析

- 第七章　企业营运能力分析
- 第八章　企业盈利能力分析
- 第九章　企业偿债能力分析
- 第十章　企业发展能力分析

第七章

企业营运能力分析

学习目标

○ **知识目标**

了解营运能力分析的目的和内容，理解并掌握存货周转率(期)、应收账款周转率(期)、固定资产收入率、固定资产产值率、总资产收入率等指标的含义和计算方法。

○ **能力目标**

能够熟练计算并运用存货周转率(期)、应收账款周转率(期)等指标去分析评价企业流动资产管理效果；能够熟练计算并运用固定资产收入率和固定资产产值率等指标去分析评价企业固定资产利用效率；能够熟练计算并运用总资产产值率和总资产收入率等指标对企业总资产营运能力进行综合分析评价；能够独立搜集相关数据进行流动资产管理效果、固定资产利用效率和总资产营运能力的分析评价。

第一节 营运能力分析的目的与内容

一、营运能力分析的目的

企业营运能力分析就是通过对反映企业资产营运效率与效益的指标进行计算与分析，评价企业的营运能力，为企业提高经济效益指明方向。营运能力分析的目的主要体现在以下三方面。

(1) 评价企业资产的周转效率。资产是能够为企业带来未来收益的经济资源。资产的周转是从货币资金到货币资金或应收款项的过程，具体来说，企业用货币资金购买原材料存货，原材料存货经过生产部门加工生产后最终成为产成品存货，产成品存货经过销售，形成货币资金的回笼或者应收款项，如此循环往复，循环速度越快，资产在货币资金和实物资产的不同形态之间的转换越快，则资产的周转速度越快，周转效率越高。

(2) 帮助企业内部管理者改善经营管理。营运能力分析通过对存货、应收账款、固定资产等资产的周转情况进行分析，来评价企业资产营运的效率和效益。资产周转速度越快，表明资金利用效果越好，企业管理者的经营管理水平越高；资产周转速度越慢，表明资产占用资金越多，经济效益越低，管理者的经营管理水平越低，营运能力分析有助于管理者发现资产营运中存在的问题，为其提高经营管理水平提供参考。

(3) 帮助外部利益相关者做出正确决策。企业的营运能力很大程度上反映其资产的质量。从权益投资人的角度看，权益投资的目的是资产的保值和增值，因此，时刻关注其所投资的资产质量是很有必要的。从债权人的角度看，无论是利息的按时收取还是本金的及时回收都和资产质量息息相关。因此，营运能力分析有助于投资人和债权人做出正确决策。

二、营运能力分析的内容

营运能力分析的内容包含流动资产管理效果分析、固定资产利用效率分析和总资产营运能力分析三方面。

(1) 流动资产管理效果分析。通过对存货周转速度、应收账款周转速度和流动资产周转速度进行分析，反映流动资产管理效果。

(2) 固定资产利用效率分析。通过对固定资产周转情况和固定资产利润率进行分析，反映固定资产利用效率。

(3) 总资产营运能力分析。通过对总资产收入率和总资产产值率进行分析，反映总资产的营运能力。

第二节　流动资产管理效果分析

一、存货周转速度分析

存货是指企业在日常活动中持有以备出售的产成品或商品、处在生产过程中的在产品、在生产过程或提供劳务过程中耗用的材料和物料等，包括各类材料、在产品、半成品、产成品、商品以及包装物、低值易耗品、委托代销商品、委托加工物资等。存货作为企业的一项重要流动资产，其管理、利用情况直接关系到企业资金占用水平以及资金运作效率。因此，存货周转速度是反映存货管理水平的重要指标。

存货周转速度反映存货周转的快慢，存货周转速度越快，表明从存货购入到存货卖出的时间越短，销售业绩越好，资金回笼可能越快。存货周转速度用存货周转率和存货周转期来反映。

(一) 存货周转率

存货周转率也叫存货周转次数,用营业成本和存货平均余额的比值来表示。

$$存货周转率 = \frac{营业成本}{存货平均余额}$$

$$存货平均余额 = \frac{存货年初余额 + 存货年末余额}{2}$$

当存货周转速度下降或偏低时,可能由以下原因引起。
(1) 存货管理方法落后。
(2) 产品滞销,存货积压。
(3) 预测存货将升值,囤积居奇。
(4) 企业销售政策发生变化。
(5) 会计核算范围或方法发生变化。
(6) 存货账实不符,虚假挂账。

当然,存货周转率高也不一定表明企业经营状况好,当企业为了扩大销路而降价销售或大量赊销时,则营业利润会受到影响或者产生大量应收账款。而一个适合的存货周转率水平的确定不仅需要参考企业的历史水平,还要考虑同行业平均水平。

(二) 存货周转期

存货周转期也叫存货周转天数,用计算期天数和存货周转率的比值来表示。

$$存货周转期 = \frac{计算期天数 \times 存货平均余额}{营业成本} = \frac{计算期天数}{存货周转率}$$

【例7-1】根据LFYL公司2015—2019年资产负债表和利润表相关数据,计算其2015—2019年的存货周转率和存货周转期,如表7-1所示。

表7-1　2015—2019年LFYL公司存货周转率和存货周转期计算表

项目	2015年	2016年	2017年	2018年	2019年
存货期末余额(元)	159,433,840	183,514,694	247,337,634	422,409,057	416,013,020
存货平均余额(元)	178,999,838	171,474,267	215,426,164	334,873,346	419,211,039
营业成本(元)	1,117,516,770	938,770,728	1,081,133,378	1,576,817,069	1,854,869,877
存货周转率	6.24	5.47	5.02	4.71	4.42
存货周转期(天)	58	66	72	76	81

图7-1反映了LFYL公司2015—2019年的存货周转情况。由图7-1可看出,自2015年起,LFYL公司存货周转率不断下降,存货周转期逐渐变长,表明LFYL公司存货周转速度逐渐减缓,存货完成一次周转所需的时间越来越长,销售业绩逐渐变差。

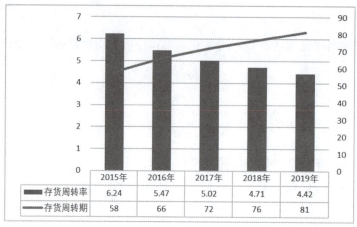

图 7-1　2015—2019 年 LFYL 公司存货周转率和存货周转期图

二、应收账款周转速度分析

应收账款指企业因销售商品、提供劳务等经营活动，应向购货单位或接受劳务单位收取的款项。应收账款是企业的一项重要流动资产，也是一项风险较大的资产。应收账款能够扩大销售，提高产品市场占有率；减少企业库存，降低存货风险及管理成本，但应收账款持有过多会增加坏账风险。及时回收应收账款有利于回笼资金，增加现金流，是企业持续运营的保障。应收账款周转速度不仅反映应收账款管理水平的高低，而且反映了企业营运能力。应收账款周转速度用应收账款周转率和应收账款周转期来反映。

(一) 应收账款周转率

应收账款周转率反映企业赊销额产生营业收入的能力，应收账款周转率越高，其产生收入的能力越高。应收账款周转率用赊销收入净额和应收账款平均余额的比率来表示。

$$应收账款周转率=\frac{赊销收入净额}{应收账款平均余额}$$

$$应收账款平均余额=\frac{应收账款期初余额+应收账款期末余额}{2}$$

上式中，赊销收入净额指销售收入中扣除销货退回、销货折扣与折让后的余额。由于外部人员通常难以获得企业赊销收入的真实数据，故赊销收入净额通常用营业收入来代替。上式中的应收账款通常不仅包含应收账款科目余额，也包含应收票据金额。

$$应收账款周转率=\frac{营业收入}{应收账款平均余额}$$

(二) 应收账款周转期

应收账款周转期反映企业的应收账款在一定期限内完成一次周转所需的天数。应收账款周转期越短，意味着应收账款完成一次周转所需的时间越短，应收账款周转效率越高。

$$应收账款周转期=\frac{计算期天数\times 应收账款平均余额}{营业收入}=\frac{计算期天数}{应收账款周转率}$$

就应收账款本身而言，一个企业的应收账款周转率越高越好，因为较高的应收账款周转率反映企业应收账款质量好、回收率高。但是，应收账款在本质上属于实际还没收到的现金，其本身在营运的意义上并无增值性。企业实行赊销的政策主要是为了扩大销售规模，增强销售的竞争力，但赊销额作为资产(应收账款和应收票据)对企业的营运并无帮助。因此，应收账款周转率和应收账款周转期只是表明在应收账款已经发生后应收账款本身的回收效率，而不能认为从整个营运的角度看应收账款周转率越高越好。从整个营运的角度看，提高应收账款周转率最好的办法并不是加紧催讨，因为那已经是事后的行为，最好的办法是在确定赊销政策的时候就缩短赊销期限，这样有利于提高应收账款周转率，但这样也会降低企业销售的竞争力，影响销售额。因此，从整个营运的角度看，应收账款周转率的设定是一个两难选择的权衡，企业应权衡利弊，制定适合自身的赊销政策。

【例7-2】根据LFYL公司2015—2019年资产负债表和利润表相关数据，计算其2015—2019年的应收账款周转率和应收账款周转期，如表7-2所示。

表7-2 2015—2019年LFYL公司应收账款周转率和应收账款周转期计算表

项目	2015年	2016年	2017年	2018年	2019年
应收账款平均余额(元)	227,526,877	210,708,327	196,237,662	433,921,806	676,262,017
营业收入(元)	1,508,984,687	1,288,770,720	1,575,945,309	2,653,120,079	3,475,614,155
应收账款周转率	6.63	6.12	8.03	6.11	5.14
应收账款周转期(天)	54	59	45	59	70

图7-2反映了LFYL公司2015—2019年的应收账款周转情况。由图7-2可以看出，2015—2019年间除了2017年应收账款周转情况较好外，其他年份应收账款周转率呈下降态势，应收账款周转期呈上升态势，表明企业应收账款回收情况不乐观，存在较大的坏账风险。管理者应改善赊销政策，加强应收账款管理，增强应收账款流动性。

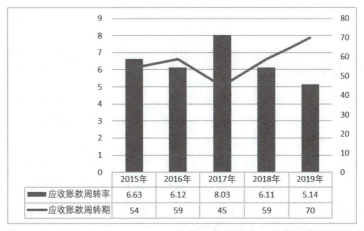

图 7-2 2015—2019 年 LFYL 公司应收账款周转率和应收账款周转期图

> **相关链接7-1**

森源电气应收账款"爆雷"

2021年1月27日晚间,森源电气(002358)发布业绩预告:预计公司营业收入为14.7亿~16.7亿元,2019年是16.27亿元。预计归属于母公司净利润巨亏8.5亿~9.7亿元,相比2019年的932.76万元暴跌92.13~104.99倍。预计扣非净利润巨亏8.86亿~10.06亿元,相比2019年的-1.17亿元大跌6.58~7.6倍。

公司巨额亏损的主要原因是计提大额信用和资产减值准备金额高达7.93亿元,其中应收账款计提6.54亿元,存货跌价准备1.37亿元。公告发布后,1月28日股价出现一字跌停板,收盘价为3.4元/股,创下历史新低。1月29日继续大跌3.24%,2019年年初至今,公司的股价从16.7元/股跌至3.29元/股,区间跌幅接近80%。

森源电气的主要产品是输变电产品,还有小部分收入来自环卫产业服务和新能源产品。上市后,公司的应收票据及应收账款从2010年的1.83亿元膨胀至2018年的42.48亿元,占总资产的45.71%,近乎半壁江山。2019年,公司加大了催收力度,应收账款锐减至28.29亿元,占总资产的比重下降至35.05%,并成功实现了当年经营性现金流净额从连续两年净流出扭转至净流入13.48亿元。

但让众多中小投资者没想到的是,2020年,该公司应收账款大面积爆雷。根据公告披露,有13个客户在2020年宣告破产或处于停业状态,共计提约减值1.74亿元;有三家客户被公司提起诉讼,计提减值金额约为2.6亿元;还有一家客户在出售光伏资产,承诺成交后支付欠款,计提减值金额约为8803万元。由此可见,公司对应收账款的大额计提基本是发生在对方宣告停业、破产或被提起诉讼以后。另外,如果对比营收规模可发现,公司的赊账比例一直非常高,2018年已经高达157.28%。虽然2019年应收票据及应收账款大幅下降,但由于营业收入的跌幅更大,因此赊账比例反而上升至173.88%。

资料来源:紫枫. 应收账款爆雷,股权质押爆仓:森源电气,我还有![EB/OL]. 2021-01-29. http://www.wogoo.com/#/Article/9512abca6dc44d7b81bf322ad5da15bc.

三、流动资产周转速度分析

流动资产是指企业可以在一年或者超过一年的一个营业周期内变现或者运用的资产,是企业资产中必不可少的组成部分。流动资产周转速度用流动资产周转率和流动资产周转期来表示。

流动资产周转率是一段时间内营业收入和流动资产平均余额的比率,反映一段时间内流动资产的循环次数。流动资产周转期是计算期天数和流动资产周转率的比率,反映一段时间内流动资产完成一次循环过程所需的时间。一般来说,流动资产周转率越高,流动资产周转期越短,则其流动性越大,管理效果越好。

$$流动资产周转率 = \frac{营业收入}{流动资产平均余额}$$

$$流动资产周转期=\frac{计算期天数\times 流动资产平均余额}{营业收入}=\frac{计算期天数}{流动资产周转率}$$

$$流动资产平均余额=\frac{流动资产期初余额+流动资产期末余额}{2}$$

【例7-3】 根据LFYL公司2015—2019年资产负债表和利润表相关数据,计算其2015—2019年的流动资产周转率和流动资产周转期如表7-3所示。

表7-3 2015—2019年LFYL公司流动资产周转率和流动资产周转期计算表

项目	2015年	2016年	2017年	2018年	2019年
流动资产平均余额(元)	812,298,535	804,299,281	802,613,575	2,004,493,822	3,344,287,844
营业收入(元)	1,508,984,687	1,288,770,720	1,575,945,309	2,653,120,079	3,475,614,155
流动资产周转率	1.86	1.60	1.96	1.32	1.04
流动资产周转期(元)	194	225	183	272	346

根据图7-3,LFYL公司流动资产周转率总体呈下降趋势,流动资产周转期总体呈上升趋势,表明其流动资产周转速度变慢,流动资产的流动性逐渐下降,流动资产周转一次所需的天数逐渐变长。

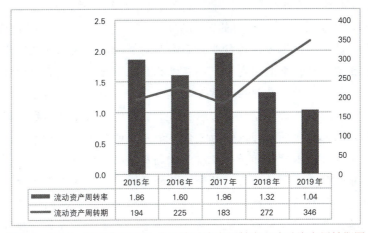

图7-3 2015—2019年LFYL公司流动资产周转率和流动资产周转期图

相关链接7-2

以岭药业营运能力状况分析

根据以岭药业近五年的财报数据,可知其在2014年、2015年、2016年、2017年、2018年的应收账款周转率(次)分别为13.6、11.08、9.36、6.98、7.36,应收账款周转天数分别为26.47、32.48、38.47、51.61、48.91。总体来说,以岭药业的应收账款周转率一直在转低,应收账款周转天数相应地也逐步增大,说明以岭药业在2014—2017年回款速度有所减慢,在2017年之后有了提升。将2018年的应收账款率与医药工业2018年企业绩效标准值对比,大于行业平均值0.5,小于良好值0.9,这个变化主要也受到了医药行业大环境的影响。医药行业自身带有特殊性,作为一个对研发投入和研发技术要求很高的产业,在研发试验和创新上需要投入大量资金,但销售市场给的反应并不能迅速地给予预期的回报,投资回收周期长，所以应收账款周转率偏低。另外也可能这几年以岭药业采用了相对宽松的信用政策，导致应收账款占用资金的数量变多，应收账款周转率的速度变慢。

按照以岭药业2014—2018年的存货周转率为样本，可以看出这五年以岭药业的存货周转率分别是1.48、1.24、1.31、1.31、1.45，而存货周转天数依次为242.55、289.32、273.93、275.71、248.48。总体来看，这五年间从2014年存货周转率有所降低，但从2015年之后到2018年一直在回升，参考医药工业2018年企业绩效标准值，以岭药业的存货周转率处于行业较低值1.4和平均值2.7之间，因此以岭药业的存货周转率还是偏低的。以岭药业主打的产品连花清瘟胶囊抗感冒药等产品适用于冬季，所以这类药物市场季节性特征会比较明显，和其他医药企业的周期性有差异，存货囤积时间变长，导致该企业的指标在行业中出现偏低状况，存货的存量过剩不仅会造成企业存货积压，同时用在存货上的仓储费用与管理费用也会影响企业的净利润。

以岭药业在2014—2018年间的固定资产增长率依次为2.8、1.62、1.53、1.57、1.82，在2014年到2016年周转率下降，而在2016年之后开始有了逐渐增长的趋势，这是因为2014年以岭药业在研发创新上及项目投资上购买了生产软体饮料的设备、厂房、生产线等，所以随着固定资产数量的加大，会导致固定资产的周转速度下降，在这种情况下，关于这块投入所带来的营收没有理想的成绩导致了固定资产周转率持续下降。

综上，以岭药业营运能力不理想的原因有以下三点。首先，以岭药业的存货周转率比较缓慢，这种情况也归因于中医药行业产品和原材料的季节性以及在研发投资新产品环节中所购入大批固定资产，企业固定资产存在结构分配不合理，并且营运资金占用在存货上的金额过多，使用效率低。企业在存货上的库存管理不力，存货占据流动资金的比重很大，影响资金的运作效率。由于季节性影响和行业竞争带来的销货不稳定引起存货周转率偏低。其次，行业特性致使资产营运能力欠佳。近几年的政府政策对于医药行业产生很大影响，尤其是新医改出台以后，加强药品质量控制及药品控费将成为常态，医药行业增速明显下行，药品销售面临较大的压力。另外药品的原材料受到季节气候的影响，价格存在不稳定性，药品特性针对的病情也具有季节性，从而影响存货周转的情况，影响企业资金使用效率。从以岭药业的财报看到，从产品细分去看，目前除了连花清瘟胶囊较大幅度增长外，心脑用药面临极大的下滑风险。由此可见，在多方面行业环境影响下，以岭药业的经营状况和营运能力势必受到不利影响。最后，产品的销售能力欠佳。以岭药业的存货周转率偏低的同时也存在存货占比问题，这几年由于政策调控的影响和市场竞争压力导致以岭药业的销货能力下降，流动资产的周转速度变慢，导致存货变现收回资金周期加长，存货所占用资金使用的效率低，以岭药业的销售能力亟待提升并且需要提高存货管理效率。

资料来源：王瑶，王岚.以岭药业营运能力指标分析[J].中国管理信息化，2021，24(1)：35-36.

第三节 固定资产利用效率分析

固定资产是指为生产商品、提供劳务、出租或经营管理而持有的使用寿命超过一个会计年度的非货币性资产。固定资产利用效率高低用固定资产产值率、固定资产收入率和固定资产利润率这三个指标来反映。

一、固定资产产值率分析

固定资产产值率是总产值与固定资产平均总额的比率，固定资产产值率越大，说明固定资产利用得越好。

$$固定资产产值率 = \frac{总产值}{固定资产平均总额}$$

$$固定资产平均总额 = \frac{固定资产期初余额 + 固定资产期末余额}{2}$$

上式中，固定资产平均总额可使用固定资产原值，也可使用固定资产净值。当分析的内容和企业规模有关的时候，一般使用固定资产原值，原因在于，随着固定资产的折旧，虽然其价值不断下降，但其生产能力却不会有太大变化。当分析的内容和企业价值有关的时候，一般使用固定资产净值，该指标一般用于同行业企业的比较分析。

【例7-4】根据LFYL公司2015—2019年资产负债表和利润表相关数据，计算其2015—2019年的固定资产产值率，如表7-4所示。

表7-4 2015—2019年LFYL公司固定资产产值率计算表

项目	2015年	2016年	2017年	2018年	2019年
总产值(元)	1,493,054,748	1,272,509,921	1,592,803,193	2,701,345,251	3,461,355,088
固定资产(元)	518,053,080	521,156,968	686,778,437	1,483,467,909	1,585,735,974
固定资产平均总额(元)	530,675,893	519,605,024	603,967,702	1,085,123,173	1,534,601,941
固定资产产值率	2.81	2.45	2.64	2.49	2.26

二、固定资产收入率分析

固定资产收入率是营业收入与固定资产平均总额的比率，反映每一元固定资产产生多少营业收入。固定资产收入率越高，表明固定资产产生收入的能力越高。

$$固定资产收入率 = \frac{营业收入}{固定资产平均总额}$$

【例7-5】根据LFYL公司2015—2019年资产负债表和利润表相关数据，计算其2015—2019年的固定资产收入率，如表7-5所示。

表7-5 2015—2019年LFYL公司固定资产收入率计算表

项目	2015年	2016年	2017年	2018年	2019年
营业收入(元)	1,508,984,687	1,288,770,720	1,575,945,309	2,653,120,079	3,475,614,155
固定资产(元)	518,053,080	521,156,968	686,778,437	1,483,467,909	1,585,735,974
固定资产平均总额(元)	530,675,893	519,605,024	603,967,702	1,085,123,173	1,534,601,941
固定资产收入率	2.84	2.48	2.61	2.44	2.26

三、固定资产利润率分析

固定资产利润率是一段时间内的利润总额与固定资产平均余额的比率,反映每一元固定资产产生多少利润。固定资产利润率越高,表明其产生利润的能力越高。

$$固定资产利润率 = \frac{利润总额}{固定资产平均总额}$$

【例7-6】根据LFYL公司2015—2019年资产负债表和利润表相关数据,计算其2015—2019年的固定资产利润率,如表7-6所示。

表7-6 2015—2019年LFYL公司固定资产利润率计算表

项目	2015年	2016年	2017年	2018年	2019年
利润总额(元)	224,534,358	220,071,341	253,623,793	357,916,716	576,296,231
固定资产(元)	518,053,080	521,156,968	686,778,437	1,483,467,909	1,585,735,974
固定资产平均总额(元)	530,675,893	519,605,024	603,967,702	1,085,123,173	1,534,601,941
固定资产利润率	0.42	0.42	0.42	0.33	0.38

根据图7-4,LFYL公司2015—2019年固定资产产值率和固定资产收入率基本持平且基本都呈下降趋势,表明每一单位固定资产产生的产值和收入逐渐变少,固定资产利用效率逐渐降低。固定资产利润率稳中有降,表明每一单位固定资产产生利润的能力也有所下降。因此,LFYL公司应加强固定资产管理,着力于提升产品销售和获利能力,从而提升固定资产利用效率。

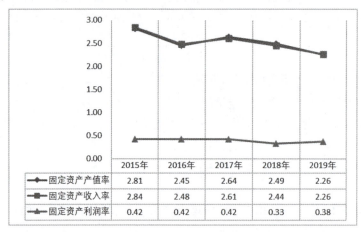

图 7-4 2015—2019 年 LFYL 公司固定资产利用效率分析图

四、固定资产比率分析的注意事项

当我们发现一个企业的存货周转率偏低的时候,如果忽略原材料存货和在产品存货的影响的话,我们几乎可以确定,存货周转率偏低的直接原因是企业的销售部门业绩下滑。然而,当一个企业的固定资产产值率下降时,我们却不容易进行直接判断企业的哪个营运部门或者程序出了问题，这是因为固定资产产值率是一个综合性指标，受多种因素的影响。一般来说，在全部固定资产平均余额中生产用固定资产占比，以及在生产用固定资产中生产设备占比，都会影响固定资产利用效果。因此，将固定资产产值率进行分解，得出以下公式：

$$固定资产产值率 = \frac{总产值}{生产设备平均总值} \times \frac{生产设备平均总值}{生产用固定资产} \times \frac{生产用固定资产}{固定资产平均总值}$$

$$= 生产设备产值率 \times 生产设备占生产用固定资产比重 \times 生产用固定资产占平均固定资产比重$$

通过上述公式可知，当一个企业的固定资产产值率下降的时候，可能的原因有两个：第一，开工率不高，即生产设备利用率较低；第二，生产设备占有率较低。这样，我们可以更有针对性地解释比率计算结果。

相关链接7-3

固定资产的操纵方式

固定资产的价值一般比较大，而且可以通过折旧、减值或者处置等方式消化掉，所以很多公司把目光瞄向了固定资产这个相对容易操纵的项目。以下是三种常见的通过固定资产操纵利润或收入的方式。

(1) 不合理费用资本化

公司在确认外购固定资产的成本时，除了直接价款和税费，还包含使其达到预定可使用状态前所发生的可归属于固定资产的运输费、装卸费、安装费和专业人员服务费等各项费用，而这些费用较为宽泛，有些公司可能把不属于固定资产的费用支出进行资本化处理，从而虚增固定资产的价值。

(2) 套取资金，虚增收入

有些公司通过固定资产投资，特别是在海外建厂(难以核查)等方式，巨额资金投入，虚增固定资产的价值，然后套取资金后挪作他用或者用转移出去的资金购买自家产品实现资金闭环，虚增收入和利润，提升公司估值，推升公司股价，高位套现离场。

(3) 变更折旧方法，调节利润

大部分公司采用的固定资产的折旧方法基本上是年限平均法，而一些特殊行业里的公司也有采用加速折旧等其他方式的。不管怎样选择，会计准则有规定，折旧方法一经确定，不得随意变更。折旧是一种成本或者费用，会影响公司的净利润，上市公司在行业不景气的时候，公司的利润有压力，为了避免亏损或者退市，就会采用延长固定资产折旧年限等方式来增加公司利润。

资料来源：长风. 财务报表中最硬的资产：固定资产及常见操作方式[EB/OL]. 2019-07-17. http://www.sohu.com/a/327531980_585920.

第四节 总资产营运能力分析

总资产营运能力反映企业总资产营运的效率和效益,用总资产产值率和总资产收入率来表示。总资产产值率反映企业投入产出率,是衡量企业总资产运营效率的指标。总资产收入率则反映了企业总资产营运的效益。

一、总资产产值率

总资产产值率是总产值和平均总资产的比率,该指标值越高,表明企业的投入产出率越高。但该指标只能说明企业每投入一单位的总资产能产出多少产品,并不能反映出这些产品能否为消费者所接受,如果这些产品并未销售出去,即使总资产产值率再高也无法带来经济利益的流入。

$$总资产产值率=\frac{总产值}{平均总资产}$$

$$平均总资产=\frac{总资产期初余额+总资产期末余额}{2}$$

总资产产值率还可以从另外一个角度来分析,即单位产值占用资金,其计算方法如下式所示。该式子反映了企业创造每1元产值需要占用多少资产,该数值越低,则企业的生产能力就越强。

$$单位产值占用资金=\frac{平均总资产}{总产值}$$

二、总资产收入率

总资产收入率是营业收入与平均总资产的比率,反映每一单位总资产能够产生多少营业收入。总资产产值率仅仅反映企业的投入产出率,无法反映企业销售情况,而总资产收入率弥补了这一缺点,该比率越高,表明产出的产品销售情况越好,销售额可能越高。由于总资产收入率反映了企业资产产生收入的能力,因此可以反映企业资产营运的效益。

$$总资产收入率=\frac{营业收入}{平均总资产}$$

由图7-5可看出LFYL公司总资产产值率和总资产收入率呈明显下降态势,由2015年的90%多降至2019年的20%多,表明每一单位的总资产产生的产值和收入严重减少,总资产营运能力不断下降。总资产营运能力受多方面因素的影响,由本章第二节和第三节可看出,其存货和应收账款等流动资产营运能力以及固定资产等非流动资产营运能力均处于逐渐下降的态势,因此要想提升企业的总资产营运能力,还需从存货、应收账款、固定资产等资产营运能力的提升入手。

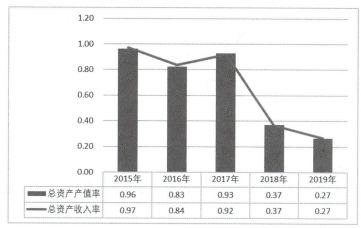

图7-5 2015—2019年LFYL公司总资产营运能力分析图

> **相关链接7-4**

企业营运能力提升策略

(一) 提高认识, 正确指导营运能力分析工作

资产的规模和结构分析能揭示企业的投资战略和盈利模式信息。企业营运能力、盈利能力和偿债能力相互促进又相互制约。因此, 企业应当把营运能力分析和盈利能力分析放在同等重要的位置来考虑, 把营运能力指标作为决策者的考核、激励指标, 引起决策者的重视。同时, 要把营运资金管理看作一种价值管理活动。资金是企业赖以生存和发展的血液, 资金的高效管理将为企业的竞争提供强有力的保证, 尤其是在当前我国全面推进供给侧结构性改革的新形势下, 营运资金管理是企业财务管理的核心内容, 也是整体公司战略中的重要组成部分。

(二) 提高财务管理人员的胜任能力

除了财务人员不断提高自身素质外, 企业应加强对财务人员的培训, 主要包括财务管理知识、职业道德和网络、营销、法律等相关的知识, 提高财务人员的职业技能。重点加强财务分析能力的培训, 不断地更新企业营运能力分析所需要的知识和技能, 全面提升财务人员的营运能力分析水平。大力引进复合型的财务人才, 打造高绩效的财务团队, 推进财务管理流程再造, 深入地分析企业营运能力, 挖掘财务信息中的管理职能, 发现当前企业营运能力管理存在的问题, 为企业的管理层决策提供有用的信息支持。

(三) 加强企业营运资产与业务流程的管理

生产经营活动是企业的主要活动, 生产经营活动每个流程环环紧扣、彼此联系。企业应当对每个业务流程进行关联性管理, 共享信息资源; 根据业务活动各自的特点进行合理管理; 不断优化和再造各业务流程, 从而降低成本, 减少营运资金的占用, 加速营运资金的运转。

(1) 加强对采购和付款环节的管理。企业应当建立科学的供应商评估和准入制度, 合理选择供应商并且保持良好的互惠互利合作关系, 互助互动, 提高工作效率, 采购成本能够得到有效控制。企业应当根据市场情况和采购计划合理选择采购方式, 不断改进采购流程，可以大大节约采购成本。同时，企业应当利用信息和网络技术加强采购供应的全程管理，优化采购流程和存货结构，与销售结构配比，持续降低存货的库存水平，降低经营风险，加速存货资金周转。企业应当以双赢的思维去运用商业信用，合理地追求采购资金占用的最小化和应付账款的最大化，避免出现破坏双方合作关系的短期行为。

(2) 加强对设计和生产环节的管理。企业应当持续优化与改善生产流程，实施以顾客为中心、以全员为基础的全面质量管理，开展全员教育培训，树立质量就是利润的观念，有效控制成本，节约生产资金的占用。企业实施协同重构，从市场需要入手，并能够快速反映，使产品设计和制造、工艺、技术、营销等其他环节有机整合在一起，从而提高产品设计质量，缩短产品开发时间、精益生产、降低制造成本、提高产品质量和技术含量，提高资金的营运效率。

(3) 加强对销售配送和收款环节的管理。企业应当把客户与供应商一起纳入同一个管理平台，对市场需求变化实时做出反应，不断推出高新产品和改善销售结构，持续降低费用的投入；选择适合的营销模式，不断提升配送效率，加速营运资金的周转。同时，企业应当树立双赢理念，加强与客户的关系管理，缩短销售周期，加速资金回笼，还有助于改进产品的性能，节约服务成本。应当建立起完善的信用评估机制，合理运用商业信用。将应收账款控制在合理的范围，企业利用赊销策略强化竞争、扩大销售的同时，应当加强对应收账款的管理，尽可能降低应收账款投资的机会成本、管理成本和减少坏账损失。应收账款周转率中的周转天数并非越少越好。如果企业刻意地控制应收账款占用最小，不利于保持和发展已经建立好的供应关系，扰乱营运资金的畅顺运转。企业基于不同的发展阶段和不同客户，因势利导，可采用不同的赊销策略。当企业的某个产品或在某一时期，采取赊销策略比现销策略得到的好处更多，企业就不应当单方面盲目追求应收账款最小化，需要企业结合多方面综合评价。

(4) 关注不良资产区域和重大变化方向。关注资产负债表上的不良资产，并不是指资产本身，而是反映出的信息，比如长期待摊费用，它是个费用，资产负债表上作资产列示，这就属于企业的不良资产区，企业应当关注这个区域的大小。另外，企业在产业链上的位置发生重大变化，相应地资产负债表中的固定资产比重越来越少，无形资产比重越来越大，这个变化可能是一点一点地变，称之为方向性变化。报表使用者对资产负债比值、结构的变化要把握它重大方向的变化。

(5) 兼顾财务指标和非财务指标。引入非财务指标分析一般是针对财务报表所存在的局限性和可靠性以及根据宏观的经济环境进行分析，主要考虑的就是未来和不确定因素。财务部门应当加强与业务层和管理层的沟通交流，渗透到经营管理的各个方面，科学合理地构建适合企业自身的非财务评价指标，建立科学全面的企业营运能力分析体系，为企业的营运提供强有力的财务支撑。常见的非财务指标如客户满意度、产品质量、成长与学习、改善内部流程等。常用的量化指标有客户投诉数量、保修单数量等。分析企业营运能力时，应该充分考虑通货膨胀的影响，做出相应的调整。而且，应挑选相关的不同指标，从不同的角度进行多个指标的组合评价，选择整体最优的组合来优化决策。企业在进行营运资金的需求评估时，应该依据企业的实际生产经营和财务状况，在行业的平均水平的基础上适当提高或降低。将多项流动资产进行组合投资分析，选择满意化决策。企业的营运资金管理策略并非一成不变，应该及时适应市场环境的变化而变化，以确保企业的可持续发展。

(四) 拓宽营运能力分析的数据来源

首先，企业应当加强对资产、资金、存货及应收应付款项等方面的控制以获得比较准确的数据信息。企业开展营运能力分析时，应当加强对企业财务数据的统计力度，收集和整理非财务信息，尽可能地公开相关的数据，以保证营运数据的准确无误。其次，除掌握资产负债表、利润表的内容外，还要结合现金流量表，给报表使用者提供更多的增量信息。因为企业的现金流受企业管理者操控程度低，所以具备较强的客观性和可验证性。最后，社会主义市场经济的发展，导致会计实务的新变化，国家应当对会计准则不断进行修正，不断跟国际会计准则趋同，制定相关的应用指南和配套指引，增强会计准则的实用性和可操作性。规范相应的会计处理程序，对某些特定交易或事项的收入确认和计量等进行明确的规定，减少人为选择的空间和范围。准则中应收款项的计价条款在实务中难以真正落实。提高会计准则的质量，完善会计信息的披露制度，会计信息质量就会越高。同时，有关部门应当依据准则来不断加大监管的力度。企业应当完善公司的治理结构并且严格执行会计准则。

资料来源：李伟霞. 加强企业营运能力分析[J]. 现代商业，2016(17)：57-58.

本章小结

本章从营运能力分析的目的和内容、流动资产管理效果、固定资产利用效率、总资产营运能力四个角度展开论述。

营运能力分析的目的主要是评价企业资产的周转效率，帮助企业内部管理者改善经营管理，帮助外部利益相关者做出正确决策。营运能力分析的内容主要有流动资产管理效果分析、固定资产利用效率分析和总资产营运能力分析。

流动资产管理效果分析从存货周转速度、应收账款周转速度、流动资产周转速度三个角度展开论述。反映企业存货周转速度的指标主要是存货周转率和存货周转期，存货周转率越高、周转期越短，则存货积压越少，存货管理水平越高。反映企业应收账款周转速度的指标主要是应收账款周转率和应收账款周转期，应收账款周转率越高、周转期越短，则其产生收入的能力越高。反映企业流动资产周转速度的指标主要是流动资产周转率和流动资产周转期，流动资产周转率越高、周转期越短，则其流动性越大，管理效果越好。

固定资产利用效率分析从固定资产产值率、固定资产收入率和固定资产利润率三个角度展开论述。固定资产产值率、固定资产收入率和固定资产利润率越高，则固定资产产生收入和利润的能力越高，固定资产利用得越好。

反映企业总资产营运能力的主要指标有总资产产值率和总资产收入率。总资产产值率越高，投入产出率越高。总资产收入率越高，产品销售情况越好。通过对存货周转速度、应收账款周转速度、固定资产收入率等指标的计算分析，可得出影响总资产营运能力的因素，从而为管理者提高企业总资产营运能力提供依据。

思考讨论

1. 总资产营运能力和流动资产及非流动资产营运能力有何关联？
2. 如何对存货的营运能力进行分析？
3. 应收账款营运能力分析需注意哪些问题？

案例分析

康美药业股份有限公司营运能力分析

康美药业股份有限公司，简称"康美药业"，股票代码为600518，是一家在广东省普宁市创立的医药制造民营企业。表7-7列示了康美药业2015—2019年的营运能力相关指标，表7-8列示了同行业具有可比性的三家标杆企业的营运能力相关数据，表7-9列示了医药制造业2015—2019年营运能力相关指标均值。

表7-7 康美药业2015—2019年营运能力相关指标

企业名称	指标名称	2015年	2016年	2017年	2018年	2019年
康美药业	存货周转率	1.51	1.35	1.3	0.54	0.28
	应收账款周转率	7.56	7.67	4.35	3.42	2.2
	流动资产周转率	0.72	0.59	0.36	0.36	0.22
	固定资产周转率	3.97	4.04	2.92	2.57	1.4
	总资产周转率	0.55	0.47	0.29	0.28	0.16

表7-8 三家标杆企业2015—2019年营运能力相关数据

企业名称	指标名称	2015年	2016年	2017年	2018年	2019年
同仁堂	存货周转率	1.21	1.26	1.28	1.24	1.15
	应收账款周转率	14.51	13.51	12.75	12	11.05
	流动资产周转率	0.99	0.97	0.95	0.93	0.83
	固定资产周转率	8.02	8.26	7.68	6.87	4.39
	总资产周转率	0.79	0.77	0.75	0.73	0.64
奇正藏药	存货周转率	2.77	2.96	2.79	2.66	2.95
	应收账款周转率	58.73	30.82	23.83	33.53	36.76
	流动资产周转率	0.73	0.7	0.71	0.8	0.77
	固定资产周转率	3.66	4.08	6.26	4.46	3.07
	总资产周转率	0.52	0.47	0.48	0.53	0.53
天士力	存货周转率	5	4.69	4.83	4.96	5.28
	应收账款周转率	3.22	2.93	2.77	2.4	2.27
	流动资产周转率	1.5	1.32	1.23	1.09	1.11
	固定资产周转率	4.71	4.41	4.64	5.25	5.59
	总资产周转率	0.93	0.86	0.83	0.77	0.77

表7-9　医药制造业2015—2019年营运能力相关指标均值

指标名称	2015年	2016年	2017年	2018年	2019年
存货周转率均值	3.35	3.32	3.38	3.06	3.06
应收账款周转率均值	5.71	5.42	4.92	4.45	4.07
流动资产周转率均值	1.04	1.02	0.94	0.93	1.05
固定资产周转率均值	3.81	3.69	3.97	4.24	4.53
总资产周转率均值	0.59	0.53	0.6	0.62	0.64

2015—2019年康美药业的存货周转率呈下降趋势，与三家标杆企业相比有较大差距，且低于医药制造行业的平均水平，说明了公司五年间存货周转速度变慢，存在变现风险。一方面这是因为康美药业库存商品在存货中占比高且库存时间长，另一方面是由于消耗性生物资产与开发成本这两类难以变现的存货占的比重较大。

2015—2019年康美药业的应收账款周转率呈现波动性下降趋势，2017—2019年低于行业均值，表明其应收账款回款速度较慢，存在较大的坏账风险。与其他三家企业相比，康美药业五年间的应收账款周转率大体上高于天士力，原因是天士力未能同终端渠道建立良好的关系导致货款回收较慢。但是康美药业五年间的应收账款周转率与同仁堂、奇正藏药两家企业相比却低得多，原因在于康美药业销售规模不断扩大，应收账款增多，造成回款难度大。

2015—2019年康美药业的流动资产周转率呈下降趋势并低于行业平均水平与三家标杆企业，原因有二：一方面，公司内部聚焦主业调整，致使资金流动性收紧；另一方面，企业闲置货币资金利用率差。

2017—2019年康美药业的固定资产周转率低于行业平均水平和三家标杆企业，原因是康美药业资产结构不合理，医疗器械占比高且利用率低。

2015—2019年康美药业的总资产周转率低于行业平均水平和三家标杆企业，且差距逐年增大，原因是公司业务结构不合理，西药及器械设备业务比例高，中药饮片的销售供应及生产不稳定，销售能力减弱，导致公司销售收入减少，资产投资效益降低。

问题探讨：
1. 请试分析康美药业的营运能力。
2. 请为康美药业营运能力的提升提出对策和建议。

实操项目

根据第二章实操项目所收集的上市公司财务报表资料，结合其年报其他数据和信息，计算、分析其流动资产营运能力、固定资产营运能力和总资产营运能力。

第八章

企业盈利能力分析

学习目标

○ 知识目标

了解盈利能力的含义；理解盈利能力分析的目的和内容；掌握净资产收益率、总资产报酬率、收入利润率、成本利润率等盈利能力核心指标的含义及计算方法；明确影响净资产收益率和总资产报酬率的因素；理解盈利能力的现金流量指标。

○ 能力目标

能够熟练计算净资产收益率、总资产报酬率、收入利润率和成本利润率、每股收益、市盈率、普通股权益报酬率、股利发放率等盈利能力指标并能够进行趋势分析；能够熟练运用因素分析法对净资产收益率和总资产报酬率进行因素分析；能够独立搜集同行业上市公司相关数据，并对其盈利能力进行行业综合分析评价。

第一节 盈利能力分析的目的与内容

盈利能力是指一段时间内企业获取利润的能力。利润是企业内外利益相关者都关心的中心问题，利润是投资者获得分红、债权人收取本息的资金来源，是经营者经营业绩和管理效能的集中表现，也是职工集体福利设施不断完善的重要保障。盈利能力用利润率来反映，利润率越高，企业盈利能力越强；利润率越低，企业盈利能力越差，盈利能力反映了企业的经营业绩。

一、盈利能力分析的目的

盈利能力分析不仅是内部管理者关心的问题，也是外部投资者、债权人和政府部门等关注的问题。不同的利益相关者进行盈利能力分析的目的不同。

(1) 对于管理者来说，进行盈利能力分析是为了发现经营管理问题，提高经营决策水平。管理者工作的终极目标就是促使企业盈利最大化，持续稳定的经营和发展有利于提升盈利水平，从而为企业长远发展提供物质基础。因此，盈利能力是企业管理者最重要的业绩衡量标准。进行盈利能力趋势分析和指标分析，有助于管理者了解企业的盈利变动情况，掌握盈利现状；进行盈利能力因素分析，有助于管理者掌握影响企业盈利能力的因素，发现经营管理中的问题，为提高经营决策水平提供依据；进行盈利能力行业分析，有助于管理者反思行业差距，进而发现问题，提升盈利水平。

(2) 对于投资者来说，进行盈利能力分析是为了做出正确的投资决策。投资者投资企业的最终目的是获取利润，相较于营运能力和偿债能力，投资者更为关注企业的盈利能力，他们往往投资于盈利能力更强的企业，因为强大的盈利能力不仅给投资者带来直接收益，而且高利润率促使股价上升，从而为投资者带来资本增值和资本利得。

(3) 对于债权人来说，进行盈利能力分析是为了做出正确的信贷决策。债权人在做出借贷与否、借贷金额的决策之前，须考察企业的偿债能力，因为债权人最关心债务能否按期足额偿还，而盈利能力高则是偿债能力强的前提和保障。短期债务决策侧重于分析企业的短期盈利能力以及现金净流量水平，以判断企业是否具备实际偿还能力。而长期债务决策则更关注企业盈利的稳定性和可持续性，以判断企业能否按时足额还本付息。

(4) 对于政府部门来说，盈利能力分析有利于其行使社会职能。我国的基础设施建设、科教文卫事业的发展都仰仗财政收入，而税收收入是财政收入的主要来源。税收以企业利润为基础，盈利能力分析有利于税务部门判断企业缴税是否真实、足够，有利于发掘企业盈利能力弱的原因，从而为提升盈利能力提供依据。当企业利润最大化时，上缴的税也相应较多，从而为各级政府部门行使社会职能提供物质基础，有利于各级政府部门优化社会资源配置，完善基础设施建设，充分发挥政府职能。

二、盈利能力分析的内容

利润额和利润率都可反映企业的盈利能力。尽管利润额分析可反映企业财务成果的增减变动状况及其原因，为改善企业经营管理指明方向，但是由于利润额受企业规模或投入总量的影响较大，一方面使不同规模的企业之间不便于对比，另一方面也不能准确反映企业的盈利能力和盈利水平。因此，盈利能力分析主要围绕利润率分析而展开。由于上市公司在股权、股价等方面区别于一般企业，因此上市公司的盈利能力分析还需用到一些特殊指标。以下从资本经营盈利能力、资产经营盈利能力、商品经营盈利能力和上市公司盈利能力四方面来说明盈利能力分析的内容。

(1) 资本经营盈利能力分析。资本经营盈利能力指企业所有者通过资本经营获取利润的能力，衡量企业资本经营盈利能力的主要指标为净资产收益率(ROE)。通过对净资产收益率进行因素分析，可知总资产报酬率、负债利息率、资本结构和所得税税率对企业资本经营盈利能力的影响程度。通过对净资产现金回收率和盈利现金比率等现金流量视角的盈利能力指标进行分析，可深入校验企业盈利能力，并进一步反映企业的利润质量。

(2) 资产经营盈利能力分析。资产经营盈利能力指企业运营资产而产生利润的能力，衡量企业资产经营盈利能力的主要指标是总资产报酬率。通过对总资产报酬率进行因素分析，可知影响总资产报酬率的因素为总资产周转率和销售息税前利润率，并可得出各因素对总资产报酬率的影响程度。通过对资产现金回报率的指标分析，可反映企业利用资产获取现金的能力。

(3) 商品经营盈利能力分析。商品经营盈利能力反映企业经营商品获取利润的能力，衡量企业商品经营盈利能力的指标分为两大类：收入利润率和成本利润率。收入利润率是各种利润额与收入的比率，如营业收入利润率、总收入利润率、销售净利润率、销售息税前利润率等。成本利润率是各种利润额与成本的比率，如营业成本利润率、营业费用利润率、全部成本费用利润率等。

(4) 上市公司盈利能力分析。由于上市公司股本、股价等的特殊性，其盈利能力除了可以用前述通用盈利能力指标进行分析外，还可以用每股收益、市盈率、股利发放率等上市公司专用指标进行分析。

第二节　资本经营盈利能力分析

一、资本经营盈利能力的含义及指标计算

资本经营盈利能力是企业所有者投入的资本通过经营获取利润的能力。资本经营盈利能力分析以净资产收益率为核心指标。净资产收益率是净利润与平均净资产的比率，表示每一单位的净资产能产生多少净利润。在企业债务资本带来的利润支付本息后尚有剩余的前提下，净资产收益率越高，投资者所获取的投资报酬率越高。

$$净资产收益率 = \frac{净利润}{平均净资产} \times 100\%$$

$$平均净资产 = \frac{净资产期初余额 + 净资产期末余额}{2}$$

利用上述公式计算分析企业资本经营盈利能力时，需要注意以下两点：①净利润是利润表中的当期税后利润。净资产是资产减去负债后的金额，即所有者权益的金额。②净资产收益率反映了自有资本获取净收益的能力，该指标越高，企业的股东资金使用效率越高，投资者利益保障程度越高。

根据LFYL公司2015—2019年的资产负债表和利润表，其2015—2019年净资产收益率计算如表8-1所示。

表8-1　2015—2019年LFYL公司净资产收益率计算表

项目	2015年	2016年	2017年	2018年	2019年
净利润(元)	168,163,528	180,320,698	201,974,097	355,337,655	519,456,196
平均净资产(元)	1,114,781,569	1,241,904,637	1,364,169,513	4,614,098,960	8,131,690,273
净资产收益率	15.08%	14.52%	14.81%	7.70%	6.39%

由表8-1可知，除2017年外，LFYL公司2015—2019年净资产收益率均呈下降状态，2018年甚至跌至2017年的一半，表明每一单位净资产产生的净利润越来越少，投资者投入的资金使用效率越来越低。

二、净资产收益率的因素分析

(一) 影响净资产收益率的因素

影响净资产收益率的因素主要有以下几种。

(1) 总资产报酬率。净资产是总资产的一部分,总资产变动必然影响净资产收益率。当负债利息率和资本结构不变时,总资产报酬率越高,净资产收益率越高。

(2) 负债利息率。负债利息率是利息支出与平均负债的比率。在资本结构不变和总资产报酬率高于负债利息率的前提下,负债利息率越高,企业净资产收益率越低,投资者获得的收益越低。反之,企业净资产收益率越高,投资者获得的收益越高。

(3) 资本结构。在总资产报酬率高于负债利息率的前提下,负债与净资产之比越高,净资产收益率越高。当负债占比降低时,净资产收益率也随之降低。

(4) 所得税税率。由于净利润是税后利润,所得税税率变动时,净利润也变动,故所得税税率影响净资产收益率。净资产收益率和所得税税率是负相关关系,故提高所得税税率,将降低净资产收益率;降低所得税税率,将提升净资产收益率。

$$净资产收益率 = \frac{净利润}{平均净资产}$$

$$净资产收益率 = \left[总资产报酬率 + (总资产报酬率 - 负债利息率) \times \frac{平均负债}{平均净资产} \right] \times (1 - 所得税税率)$$

(二) LFYL公司净资产收益率因素分析

通过对净资产收益率进行因素分析,可知总资产报酬率、负债利息率、资本结构和所得税税率对企业资本经营盈利能力的影响程度,为提升企业净资产收益率指明方向。下面以LFYL公司2018—2019年资产负债表和利润表相关数据为依据,来计算分析各因素对其净资产收益率的影响程度,2018—2019年各项目数据如表8-2所示。

表8-2 LFYL公司净资产收益率因素分析表

项目	2018年	2019年
净利润(元)	355,337,655	519,456,196
平均净资产(元)	4,614,098,960	8,131,690,273
平均总资产(元)	7,267,762,408	12,978,833,267
利润总额(元)	357,916,716	576,296,231
利息支出(元)	75,684,773	114,239,166
平均负债(元)	2,653,663,448	4,847,142,994
所得税税率(%)	15	15
净资产收益率(%)	6.61	6.03
总资产报酬率(%)	5.97	5.32
负债利息率(%)	2.85	2.36
平均负债/平均净资产	0.58	0.60

注:由于LFYL公司各纳税主体适用的所得税税率存在差别,为简化核算,此处假设2018—2019年的所得税税率均为15%。

用连环替代法对LFYL公司净资产收益率进行因素分析如下：

分析对象=6.03%-6.61%=-0.58%

① 2018年净资产收益率=[5.97%+(5.97%-2.85%)×0.58]×(1-15%)=6.61%

② 替代总资产报酬率：净资产收益率=[5.32%+(5.32%-2.85%)×0.58]×(1-15%)=5.74%

③ 替代负债利息率：净资产收益率=[5.32%+(5.32%-2.36%)×0.58]×(1-15%)=5.98128%=5.98%

④ 替代资本结构：净资产收益率=[5.32%+(5.32%-2.36%)×0.60]×(1-15%)=6.0316%=6.03%

⑤ 2019净资产收益率=[5.32%+(5.32%-2.36%)×0.60]×(1-15%)=6.03%

由②-①，得总资产报酬率变动对净资产收益率的影响=-0.87%

由③-②，得负债利息率变动对净资产收益率的影响=0.24%

由④-③，得资本结构变动对净资产收益率的影响=0.05%

由⑤-④，得所得税税率变动对净资产收益率的影响=0

根据上述计算，可知受总资产报酬率、负债利息率、资本结构的影响，LFYL公司2019年净资产收益率较2018年下降了0.58%。其中，总资产报酬率对净资产收益率下降产生负向影响，使净资产收益率下降0.87%；负债利息率和资本结构对净资产收益率下降产生正向影响，分别使净资产收益率上升0.24%和0.05%。可见，总资产报酬率的下降是导致LFYL公司2019年净资产收益率下降的主要原因，而债务成本的降低和杠杆作用的正向影响又不足以抵消总资产报酬率下降的负向影响，因此企业应着眼于提升总资产报酬率、降低债务成本、进一步发挥杠杆作用，以提升净资产收益率。

三、现金流量视角的资本经营盈利能力分析

现金流量视角的资本经营盈利能力分析能够进一步补充反映企业的盈利质量，主要指标有净资产现金回收率和盈利现金比率。

(一) 净资产现金回收率分析

净资产现金回收率是经营活动现金净流量与平均净资产的比率，表示股东每投入一元钱，经过企业经营之后能为其带来多少现金流。净资产收益率虽然反映企业盈利能力，但并不是所有净利润都表现为赚回的现金，故净资产收益率无法反映企业获现能力，因此，净资产现金回收率进一步补充反映了企业的盈利质量。

$$净资产现金回收率 = \frac{经营活动现金净流量}{平均净资产} \times 100\%$$

根据LFYL公司2015—2019年的资产负债表和现金流量表相关数据，计算其净资产现金回收率，如表8-3所示。

表8-3 2015—2019年LFYL公司净资产现金回收率计算表

项目	2015年	2016年	2017年	2018年	2019年
经营活动现金净流量(元)	261,299,378	163,926,594	227,567,254	649,366,181	782,789,097
平均净资产(元)	1,114,781,569	1,241,904,637	1,364,169,513	4,614,098,960	8,131,690,273
净资产现金回收率	23.44%	13.20%	16.68%	14.07%	9.63%

由表8-3可以看出，LFYL公司2015—2019年间净资产现金回收率由23.44%下降至9.63%，虽然2017年较2016年的净资产现金回收率小幅上升，但并不影响其整体下降的趋势，表明其盈利质量在逐渐下降，股东实际能够获取的现金流逐渐减少。

(二) 盈利现金比率分析

盈利现金比率是经营活动现金净流量与净利润的比率。一般情况下，该比率越大，企业盈利质量也就越强。当该比率小于1时，说明企业本期净利润中存在尚未实现的现金收入，在这种情况下，即使企业盈利，也可能出现现金短缺，严重时会导致破产。当企业当期的经营活动现金净流量和净利润均为负数时，可能是企业有大规模的经营购买支付活动，或者是企业的经营状况出现问题，或者是整个行业的问题，这需要结合企业实际情况具体分析。

根据LFYL公司2015—2019年的利润表和现金流量表相关数据，计算其盈利现金比率，如表8-4所示。

表8-4 2015—2019年LFYL公司盈利现金比率计算表

项目	2015年	2016年	2017年	2018年	2019年
经营活动现金净流量(元)	261,299,378	163,926,594	227,567,254	649,366,181	782,789,097
净利润(元)	168,163,528	180,320,698	201,974,097	355,337,655	519,456,196
盈利现金比率	1.55	0.91	1.13	1.83	1.51

由表8-4可看出，LFYL公司2015—2019年盈利现金比率变动幅度较大，除2016年小于1外，其他年份均大于1，表明其净利润收现情况较好，经营活动产生的现金净流量较充足。

四、资本经营盈利能力的行业分析

表8-5为2019年5家医疗行业知名企业的净资产收益率计算表，由此表可知，在5家同行业企业中LFYL公司6.39%净资产收益率远低于乐普医疗的23.62%，比平均净资产远低于其的三诺生物的净资产收益率低3.12%，但比美年健康的净资产收益率高，因此，其资本经营盈利能力相对较差。

表8-5 2019年医疗行业知名企业净资产收益率计算表

企业名称	净利润(元)	平均净资产(元)	净资产收益率
LFYL	519,456,196	8,131,690,273	6.39%
美年健康	-713,736,930	7,724,844,446	-9.24%
乐普医疗	1,723,791,720	7,296,500,827	23.62%
三诺生物	250,683,387	2,635,968,570	9.51%
鱼跃医疗	761,574,866	5,850,620,335	13.02%

相关链接8-1

探析净资产收益率

净资产收益率实际上是财务分析中的核心分析指标,它认为一切企业的行为归根结底在利润上。净资产收益率既是财务分析的出发点,也是始终贯穿财务分析的一个主线。以这一指标为起点,层层递推,就能得到揭示企业经营状况的其他指标工具。这个指标也可以横向比较不同行业投资标的的盈利能力,当然,分析时需要关注其不同行业特点。

一、净资产收益率指标的分解

净资产收益率是企业净利润与净资产的比率。用公式表达就是:净资产收益率=净利润/净资产。这个公式告诉我们,每投入一元钱,经过企业经营之后,每年能为股东带来多少钱的收益。把这一公式予以分解,我们还可以得出公司净资产收益高低的决定和制约因素。分解公式为:净资产收益率=净利润/净资产=(净利润/总资产)×(总资产/净资产),式中,净利润/总资产被称为总资产净利率,总资产/净资产被称为权益乘数或财务杠杆。进一步细分,总资产净利率也可以分为两部分,即净利润/总资产=(净利润/销售额)×(销售额/总资产)。此式中,净利润/销售额是销售净利率;销售额/总资产是总资产周转率。综上所述,我们可以把净资产收益率表述为三个比率乘积,即资产收益率=销售净利率×总资产周转率×财务杠杆(或权益乘数)。那么,如何看待净资产收益率的高低呢?最简单的办法就是对照一年的银行理财的收益率。比如今年理财产品的收益率为6%,而一个上市公司的净资产收益率值要小于这个数,就说不过去了。因为这样的话,公司还不如去买银行理财产品。

二、从资产收益率看ROE最高的25只医药股

巴菲特说过,如果只能用一个指标来选股,那他只看净资产收益率,即 ROE。一般来说,连续多年净资产收益率在15%~30%的公司,是非常优秀的上市公司。由于医药行业既具有科技属性,又具有消费属性,长期来看,是最容易出大牛股的行业。有人提出,被退市、处罚的公司ROE也很高。但其前提是财务报表可信。要配合财务杠杆看,ROE很高的公司是很怕的。

当然,净资产收益率是选股的第一步,我们还要结合营收和净利润增长、资产负债率、总资产周转率、销售毛利率、现金流量等指标综合确定。

三、净资产收益率指标的缺陷

(1) 这个指标是用企业净利润来计算的,有时候企业净利润是虚的,财务报表上的净利润可能受企业利润调整甚至是造假而失真。

(2) 可能由于企业较低的资金回收能力,应收款多,经营现金流不足,导致被计入的利润无法兑现,形成坏账。

(3) 净资产收益率的提高可能是以企业增加杠杆为代价的,一方面是增加债务杠杆,另一方面会限制企业未来的融资能力,影响企业发展。

总的来说,使用ROE指标的时候,不仅要注意看企业的净利润是否正常真实并且是扣非后的净利润,还要看其净利润中的经营现金流的含量。另外,还要注意企业是不是过度

使用融资负债杠杆才使ROE提高的。

四、企业负债与净资产收益率

企业负债包括有息负债和无息负债。有息负债主要包括：①银行借款；②发行债券；③租赁。有息负债率的计算公式为：(短期借款+1年内到期的长期负债+长期借款+应付债券+长期应付款)/总资产。无息负债主要是经营活动中自动形成的负债，主要是预收账款和应付账款，还有一些应付税金、应付工资等。

有息负债与无息负债对利润的影响是完全不同的，前者通过财务费用减少利润，后者不直接减少利润。因此，公司在降低负债率方面，应当重点减少有息负债，而不是无息负债，这对于利润增长或扭亏为盈具有重大意义。

有息负债的成本，一般情况至少是6%。而无息负债的成本是0。因此，当公司的总资产收益率回落低于6%的时候，有息负债就是累赘。而无息负债的公司，在总资产收益率在0%~6%时，照样毫无负担。但是上市公司中，大部分企业总资产收益率达不到6%。

根据杜邦公式，净资产收益率=销售净利率×总资产周转率×财务杠杆，无息负债的公司可以拥有更高的净资产收益率，从而享受更高的估值。

有人说，若上市公司资产负债率提升的主要原因是应付账款、预收账款等无息负债的增加，这是好事，说明其占用上下游资金的能力强。遇到这种公司都值得留意。表面上看起来，净资产收益率好像越高越好，但我们一定要进一步结合杜邦分析，如果高净资产收益率是因为有大量有息负债，这类企业该指标的背后隐藏着风险，它是以牺牲企业经营稳健程度为代价的。因此，要警惕有大量有息负债的高净资产收益率的企业。当然，也有企业之所以拥有高净资产收益率，是因为财务杠杆中有大量的无息负债，相当于投入资本不多，但依靠自身强势地位，占用了大量的上下游资金进行经营，这是企业竞争力强大的表现。虽然，这类企业没有利息吞噬利润的后顾之忧，可以运用更高的财务杠杆，从而可以拥有更高的净资产收益率，享受更高的估值。但在这类企业中，净资产收益率也不是越高越好，要警惕上下游"挤兑"的风险。

资料来源：马靖昊."净资产收益率"指标很重要[N].财会信报，2020-11-16.

第三节 资产经营盈利能力分析

一、资产经营盈利能力的含义及指标计算

资产经营盈利能力指企业运营资产而产生利润的能力。衡量企业资产经营盈利能力的核心指标是总资产报酬率，总资产报酬率是息税前利润与平均总资产的比率，而息税前利润是利润总额与利息支出之和。总资产报酬率反映了企业资产综合利用效果，该比率越高，则资产运营效率越高，企业获利能力越强。

$$总资产报酬率 = \frac{利润总额+利息支出}{平均总资产} \times 100\%$$

$$\text{平均总资产} = \frac{\text{总资产期初余额} + \text{总资产期末余额}}{2}$$

根据LFYL公司2015—2019年资产负债表、利润表及附注，计算其总资产报酬率如表8-6所示。

表8-6　2015—2019年LFYL公司总资产报酬率计算表

项目	2015年	2016年	2017年	2018年	2019年
利润总额(元)	224,534,358	220,071,341	253,623,793	357,916,716	576,296,231
利息支出(元)	4,636,897	453,726	1,978,770	75,684,773	114,239,166
平均总资产(元)	1,550,173,730	1,542,142,402	1,712,026,005	7,267,762,408	12,978,833,267
总资产报酬率	14.78%	14.30%	14.93%	5.97%	5.32%

由表8-6可看出，LFYL公司2015—2017年总资产报酬率基本稳定在14%左右，但2018年断崖式下降至5.97%，总资产的获利能力急剧下降。下面将针对LFYL公司2018—2019年的总资产报酬率做因素分析，发掘其急剧下降的影响因素。

二、总资产报酬率的因素分析

(一) 影响总资产报酬率的因素

影响总资产报酬率的因素主要有以下两种。

(1) 总资产周转率。总资产周转率表示每一单位资产能够产生多少营业收入，反映企业资产的运营效率。

(2) 销售息税前利润率。销售息税前利润率表示每一单位营业收入能够产生多少息税前利润，反映企业商品经营的盈利能力。商品盈利能力越强，销售息税前利润率越高。

$$\text{总资产报酬率} = \frac{\text{营业收入}}{\text{平均总资产}} \times \frac{\text{息税前利润}}{\text{营业收入}} \times 100\%$$
$$= \text{总资产周转率} \times \text{销售息税前利润率} \times 100\%$$

(二) LFYL公司总资产报酬率因素分析

通过对总资产报酬率进行因素分析，可知总资产周转率和销售息税前利润率对总资产报酬率的影响程度，为提升企业资产经营盈利能力指明方向。下面以LFYL公司2018—2019年年报相关数据为依据，来计算分析各因素对其总资产报酬率的影响程度，2018—2019年各项目数据如表8-7所示。

表8-7　LFYL公司总资产报酬率因素分析表

项目	2018年	2019年
营业收入(元)	2,653,120,079	3,475,614,155
平均总资产(元)	7,267,762,408	12,978,833,267
利润总额(元)	357,916,716	576,296,231

(续表)

项目	2018年	2019年
利息支出(元)	75,684,773	114,239,166
息税前利润(元)	433,601,489	690,535,396
总资产周转率	0.3651	0.2678
销售息税前利润率(%)	16.34	19.87
总资产报酬率(%)	5.97	5.32

分析对象：5.32%-5.97%=-0.65%

2018年总资产报酬率=0.3651×16.34%=5.97%

① 总资产周转率变动的影响=(0.2678-0.3651)×16.34%=-1.59%

② 销售息税前利润率变动的影响=0.2678×(19.87%-16.34%)=0.945%

根据上述计算可知，LFYL公司2019年总资产周转率变动对总资产报酬率产生负向影响，使其总资产报酬率降低了1.59%；销售息税前利润率变动对总资产报酬率产生正向影响，使其总资产报酬率上升了0.945%。在两者综合影响下，2019年LFYL公司的总资产报酬率较2018年降低了0.65%。因此，企业要想提升总资产报酬率，需着力于提升总资产周转率和销售息税前利润率。

三、现金流量视角的资产经营盈利能力分析

现金流量视角的资产经营盈利能力分析从现金流量角度考察企业的资产经营盈利能力，核心指标是资产现金回报率。资产现金回报率是经营活动现金净流量与平均总资产的比率，表示每一单位资产能够获取多少现金流量，反映了企业利用资产获取现金的能力，是对上述资产经营盈利能力分析的有效补充。

$$资产现金回报率=\frac{经营活动现金净流量}{平均总资产}$$

LFYL公司2015—2019年资产现金回报率计算如表8-8所示。

表8-8　2015—2019年LFYL公司资产现金回报率计算表

项目	2015年	2016年	2017年	2018年	2019年
经营活动现金净流量(元)	261,299,378	163,926,594	227,567,254	649,366,181	782,789,097
平均总资产(元)	1,550,173,730	1,542,142,402	1,712,026,005	7,267,762,408	12,978,833,267
资产现金回报率	16.86%	10.63%	13.29%	8.93%	6.03%

由表8-8可知，除2017年外，LFYL公司近五年的资产现金回报率呈逐渐下降的趋势，由2015年的16.86%下降至2019年的6.03%，表明企业利用资产获取现金的能力越来越差。

四、资产经营盈利能力的行业分析

根据LFYL、美年健康、乐普医疗、三诺生物和鱼跃医疗五家企业2019年的资产负债表、利润表及附注，计算其总资产报酬率，如表8-9所示。

表8-9 2019年医疗行业知名企业总资产报酬率计算表

企业名称	息税前利润(元)	平均总资产(元)	总资产报酬率
LFYL	690,535,396	12,978,833,267	5.32%
美年健康	−74,776,488	17,636,594,860	−0.42%
乐普医疗	2,384,959,757	15,519,791,803	15.37%
三诺生物	305,978,093	3,140,758,339	9.74%
鱼跃医疗	872,532,717	7,438,564,458	11.73%

由表8-9可知，上述五家医疗行业知名企业中，除美年健康外，LFYL公司的总资产报酬率最低，仅为5.32%。总资产规模不及LFYL公司总资产规模四分之一的三诺生物，其9.74%的总资产报酬率远高于LFYL公司的5.32%，可见LFYL公司的资产经营盈利能力较弱，资产运营效率较低，企业获利能力较差。

相关链接8-2

"总资产报酬率"为何重要

总资产报酬率(Return On Total Assets，ROA)，是指企业一定时期内获得的报酬总额与资产平均总额的比率，即企业全部资产的整体获利能力。其计算公式为：总资产报酬率=(利润总额+利息支出)/平均总资产额×100%。

企业是商业组织，有逐利之天性。市场竞争残酷，迫使企业必须关注资产运行效率。因此，企业投资者在投资之初，往往会高度关心两个问题：第一，多久才可回本？第二，在资产生命周期内，可盈利几何？而这两个问题，恰恰可采用总资产报酬率来回答。

总资产报酬率，常用来度量企业经营水平的高低。例如，2016年11月29日，在国务院常务会议上，在听取国有重点大型企业监事会对中央企业监督检查情况的汇报后，李克强总理曾指示：(央企的)利润多少、资产回报率多少、总资产报酬率多少，都要列得清清楚楚，说得明明白白。

总资产，顾名思义，包括企业有形无形的一切资产，例如设备、土地、建筑、软件、现金、负债、品牌、知识产权等。换言之，总资产报酬率提醒我们，应当从企业运行全局的角度来考虑如何提高资产运行的效率，而不宜"只见树木不见森林"。例如，在一家设备密集型的工程机械制造企业，过于强调生产车间的6S与效率改善。但笔者分析后发现，实际上是产品研发环节管理不当，设计的产品经常有不少"先天性毛病"，导致出货后频遭客户勒令进行修改和修理、退货，严重影响了该企业的总资产报酬率。

一般来说，产品利润幅度、产品销售能力、所处的市场经济环境、产品所处的阶段(引入期、成长期、成熟期和衰退期)、资产总额等因素，均会直接给总资产报酬率带来影响。

前述工程机械企业之案例，是产品利润幅度偏低；而产品利润幅度偏低的主要真实原因，是产品研发能力偏弱(而非生产车间的6S与效率问题)。而下述之成功案例，是因为削减了资产总额(同时也因进行了云平台的数字化升级)：2016年，美的集团董事长方洪波先生在演讲时表示："美的所有的财务结构都是往好的方向发展，但是我们有一个指标是在下降的，就是固定资产在过去三年下降了70亿元，说明了美的的资产效率非常高效"。

有个值得注意的现象：在推广ISO55000资产管理体系时，不少推广人士持有"设备管理=资产管理"之观点，是蓄意还是无意，不得而知。但这样的观点会严重误导企业。资产管理包括但不限于设备管理，尤其当设备不是企业的制造/服务系统的瓶颈时，一味对设备管理进行改善，对提高总资产报酬率的贡献几乎为零。

资料来源：蒋坛军."总资产报酬率"为何重要？[N].企业家日报，2017-04-17.

第四节 商品经营盈利能力分析

一、商品经营盈利能力的含义及指标计算

相对于资产经营和资本经营而言，商品经营不考虑投资或筹资的问题，商品经营盈利能力研究利润与收入或成本之间的比率关系。反映企业商品经营盈利能力的核心指标有两大类：一类是收入利润率，即各种利润额与收入之间的比率；另一类是成本利润率，即各种利润额与成本之间的比率。

(一) 收入利润率

反映收入利润率的指标主要有营业收入利润率、营业收入毛利率、总收入利润率、销售净利率和销售息税前利润率。不同的收入利润率，其内涵不同，所揭示的收入与利润的关系不同，在分析评价中所起的作用也不同。

$$收入利润率 = \frac{各种利润额}{营业收入} \times 100\%$$

(1) 营业收入利润率，指营业利润与营业收入之间的比率。

(2) 营业收入毛利率，指营业毛利与营业收入之间的比率，而营业毛利是营业收入与营业成本之差。

(3) 总收入利润率，指利润总额与企业总收入之间的比率。企业总收入包括企业营业收入、其他收益、投资净收益、公允价值变动净收益、资产处置净收益和营业外收支净额。

(4) 销售净利率，指净利润与营业收入之间的比率。

(5) 销售息税前利润率，指息税前利润与营业收入之间的比率。息税前利润额是利润总额与利息支出之和。

收入利润率指标是正指标，指标值越高越好。收入利润率指标既可考核企业利润计划的完成情况，又可进行各企业之间收入利润率的横向比较分析及同一企业不同时期收入利润率的纵向比较分析，分析时应根据分析目的与要求，确定适当的标准值，如行业平均值、全国平均值、企业目标值等。

根据LFYL公司2015—2019年利润表和附注，计算其2015—2019年的收入利润率，如表8-10所示。

表8-10　2015—2019年LFYL公司收入利润率指标计算表

项目	2015年	2016年	2017年	2018年	2019年
营业收入利润率	14.84%	16.83%	16.35%	13.71%	16.35%
营业收入毛利率	25.94%	27.16%	31.40%	40.57%	46.63%
总收入利润率	14.82%	16.79%	16.07%	13.46%	16.42%
销售净利率	11.14%	13.99%	12.82%	13.39%	14.95%
销售息税前利润率	15.19%	17.11%	16.22%	16.34%	19.87%

根据表8-10，可绘制出LFYL公司2015—2019年收入利润率趋势分析图，如图8-1所示。

图8-1　2015—2019年LFYL公司收入利润率趋势分析图

由表8-10及图8-1可知，2015—2019年LFYL公司营业收入毛利率、销售息税前利润率、销售净利率基本呈上升态势，总收入利润率和营业收入利润率除了2018年有小幅下降外也基本呈上升态势，表明LFYL公司近五年商品经营盈利能力逐渐提升。营业收入毛利率增长速度高于营业收入利润率等其他收入利润率指标，表明其各项费用增长速度较快，要想进一步提升商品经营盈利质量，则需进一步缩减各项费用支出并提升收入水平。

(二) 成本利润率

成本利润率是各种利润额与企业营业成本费用的比率。反映成本利润率的主要指标有营业成本利润率、营业费用利润率和全部成本费用利润率。

(1) 营业成本利润率。该指标是营业利润与营业成本的比率。

$$营业成本利润率 = \frac{营业利润}{营业成本} \times 100\%$$

(2) 营业费用利润率。该指标是营业利润与营业费用之间的比率。营业费用包括营业成本、税金及附加、期间费用、研发费用、资产减值损失及信用减值损失。期间费用包括管理费用、销售费用和财务费用。

$$营业费用利润率=\frac{营业利润}{营业费用}\times100\%$$

(3) 全部成本费用利润率。该指标可细分为全部成本费用总利润率和全部成本费用净利润率。全部成本费用总利润率是利润总额与全部成本费用的比率，全部成本费用净利润率是净利润与全部成本费用的比率。全部成本费用是营业费用与营业外支出之和。

$$全部成本费用总利润率=\frac{利润总额}{营业费用+营业外支出}\times100\%$$

$$全部成本费用净利润率=\frac{净利润}{营业费用+营业外支出}\times100\%$$

以上各成本利润率指标均是各种利润额与营业成本费用的比率，反映了企业投入产出水平，即所得与所费的比率，体现了提高利润率是以降低成本及费用为基础的。这些指标值越高，表明每1元成本及费用取得的利润越多，劳动耗费的效益越高；反之，则表示每耗费1元成本和费用所实现的利润越少，劳动耗费的效益越低。因此，成本利润率是综合反映企业成本效益的重要指标。

成本利润率是正指标，指标值越高越好。分析评价时，可将各指标实际值与标准值进行对比。标准值可根据分析的目的与管理要求确定。

根据LFYL公司2015—2019年利润表和附注，计算其2015—2019年的成本利润率，如表8-11所示。

表8-11　2015—2019年LFYL公司成本利润率指标计算表

项目	2015年	2016年	2017年	2018年	2019年
营业成本利润率	20.04%	23.11%	23.83%	23.07%	30.64%
营业费用利润率	17.36%	19.89%	19.39%	15.81%	19.38%
全部成本费用总利润率	17.36%	20.17%	18.98%	15.51%	19.58%
全部成本费用净利润率	13.00%	16.53%	15.11%	15.40%	17.65%

根据表8-11，可绘制出2015—2019年LFYL公司成本利润率趋势分析图，如图8-2所示。

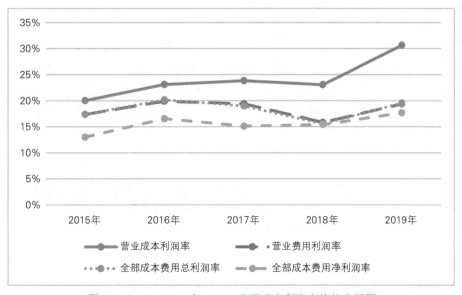

图8-2　2015—2019年LFYL公司成本利润率趋势分析图

由表8-11及图8-2可知，2015—2019年LFYL公司营业成本利润率和全部成本费用净利润率基本呈上升态势，营业费用利润率和全部成本费用总利润率除了2018年下降至15%左右外其他年份基本保持在19%左右。五年间营业成本利润率趋势线和营业费用利润率差距越来越大，表明LFYL公司成本费用中费用类金额越来越大，应注意缩减费用类支出。

二、现金流量视角的商品经营盈利能力分析

商品经营盈利能力的现金流量指标是销售获现比率。销售获现比率是销售商品、提供劳务收到的现金与营业收入之间的比率，表示每一单位营业收入可实际收到多少现金，反映企业通过销售获取现金的能力，是对商品经营盈利能力的补充。当该比率大于或等于1时，表明企业营业收入质量高，企业不需要或者较少采用赊销方式就可实现商品销售；反之，则表明企业产品可能已经滞销，更多依靠赊销来达到销售目标，或者是应收账款无法及时回笼，造成当期销售现金收入减少。

根据LFYL公司2015—2019年现金流量表和利润表，计算其五年间销售获现比率，如表8-12所示。

表8-12　2015—2019年LFYL公司销售获现比率计算表

项目	2015年	2016年	2017年	2018年	2019年
销售商品、提供劳务收到的现金(元)	1,537,438,260	1,384,902,800	1,584,494,601	2,626,776,095	3,570,753,152
营业收入(元)	1,508,984,687	1,288,770,720	1,575,945,309	2,653,120,079	3,475,614,155
销售获现比率	1.02	1.07	1.01	0.99	1.03

由表8-12可知，五年间LFYL公司的销售获现比率只有2018年小于1，虽然2015—2018年呈现小幅下降趋势，但2019年又回升至1.03，表明其通过销售产品获取现金的能力较好，产品销售形势较可观，企业的信用政策较合理。

三、商品经营盈利能力的行业分析

根据LFYL、美年健康、乐普医疗、三诺生物和鱼跃医疗五家医疗行业知名企业2019年的现金流量表、利润表，计算其营业收入利润率，如表8-13所示。由表8-13可知，除美年健康外，LFYL公司的营业收入利润率比与其净资产规模相差不大的乐普医疗低8.81%，比远小于其总资产规模和净资产规模的鱼跃医疗低1.98%，可见LFYL公司的营业收入利润率并不高，其商品经营盈利能力较弱。

表8-13　2019年医疗行业知名企业营业收入利润率计算表

企业名称	总资产规模(元)	净资产规模(元)	营业收入利润率
LFYL	13,259,178,844	8,463,491,199	16.35%
美年健康	18,918,620,476	8,154,021,651	−5.26%
乐普医疗	15,926,290,884	8,004,948,805	25.16%
三诺生物	3,281,508,706	2,648,940,899	15.42%
鱼跃医疗	7,965,728,884	6,156,574,224	18.33%

相关链接8-3

长春高新盈利能力分析

长春高新全称为长春高新技术产业(集团)股份有限公司,公司主营业务为生物制药及中成药的研发、生产和销售,辅以房地产开发、物业管理及房产租赁等业务。

(一) 销售净利润分析

销售净利润是用来衡量企业的营业收入给企业带来多少利润的。长春高新在2015—2018年之间的销售净利率分别为22.42%、23.36%、22.61%、27.22%。2015—2016年和2017—2018年销售净利润呈上升趋势,而2016—2017年销售净利润呈下降趋势。通过其年报数据发现,2017年总收入的快速增加可能与长春公司的子公司和其他公司签订股权转让协议,以货币形式转让所持有的股权有关。从数据可以看出,长春生物2015—2018年的收入一直呈稳定上升趋势,特别是在面对2018年7月下旬爆发的"长生事件"的情况下,长春高新依然实现了收入的增加。而在房地产行业中,长春高新规模不断扩大,市场中的认可度也在扩大。所以,企业在面对市场政策和环境的变化时,长春高新在这几年收入能够实现不断增加,企业的经营模式得到很好的体现,所以销售净利润有所上升。

(二) 毛利率分析

毛利率反映了企业生产、销售产品的获利能力,由收入和相应成本的配比决定。一般来说,企业毛利率越高,企业的盈利能力越强。通过表8-14可以看到,长春高新的毛利率在2015—2016年呈现上升趋势,在2016—2017年毛利率呈现下降趋势,而在2017—2018年出现大幅度上涨的趋势。总的来说,长春高新的毛利率保持稳定变化并且在行业的平均值之上,即与其他公司相比,长春高新的产品具有更高的附加值,有着更低的成本,从而公司竞争力较强。造成毛利率变化的主要原因是2017年比2016年销售费用的增加,导致企业营业总成本的涨幅增加。在2017年之后,长春高新的核心子公司的产品销量与产量均快速提升,规模效应显现,直接推动长春高新的毛利率快速上升,使得2018年公司毛利率从2017年的26.24%提升到31.94%,提高了5.7个百分点。

表8-14 长春高新2015—2018年毛利率一览表

项目	2015年	2016年	2017年	2018年
营业总收入(万元)	240,208.96	289,743.98	410,226.16	537,499.47
营业总成本(万元)	177,652.67	210,177.95	302,575.98	365,840.67
毛利率	26.04%	27.46%	26.24%	31.94%

(三) 成本费用利润率分析

成本费用利润率是指每消耗一单位成本的费用,可以得到相对应的利润,反映了经营耗费与经营成果之间的关系。成本费用利润率越高,表明企业可以使用较少的成本获得较高的利润,则企业盈利能力越强。根据长春高新2015—2018年年报数据,可得其四年间的成本费用利润率分别为32.18%、34.20%、32.24%、45.50%,可见,长春高新的成本费用利润率在2015—2016年呈现上升趋势,在2016—2017年呈现下降趋势,而在2017—2018年出现大幅度上涨的趋势，与企业的毛利率的变化趋势相一致。长春高新的成本费用利润率上涨是由于子公司的市场覆盖率进一步扩大，2016年公司的生物基因工程相关业务同比增长34.3%。2018年成本费用利润率上涨的主要原因是持续加大营销力度，推动公司制药业持续高速增长。而2017年长春高新成本费用利润率稍微出现下降，主要是由于研发费用的确认导致全年研发费用同比增加41.15%，以致利润减少。

(四) 总资产报酬率

总资产报酬率是指企业利用现有的资源获取利润的能力，可以反映企业总资产的利用效果和盈利能力。总资产报酬率指标值越大，企业整体资产利用效果越好，企业获利能力越强。长春高新2015—2018年的总资产报酬率分别为18.33%、15.95%、16.35%、20.31%。影响总资产报酬率的因素主要有两个：总资产周转率和息税前利润率。长春高新的总资产报酬率在2015—2016年呈现下降趋势，在2016—2017年呈现上涨趋势，但涨幅较小，而在2017—2018年出现大幅度上涨趋势，涨幅达到3.95%。通过年报信息可发现，2015—2016年长春高新的总资产报酬率呈现下降趋势，虽然息税前利润率呈现上涨趋势，但是由于总资产周转率降幅较大使得总资产报酬率呈现下降趋势。总资产周转率下降的主要原因在于，为了加大生长激素系列产品的市场推广、增加产品的市场覆盖面，公司增加了销售费用，同时2016年公司的销售收入与2015年相比出现下降。由于公司的战略布局的有效调整和创新能力的不断提高，公司的主导产品逐步打开国际市场，在国际市场上的占有率增加使得销售收入增加，同时公司在疫苗板块实现突破，使得长春高新2018年的利润出现大幅度增长，从而推动了2018年总资产报酬率的上涨。

(五) 净资产收益率

净资产收益率是指股东的权益为公司创造的收益，用来衡量公司净资产的获利能力。长春高新在2015—2018年之间的净资产收益率分别为23.90%、15.62%、15.99%、20.85%。可以看出，长春高新净资产收益率在2016年大幅下降，主要是总资产报酬率和杠杆比率下降导致。净资产收益率在2016—2017年基本保持平稳，主要是因为总资产报酬率变动幅度比较小，且2017年股东权益增加较少。净资产收益率在2017—2018年大幅上涨，主要是因为2018年与2017年相比由于药品板块实现稳定增长，利润增加，导致股东权益增加；企业负债同比增加43.51%，远远大于股权同期增加的19.64%，杠杆效应增大，两者共同作用使得2018年净资产收益率大幅上涨。

资料来源：崔晨.长春高新盈利能力分析[J].合作经济与科技，2021(2)：152-153.

第五节 上市公司盈利能力分析

一、上市公司盈利能力的含义及指标计算

上市公司盈利能力指上市公司获取利润的能力。由于上市公司的特殊性，其盈利能力

分析指标不同于普通企业,而需与股票价格等联系起来,因此,上市公司盈利能力分析的指标主要有每股收益、市盈率、股利发放率和每股经营现金流量等。

(一) 每股收益

每股收益(Earnings Per Share,EPS)指每股发行在外的普通股所能分摊到的净收益额。一般来说,每股收益越大,企业盈利能力越强,发放的股利可能越多。该指标是衡量上市公司获利能力的关键指标,能够为投资者进行投资决策提供重要参考。每股收益分为基本每股收益和稀释每股收益。

1. 基本每股收益

基本每股收益指归属于普通股股东的当期净利润扣除优先股股利后与发行在外的普通股加权平均数之间的比率,其计算公式如下:

$$每股收益 = \frac{净利润 - 优先股股利}{发行在外的普通股加权平均数}$$

$$发行在外普通股加权平均数 = 期初发行在外普通股股数 + 当期新发行普通股股数 \times \frac{已发行时间}{报告期时间} - 当期回购普通股股数 \times \frac{已回购时间}{报告期时间}$$

已发行时间、报告期时间及已回购时间一般按照天数计算。由于分母是归属于母公司发行在外的普通股加权平均数,为了保持分子和分母计算口径的一致性,分子也应是归属于母公司股东的利润,即合并报表中的净利润扣除少数股东损益后的金额。

根据LFYL公司2015—2019年年报的相关数据,可计算其每股收益如表8-15所示。由表8-15可知,LFYL公司五年间基本每股收益从0.35上升至0.51,在股利政策不变的情况下,股东分得的股利逐渐变多。

表8-15 2015—2019年LFYL公司基本每股收益表

项目	2015年	2016年	2017年	2018年	2019年
基本每股收益	0.35	0.37	0.41	0.47	0.51

2. 稀释每股收益

稀释每股收益是以基本每股收益为基础,假设企业发行在外的稀释性潜在普通股已转换为普通股,从而分别调整归属于普通股股东的当期净利润以及发行在外的普通股加权平均数而得到的每股收益。稀释性潜在普通股,是指假设当期转换为普通股会减少每股收益的潜在普通股,例如可转换债券、认股权证和股份期权,这些权益对每股收益都具有潜在的稀释影响。

(1) 分子的调整。需要调整的事项主要有两项:一是当期已确认为费用的稀释性潜在普通股的利息;二是稀释性潜在普通股转换时产生的收益或费用。

(2) 分母的调整。当期发行在外普通股的加权平均数指的是计算基本每股收益时普通股的加权平均数与假定稀释性潜在普通股转换为已发行普通股而增加的普通股股数的加权平均数之和。假定稀释性潜在普通股转换为已发行普通股而增加的普通股股数应当按照其发行在外的时间进行加权平均,即以前期间发行的稀释性潜在普通股,应当假设在当期期初转换为普通股;当期发行的稀释性潜在普通股,应当假设在发行日转换为普通股。

$$调整增加的普通股股数=拟行权时转换的普通股股数-\frac{行权价格×拟行权时转换的普通股股数}{平均市场价格}$$

(二) 市盈率

市盈率是指普通股每股市价与普通股每股收益之间的比率,是衡量股票潜在价值和投资风险的常用指标。通常,普通股每股市价采用年度平均价格,即全年每日收盘价的算数平均数,亦可采用报告期前日的现时股价。

$$市盈率=\frac{每股市价}{每股收益}$$

一般来说,当某股票的市盈率较低时,表明其投资价值较高,投资风险较小,但也可能表明该企业发展前景欠佳,缺乏对投资者的吸引力;当某股票的市盈率较高时,则表明该企业发展前景较好,投资者普遍持乐观态度,愿意承受较大的投资风险。但是,市盈率越高,并不能表明其生产经营状况越好。当企业利润率较低或发生亏损时,其每股收益较低,但此时市盈率却较高甚至为负数,因此,市盈率高并不意味着企业具有良好的发展前景和较高的盈利水平。因此,判断企业股票的投资价值和投资风险,除了市盈率还需结合其他指标进行综合分析评价。

(三) 普通股权益报酬率

普通股权益报酬率是净利润与优先股股利之差和普通股权益平均余额之间的比率,普通股权益平均余额是归属于母公司所有者权益的期初与期末余额的平均数。普通股权益报酬率从普通股股东角度反映企业的盈利能力,该比率越高,企业盈利能力越强,普通股股东可能分得的股利越多。较高的普通股权益报酬率是企业高股利政策的基本前提。

$$普通股权益报酬率=\frac{净利润-优先股股利}{普通股权益平均余额}×100\%$$

$$普通股权益平均余额=\frac{归属于母公司所有者权益期初余额+归属于母公司所有者权益期末余额}{2}$$

由上式可见,普通股权益报酬率受净利润、优先股股利、普通股权益平均余额三个因素的共同影响。根据LFYL公司2015—2019年年报的相关数据,可得出其五年间均不存在优先股,因此,其普通股权益报酬率主要受净利润和普通股权益平均余额两因素的共同影响。根据LFYL公司2015—2019年年报的相关数据,可计算其五年间的普通股权益报酬率,如表8-16所示。

表8-16 2015—2019年LFYL公司普通股权益报酬率计算表

项目	2015年	2016年	2017年	2018年	2019年
净利润(元)	168,163,528	180,320,698	201,974,097	355,337,655	519,456,196
优先股股利	—				
普通股权益平均余额(元)	1,112,633,592.26	1,240,775,813.40	1,362,526,531.54	3,447,164,352.52	5,769,373,643.24
普通股权益报酬率	15.11%	14.53%	14.82%	10.31%	9.00%

由表8-16可知，LFYL公司普通股权益报酬率自2015年的15.11%跌至2019年的9%，基本呈直线式下降态势。虽然净利润呈递增趋势，但普通股权益递增速度高于净利润，以致普通股权益报酬率逐渐下降。

(四) 股利发放率

股利发放率是普通股每股股利和每股收益之间的比率，表示每一元净利润有多少用于普通股股东的现金股利发放，体现了普通股股东可以从每股收益中分得多少股利，反映了普通股股东的当期收益水平。通过该指标，投资者可以了解一家上市公司的股利分配政策和股利支付能力。

$$股利发放率 = \frac{每股股利}{每股收益} \times 100\%$$

根据LFYL公司2015—2019年年报相关数据，其股利发放率计算如表8-17所示。由表8-17可知，LFYL公司的股利发放率由2015年的114.29%下降至2018年的8.51%，基本呈直线下降的趋势，表明其发放的股利越来越少，股东的实际收益越来越少。随着经营状况的好转，2019年的股利发放率上升至19.61%，较2018年增加了11.1%。

表8-17 2015—2019年LFYL公司股利发放率计算表

项目	2015年	2016年	2017年	2018年	2019年
每股股利	0.4	0.2	0.2	0.04	0.1
每股收益	0.35	0.37	0.41	0.47	0.51
股利发放率	114.29%	54.05%	48.78%	8.51%	19.61%

(五) 每股经营现金流量

每股经营现金流量是经营活动现金净流量与发行在外的普通股加权平均数的比率，反映每股发行在外的普通股平均占有的经营活动现金净流量。该比率越大，表明企业进行资本支出和支付股利的能力越强。

$$每股经营现金流量 = \frac{经营活动现金净流量}{发行在外的普通股加权平均数}$$

二、盈利能力的行业分析

(一) 通用盈利能力指标的行业分析

LFYL公司属于医疗行业,以下选取美年健康、乐普医疗、三诺生物和鱼跃医疗四家同行业知名企业与LFYL公司进行通用盈利能力指标的对比分析。根据这五家上市公司2019年年报,计算其资本经营盈利能力、资产经营盈利能力和商品经营盈利能力相关指标,如表8-18所示。

表8-18　2019年五家医疗行业知名企业通用盈利能力指标计算表

企业名称	净资产收益率	总资产报酬率	营业收入利润率
LFLY	6.39%	5.32%	16.35%
美年健康	-9.24%	-0.42%	-5.26%
乐普医疗	23.62%	15.37%	25.16%
三诺生物	9.51%	9.74%	15.42%
鱼跃医疗	13.02%	11.73%	18.33%

由表8-18可看出,除美年健康外,LFYL公司6.39%的净资产收益率和5.32%的总资产报酬率低于乐普医疗、三诺生物和鱼跃医疗,但16.35%的营业收入利润率高于三诺生物15.42%的营业收入利润率,表明LFYL公司净资产和总资产获利能力较差,但商品经营盈利能力相对较好。总体来看,2019年LFYL公司的营业收入利润率在上述同行业企业中处于中等水平,但净资产收益率和总资产报酬率处于较低水平。

(二) 上市公司专用盈利能力指标的行业分析

以下同样选取美年健康、乐普医疗、三诺生物和鱼跃医疗四家医疗企业与LFYL公司进行对比分析。根据上述企业2019年年报,其专用盈利能力指标计算如表8-19所示。

表8-19　2019年五家医疗行业知名企业专用盈利能力指标计算表

企业名称	每股收益	普通股权益报酬率	股利发放率
LFYL	0.51	9.00%	19.61%
美年健康	-0.23	-10.28%	0.00%
乐普医疗	0.97	24.90%	20.62%
三诺生物	0.44	9.51%	68.18%
鱼跃医疗	0.75	13.20%	53.33%

由表8-19可看出,美年健康2019年股利发放率为0,这是由于该企业2019年处于净亏损状态,故未分派股利。除美年健康外,三诺生物的每股收益最低,但其股利发放率最高。LFYL公司每股收益处于中等水平,但普通股权益报酬率和股利发放率较低。

本章小结

本章从盈利能力分析的目的和内容、资本经营盈利能力分析、资产经营盈利能力分析、商品经营盈利能力分析和上市公司盈利能力分析五个小节展开论述。

盈利能力分析的目的是帮助管理者发现经营管理问题并提高经营决策水平，帮助投资者做出正确的投资决策，帮助债权人做出正确的信贷决策，有利于政府部门行使社会职能。盈利能力分析的内容主要有资本经营盈利能力分析、资产经营盈利能力分析、商品经营盈利能力分析和上市公司盈利能力分析。

资本经营盈利能力分析以净资产收益率为核心指标，通过对净资产收益率进行趋势分析，可知企业净资产收益率的变动趋势。通过因素分析可揭示影响净资产收益率的因素及其影响程度，为提升企业净资产收益率提供依据。现金流量视角的资本经营盈利能力分析以净资产现金回收率和盈利现金比率为核心指标，反映了企业净资产和净利润的现金流量保障程度，进一步补充揭示企业的盈利质量。通过医疗行业企业净资产收益率的对比分析，可知LFYL公司净资产收益率在行业中的地位。

资产经营盈利能力分析以总资产报酬率为核心指标，通过对总资产报酬率进行趋势分析，可知企业总资产报酬率的变动趋势。影响总资产报酬率的因素有总资产周转率和销售息税前利润率，通过差额分析法可知各因素对总资产报酬率的影响程度。现金流量视角的资产经营盈利能力分析以资产现金回报率为核心指标，反映了企业利用资产获取现金的能力。通过医疗行业企业总资产报酬率的对比分析，可知LFYL公司总资产报酬率在行业中的水平。

商品经营盈利能力分析指标有收入利润率和成本利润率两大类。收入利润率类指标主要有营业收入利润率、营业收入毛利率、总收入利润率、销售净利率和销售息税前利润率。成本利润率类指标主要有营业成本利润率、营业费用利润率、全部成本费用利润率。收入利润率类指标和成本利润率类指标均为正指标，指标值越高越好。现金流量视角的商品经营盈利能力分析以销售获现比率为核心指标，反映企业通过销售获取现金的能力，是对商品经营盈利能力的补充。通过医疗行业企业相关指标的对比分析，可知LFYL公司营业收入利润率在行业中的地位。

上市公司盈利能力分析指标有两大类，一类是净资产收益率、总资产报酬率等通用盈利能力指标，另一类是上市公司专用盈利能力指标。上市公司专用盈利能力指标主要有每股收益、市盈率、普通股权益报酬率、股利发放率和每股经营现金流量。通过医疗行业上市公司专用盈利能力指标的对比分析，可知LFYL公司普通股股东的获利能力在行业中的水平。

思考讨论

1. 盈利能力分析的目的和内容分别是什么？
2. 影响净资产收益率的因素有哪些？
3. 资产经营盈利能力的核心指标是什么？如何计算？

4. 收入利润率类指标和成本利润率类指标分别有哪些？如何计算？

5. 上市公司专用盈利能力指标有哪些？分别代表什么含义？

6. 为何要进行企业盈利能力的行业分析？

案例分析

瑞幸咖啡财务造假案例分析

2020年2月1日，著名调查机构浑水研究收到了一份来自匿名者的做空报告。这一份长达89页的报告直指瑞幸咖啡正在捏造公司财务和运营数据。浑水收到报告后认为所指控瑞幸造假真实成立，并在社交媒体上表示已做空该股。消息公布后，瑞幸咖啡短线下跌超过20%。2020年2月3日，瑞幸咖啡发布公告，否认做空报告中的所有指控。2020年4月2日，瑞幸咖啡发布公告，自曝虚构交易额22亿元。公司COO刘剑及其部分下属从2019年第二季度起从事某些不正当行为，伪造交易相关销售额约为22亿元；瑞幸咖啡2019年前三季度的主营业务收入为29.29亿元，也就是说22亿元造假规模几乎接近前三个季度的总收入。导致瑞幸咖啡盘前跌幅超80%，每股由26.3美元降至每股4.6美元以下。瑞幸审计机构安永发布回应公告：在对公司2019年年度财务报告进行审计工作的过程中，安永发现公司部分管理人员在2019年第二季度至第四季度通过虚假交易虚增了公司相关期间的收入、成本及费用。2020年4月4日，瑞幸咖啡财务造假22亿元事件持续发酵。周五收盘，瑞幸股价再次大跌15.94%，报5.38美元。2020年4月7日，瑞幸咖啡宣布停牌，在完全满足纳斯达克要求的补充信息之前，交易将继续暂停。以下对瑞幸咖啡的财务数据进行具体分析。

（一）单店收入大幅增长

首先，从表8-20可看出，瑞幸咖啡的门店数从2018年第二季度到2019年第三季度迅速扩张，但是瑞幸咖啡的单店收入确从19.5万元/店激增到41.9万元/店。这样的现象是不合理的，因为一般扩张新店企业收入是下滑的，但瑞幸咖啡在一年多时间内持续扩张了3000多家新店，还能同时保持单店收入大幅度增长，显然是不合理的。其次，与全球最大的咖啡连锁店星巴克相比，星巴克在2019年第三季度的单店收入在99万元左右，每个季度保持在96万元～99万元，波动不大。以最近数据来看，瑞幸咖啡的单店收入是星巴克单店收入的42%，瑞幸咖啡的单杯销售均价为11元，星巴克单杯均价为30元左右，那就意味着瑞幸咖啡的单店商品销售杯数必须达到星巴克的1.2倍。有关资料显示中国的咖啡因人均摄入量为86mg/天，与其他亚洲国家相当，其中95%的摄入量来自于茶叶。中国的咖啡需求市场规模较小并处于温和增长趋势。中国人更爱喝茶而非咖啡，这是短时间内改变不了的。因此，咖啡文化的缓慢渗透与瑞幸咖啡的疯狂扩张存在着不可调和的矛盾。

表8-20 瑞幸咖啡与星巴克单店收入对比

项目	2018.6	2018.9	2018.12	2019.3	2019.6	2019.9
瑞幸门店数	624	1189	2073	2370	2963	3680
瑞幸单店收入(万元)	19.5	20.3	22.5	20.2	30.7	41.9
星巴克单店收入(万元)	98.6	97.8	96	96.2	99	99

(二) 夸大广告支出

瑞幸咖啡招股说明书及财务报表披露数据显示，2018年全年广告费用为3.62亿元，而2019年第三季度的广告费用支出就高达3.74亿元。浑水报告中写道：第三方媒体跟踪显示，瑞幸将2019年第三季度的广告支出夸大了150%以上，尤其是在分众传媒上的支出。对此瑞幸咖啡的CEO钱治亚对于瑞幸咖啡2019年第三季度广告费用过高的情况做了如下解释："品牌建设对我们的长期发展至关重要，根据我们既定的战略，我们将于2019第二季度到2020年第二季度这五个季度大力投入产品建设，因此在这个期间，市场和营销费用肯定是较高的，2020年第三季度开始这部分费用会回归到常态。"这个解释并不够充分，缺乏说服力，更加加重了对于瑞幸咖啡广告费用虚高的质疑。

(三) 虚构其他产品收入贡献

瑞幸咖啡的"其他产品"，即非现煮饮料，如便餐、果汁、坚果、马克杯。据财报显示，其收入贡献从2018年第二季度的7%增加到2019年第三季度的23%。但是浑水通过实际考察，在他们追踪的981个门店日中，只有2%的提货订单中发现了非现制产品，25843张收据进一步表明，取件和交货单中有4.9%和17.5%是"其他产品"，占所有收据的6.2%，而财报显示2019年第三季度的其他产品收入贡献为23%，这几乎膨胀了近400%。再者，瑞幸咖啡有一项优惠是购买"其他产品"可以免费送货，人们自然倾向于购买更多的"其他产品"来满足免费送货的要求。但是，2018年第二季度的订单率从62%大幅下降到现在的近10%，为什么同期"来自其他产品的收入百分比"从7%上升到23%？这更加加重了对瑞幸咖啡虚构其他产品收入贡献的怀疑。

> **问题探讨：**
> 1. 请简述瑞幸咖啡财务舞弊案的影响。
> 2. 如何避免类似上述恶性财务舞弊案的发生？

实操项目

根据第二章实操项目所收集的上市公司财务报表资料，结合其年报其他数据和信息，分析其资本经营盈利能力、资产经营盈利能力、商品经营盈利能力和上市公司盈利能力。

第九章

企业偿债能力分析

学习目标

○ 知识目标

掌握偿债能力的内涵，了解偿债能力分析的目的和内容；理解不同财务报告分析主体对企业偿债能力的要求；了解偿债能力分析与盈利能力分析之间的关系；熟悉影响短期偿债能力和长期偿债能力的主要因素；掌握反映短期偿债能力的指标体系和反映长期偿债能力的指标体系。

○ 能力目标

熟练应用各短期偿债能力指标对企业偿债能力进行分析，主要包括流动比率、速动比率和现金比率的分析和具体应用；熟练应用长期偿债能力指标对企业偿债能力进行分析，特别是产权比率分析、资产负债率分析和已获利息倍数等指标的分析和具体应用；在熟练运用并灵活掌握反映偿债能力的各项指标的基础之上，准确分析企业的偿债能力，进而评价企业整体的财务状况。

第一节 偿债能力分析的目的与内容

偿债能力是指企业偿还各种债务的能力。企业的负债按偿还期的长短，可以分为流动负债和长期负债两大类。其中，反映企业偿付流动负债能力的是短期偿债能力，反映企业偿付长期负债能力的是长期偿债能力。

一、偿债能力分析的目的

偿债能力是企业经营者、投资人、债权人等十分关心的重要问题。站在不同的角度，其分析目的也有区别。例如，投资人更重视企业的盈利能力，但他们认为如果企业有一个良好的财务状况和较强的偿债能力更有助于提高企业的盈利能力。因此，他们同样会关注企业的偿债能力。对于投资人来说，如果企业的偿债能力发生问题，就会使企业的经营者花费大量精力去筹措资金以偿还债务，这不仅会增加筹资难度，加大临时性紧急筹资的成本，还会使企业管理者难以全神贯注地进行企业经营管理，使企业盈利受到影响，最终影响到投资人的利益。债权人对企业偿债能力的分析，目的在于做出正确的借贷决策，保证其资金安全。债权人更会从他们的切身利益出发来研究企业的偿债能力，只有企业拥有较强的偿债能力，才能使他们的债权得到保障，并能按期取得利息。可见，企业偿债能力如何，不仅是企业本身所关心的问题，也是各方面利益相关者都非常重视的问题。人们通过对企业资金的主要来源和用途以及资本结构的分析，加上对企业过去盈利能力的分析和未来盈利能力的预测，来判断企业的偿债能力。

如果站在企业的角度，其分析目的在于：第一，了解企业的财务状况。从企业财务状况这一定义来看，企业偿债能力的强弱是反映企业财务状况的重要标志。第二，揭示企业所承担的财务风险程度。当企业举债时，就可能会出现债务到期不能按时偿付的情况，这就是财务风险的实质所在。而且，企业的负债比率越高，到期不能按时偿付的可能性越大，企业所承担的财务风险就越大。第三，预测企业筹资前景。当企业偿债能力强时，说明企业财务状况较好，信誉较高，债权人就愿意将资金借给企业。否则，债权人就不愿意将资金借给企业。因此，当企业偿债能力较弱时，企业筹资前景不容乐观，或将承担更高的财务风险。第四，为企业进行各种理财活动提供重要参考。

二、偿债能力分析的内容

偿债能力是指企业偿还各种债务的能力。静态地讲，企业偿债能力就是用企业资产清偿企业非流动负债和流动负债的能力；动态地讲，企业偿债能力就是用企业资产和经营过程中创造的收益偿还债务的能力。因此，企业有无支付现金的能力和偿还债务的能力是企业能否继续生存和发展的关键。偿债能力分析主要包括以下两方面的内容。

(1) 短期偿债能力分析。通过对反映短期偿债能力的主要指标和辅助指标的分析，了解企业短期偿债能力的强弱及其变动情况，说明企业的财务状况和风险程度。

(2) 长期偿债能力分析。通过对反映长期偿债能力指标的分析，了解企业长期偿债能力的强弱及其变动情况，说明企业整体财务状况和债务负担及偿债能力的保障程度。

可见，如果企业只有短期偿债能力，缺乏长期偿债能力，企业可能只有短期生存的空间，而没有长期发展的空间。因此，进行企业偿债能力分析必须同时考虑资产的短期流动性与长期安全性。

相关链接9-1

恒大、富力等龙头房企发力"降负债",融资转向境内

近期,上市房企2019年业绩发布会密集举行,财务稳健、现金流安全,降低负债率成为高频词。3月31日,恒大发布年报明确表示,在未来三年内,"降负债"将是恒大重要的战略目标之一。富力地产、新城控股也明确了今年的降负债目标。

截至目前,除保利地产外,其余十大房企均已发布2019年年度报告。总体来看,龙头房企现金流普遍充足。

恒大年报显示,截至2019年末,恒大持有现金2287.7亿元,同比增长12%;剔除预收款的资产负债率77.9%,同比增加4.2个百分点。碧桂园自2016年起连续第四次在年末实现净经营性现金流为正,截至2019年末,可动用现金2683.5亿元,同比增长10.6%,另有约3167.9亿元的银行授信额度尚未使用,营运现金流充裕。万科2019年实现经营性现金净流入456.9亿元,连续实现11年经营性现金流为正;年末持有货币资金1661.9亿元,远高于一年内到期的流动负债总和938.9亿元;净负债率33.9%,继续处于行业低位。

除确保充足的现金流外,降低负债率,保持债务结构稳健也已成为龙头房企共识。恒大表示,在未来三年内,"降负债"也将是恒大重要的战略目标之一。恒大将通过"高增长"增加销售回款、"控规模"减少土地储备支出,控制总有息负债规模每年平均下降1500亿元,到2022年要把总有息负债规模降到4000亿元以下,负债率达到行业中低水平。

融创中国指出,2019年,融创基于在收并购、文旅建设及开发物业上的加码发展,融资力度提升,期末净负债率达172.26%,但相较于年中已下降了33.6个百分点。随着后期投入优质资产带来的价值释放,以及运营管理的加强,长期来看净负债率将继续下降。债务结构方面,2019年融创中国的债务结构较稳健。其中长短债务比1.37,现金短债比0.93。融创中国的管理层表示,今年会重点调整融资结构,降低融资成本,且谨慎拿地。

融资是缓解房企现金流压力的重要手段。克而瑞研究中心统计数据显示,2020年一季度,95家典型房企境内外债券发行融资总额2746.96亿元,达到2019年全年的36%。其中,境内发债1143.95亿元,占比达42%;境外发债1603.02亿元,占比58%,占比为过去一年相对较低水平。克而瑞研究中心研究总监房玲指出,在美元债市场持续动荡形势下,境内房企境外债的发行预估会持续停滞,房企融资转向境内。

展望未来,房企应从融资端和销售端同时着手,努力降低企业杠杆、改善财务结构,吸引更多资本,降低财务成本。如此,才能在当前环境下步入良性循环,使企业未来发展更为稳健。

资料来源:中国证券报. 恒大、富力等龙头房企发力"降负债",融资转向境内[EB/OL]. 2020-04-08. http://www.ce.cn/cysc/fdc/fc/202004/08/t20200408_34636216.shtml.

第二节 企业短期偿债能力分析

一、短期偿债能力的含义

短期偿债能力是指企业偿还流动负债的能力，能够反映企业流动资产对流动负债及时足额偿还的保证程度，是衡量企业当前财务能力特别是流动资产变现能力的重要标志。一般来说，负债需要以流动资产来偿付，而且通常需要以现金来直接偿还，可以反映企业流动资产的变现能力。

二、影响短期偿债能力的因素

从短期偿债能力对企业的影响可以看出，企业必须十分重视短期偿债能力的分析和研究。了解影响短期偿债能力的因素，对于分析企业短期偿债能力的变动情况、变动原因及促进企业短期偿债能力的提高是十分有用的。影响短期偿债能力的因素，总的来说可以分为企业内部因素和企业外部因素。

(一) 企业内部因素

企业内部因素主要包括以下几方面。

(1) 企业经营业绩。这是影响短期偿债能力最根本的原因。一个经营业绩较好的企业，其利润也必然相当可观，而利润的取得便成为增加企业资金、提高偿债能力的后盾，企业就会有持续和稳定的现金收入，从根本上保障了债权人的权益。如果一个企业经营业绩不佳，必将造成企业财务状况恶化，资金周转不灵，影响企业信誉，从而导致企业短期融资困难，从根本上引起营运资金缺乏，其短期偿债能力必然受到影响。

(2) 企业资产结构。在企业的资产结构中，如果流动资产所占比重较大，则企业短期偿债能力相对较强。流动资产中应收账款、存货资产的周转速度是反映企业偿债能力强弱的辅助性指标。

(3) 流动负债的结构。企业的流动负债有些必须以现金偿付，需要用现金偿付的流动负债对资产的流动性要求更高，企业只有拥有足够的现金才能保证其偿债能力。

(4) 企业的融资能力。企业如果与银行等金融机构保持良好的信用关系，能够随时筹集到大量的资金，即使各种偿债能力指标不高，也能按期偿付债务和支付利息。

(5) 企业的经营现金流量水平。企业的短期债务通常是用现金进行偿还的，因此，现金流量是决定企业短期偿债能力的重要因素。

(二) 企业外部因素

企业外部因素主要包括以下几方面。

(1) 宏观经济形势。这是影响企业短期偿债能力的重要外部因素。当国家经济持续稳定增长时，社会的有效需求也会随之稳定增长，进而相关产品畅销，企业的产品和存货可以较容易地通过销售转化为货币资金，从而提高企业短期偿债能力。

(2) 证券市场的发展情况。在企业的流动资产中，常常会包括一定比例的有价证券。如果证券市场发达，企业随时可将手中持有的有价证券转换为现金，进而影响企业的短期偿债能力，特别是当企业把投资有价证券作为资金调度手段时，证券市场的发展情况对企业短期偿债能力的影响就更大。

(3) 银行的信贷政策。如果一个企业的产品是国民经济急需的，发展方向属于国家政策鼓励的，就会较容易地取得银行借款，其偿债能力也会提高。此外，当国家采取较宽松的信贷政策时，企业会在需要资金时较容易地取得银行信贷资金，从而提高实际偿债能力。

三、短期偿债能力的指标计算与分析评价

企业短期偿债能力可以从两个方面进行分析评价：其一，根据资产负债表进行静态分析评价；其二，根据现金流量表和其他相关资料进行动态分析评价。

(一) 短期偿债能力的静态分析

根据资产负债表，可了解企业的流动资产规模和流动负债规模，但流动资产规模仅仅表现企业资产的流动性，而不能说明偿债能力。流动负债规模也只能表明企业目前所承担的债务和资金的流动性，同样不能说明企业偿债能力。最能反映企业短期偿债能力的指标，是建立在对企业流动资产和流动负债关系分析基础之上的，主要有流动比率、速动比率和现金比率。

本章选取LFYL公司2019年度和2018年度部分报表数据辅助于偿债能力指标的具体计算和分析过程，主要财务数据如表9-1所示。

表9-1 LFYL公司资产负债表部分数据　　　　　　　　　单位：元

项目	2018年	2019年
货币资金	1,891,830,601.00	2,243,195,719.00
交易性金融资产	1,178,770.18	2,428,171.05
应收账款	667,194,060.70	685,329,973.20
应收款项融资	0.00	2,600,589.94
预付款项	58,431,556.34	56,087,657.17
其他应收款	111,741,302.20	17,311,118.56
存货	422,409,057.30	416,013,019.80
其他流动资产	90,968,855.35	21,855,236.84
流动资产	3,243,754,203.00	3,444,821,486.00
资产总计	12,698,487,691.00	13,259,178,844.00
短期借款	796,770,083.03	149,288,376.07
流动负债	2,306,535,341.00	2,657,552,415.00
一年内到期的非流动负债	1,122,327,424.33	938,141,496.65
非流动负债	2,592,063,003.00	2,138,135,229.00
负债合计	4,898,598,344.00	4,795,687,644.00
所有者权益合计	7,799,889,347.00	8,463,491,199.00
利润总额	357,916,715.97	576,296,230.54

(续表)

项目	2018年	2019年
利息支出	75,684,773.25	114,239,165.93
息税前利润	690,535,396.47	433,601,489.22
经营活动产生的现金流量净额	649,366,180.61	782,789,096.79

1. 流动比率的计算与分析

流动比率是指流动资产与流动负债的比率，表明每一元的流动负债，有多少流动资产作为偿还保证。其计算公式如下：

$$流动比率 = \frac{流动资产}{流动负债}$$

流动比率是衡量企业短期偿债能力的重要指标，反映企业流动资产在短期债务到期时可变现用于偿还流动负债的能力。一般来说，从债权人的立场出发，流动比率越高，债权人借出的资金越有保障。在会计实务工作中，一般认为企业合理的最低流动比率是2。这是因为流动资产中变现能力最差的存货金额约占流动资产总额的一半，余下的流动性较大的流动资产至少要等于流动负债，企业的短期偿债能力才会有保障。

需要特别指出的是，一个企业的流动比率较高，虽然能够说明企业有较强的偿债能力，反映企业财务状况良好，但如果流动比率过高则会影响企业的盈利能力。当企业大量储备存货时，特别是有相当比例的超储积压物资时，流动比率就会较高，可是存货的周转速度会降低，形成流动资金的相对固定化，进而影响流动资产的利用效率。因此，对流动比率需辩证分析，进行风险和收益的权衡。

评价一个企业的流动比率时，可以从以下三个角度来展开。

(1) 制造业企业流动比率的经验标准为2。流动资产之所以应该是流动负债的2倍，原因在于：流动资产中有一定比例是长期存在的，因而具有实质上的长期资产特性，即资金占用的长期性，因而应该由长期资金予以支持；如果流动资产全部由流动负债支撑，即流动比率为1，那么，一旦发生金融危机或公司信用危机，公司生产经营将会面临十分严重的困境。

(2) 流动比率可以进行纵向比较。通过对自身情况的对比分析，能够反映出企业发展中的变化，这种比较只能反映高低差异，不能解释原因。针对原因的解释需要具体分析应收账款、存货及流动负债水平的高低。如果应收账款或存货的量不少，但其流动性(即周转效率)存在问题的话，则应要求更高的流动比率。

(3) 流动比率可以进行横向比较。不同行业具有不同的融资特征，例如，一般制造业企业的流动比率比贸易公司要高。因此，在进行流动比率分析时，与同行业平均流动比率或先进的、竞争对手的流动比率进行比较十分重要，而跨行业的评价需要谨慎。

根据表9-1所提供的LFYL公司资产负债表的数据资料，该公司流动比率计算如下：

$$2019年流动比率 = \frac{3,444,821,486.00}{2,657,552,415.00} = 1.30$$

$$2018年流动比率 = \frac{3,243,754,203.00}{2,306,535,341.00} = 1.41$$

LFYL公司2018年末流动比率为1.41，尽管2019年末下降到1.30，表面上看该公司的短期偿债能力有所下降，但由于期末货币资金占总资产的比重高达65.11%，而流动负债占总权益的比重仅为20%，说明公司短期偿债压力不大。

2. 速动比率的计算与分析

速动比率也称酸性测试比率，是企业速动资产与流动负债的比率。它用于衡量企业流动资产中可以立即偿付流动负债的能力。速动比率的计算公式如下：

$$速动比率 = \frac{速动资产}{流动负债}$$

速动资产是指可以在较短时间变现的资产，包括货币资金、交易性金融资产和各种应收款项等；速动资产之外的流动资产称为非速动资产，包括存货、预付账款及其他流动资产。计算速动资产之所以要排除存货和预付账款等预付费用，是因为存货是流动资产中变现速度最慢的资产，而且存货在销售时受到市场价格的影响，使其变现价值带有很大的不确定性，在市场萧条的情况下或产品不对路时，又可能成为滞销货而无法转换为现金。而预付账款本质上属于预付费用，只能减少企业未来时期的现金支出，其流动实际是很低的。速动资产的另外一种表达方式是流动资产扣除存货、预付账款等之后的余额。因此，速动资产的计算公式如下：

$$速动资产 = 流动资产 - 存货 - 预付账款$$

速动比率可以用作流动比率的辅助指标。有时企业流动比率虽然较高，但在流动资产中易于变现、可用于立即支付的资产很少，则企业的短期偿债能力仍然较差。速动比率能更准确地反映企业的短期偿债能力。按照西方企业的长期经验，一般认为速动比率为1比较适宜，它表明企业的每一元负债都有一元易于变现的资产作为抵偿。这时只要不遇到收款困难，偿还流动负债所需的现款就能及时获得，企业不会遇到偿债压力。

对速动比率的分析，应结合应收账款的收账期进行。因为速动比率的计算隐含着一个十分重要的假设条件，即所有的应收账款都能在其回收期内如数转化为现金。但事实并非如此，企业可能有相当一部分应收账款不能按期收回；当有些应收账款超过回收期一定期限后，其发生坏账损失的可能性会非常大。

需要特别指出的是，一个企业的速动比率较高，虽然能说明企业有较强的偿债能力，反映企业财务状况良好，但过高的速动比率也会影响企业的盈利能力。过高的货币资金存量能使速动比率提高，但货币资金的相对闲置会使企业丧失许多能够获利的投资机会。因此，对于速动比率也需辩证分析。

根据表9-1，LFYL公司的速动比率计算如下：

2019年速动资产=3,444,821,486.00-416,013,019.80-56,087,657.17
＝2,972,720,809.03

$$2019年速动比率 = \frac{3,243,754,203.00}{2,306,535,341.00} = 1.12$$

2018年速动资产=3,243,754,203.00-422,409,057.30-58,431,556.34
＝2,762,913,589.36

2018年速动比率=$\dfrac{2,762,913,589.36}{2,306,535,341.00}$=1.20

从计算结果可以看出，LFYL公司2019年末短期偿债能力低于2018年。这说明该公司2019年末每一元流动负债有1.12元的速动资产作为偿还债务的保障，而2018年末每一元的流动负债则有1.20元的速动资产作为偿还债务的保障。

3. 现金比率的计算与分析

现金比率也称即付比率，是指现金类资产与流动负债的比率。现金类资产除包括货币资金外，还包括货币资金的等价物，如企业持有的期限短、流动性强、易于转换为已知金额的现金，且价值变动风险很小的投资。

$$现金比率=\dfrac{现金类资产}{流动负债}$$

$$现金类资产=货币资金+有价证券$$

这是最保守的短期偿债能力指标，分析者一般很少重视这一指标。这是因为，如果企业的流动性不是依赖应收账款和存货的变现，而不得不依赖现金及现金等价物，则意味着企业已经处于财务困境。因此，该比率只有在企业应收账款和存货变现能力较弱的情况下有较大的意义。一般来说，该比率在0.2以上，企业的支付能力不会有太大的问题。但如果该比率过高，意味着企业的现金管理能力较差，没有充分利用现金资源，也有可能是因为已经有了现金使用计划(如厂房扩建等)。

根据表9-1，LFYL公司的现金比率计算如下：

2019年现金比率=$\dfrac{2,243,195,719.00+2,428,171.05}{2,657,552,415.00}$=0.84

2018年现金比率=$\dfrac{1,891,830,601.00+1,178,770.18}{2,306,535,341.00}$=0.82

从计算结果可以看出，LFYL公司2019年现金比率比2018年提高了0.02，这表明企业的直接支付能力有所上升。

4. 流动比率、速动比率、现金比率之间的关系

流动比率、速动比率、现金比率体现了各类流动资产和流动负债之间的相互关系，是反映企业短期偿债能力的主要指标，三者之间的相互关系如图9-1所示。

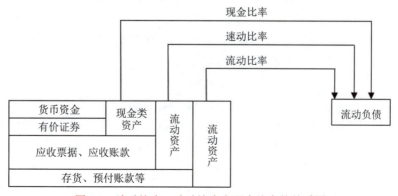

图 9-1　流动比率、速动比率和现金比率的关系图

流动比率、速动比率与现金比率的关系描述如下：

(1) 以全部流动资产作为偿付流动负债的基础，所计算的指标为流动比率。它包括了可变现能力较差的存货、1年内到期的非流动资产和基本不能变现的预付费用等。若存货中存在超储积压物资时，会形成企业短期偿债能力较强的假象。

(2) 速动比率以扣除变现能力较差的存货、1年内到期的非流动资产和预付账款等作为偿付流动负债的基础，它弥补了流动比率的不足。

(3) 现金比率以现金类资产作为偿付流动负债的基础，但现金持有量过大会对企业资产利用效果产生副作用。这一指标仅在企业面临财务危机时使用，相对于流动比率和速动比率来说，其作用力度较小。

(二) 短期偿债能力的动态分析

企业短期偿债能力的静态分析中使用的流动负债是企业某一时点的流动负债，并不表示企业的这些债务已到期并于该时点偿还。同样，企业短期偿债能力的静态分析中使用的流动资产是企业某一时点的流动资产，并不表示这些资产马上就能用于偿还债务，或是能立即转化为现金并用于偿还债务。企业偿还债务是一个动态的过程，因此对企业短期偿债能力的分析还应从动态角度去进行。动态角度分析指标主要有现金流量比率、近期支付能力系数、速动资产够用天数和现金到期债务比率。

1. 现金流量比率的计算与分析

现金流量比率，也称现金流动负债比率，反映本期经营活动产生的现金流量是否足以抵付短期债务的能力。现金流量比率越高越好，这不仅表明企业支付到期债务的能力强，而且说明企业经营活动创造现金流量的能力强，这是企业经营活动效率和质量较高、财务状况良好的重要标志。一般来说，如果该指标等于或大于1，表示企业生产经营活动产生的现金足以偿还到期债务；如果该指标小于1，表示企业生产经营活动产生的现金不足以支付短期债务，必须对外筹资或出售资产才能偿还债务。其计算公式如下：

$$现金流量比率 = \frac{经营活动现金流量净额}{平均流动负债}$$

公式中的分子"经营活动现金流量净额"取自现金流量表，由于现金流量表是根据收付实现制编制的，因此"经营活动现金流量净额"可以避免流动比率和速动比率所固有的局限性，也不受流动资产变现能力的影响，可以直接反映企业本身经营活动的"造血"功能，即创造现金流量的实际能力。同时，现金流量比率能反映在充分考虑现金其他用途后的剩余支付能力，因此，它比流动比率和速动比率更准确地反映了企业的短期偿债能力。

根据表9-1，LFYL公司现金流量比率计算如下：

$$现金流量比率 = \frac{782{,}789{,}096.79}{(2{,}657{,}552{,}415.00 + 2{,}306{,}535{,}341.00) \div 2} = 0.32$$

计算结果表明，由于LFYL公司现金流量比率小于1，说明经营活动产生的现金流量不能满足偿债的需要，公司必须使用其他方式的现金，才能保证债务的及时清偿。

需要说明的是，本期经营活动现金流量净额是当前会计年度的经营结果，而流动负债则是年初和年末需要偿还债务的平均余额，二者的会计期间不同。因此，现金流量比率指标是建立在以上一年的经营活动现金流量来估计下一年经营活动现金流量的假设基础之上的。因此，使用该比率时，注意考虑未来一个会计年度影响经营活动现金流量变动的因素。

2. 近期支付能力系数的计算与分析

企业近期支付能力系数是反映企业有无足够的支付能力来偿还到期债务的指标。其计算公式如下：

$$近期支付能力系数 = \frac{近期内能够用来支付的资金}{近期内需要支付的各项款项}$$

其中，近期内能够用来支付的资金包括企业现有的货币资金、近期内能取得的营业收入、近期内有把握收回的各种应收款项等；近期内需要支付的各种款项包括各种到期或逾期应交款项和未付款项，如职工工资、应付账款、银行借款、各项税费、应付利润等。

企业近期支付能力系数应大于或等于1，且数值越高说明企业近期支付能力越强。如果该指标小于1，则说明企业支付能力不足，应采取积极有效措施，从各种渠道筹集资金，以便按期清偿债务，保证企业生产经营活动的正常进行。

3. 速动资产够用天数的计算与分析

在财务报告分析中，除了以流动负债为基础外，还可以以营业开支水平说明企业的短期偿债能力，通常用"速动资产够用天数"来表示企业速动资产维持企业正常生产经营开支水平的程度，该指标可以作为速动比率的补充指标。其计算公式如下：

$$速动资产够用天数 = \frac{速动资产}{预计每天营业所需的现金支出}$$

从该指标的计算公式可以看出，如果速动资产较多，而每天营业所需的现金支出较少，则速动资产够用天数就较多，表示企业偿债能力较强；反之则弱。

4. 现金到期债务比率的计算与分析

现金到期债务比率是指经营活动产生的现金流量净额与本期到期债务的比率，用来衡量企业本期到期债务用经营活动产生的现金来支付的程度。其计算公式如下：

$$现金到期债务比率 = \frac{经营活动现金流量净额}{本期到期债务}$$

如果该指标大于或等于1，表示企业有足够的能力以生产经营活动产生的现金来偿还短期债务；如果该指标小于1，表示企业生产经营活动产生的现金不足以偿还到期的债务，必须采取其他措施才能满足企业偿还到期债务的需要。

(三) 企业短期偿债能力的辅助指标分析

1. 营运资本周转率

营运资本周转率是年销售额与年平均营运资本之间的比率。计算公式如下：

$$营运资本周转率 = \frac{年销售额}{年平均营运资本}$$

营运资本周转率指标具有两面性：指标值过低，意味着营运资本使用效率过低，表明销售可能不足，企业营运资本盈利能力较差；指标值过高，则表明资本可能不足。资本不足的企业，在经营条件发生较大的不利变化时，对流动性问题敏感。

2. 应收账款周转率和应付账款周转率的比较分析

企业购入材料等物资是为了通过加工制造成为产品，然后通过销售收回现金，实现增值的目的。因此，由赊购商品所产生的应付账款应用赊销商品回收的现金进行偿付。在资金转让上，应收账款和应付账款与资金周转期有关，而且必须相互配合。应收账款与应付账款这种相互关系对企业短期偿债能力会产生影响，体现在以下几个方面。

(1) 当两者周转期相同时，通过赊销商品所回收的现金恰好能满足偿付因赊购业务而产生的债务，不需动用其他流动资产来偿还，企业的应收账款和应付账款的存在不影响其短期偿债能力指标。

(2) 当应收账款的周转速度快于应付账款的周转速度时，企业流动比率较低，以流动比率反映的企业静态短期偿债能力较弱。但从动态看，因为企业应收账款的回收速度比用现金偿付应付账款要快，故企业的实际偿债能力较强。

(3) 当应收账款的周转速度慢于应付账款的周转速度时，企业流动比率较高，以流动比率反映的企业静态短期偿债能力较强。但从动态看，因为企业将其赊销商品所产生的应收账款转化为现金的速度比支付现金去偿付因赊购业务而产生的应付账款要慢，故企业的实际短期偿债能力比以流动比率表示的企业短期偿债水平要低。只有在动用其他流动资产的情况下，企业才能按期偿付因赊购而形成的债务。

3. 存货周转率

存货周转率是反映企业运营效率的一个指标，但是该指标也动态反映了企业的短期偿债能力。当其他条件不变时，存货周转率越快，需要的存货规模越小；反之，则越大。当存货规模较大时，其流动比率指标也较大，从静态方面反映的短期偿债能力也较强，实际上这很可能是因为存货周转速度偏慢而引起的假象。因此，有必要结合存货周转速度对企业短期偿债能力进行评价，对按流动比率进行的评价进行修正。当流动比率一定时，如果企业预期存货周转速度加快，则企业的短期偿债能力会因此而增强；反之则减弱。

(四) 企业短期偿债能力的趋势分析及行业分析

通过流动比率、速动比率、现金比率和现金流量比率对LFYL公司进行短期偿债能力的趋势分析和行业分析。

1. 趋势分析

依据比较分析法，通过对企业连续若干年的短期偿债能力指标信息进行分析，观察其变动趋势。表9-2列示了LFYL公司2015—2019年短期偿债能力的指标。

表9-2 2015—2019年LFYL公司短期偿债能力指标趋势分析表

项目	2015年	2016年	2017年	2018年	2019年
货币资金(元)	268,848,375.96	286,521,937.68	236,392,862.61	1,891,830,601.00	2,243,195,719.00
存货(元)	159,433,839.74	183,514,694.48	247,337,634.41	422,409,057.30	416,013,019.80
预付账款(元)	18,747,964.06	70,576,990.74	51,008,177.25	58,431,556.34	56,087,657.17
流动资产(元)	768,604,853.31	839,993,709.09	765,233,441.58	3,243,754,203.00	3,444,821,486.00
资产合计(元)	1,497,269,917.62	1,587,014,886.30	1,837,037,124.62	12,698,487,691.00	13,259,178,844.00
流动负债(元)	303,733,697.03	273,986,628.64	391,229,028.33	2,306,535,341.00	2,657,552,415.00
负债合计(元)	313,491,095.89	286,984,433.84	408,728,551.52	4,898,598,344.00	4,795,687,644.00
经营活动产生的现金流量净额(元)	261,299,378.36	163,926,593.84	227,567,253.64	649,366,180.61	782,789,096.79
流动比率	2.53	3.07	1.96	1.41	1.30
速动比率	1.94	2.14	1.19	1.20	1.12
现金比率	0.89	1.05	0.60	0.82	0.84
现金流量比率	—	0.57	0.68	0.48	0.32

将表9-2中主要短期偿债能力指标反映在图形中，得出如图9-2所示的趋势分析图。

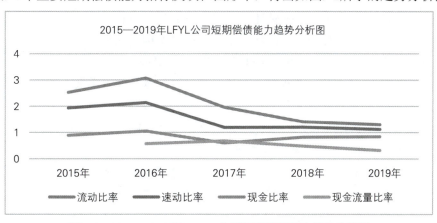

图 9-2 2015—2019 年 LFYL 公司短期偿债能力趋势分析图

由表9-2和图9-2可知，自2016年以后，LFYL公司的各项偿债能力指标整体呈下降趋势，说明企业的短期偿债能力在减弱。现金流量比率一直低于1，说明该企业经营活动产生的现金流量净额不足以支付企业的短期债务，若偿还还需通过其他方式筹措资金来弥补。

2. 行业分析

行业分析是对整个行业经营状况的分析。行业分析关心的是企业在整个行业中的相对地位，它会帮助企业展望其资源状况和经营状况，大大改善历史分析效果。在行业分析中，计算用于分析企业短期偿债能力的各个比率，与行业平均水平相比，即可评价企业的短期偿债能力。

根据上市公司年报，对LFYL公司及与其同属医疗行业的上市公司的主要短期偿债能力指标进行比较分析，如表9-3所示。

表9-3　2019年同行业公司主要短期偿债能力行业分析表

企业名称	流动比率	速动比率	现金比率	现金流量比率
LFYL	1.30	1.12	0.84	0.32
美年健康	1.09	1.07	0.60	0.17
乐普医疗	1.10	0.91	0.38	0.39
鱼跃医疗	2.64	2.05	0.99	0.45
三诺生物	3.22	2.59	1.41	1.46

由表9-3可见，在同行业中，LFYL公司流动比率、速动比率、现金比率均处于行业中等地位，且流动比率和速动比率之间相差不大，说明短期偿债能力受存货影响不大；现金流量比率相对较低，公司偿还流动负债还必须采取其他方式加以辅助。综上所述，LFYL公司的短期偿债能力在行业中处于中等地位，资产对流动负债的保障程度和即期偿债能力都表现一般。

相关链接9-2

珍宝岛IPO：近1/3募资额还贷 短期偿债能力惹人忧

珍宝岛主要从事中药制剂的原材料种植、产品生产和销售，目前已基本形成"以中药为主、西药为辅；以注射剂为主、其他剂型为辅；以心脑血管类为主、其他类为辅"的产品格局，旗下主要有舒血宁注射液、注射用血塞通等多个产品。

珍宝岛近1/3募资将还贷，竟成单一投资最高项目。珍宝岛在招股书中表示，公司拟募集14.27亿元，按照轻重缓急投入年产8000万支注射用血塞通生产线建设项目、中药提取二期工程建设项目、年产1.93亿支水针车间GMP改建项目等8个项目。值得关注的是，在这8个项目中，其中有1项是"偿还银行贷款及补充流动资金"，且投资总额达到3.8亿元，占公司整个募投资金总额的近1/3，也是8个项目中单一投资额最高的一项。

此外，招股书显示，珍宝岛另外7个募投项目中，年产8000万支注射用血塞通生产线建设项目和中药提取二期工程建设项目2个已经开工，截至2013年底，中药提取二期工程建设项目已用自有资金投入2000余万元。

偿债能力叫人忧：短期借款近10亿，所持有房产均被抵押。珍宝岛招股书中披露的部分财务数据显示，珍宝岛2011—2013年短期负债数额分别为1.36亿、3.65亿、9.65亿，飙升幅度达168%、164%。对于如此大幅度增长的短期负债，珍宝岛在招股书中仅用一句"通过流动资金借款缓解流动资金压力、补充流动资金"所致。数据显示，短期负债大多为抵押和信用担保贷款。

对此，珍宝岛进行了"资产抵押风险"的提示。招股书称，"截至2013年12月31日，公司银行借款余额为106500万元，其中短期借款为96500万元。银行借款中资产抵押贷款额为22000万元，抵押物为本公司生产及办公用房产、机器设备和土地使用权。如公司到期未能偿还银行借款，将存在抵押资产被处置的风险。"而根据招股书披露，珍宝岛旗下拥有的34处经营性厂房均已被抵押。

资料来源：珍宝岛IPO：近1/3募资额还贷 短期偿债能力惹人忧[EB/OL]. 2014-05-29. http://finance.china.com.cn/news/special/zbdyyipo/20140529/2435508.shtml.

第三节 企业长期偿债能力分析

一、长期偿债能力的含义

长期偿债能力是指企业偿还超过一年或小于一年但超过一个营业周期债务的能力,或者说企业偿还非流动负债的保障程度。它反映企业资本结构的合理性以及偿还长期债务本金和利息的能力,反映企业财务的安全和稳定程度。

二、影响长期偿债能力的因素

影响企业长期偿债能力的主要因素有以下几个方面。

(1) 企业的盈利能力。与企业短期偿债能力相比,长期偿债能力衡量的债务偿还时间较长,由于对未来较长时间的资金流量很难做出可靠的预测,而且包含的因素更加复杂,因此难以通过资产变现情况做出判断。从企业的偿债义务来看,包括按期偿付本金和延期支付利息两个方面。短期债务可以通过流动资产变现来偿付,因为流动资产的取得往往以短期负债为其资金来源。企业的非流动负债大多用于非流动资产投资,形成企业的长期资产。在正常生产经营条件下,企业不可能靠出售长期资产作为偿债的资金来源,而主要依靠企业生产经营所得。另外,从举借债务的目的来看,企业使用资金成本较低的负债资金是为了获取财务杠杆利益,增加企业收益,其利息支出自然要从所融通资金创造的收益中予以偿付。因此,企业的长期偿债能力与盈利能力密切相关。就一般情况而言,企业的盈利能力越强,长期偿债能力越强;反之,则长期偿债能力越弱。如果企业长期亏损,则必须通过变卖资产才能清偿债务,否则企业的正常生产经营活动就不能进行,最终影响投资人和债权人的利益。因此,企业的盈利能力是影响长期偿债能力最重要的因素。

(2) 投资收益。企业进行长期投资是否能够取得收益,取决于企业是否有能力偿还长期债务,特别是当某项具体投资的资金完全由非流动负债筹措时,更是如此。当然,企业必须有相当比例的权益资金来保障债权人的利益。但如果企业每一项投资都不能达到预期收益,即使有相当比例的权益资金来保证,也会严重影响其偿债能力。

(3) 所有者资本的积累程度。尽管企业的盈利能力是影响长期偿债能力最重要的因素,但是,长期偿债能力必须以拥有雄厚实力的所有者资本为基础。如果企业将利润的绝大部分分配给投资者,而只提取少许的所有者资本,使其增长和积累速度较慢,就会降低偿还债务的可能性。此外,当企业结束经营时,其最终的偿债能力将取决于企业所有者资本的实际价值。如果资产不能按其账面价值处理,就有可能损害债权人利益,使债务不能得到全部清偿。

(4) 企业经营活动中的现金流量。企业的债务主要还是用现金来清偿,虽然企业的盈利能力是偿还债务的根本保证,但是企业盈利毕竟不等同于现金流量充足。企业只有具备较强的变现能力,有充裕的现金,才能保证具有真正的偿债能力。因此,企业的现金流量状况是决定偿债能力保证程度的关键之所在。

三、长期偿债能力的指标计算与分析评价

资产、盈利能力和现金流量等因素从不同角度反映了企业的偿债能力。资产是清偿债务的最终物质保障,盈利能力是清偿债务的经营收益保障,现金流量是清偿债务的支付保障。只有将这些因素加以综合分析,才能真正揭示企业的偿债能力。因此,评价企业的长期偿债能力有必要从资产规模、盈利能力及现金流量三方面入手,对其进行全面的分析。

(一) 资产规模对长期偿债能力影响的指标分析

负债表明一个企业的债务负担,资产是偿债的物质保证,负债少不等于偿债能力强,资产规模大也不表明偿债能力强。企业的偿债能力体现在资产与负债的对比关系上。由这种对比关系反映的企业长期偿债能力的指标主要有资产负债率、产权比率(净资产负债率)、权益乘数和长期资本负债率等。

1. 资产负债率的计算与分析

资产负债率是指企业全部负债与全部资产的比率,是综合反映企业偿债能力的重要指标。该指标反映了企业的资本结构状况和企业举债经营的能力,可以用来衡量利用债权人提供资金的安全度,直接体现企业财务风险大小。其计算公式如下:

$$资产负债率 = \frac{负债总额}{资产总额} \times 100\%$$

该指标越大,说明企业的债务负担越重;反之,说明企业的债务负担越轻。但是从不同的信息使用者出发,会有不同的结论。

(1) 从债权人的角度看,他们最关心的是贷给企业的资金能否按期收回本金和利息。因此,债权人希望企业资产负债率越低越好,这样股东提供的资本占企业资本总额的大部分,企业的风险将主要由股东承担,企业有充分的资产保障能力来确保其负债按时偿还;如果比率过高,债权人会提出更高的利息率补偿。

(2) 从股东的角度看,他们关心的主要是投资收益率的高低,如果企业总资产收益率大于企业负债所支付的利息率,那么借入资本为股权投资者带来较多的财务杠杆利益,对股东权益最大化有利。所以,当企业的投资收益率大于其债务利息率时,股东将倾向于进一步追加负债,以获得更多的投资收益。

(3) 从企业管理者的角度看,企业管理者既不愿意采用较高的资产负债率,以免承受较大的风险,也不愿意保持较低的负债比例,使企业丧失利用财务杠杆获得收益的机会。因此,企业管理层会从企业的整体出发,选择较为合适的资产负债率。

若资产负债率过低,说明企业利用负债的杠杆效应太少,不利于实现公司价值和股东财富最大化。一般认为,企业的资产负债率通常为30%~70%,规模大的企业应适当大些;但金融业比较特殊,资产负债率在90%以上也是很正常的。但如果企业的资产负债率大于1,说明企业资不抵债,有破产清算的风险。

由于企业的长期偿债能力受盈利能力的影响很大,故通常把长期偿债能力分析与盈利能力分析结合起来进行。在经济高速发展,盈利前景看好,并且投资收益率高于债务利息率的条件下,可适当提高负债比率,为股东创造更多财富;反之,应降低负债比率,回避

风险,防止企业陷入困境。

根据表9-1,LFYL公司的资产负债率计算如下:

2019年末资产负债率 = $\dfrac{4,795,687,644.00}{13,259,178,844.00} \times 100\% = 36.17\%$

2018年末资产负债率 = $\dfrac{4,898,598,344.00}{12,698,487,691.00} \times 100\% = 38.58\%$

通过比较可知,LFYL公司2019年末资产负债率与2018年相比下降了2.41%,表明企业债务负担略有减轻。根据经验值,该公司资产负债率较适宜。

相关链接9-3

艾为电子闯关科创板 资产负债率约70% 偿债能力低于同行

艾为电子主要产品包括音频功放芯片、电源管理芯片、射频前端芯片、马达驱动芯片等。2017—2019年以及2020年上半年,艾为电子分别实现营收5.24亿元、6.94亿元、10.18亿元、5.08亿元,分别实现净利润2,782.22万元、3,829.75万元、9,008.89万元、4,884.94万元。艾为电子2020年上半年年末资产负债率高达近70%,较上年同期增加较多,则是"疫情贷款"所致。艾为电子表示,2020年上半年银行为符合条件的企业提供"疫情贷款",公司为了抵御2020年上半年新冠疫情可能带来的经营及资金影响,因此增加银行借款导致短期借款余额上升。

相较艾为电子的负债水平,可比同行(圣邦股份、卓胜微、芯朋微和思瑞浦)的资产负债率则要低得多。截至2017—2019年末和2020年上半年年末,可比同行资产负债率均值分别为22.57%、20.50%、17.31%、14.78%。

一方面,可比同行资产负债率均值大幅低于艾为电子;另一方面,可比同行资产负债率均值呈现出下降趋势,而艾为电子则呈现出上升趋势。特别是截至2020年上半年年末,可比同行资产负债率均值反而从上一年期末17.31%降至14.78%。同样是受疫情影响,可比同行资产负债率在下降,而艾为电子的资产负债率在上升,且公司负债水平远高于可比同行均值。对此,《每日经济新闻》记者于10月21日致电艾为电子董秘办公室并发送采访函,但截至发稿尚未收到回复。

据悉,艾为电子资本性支出主要为购置办公场所及机器设备,主要目的是为公司经营规模的扩大和新技术、新产品研发提供保障和支持。报告期内,艾为电子资本性支出分别为1.05亿元、7,165.98万元、4,742.87万元、2,575.85万元。然而以2020年上半年为例,公司资本性支出为2,575.85万元,而同期流动负债增加3.16亿元。

另外,艾为电子偿债能力也大幅低于可比同行。截至2020年上半年末,艾为电子流动比率、速动比率分别为1.09、0.55,而可比同行均值分别为7.45、5.85。对此,艾为电子表示,主要系公司未引入外部投资者进行股权融资,银行借款是其主要的融资渠道,流动负债规模处于较高水平。

数据来源:艾为电子闯关科创板 资产负债率约70%偿债能力低于同行[EB/OL]. 2020-10-27. http://finance.ce.cn/stock/gsgdbd/202010/27/t20201027_35938863.shtml.

2. 产权比率与权益乘数的计算与分析

产权比率与权益乘数是资产负债率的另外两种表现形式,其中,产权比率是总负债与股东权益之间的比率,它反映股东权益对债权权益的保障程度。其计算公式如下:

$$产权比率=\frac{总负债}{股东权益}$$

产权比率越低,表明企业长期偿债能力越强,对债权人的保障程度越高,承担的风险越小。在这种情况下,债权人就愿意向企业增加借款。

权益乘数表示企业的负债程度,说明企业总资产相当于股东权益的倍数。其计算公式如下:

$$权益乘数=\frac{总资产}{股东权益}=1+产权比率=\frac{1}{1-资产负债率}$$

该指标数值越大,企业的资产负债率越大,一方面表明企业有较高的负债程度,能获得较高的财务杠杆收益;另一方面也表明企业面临着较高的财务风险。

在产权比率和权益乘数两个比率中,产权比率侧重于揭示财务结构的稳健程度以及自有资金对偿债风险的承受能力,反映企业承担负债的风险程度和企业的实际偿债能力,同时还反映股东权益对债权人利益的保障程度。产权比率高,是高风险的财务结构;产权比率低,是低风险的财务结构。从债权人的角度来说,该比率越低越好,这说明债权人的债权安全性有保障,但是股东通过借款享受利息抵税的机会减少,资产增值的机会随之减少。因此,怎样确立既顾及债权人利益又顾及股东利益的财务结构,对建立和完善公司治理结构具有重要意义。而权益乘数则表明企业的股东权益支撑着多大规模的投资,该指标数值越大,说明股东投入的资本在资产中所占比重越小,企业对负债经营利用得越充分,企业负债程度越高,财务风险也就越大。

根据表9-1,LFYL公司产权比率和权益乘数计算如下:

$$2019年末产权比率=\frac{4,795,687,644.00}{8,463,491,199.00}=0.57$$

$$2018年末产权比率=\frac{4,898,598,344.00}{7,799,889,347.00}=0.63$$

$$2019年末权益乘数=\frac{13,259,178,844.00}{8,463,491,199.00}=1.57$$

$$2018年末权益乘数=\frac{12,698,487,691.00}{7,799,889,347.00}=1.63$$

根据计算结果可知,LFYL公司股东所持股权足以偿还负债,企业债务经营程度不高,整体财务结构较稳定。2019年与2018年相比,长期偿债能力增强,财务风险降低。

3. 长期资本负债率的计算与分析

长期资本负债率是指非流动负债占非流动负债及股东权益之和的比率。计算公式如下：

$$长期资本负债率 = \frac{非流动负债}{非流动负债+股东权益} \times 100\%$$

长期资本负债率反映企业长期资本的结构。其数值越大，资本构成中非流动负债比例就越大，企业的长期财务压力就越大。流动负债的数额经常变化，大多使用长期资本结构。

根据表9-1，LFYL公司长期资本负债率计算如下：

$$2019年末长期资本负债率 = \frac{4,795,687,644.00}{8,463,491,199.00} \times 100\% = 20.17\%$$

$$2018年末长期资本负债率 = \frac{4,795,687,644.00}{8,463,491,199.00} \times 100\% = 24.94\%$$

(二) 盈利能力对长期偿债能力影响的指标分析

资产固然可以作为偿债的保证，但企业取得资产并不是为了偿债，而是通过利用资产进行经营以获取收益，所以债务的清偿要依赖于资产变现，资产的变现主要是通过产品销售来实现。因此，盈利能力对偿债能力的影响更为重要。从盈利能力角度分析，评价企业长期偿债能力的指标主要有销售利息比率、利息保障倍数。

1. 销售利息比率的计算与分析

销售利息比率是指一定时期的利息费用与营业收入的比率。其计算公式为

$$销售利息比率 = \frac{利息费用}{营业收入} \times 100\%$$

这一指标可以反映企业销售状况对偿付债务的保证程度。企业的负债最终还是要用其经营所得去偿还，如果经营状况不佳，在其经营期间偿付债务就缺少根本的保证，而企业权益资金的多少对偿债的保证只有在企业处于清算状态时才真正发挥作用。在企业负债规模基本稳定的情况下，销售状况越好，偿还到期债务可能给企业造成的冲击越小。该指标数值越小越好，因为该指标数值越小，说明通过销售所得现金用于偿付利息的比例越小，企业的偿债压力越小。

2. 利息保障倍数的计算与分析

任何企业为了保证再生产的顺利进行，在取得营业收入后，都需要首先补偿企业在生产经营中的耗费。所以，利息支出的真正资金来源应该是营业收入补偿生产经营耗费之后的余额，若其余额不足以支付利息支出，企业的再生产就会受到影响。因此，利息保障倍数比销售利息比率更能反映企业偿债能力的保证程度。利息保障倍数是指企业息税前利润与利息支出的比率。其计算公式为

$$利息保障倍数 = \frac{利润总额+利息支出}{利息支出}$$

公式分子中的利息支出只包括财务支出中的利息支出，而分母中的利息支出包括财务费用中的利息支出和资本化利息支出。公式中的分子之所以包括利息支出，是因为利息已经从营业收入中予以扣除，利润总额是扣除了利息之后的余额。

利息保障倍数指标反映了企业盈利与利息支出之间的特定关系。一般来说，该指标数值越大，说明企业的长期偿债能力越强；该指标数值越小，说明企业的偿债能力越差。运用利息保障倍数分析评价企业长期偿债能力，从静态看，一般认为该指标数值至少要大于1，否则说明企业偿债能力很差，无力举债经营；从动态看，利息保障倍数提高，说明偿债能力增强，否则说明企业偿债能力下降。

根据表9-1，LFYL公司利息保障倍数计算如下：

$$2019年末利息保障倍数 = \frac{690,535,396.47}{114,239,165.93} = 6.04$$

$$2018年末利息保障倍数 = \frac{433,601,489.22}{75,684,773.25} = 5.73$$

根据计算结果可知，LFYL公司2018年生产经营所得能够满足支付利息的需要，是支付利息的5.73倍。2019年利息保障倍数与上期相比增加1.31倍，说明该公司支付利息的保证程度有很大提升。

(三) 现金流量对长期偿债能力影响的指标分析

运用现金流量指标，可以比较客观真实地反映企业偿债能力。将现金流量与负债相比较，用来评价企业的长期偿债能力，主要指标有到期债务本息偿付比率、现金债务总额比率和利息现金流量保证倍数。

1. 到期债务本息偿付比率的计算与分析

到期债务本息偿付比率是指经营活动现金流量净额与本期到期债务本息之间的比率，用来衡量企业到期债务本金及利息可由经营活动创造的现金来支付的程度。其计算公式是

$$到期债务本息偿付比率 = \frac{经营活动现金流量净额}{本期到期债务本息} \times 100\%$$

经营活动现金流量净额是企业最稳定、经常性的现金来源，是清偿债务的基本保证。如果这一比率小于1，说明企业经营活动产生的现金不足以偿付到期债务和利息支出，企业必须通过其他渠道筹资或通过出售资产才能清偿债务。这一指标数值越大，表明企业长期偿债能力越强。

根据表9-1，LFYL公司到期债务本息偿付比率计算如下：

$$2019年末到期债务本息偿付比率 = \frac{782,789,096.79}{1,271,615,800.40+114,239,165.93} \times 100\% = 56\%$$

$$2018年末到期债务本息偿付比率 = \frac{649,366,180.61}{61,257,166.54+75,684,773.25} \times 100\% = 474\%$$

公式中本期到期债务本息采用本期到期本金(上期短期借款与一年内到期的非流动负债之和)与利息支出求和计算所得。由计算结果可知，LFYL公司2018年到期债务本息偿付比率为474%，说明企业经营活动产生的现金流量净额完全可以满足支付到期债务本息的

需要。但在2019年该比率仅为56%，说明单纯依靠经营活动现金流量净额不能满足偿债的需要。

2. 现金债务总额比率的计算与分析

现金债务总额比率是指经营活动现金流量净额与负债平均余额的比率，用来衡量企业承担债务的能力，即负债总额用经营活动所产生的现金支付程度。其计算公式为

$$现金债务总额比率=\frac{经营活动现金流量净额}{负债平均余额}\times 100\%$$

企业真正能用于偿还债务的是现金流量，通过经营活动现金流量净额和负债的比较可以更好地反映企业的偿债能力。现金债务总额比率能够反映企业生产经营现金流量净额偿还债务的能力。该比率越高，表明企业偿还债务的能力越强，财务灵活性越高。

3. 利息现金流量保证倍数的计算与分析

利息现金流量保证倍数是指企业经营活动现金流量净额与利息费用的比率。该指标反映经营活动产生的现金流量净额是利息费用的多少倍。其计算公式是

$$利息现金流量保证倍数=\frac{经营活动现金流量净额}{利息费用}\times 100\%$$

利息现金流量保证倍数比利息保障倍数更能反映企业的偿债能力。当企业息税前利润和经营活动现金流量净额变动基本一致时，这两个指标结果相似。但如果企业正处于高速成长期，息税前利润和经营活动现金流量净额相差很大时，使用利息现金流量保证倍数指标更稳健、更保守。

(四) 长期偿债能力的趋势分析和行业分析

对企业长期偿债能力的分析主要选取了资产负债率、产权比率、利息保障倍数指标。

1. 趋势分析

LFYL公司2015—2019年长期偿债能力指标趋势分析数据如表9-4所示。

表9-4　2015—2019年LFYL公司长期偿债能力指标趋势分析表

项目	2015	2016	2017	2018	2019
资产(元)	1,497,269,917.62	1,587,014,886.30	1,837,037,124.62	12,698,487,691.00	13,259,178,844.00
负债(元)	313,491,095.89	286,984,433.84	408,728,551.52	4,898,598,344.00	4,795,687,644.00
所有者权益(元)	1,183,778,821.73	1,300,030,452.46	1,428,308,573.10	7,799,889,347.00	8,463,491,199.00
利润总额(元)	224,534,357.82	220,071,341.20	253,623,792.85	357,916,715.97	576,296,230.54
利息支出(元)	4,636,896.76	435,725.90	1,978,769.94	75,684,773.25	114,239,165.93
资产负债率	20.94%	18.08%	22.25%	38.58%	36.17%
产权比率	0.26	0.22	0.29	0.63	0.57
利息保障倍数	49.42	486.03	129.17	5.73	6.04

由表9-4可知，LFYL公司2015—2018年资产负债率和产权比率整体呈上升趋势。2019年与2018年相比小幅度下降，表明该公司负债规模减小，长期偿债压力减小。利息保障倍

数在这五年中,2016年处于最高水平。2019年与2018年相比,该指标上升,说明息税前利润对利息费用的保障程度在提升。

2. 行业分析

根据上市公司年报,对LFYL公司及其同行业的上市公司的主要长期偿债能力指标进行比较分析,如表9-5所示。

表9-5 2019年同行业公司主要长期偿债能力指标行业分析表

企业名称	资产负债率	产权比率	利息保障倍数
LFYL	36.17%	0.57	6.04
美年健康	56.90%	1.32	−0.18
乐普医疗	49.74%	0.99	7.41
鱼跃医疗	22.71%	0.29	106.56
三诺生物	19.28%	0.24	67.69

由表9-5可以看出,在同行业中,LFYL公司的资产负债率和产权比率处于中等水平,说明这两项长期偿债能力指标位于中等地位。但是利息保障倍数与同行业相比,相对较低。整体来说,LFYL公司2019年的长期偿债能力较弱。

本章小结

偿债能力是指企业偿还各种债务的能力。企业的负债按偿还期的长短,可以分为流动负债和非流动负债两大类。其中,反映企业偿付流动负债能力的是短期偿债能力;反映企业偿付非流动负债能力的是长期偿债能力。偿债能力是企业经营者、投资人、债权人等都十分关心的重要问题。其分析的目的在于:第一,了解企业的财务状况;第二,揭示企业所承担的财务风险程度;第三,预测企业筹资前景;第四,为企业进行各种理财活动提供重要参考。偿债能力分析主要包括两方面的内容,一方面是短期偿债能力分析,另一方面是长期偿债能力分析。

短期偿债能力一般也称为支付能力,主要是通过流动资产的变现,来偿还到期的短期债务。影响短期偿债能力的因素,总的来说可以分为企业内部因素和企业外部因素。企业内部因素是指企业自身的经营业绩、资金结构、资产结构、融资能力等因素。企业外部因素是指与企业所处经济环境相关的因素,如宏观经济形势、证券市场的发展情况、银行的信贷政策等因素。企业短期偿债能力可以从两个方面进行分析评价:一是根据资产负债表进行静态分析评价;二是根据现金流量表和其他有关资料进行动态分析评价。从静态方面最能反映企业短期偿债能力的指标,是根据资产负债表信息建立在对企业流动资产和流动负债关系的分析之上的,主要包括流动比率、速动比率和现金比率。从动态方面反映企业短期偿债能力的指标是建立在现金流量表和对经营中现金流量的分析基础之上的,主要有现金流量比率、近期支付能力系数、速动资产够用天数和现金到期债务比率。此外,营运资本周转率、应收账款周转率、应付账款周转率和存货周转率也是从动态上反映企业短期偿债能力的辅助性指标。

长期偿债能力是指企业偿还非流动负债的能力。影响企业长期偿债能力的主要因素有企业的盈利能力、投资收益、所有者资本的积累程度和企业经营活动中的现金流量。长期偿债能力分析内容包括三个方面，第一，资产规模对长期偿债能力影响的指标分析。由这种对比关系中反映出来的企业长期偿债能力的指标主要有资产负债率、产权比率与权益乘数和长期资本负债率。第二，盈利能力对长期偿债能力影响的指标分析。从盈利能力角度分析，评价企业长期偿债能力的指标主要有销售利息比率和利息保障倍数。第三，现金流量对长期偿债能力影响的指标分析。将现金流量与负债相比较，用来评价企业的长期偿债能力，主要指标有到期债务本息偿付比率、现金债务总额比率和利息现金流量保证倍数。

思考讨论

1. 影响企业短期偿债能力的因素与影响长期偿债能力的因素有什么不同？
2. 流动比率和速动比率的优点和不足是什么？
3. 如何将偿债能力的静态指标与动态指标相结合进行分析与评价？
4. 资产规模如何影响长期偿债能力？
5. 如何分析现金流量对企业偿债能力的影响？
6. 如何结合应收账款与应付账款的关系分析其对企业短期偿债能力的影响？
7. 在判断企业的短期偿债能力时，短期资产周转效率有什么作用？通常来讲，企业改进短期资产周转效率与改进短期偿债能力相比较，你认为哪个更难？为什么？
8. 财务分析中，资产负债率的经验值范围是30%～70%，对此你怎么认为？如果让你主要根据该比率分析企业长期偿债能力，你认为至少还需要获得哪些补充信息？

案例分析

仁和药业长期偿债能力分析

仁和药业股份有限公司(以下简称仁和药业)系在深圳证券交易所挂牌的上市公司，公司股票代码为000650。2006年公司实施重大资产重组，注入医药资产，公司成为拥有江西仁和药业有限公司、江西铜鼓仁和制药有限公司、江西吉安三力制药有限公司等多家子公司的现代医药生产经营企业。其2015—2019年资产负债率信息资料如表9-6所示。

表9-6 2015—2019年仁和药业资产负债率资料表

项目	2015年	2016年	2017年	2018年	2019年
负债总额(万元)	55,541.11	66,041.40	69,494.69	70,167.41	63,247.01
资产总额(万元)	315,627.08	386,489.55	416,739.19	461,665.80	498,442.65
资产负债率(%)	17.60	17.09	16.68	15.20	12.69

问题探讨：

1. 通过表9-6能得出什么结论？

2. 为了合理评价仁和药业的长期偿债能力，还需要做哪些分析工作，补充哪些长期偿债能力指标？

实操项目

根据第二章实操项目所收集的上市公司财务报表资料，对目标公司进行短期偿债能力和长期偿债能力指标分析。

第十章

企业发展能力分析

> **学习目标**
>
> ○ **知识目标**
>
> 理解发展能力的内涵,理解发展能力的反映形式;明确发展能力分析的目的,了解发展能力分析的内容;理解各种增长率指标的内涵。
>
> ○ **能力目标**
>
> 掌握并运用相关指标分析企业的发展能力,并做出合理的评价。

第一节 企业发展能力分析的目的与内容

企业的发展能力,亦称企业的发展潜力,是指企业通过自身的生产经营活动,不断扩大积累而形成的发展潜能。

一、企业发展能力分析的目的

传统的财务报告分析仅从静态的角度来分析企业的财务状况和经营状况,强调企业的盈利能力、营运能力和偿债能力,这三方面能力的分析仅能提供企业过去的经营状况,并不能表征企业的持续发展能力。然而,对于企业的利益相关者来说,他们关注的不仅仅是企业目前的、短期的经营盈利能力,更重要的是企业未来的、长期的和持续的增长能力。例如,对于大股东而言,持有股票并不是为了满足简单的投机性需求,而是他们看好企业未来的发展能力,希望在企业长期、持续、稳定的发展中获得更多的股利和资本利得。对于债权人而言,长期债权的实现必须依靠企业未来的盈利能力。因此,对企业发展能力的评价不论是对于企业自身还是企业的利益相关者来说都至关重要。通过企业发展能力分析,可以实现以下目的。

(1) 补充和完善传统财务报告分析。一方面,传统的财务报告分析侧重回顾过去,但财务报告分析的最大贡献不在于了解过去,而是预测未来。企业发展能力分析就是展望未来,这种对企业未来发展的预期满足了报表使用者的需求;另一方面,传统财务报告分析从静态角度分析盈利能力、营运能力和偿债能力,而发展能力分析则是从动态角度分析这三种能力。

(2) 为预测分析与价值评估做铺垫。企业发展能力分析并不是对报表项目逐一进行分析,而是根据收入、利润、股东权益和资产之间的联系,使这些财务数据相互贯通,从而衡量企业的增长。而从企业发展能力分析中得出的增长率数据,将是后续一系列预测分析和价值评估工作的基础数据来源,对价值评估中的预测分析十分重要。

(3) 满足相关利益者的决策需求。对于股东而言,可以通过发展能力分析衡量企业创造股东价值的能力,从而为采取下一步战略行动提供依据;对于潜在的投资者而言,可以通过发展能力分析评价企业的成长性,从而选择合适的目标企业做出正确的投资决策;对于经营者而言,可以通过发展能力分析发现影响企业未来发展的关键因素,从而采取正确的经营策略和财务策略促进企业可持续增长;对于债权人而言,可以通过发展能力分析判断企业未来的盈利能力,从而做出正确的信贷决策。

二、企业发展能力分析的内容

企业无论是增强盈利能力、偿债能力,还是提高营运能力,其目的都是提高企业的未来增长能力。换句话说,企业发展能力分析其实是企业盈利能力、偿债能力和营运能力的综合分析。因此,发展能力分析的具体内容体现在以下三个方面。

(1) 企业营业发展能力分析。企业营业结果可通过销售收入和资产规模的增长体现出来,因此,企业营业发展能力分析可分为对销售增长的分析和对资产规模增长的分析。

(2) 企业财务发展能力分析。从财务角度看,企业发展的结果体现为利润和净资产的增长,因此企业财务发展能力分析可以分为对净资产规模增长的分析和对企业利润增长的分析两个方面。

① 对净资产规模增长的分析。在企业净资产收益率不变的情况下,企业净资产规模与收入之间存在正比例关系。同时,净资产规模的增长反映着企业不断有新的资本加入,表明了所有者对企业有充足的信心,且对企业进行负债筹资提供了保障,提高了企业的筹资能力,有利于企业获得进一步发展所需的资金。

② 对企业利润增长的分析。利润是企业在一定时期内的经营成果的集中体现,因此企业的发展过程必然体现为利润的增长,通过对利润增长情况的分析,在一定程度上把握企业的发展能力。

(3) 企业商誉竞争力分析。商誉竞争力使用商誉价值来衡量,其价值计量一般有直接法和间接法两种。由于间接法一般用于企业并购时使用,因此本章用间接法来衡量企业商誉竞争力。

三、影响企业发展能力的主要因素

企业发展能力衡量的核心是企业价值增长,而影响企业价值增长的因素主要有以下几个方面。

(1) 销售收入。企业发展能力的形成要依托企业不断增长的销售收入。销售收入是企业收入来源之本,也是引起企业价值变化的根本动力。只有销售收入稳定增长,才能体现企业的不断发展,进而为企业后期发展提供充足的资金来源。

(2) 资产规模。企业的资产是取得收入的保障,在总资产收益固定的情况下,资产规模与收入规模之间存在着正比例关系。同时,总资产的现有价值反映企业清算时可获得的现金流入额。

(3) 净资产规模。在企业净资产收益率不变的情况下,净资产规模与收入规模之间也存在着正比例关系。只有净资产规模不断增长,才能反映新的资本投入,表明所有者对企业的信心,同时对企业负债筹资提供了保障,有利于满足企业的进一步发展对资金的需求。

(4) 资产使用效率。一个企业的资产使用效率越高,其利用有限资源获得收益的能力越强,就越能给企业价值带来较快的增长。

(5) 净收益。净收益反映企业一定时期的经营成果,是收入与费用之差。在收入一定的条件下,费用与净收益之间存在着反比例关系。只有不断地降低成本,才能增加净收益。企业的净收益是企业价值增长的源泉,所有者可将部分收益留存于企业用于扩大再生产,而且相当可观的净收益会吸引更多新的投资者,有利于满足企业进步发展对资金的需求。

(6) 股利分配。企业所有者从企业获得的利益分为两个方面:一是资本利得;二是股利。一个企业可能有很强的盈利能力,但如果把所有利润都通过各种形式转化为消费,而不注意企业的资本积累,那么即使这个企业效益指标很高,也不能说这个企业的发展能力很强。

相关链接10-1

京投发展:探索数字背后的稳健发展能力

2020年突如其来的新冠肺炎疫情,让各行各业迎来了一场全面大考。对于建造房子的开发商来说,更是一次产品的升级考问。在房地产行业面临巨大压力时,专注于轨道交通开发的京投发展股份有限公司,通过深度客户调研、产品优化、服务升级,给市场交出了一份稳定的成绩单。

8月27日,京投发展股份有限公司(600683.SH,以下简称"京投发展")披露2020年半年度报告。报告期内,京投发展实现营业收入总额20.47亿元,同比增长74.3%。其中,房地产销售结转实现收入19.71亿元、物业租赁收入0.42亿元。归属上市公司股东净利润1.12亿元,同比增长25%;总资产469.7亿元,增幅1.68%;基本每股收益0.14元/股,同比增长16.67%。

"针对疫情期间的居住生活期望,我们进行了大量的定性与定量研究,开展客户调研工作,希望以客户的真实感受作为我们后期产品的设计方向和优化路径。"京投发展相关负责人说。"对于客户在居住空间上的新要求和想法,公司已经迅速将研究成果实践到臻御府项目中,北连廊的设计、三个南向采光面的户型和完善的收纳体系,都获得了市场的良好反响。"

大本营北京持续发力 经营业绩同比增加74.3%

京投发展是地产行业稳而美的代表,倡导稳健高质量发展。上半年受疫情影响,房企销售普遍承压,京投发展却在严峻的市场形势下实现业绩的大幅增长。上半年,京投发展实现签约销售额44.37亿元。在业绩会上,京投发展管理层表示,2020年京投发展计划销售额79.5亿元。若据此计算,公司上半年业绩完成率为55.8%。财报显示,截至报告期末,京投发展持有待开发土地的面积18.09万平方米,规划建筑面积23.87万平方米。

在"植根北京,茂盛全国"的目标构想下,京投发展大本营持续发力,上半年签约销售额及营业收入主要来源于北京地区的项目,且北京地区营业收入占营业收入总额的97.98%。其中,位于北京西南四环边的京投发展·臻御府,上半年两次开盘,两次都赶上疫情暴发,项目通过创新线上营销方式,创造了逆势热销奇迹:首开300余套房源去化率高达90%以上,二期加推的100余套房源仅2天即售罄。臻御府因此成为市场少见的穿越两次疫情周期的网红神盘。此外,臻御府基于精准客研推出的北连廊户型,也得到了市场和客户的高度认可,展现了京投发展多年来扎实打磨不断提升的产品内功。

深挖客户需求,以客户思维践行"TOD智慧生态圈"理念,是持续打造轨道物业开发核心竞争力的关键。目前京投发展已形成较为完善的客户研究体系,通过寻找客户与项目的适配点,实现基于深层需求的精准定位,从而进一步提升产品品质。

能够稳步发展,还得益于京投发展对于基础管理工程的持续完善。当下京投发展正在积极开展行业对标工作,在对标的基础上,不断完善企业产品系手册及各专业产品主张、标准体系,丰富标准化成果,在实际项目管控中加以实践和校正。

京投发展管理层表示,公司各项目预售资金继续回笼,且公司整体资产质量良好,经营风险可控。

资料来源:京投发展:探索数字背后的稳健发展能力[EB/OL]. 2020-08-31. http://www.sohu.com/a/415847800_175523.

第二节 企业发展能力指标分析

一、企业营业发展能力分析

从财务状况角度,我们通常关注企业销售的增长和企业资产规模的增长。从本质上看,企业销售的增长是企业发展的驱动力。因此,企业销售的增长是企业生存和发展的保障,分析企业的发展能力首先要分析企业的销售增长能力。同时,任何一家企业实现价值的增长必须要拥有一定的资源,因此分析企业营业发展能力,也要关注资产规模的增长。

本章选取LFYL公司2015—2019年部分报表数据辅助于发展能力指标的具体计算和分析过程，主要财务数据如表10-1所示。

表10-1　LFYL公司2015—2019年部分报表数据　　　　　　　　　　　　单位：元

项目	2015年	2016年	2017年	2018年	2019年
总资产	1,497,269,917.62	1,587,014,886.30	1,837,037,124.62	12,698,487,691.00	13,259,178,844.00
股东权益	1,183,778,821.73	1,300,030,452.46	1,428,308,573.10	7,799,889,347.00	8,463,491,199.00
销售收入	1,508,984,686.94	1,288,770,719.80	1,575,945,309.43	2,653,120,079.16	3,475,614,154.78
净利润	168,163,527.78	180,320,697.54	201,974,096.53	355,337,655.15	519,456,195.80
营业利润	223,983,470.39	216,948,736.75	257,671,741.32	363,725,032.37	568,271,218.06

(一) 销售增长指标

反映企业销售增长情况的指标主要有销售增长率和三年销售平均增长率。

1. 销售增长率

销售增长率是指企业本年销售收入增长额同上年销售收入总额的比率。销售增长率表示与去年相比，企业销售收入的增减变动情况，是评价企业发展状况和发展能力的重要指标。其计算公式如下：

$$销售增长率 = \frac{本年销售收入增长额}{上年销售收入} \times 100\%$$

公式中，本年销售收入增长额是企业本年销售收入与上年销售收入的差额；上年销售收入是指企业上年全年销售收入总额。该指标是相对数，消除了企业营业规模的影响，更能反映企业的发展情况。

利用该指标进行企业发展能力分析需要注意以下几点。

(1) 销售增长率是衡量企业经营状况和市场占有能力、预测企业经营业务拓展趋势的重要指标。不断增加的销售收入，是企业生存的基础和发展的条件。

(2) 该指标数值若大于0，表示企业本年的销售收入有所增长，指标值越高，表明增长速度越快，企业市场前景越好；若该指标数值小于0，则说明企业产品不适销对路、质次价高，或者在售后服务服务等方面存在问题，产品销售不出去，市场份额萎缩。

(3) 该指标在实际操作时，应结合企业历年的销售水平、企业市场占有情况、行业未来发展及其他影响企业发展的潜在因素进行预测，或者结合企业近三年的销售增长率做出趋势性分析判断。同时在分析过程中要确定比较的标准，在比较中可分别以其他类似企业、本企业历史水平及行业平均水平等作为比较标准。

(4) 销售增长率作为相对量指标，也存在受增长基数影响的问题，如果增长基数即上年销售收入额特别小，即使销售收入出现较小幅度的增长，也会出现较大数值，不利于企业之间进行比较。比如某企业上年营业额为10万元，本年度营业额为100万元，该企业的销售增长率为900%，这并不能说明该企业一定具有很高的发展能力。因此，在分析过程中还需要使用销售收入增长额及近三年销售收入平均增长率等指标进行综合判断。

> **相关链接10-2**

营业收入增长率：评价企业发展能力的重要指标

一家企业，在年终总结的时候，如何去判断这一年中的成长状况和发展能力呢？如何去分析企业的经营状况呢？这就需要营业收入增长率来帮助企业管理者更好地对企业发展做出判断。财务指标不仅是用来判断企业是否盈利的，更是在帮助企业管理者发现企业的问题的，而营业收入增长率就可以有效地帮助我们评价企业的成长和发展情况。

作为企业中不可或缺的指标之一，营业收入增长率还有着十分重要的作用。

第一个作用就是衡量公司的产品生命周期。主营业务收入增长率可以用来衡量公司的产品生命周期，判断公司发展所处的阶段。一般来说，如果主营业务收入增长率超过10%，说明公司产品处于成长期，将继续保持较好的增长势头，尚未面临产品更新的风险，属于成长型公司。如果主营业务收入增长率在5%~10%，说明公司产品已进入稳定期，不久将进入衰退期，需要着手开发新产品。如果主营业增长率低于5%，说明公司产品已进入衰退期，保持市场份额已经很困难，主营业务利润开始滑坡，如果没有已开发好的新产品，将步入衰落。

第二个作用就是判断企业主营业务的发展状况。主营业务收入增长率与应收账款增长率的比较分析，可以表示公司销售额的增长幅度，可以借以判断企业主营业务的发展状况。一般认为，当主营业务收入增长率低于-30%时，说明公司主营业务大幅滑坡，预警信号产生。另外，当主营业务收入增长率小于应收账款增长率，甚至主营业务收入增长率为负数时，公司极有可能存在操纵利润行为，需严加防范。在判断时，还需根据应收账款占主营业务收入的比重来进行综合分析。

营业收入是最重要的财务指标之一，也是利润表上的第一个指标。在股神巴菲特眼中，营业收入也有着不可或缺的作用，他分析利润表时的第一个指标就是它。为什么它会如此重要呢？因为营业收入是所有盈利的基础，是分析财务报表的起点，分析预测公司未来盈利时首先分析的都是营业收入。

资料来源：营业收入增长率：评价企业发展能力的重要指标[EB/OL]. 2014-03-20. http://book.51cto.com/art/201403/433237.htm。

2. 三年销售平均增长率

销售增长率可能受到销售短期波动对指标产生的影响，如果上年因特殊原因而使销售收入特别小，而本年则恢复到正常，这就会造成销售增长率因异常因素而偏高；如果上年因特殊原因而使销售收入特别高，而本年则恢复到正常，这就会造成销售增长率因异常因素而偏低。为消除销售收入短期异常波动对该指标产生的影响，并反映企业较长时期的销售收入增长情况，可以计算多年的销售收入平均增长率，实务中一般计算三年销售平均增长率。它表明企业销售收入连续三年增长情况，体现企业的发展潜力。其计算公式如下：

$$三年销售平均增长率 = \left(\sqrt[3]{\frac{年末销售收入额}{三年前年末销售收入额}} - 1\right) \times 100\%$$

利用三年销售平均增长率指标，能够反映企业的销售增长趋势和稳定程度，较好地体现企业的发展状况和发展能力，避免因少数年份销售收入不正常增长而对企业发展潜力的错误判断。

根据表10-1，LFYL公司2019年销售增长率和2019年年末计算的三年销售平均增长率计算如下：

$$2019年销售增长率 = \frac{3,475,614,154.78 - 2,653,120,079.16}{2,653,120,079.16} \times 100\% = 31.00\%$$

$$2019年年末计算的三年销售平均增长率 = \left(\sqrt[3]{\frac{2019年年末销售收入额}{2016年年末销售收入额}} - 1\right) \times 100\%$$

$$= \left(\sqrt[3]{\frac{3,475,614,154.78}{1,288,770,719.80}} - 1\right) \times 100\%$$

$$= 39.19\%$$

根据LFYL公司2015—2019年的销售收入数据，销售增长率和三年销售平均增长率计算结果如表10-2所示。

表10-2　LFYL公司销售增长率及三年销售平均增长率计算表

项目	2015年	2016年	2017年	2018年	2019年
销售收入(元)	1,508,984,686.94	1,288,770,719.80	1,575,945,309.43	2,653,120,079.16	3,475,614,154.78
销售增长率		−14.59%	22.28%	68.35%	31.00%
三年销售平均增长率				20.70%	39.19%

从表10-2中可以看到，该公司2015—2019年销售增长率呈倒钟形分布，在2018年增长率高达68.35%；随后，2019年销售增长率下降，与2018年相比，降低了37.35%，但销售收入整体上仍然处于增长状态。为消除短期异常波动对销售增长率指标的影响，进一步反映较长时期的销售收入增长情况，结合三年销售平均增长率指标，我们发现LFYL公司近几年销售情况整体处于快速增长阶段。

(二) 资产增长指标

反映企业资产增长能力的指标包括总资产增长率和三年总资产平均增长率。

1. 总资产增长率

总资产增长率是指本年总资产增长额同上年末资产总额的比率。该指标是从企业资产总量扩张方面衡量企业的发展能力，表明企业规模增长水平对企业发展后劲的影响。其计算公式如下：

$$总资产增长率 = \frac{本年总资产增长额}{上年末资产总额} \times 100\%$$

该指标数值越大，表明企业一个经营周期内资产经营规模扩张的速度越快，但也应注意资产规模扩张的质与量的关系，以及企业的后续发展能力，避免资产盲目扩张。

2. 三年总资产平均增长率

与销售增长率的原理相似，资产增长率也存在受资产短期波动因素影响的缺陷。为弥补这一不足，我们同样可以计算三年的平均资产增长率，以反映企业较长时期内的资产增长情况。该指标的计算公式如下：

$$三年总资产平均增长率 = \left(\sqrt[3]{\frac{年末资产总额}{三年前年末资产总额}} - 1 \right) \times 100\%$$

根据表10-1，LFYL公司2019年总资产增长率和2019年年末计算的三年总资产平均增长率计算如下：

$$2019年总资产增长率 = \frac{13,259,178,844.00 - 12,698,487,691.00}{12,698,487,691.00} \times 100\% = 4.42\%$$

$$2019年年末计算的三年总资产平均增长率 = \left(\sqrt[3]{\frac{2019年年末资产总额}{2016年年末资产总额}} - 1 \right) \times 100\%$$

$$= \left(\sqrt[3]{\frac{13,259,178,844.00}{1,497,269,917.62}} - 1 \right) \times 100\%$$

$$= 102.91\%$$

根据LFYL公司2015—2019年的总资产数据，总资产增长率和三年总资产平均增长率计算结果如表10-3所示。

表10-3　LFYL公司总资产增长率及三年总资产平均增长率计算表

项目	2015年	2016年	2017年	2018年	2019年
总资产(元)	1,497,269,917.62	1,587,014,886.30	1,837,037,124.76	12,698,487,691.00	13,259,178,844.00
总资产增长率		5.99%	15.75%	591.25%	4.42%
三年总资产平均增长率				103.93%	102.91%

由表10-3可以看出，LFYL公司的资产总额在2015—2019年这5年里呈持续上升趋势，尤其是在2018年，上升速度很快。2018年年末和2019年年末计算的三年总资产平均增长率也处于很高的水平。查询报表附注可知，总资产增长率和三年总资产平均增长率的快速提升，主要是由于该企业在2018年发生了非同一控制下的企业合并，进而带来了资产规模的大幅度扩张。

使用资产规模增长指标分析发展能力应注意以下几点。

（1）对资产增长率进行企业间比较要特别注意各企业之间的可比性：一方面，不同企业的资产使用效率不同，为实现净收益的同幅度增长，资产使用效率低的企业需要更大幅度的资产增长；另一方面，不同企业所采取的不同发展策略也会体现到资产增长率上来，采取外向规模增长型发展策略的企业资产增长率会较高，而采取内部优化型发展策略的企业资产增长率会呈现较低的水平。

（2）资产增长率计算中所使用变量的数值为账面价值，这样就会产生两个问题：一是受会计处理方法中历史成本原则的影响，资产总额反映的只是资产取得的成本，并不是总资产的现时价值；二是并没有反映企业全部资产的价值，受会计处理方法的限制，企业很多重要的资产如无形资产、人力资源无法在报表中体现，这使得资产增长率指标无法反映企业真正的资产增长情况。

(3) 除了计算总资产增长率对总资产的增长情况进行分析外，还可以对资产各类别的增长情况进行分析，如流动资产增长率、固定资产增长率、无形资产增长率和员工增长率。

二、企业财务发展能力分析

企业财务方面的发展表现为资本的扩张和利润的增长。

(一) 资本扩张指标

反映企业资本扩张情况的指标有股东权益增长率和三年股东权益平均增长率。

1. 股东权益增长率

股东权益增长率是本期股东权益增加额与股东权益期初余额之比，也叫作资本积累率。该指标反映企业所有者权益在当年的变动水平，体现了企业资本的积累情况，是企业发展强盛的标志，也是企业扩大再生产的源泉，是评价企业发展潜力的重要指标。其计算公式如下：

$$股东权益增长率=\frac{本期股东权益增加额}{股东权益期初余额}\times 100\%$$

股东权益增长率反映了投资者投入资本的保全性和增长性，该指标越高，表示企业资本积累越多，企业资本保全性越强，应付风险的能力越大。

2. 三年股东权益平均增长率

三年股东权益平均增长率是表示企业资本连续三年的积累情况，体现企业发展水平和发展趋势。其计算公式如下：

$$三年股东权益平均增长率=(\sqrt[3]{\frac{年末所有者权益总额}{三年前年末所有者权益总额}}-1)\times 100\%$$

利用三年股东权益平均增长率指标，能够反映企业资本保全增值的历史发展状况，以及企业稳步发展的趋势。该指标越高，表明企业所有者权益得到的保障程度越大，企业可以长期使用的资金越充裕，抗风险和保持连续发展的能力越强。

根据表10-1，LFYL公司2019年股东权益增长率和2019年年末计算的三年股东权益平均增长率计算如下：

$$2019年股东权益增长率=\frac{8,463,491,199.00-7,799,889,347.00}{7,799,889,347.00}\times 100\%=8.51\%$$

$$2019年年末计算的三年股东权益平均增长率=(\sqrt[3]{\frac{2019年年末股东权益总额}{2016年年末股东权益总额}}-1)\times 100\%$$

$$=(\sqrt[3]{\frac{8,463,491,199.00}{1,300,030,452.46}}-1)\times 100\%$$

$$=86.72\%$$

根据LFYL公司2015—2019年的股东权益数据，股东权益增长率和三年股东权益平均增长率计算结果如表10-4所示。

表10-4　LFYL公司股东权益增长率及三年股东权益平均增长率计算表

项目	2015年	2016年	2017年	2018年	2019年
股东权益(元)	1,183,778,821.73	1,300,030,452.46	1,428,308,573.10	7,799,889,347.00	8,463,491,199.00
股东权益增长率		9.82%	9.87%	446.09%	8.51%
三年股东权益平均增长率				87.47%	86.72%

由表10-4可以看出，2018年LFYL公司的股东权益增长幅度较大，主要是因为企业合并引起的。除此以外，2016年、2017年、2019年LFYL公司的股东权益整体上增长趋势平稳，均处于9%左右。

在对企业资本扩张情况进行分析时，还要注意所有者权益各类别的增长情况。一般来说，实收资本的快速扩张来源于外部资金的加入，反映企业获得了新的资本，表明企业具备了进一步发展的基础，但并不表明企业过去具有很强的发展能力；如果资本的扩张主要来源于留存收益的增长，表明企业通过自身经营活动实现资本积累，既反映了企业在过去经营过程中的发展能力，也反映了企业进一步发展的后劲。

(二) 利润增长指标

一个企业的股东权益增长应主要依赖于企业运用股东投入资本所创造的利润，也就是说，企业的价值主要取决于盈利及其增长。因此，企业利润的增长也是反映企业发展能力的重要方面。由于利润可表现为营业利润、利润总额、净利润等多种指标，因此相应的利润增长率也具有不同的表现形式。

1. 净利润增长率

由于净利润是企业经营业绩的综合呈现，净利润的增长是企业成长性的基本表现，因此在实际当中，主要采用净利润增长率进行利润增长能力分析。净利润增长率是本期净利润增加额与上期净利润之比，其计算公式如下：

$$净利润增长率 = \frac{本期净利润增加额}{上期净利润} \times 100\%$$

需要说明的是，如果上期净利润为负值，则计算公式的分母应取其绝对值。该公式反映的是企业净利润的增长情况。净利润增长率为正数，则说明企业本期净利润增加，净利润增长率越大，说明企业收益增长得越多；净利润增长率为负数，则说明企业本期净利润减少，收益降低。

根据表10-1，LFYL公司2019年净利润增长率计算如下：

$$2019年净利润增长率 = \frac{519,456,195.80 - 355,337,655.15}{355,337,655.15} = 46.19\%$$

根据LFYL公司2015—2019年的净利润数据，净利润增长率计算结果如表10-5所示。

表10-5　LFYL公司净利润增长率计算表

项目	2015年	2016年	2017年	2018年	2019年
净利润(元)	168,163,527.78	180,320,697.54	201,974,096.53	355,337,655.15	519,456,195.80
净利润增长率		7.23%	12.01%	75.93%	46.19%

由计算结果可知，LFYL公司2015—2019年净利润增长率先增后减，但是净利润逐年增长，整体上企业经营成果良好。

如果一个企业营业收入增长，但利润并未增长，那么从长远看，它并没有增加股东权益。同样，如果一个企业净利润增长，但营业收入并未增长，也就是说净利润的增长并不是来自于营业收入，很可能是来自于非经常性收益项目，如资产重组收益、债务重组收益、财政补贴等项目，那么这样的增长因素对于企业而言往往是不可持续的，因为非经常性损益并不代表企业真实的盈利能力，具有较大的偶然性和意外性。

2. 营业利润增长率

除了分析净利润增长以外，为了观察其具体的构成，还应进一步分析营业利润增长率等指标，利用营业利润增长率这一指标可以更好地考察企业利润的增长情况。营业利润增长率是本期营业利润增加额与上期营业利润之比，其计算公式如下：

$$营业利润增长率 = \frac{本期营业利润增加额}{上期营业利润} \times 100\%$$

如果上期营业利润为负值，则计算公式的分母应取其绝对值。该公式反映的是企业营业利润的增长情况。营业利润增长率为正数，则说明企业本期营业利润增加，营业利润增长率越大，企业收益增长得越多；营业利润增长率为负数，表明企业本期营业利润减少，收益降低。

根据表10-1，LFYL公司2019年营业利润增长率计算如下：

$$2019年营业利润增长率 = \frac{568,271,218.06 - 363,725,032.37}{363,725,032.37} = 56.24\%$$

根据LFYL公司2015—2019年的营业利润数据，营业利润增长率计算结果如表10-6所示。

表10-6　LFYL公司营业利润增长率计算表

项目	2015年	2016年	2017年	2018年	2019年
营业利润(元)	223,983,470.39	216,948,736.75	257,671,741.32	363,725,032.37	568,271,218.06
营业利润增长率		-3.14%	18.77%	41.16%	56.24%

由计算结果可知，LFYL公司2015—2019年营业利润增长率逐年增长，企业主营业务活动可持续发展，业绩良好。

三、企业商誉竞争力分析

企业商誉竞争力使用商誉价值指标衡量，本章运用直接法衡量商誉价值。直接法，又称超额收益法，是指将商誉理解为"超额收益的现值"，即通过估测由于存在商誉而给企业带来的预期超额收益,并按一定方法推算出商誉价值的方法,一般有如下三种计算方法。

(一) 超额收益现值法

这种方法是通过计算企业未来若干年可获得的"超额收益"的净现值来衡量商誉的价值。基本步骤介绍如下。

(1) 计算企业的超额收益:

$$超额收益=预期收益-正常收益$$
$$=可辨认净资产公允价值×预期报酬率-可辨认净资产公允价值×同行业平均投资报酬率$$

(2) 将各年的预期超额收益折现:

$$各年超额收益现值=各年预期超额收益×各年折现系数$$

(3) 将各年超额收益现值汇总得出商誉价值:

$$商誉价值=\sum 各年超额收益现值$$

各年预期超额收益相等的情况下,上式可简化为:

$$商誉价值=年预期超额收益×年金现值系数$$

(二) 超额收益资本化法

这种方法是根据"商誉是一种资本化价格"的原理,对超额收益进行资本化处理。收益资本化就是将若干年平均超额收益除以投资者应获得的正常投资报酬率,即

$$商誉价值=\frac{年超额收益}{资本化率}$$

(三) 超额收益倍数

这种方法是利用超额收益的一定倍数计算商誉价值,即

$$商誉价值=年超额收益×倍数$$

商誉价值指标越高,说明企业的商誉给企业带来的预期超额收益越多,企业的市场潜力越大,发展能力越强。

企业发展能力分析是财务分析的一个重要方面,它是企业盈利能力、营运能力、偿债能力的综合体现。在与财务分析其他内容的关系上,企业发展能力分析既是相对独立的一项内容,又与其他分析密切相关,在分析过程中要结合进行。企业价值要获得增长,就必须依赖收入、资产、资本与利润等方面的不断增长。企业的营业发展能力、财务发展能力和商誉竞争力就是通过对收入增长率、资产增长率、股东权益增长率及利润增长率等的衡量来对企业的发展趋势进行评估。另外,要对各指标进行相互比较与全面分析,进而综合、恰当地评估企业的发展能力。

本章小结

企业的发展与其所处的生存环境息息相关，无论是企业内在的经营水平还是企业外部的经营环境，都将影响企业的生存发展。企业应该追求健康的、可持续的增长，这需要管理者利用股东和债权人的资本进行有效运营，合理控制成本，增加收入获得利润，在补偿了债务资本成本之后从而实现股东财富增加，进而提高企业价值。传统的企业财务报告分析通常使用静态指标分析企业的盈利能力、偿债能力和经营能力。即使从动态的角度分析，也多使用增长率指标在企业内部进行跨年度的纵向分析。但是，从企业发展的角度来说，独善其身并不能确保企业的可持续发展。可以说，内部发展能力的持续稳定是企业发展的原动力，而外部经营环境却是保证企业发展的必要条件。

进行企业发展能力分析的目的在于：第一，补充和完善传统财务报告分析。财务报告分析的最大贡献不在于了解过去，而是开启未来，而企业发展能力分析就是展望未来，这种对企业未来发展的预期满足了报表使用者的需求。第二，为预测分析与价值评估做铺垫。从企业发展能力分析中得出的增长率数据，将是以后一系列预测分析和价值评估工作的基础数据来源，对于以预测分析为基础的价值评估而言十分重要。第三，满足相关利益者的决策需求。

企业发展能力分析的内容可分为以下三部分：一是企业营业发展能力。其主要指标有销售增长率、三年销售平均增长率、总资产增长率和三年总资产平均增长率。二是企业财务发展能力。该部分从资本扩张指标和利润增长指标两方面进行分析，主要指标有股东权益增长率、三年股东权益平均增长率、净利润增长率和营业利润增长率。三是企业商誉竞争力。其衡量指标为商誉价值。

各个单一指标都有其优缺点，因此在进行企业发展能力分析时需要谨慎使用单一指标，只有配合各项指标综合分析，才能恰当地评估企业的发展能力。

思考讨论

1. 什么是企业发展能力？评价企业发展能力的目的是什么？
2. 可以从哪些角度评价企业发展能力？
3. 企业发展能力的指标有哪些？
4. 企业发展能力分析与传统财务分析的区别是什么？

案例分析

格力电器发展能力分析

格力电器是一家多元化、科技型的全球工业集团，旗下拥有格力、TOSOT、晶弘三大品牌，产业覆盖空调、生活电器、高端装备、通信设备四大领域，包括以家用空调、商用空调、冷冻冷藏设备、核电空调、轨道交通空调、光伏空调等为主的空调领域；以智能装备、数控机床、工业机器人、精密模具、精密铸造设备等为主的高端装备领域；以厨房电器、健康家电、环境家电、洗衣机、冰箱等为主的生活电器；以物联网设备、手机、芯片、大数据等为主的通信设备领域。格力电器产品远销于160多个国家及地区，为全球超过4亿用户提供满意的产品和服务，致力创造美好生活。

2019年，格力电器上榜《财富》世界500强，位列榜单414位。在上榜的129家中国企业中，格力电器的净资产收益率(ROE)第一；根据《暖通空调资讯》发布的数据，格力中央空调以14.7%的市场占有率稳坐行业龙头地位，实现国内市场"八连冠"；根据奥维云网市场数据，2019年度格力电器占据中国家用空调线下市场份额TOP1，零售额占比36.83%；线下市场零售额TOP20家用空调机型中，格力电器产品有12个，占比达60%；根据全球知名经济类媒体日本经济新闻社2019年发布的数据，格力电器以20.6%的全球市场占有率位列家用空调领域榜首。

格力电器2016—2019年的相关财务数据如表10-7所示。

表10-7　格力电器2016—2019年相关财务数据　　　　　　　　　　　　　　　单位：元

项目	2016年	2017年	2018年	2019年
总资产	182,373,990,389.46	214,967,999,328.37	251,234,157,276.81	282,972,157,415.28
股东权益	54,952,155,255.10	66,834,797,763.19	92,714,711,727.46	112,047,656,523.08
销售收入	108,302,565,293.70	148,286,450,009.18	198,123,177,056.84	198,153,027,540.35
净利润	15,566,453,677.60	22,508,599,044.09	26,397,029,817.06	24,827,243,603.97
营业利润	17,503,625,548.31	26,126,666,010.26	30,996,884,691.88	29,605,107,122.40

问题探讨：

根据以上资料并补充收集格力电器其他相关资料和数据，你对格力电器的发展能力有怎样的分析与综合评价？

实操项目

根据第二章实操项目所收集的上市公司财务报表资料，对其进行营业发展能力和财务发展能力分析。

第四篇　财务综合分析与财务预警

- 第十一章　财务综合分析与业绩评价
- 第十二章　企业财务危机预警

第十一章 财务综合分析与业绩评价

学习目标

○ **知识目标**

了解综合分析与业绩评价的目的和内容;理解杜邦分析法、帕利普分析法、沃尔评分法和平衡计分卡的财务报告分析评价方法;熟悉杜邦分析法的优点和不足。

○ **能力目标**

能够运用杜邦分析法、帕利普分析法、沃尔评分法和平衡计分卡对企业进行财务综合分析与业绩评价。

第一节 综合分析与业绩评价的目的与内容

一、综合分析与业绩评价的目的

财务报告分析分别从企业营运能力、盈利能力、偿债能力和发展能力四个角度对企业的经营活动、投资活动和筹资活动状况进行深入细致的分析,以判明企业的财务状况和经营业绩,这对于企业投资者、债权人、经营者、政府及其他利益相关者了解企业的财务状况和经营业绩是十分有益的。但前述财务报告分析较为单一和片面,不具有综合性,为弥补这一不足,有必要在企业单项财务能力分析的基础上,将相关指标按其内在联系结合起来进行综合分析。财务综合分析,就是将企业营运能力、盈利能力、偿债能力和发展能力等方面的分析纳入一个综合的分析体系中,对企业财务状况和经营成果进行全面剖析,从而对企业财务状况和经营成果等做出较为准确的评价与判断。

业绩评价是在综合分析的基础上,运用业绩评价方法对企业财务状况和经营成果所得的综合结论。业绩评价以财务综合分析为前提,财务综合分析以业绩评价为结论,财务综合分析离开业绩评价就失去意义。在前述财务报告分析中，都曾在分析的基础上做出了相应的评价，但那只是就单项财务能力所做的分析及评价，其结论具有片面性，只有在综合分析的基础上进行业绩评价，才能全面、系统地评价企业的财务状况及经营成果。

综合分析与业绩评价的目的主要有以下几点。

(1) 发掘影响企业财务状况和经营成果的因素。在单项能力分析的基础上，运用特定的方法对企业相关财务数据进行综合分析与业绩评价，有利于充分发掘影响企业财务状况和经营成果的因素，为提高企业经营业绩提供思路。

(2) 为企业利益相关者的经济决策提供参考。在分项分析的基础上，投资者和债权人等外部信息使用者通过杜邦分析法等方法获得对企业财务状况和经营成果的综合结论性评价，以为其投资决策与信贷决策等提供参考。

(3) 为完善企业财务管理和经营管理提供依据。通过对企业财务状况和经营成果的综合分析与业绩评价，经营管理者等内部信息使用者可综合地、正确地评估企业当前的经营管理水平，为提高自身管理水平提供参考。

(4) 预测企业未来的发展趋势。通过杜邦分析法、帕利普分析法、沃尔评分法等方法的综合分析与评价，有利于利益相关者了解掌握企业当前的经营业绩情况以及当前经营管理存在的薄弱之处，从而较为精确地预测企业的未来发展趋势。

二、综合分析与业绩评价的内容

财务综合分析与业绩评价的内容主要有以下两方面。

(1) 综合分析的内容主要是杜邦财务综合分析体系和帕利普分析法。杜邦财务综合分析体系以净资产收益率为核心指标，以其分拆指标销售净利率、总资产周转率和权益乘数为具体分析指标，对企业的销售获利情况、资产周转情况和杠杆情况进行分析，从而发掘出影响净资产收益率的具体因素。帕利普分析法将财务分析中常用的财务比率划分为四大类，即偿债能力比率、盈利能力比率、资产管理比率和现金流量比率，其原理是将目标分析指标层层展开，以探究其发生变化的根本原因。

(2) 业绩评价的内容主要是沃尔评分法和平衡计分卡。沃尔评分法是指将选定的财务比率用线性关系结合起来，并分别给定分数比重，然后通过与标准比率进行比较，确定各项指标的得分及总体指标的累计分数，从而对企业的经营业绩水平做出评价的方法。平衡计分卡是从财务、客户、内部运营、学习与成长四个角度，将企业的战略落实为可操作的衡量指标和目标值的一种新型绩效管理体系，其以企业战略为导向全面管理和评价企业综合业绩，既是一个综合性的业绩评价系统，也是一个有效的战略管理系统。

第二节 杜邦财务综合分析

一、杜邦财务综合分析体系的含义

杜邦财务综合分析体系，是利用几种主要的财务比率之间的关系来综合地分析企业的财务状况。杜邦财务综合分析体系的特点是将若干反映企业盈利状况、财务状况和营运状况的比率按其内在联系结合起来,形成一个以净资产收益率为核心的完整的指标体系;然后将企业的净资产收益率逐级分解为多项财务比率乘积,有助于深入分析比较企业经营业绩。由于这种分析方法最早由美国杜邦公司使用,故也称杜邦分析法。

杜邦财务综合分析体系不仅使管理者能够清楚地了解影响企业净资产收益率的因素,而且使其明确销售净利率、总资产周转率和资本结构之间的关联关系,为其合理安排债务比重、提高企业资产营运能力和销售净利率提供参考。

二、杜邦分析法的指标体系和基本框架

(一) 杜邦分析法的指标体系

杜邦分析法以净资产收益率为龙头,层层分解,进而将其分解为各个影响因素,其基本公式计算过程如下:

$$\text{净资产收益率} = \frac{\text{净利润}}{\text{平均净资产}}$$

$$= \frac{\text{净利润}}{\text{平均总资产}} \times \frac{\text{平均总资产}}{\text{平均净资产}}$$

$$= \text{总资产净利率} \times \text{平均权益乘数}$$

$$\text{总资产净利率} = \frac{\text{净利润}}{\text{平均总资产}}$$

$$= \frac{\text{净利润}}{\text{营业收入}} \times \frac{\text{营业收入}}{\text{平均总资产}}$$

$$= \text{销售净利率} \times \text{总资产周转率}$$

将上述两式相结合,可得杜邦分析法的指标体系:

$$\text{净资产收益率} = \text{销售净利率} \times \text{总资产周转率} \times \text{权益乘数}$$

可见,净资产收益率主要受销售净利率、总资产周转率和权益乘数三因素的影响。净资产收益率反映了股东投入资本获利能力的高低,也体现了企业的经营目标,因此,高水平的净资产收益率是企业管理者孜孜以求的目标。

(1) 销售净利率。销售净利率是衡量企业商品经营盈利能力的关键指标,反映营业收入的收益水平。由下列公式可知,销售净利率受净利润和营业收入的双重影响,若想提高销售净利率,就要尽可能地增加收入,降低成本费用。

$$\text{销售净利率} = \frac{\text{净利润}}{\text{营业收入}} = \frac{\text{总收入} - \text{总成本费用}}{\text{营业收入}}$$

(2) 总资产周转率。总资产周转率反映了企业总资产的周转速度,是净资产收益率最大化的基本保障之一。由下式可见,总资产周转率受营业收入、流动资产和非流动资产的共同影响,若想提高净资产收益率,就要提高固定资产等非流动资产生产产品的能力和效率,并合理安排资产结构,同时制定合理的销售政策,提高销售能力。

$$总资产周转率=\frac{营业收入}{平均总资产}=\frac{营业收入}{平均流动资产+平均非流动资产}$$

(3) 权益乘数。权益乘数体现了企业的负债程度。资产负债率越高，权益乘数越大，表明企业负债越多，财务杠杆效应越大，同时财务风险也越高。反之，资产负债率越低，权益乘数越小，则财务杠杆效应越小，财务风险越低。因此，适度开展负债经营，保持合理的资本结构，有助于提高净资产收益率。

$$权益乘数=\frac{1}{1-资产负债率}$$

(二) 杜邦分析法的基本框架

杜邦分析法的基本框架如图11-1所示，其中，流动资产和非流动资产主要列示了上市公司资产负债表常见的报表项目。

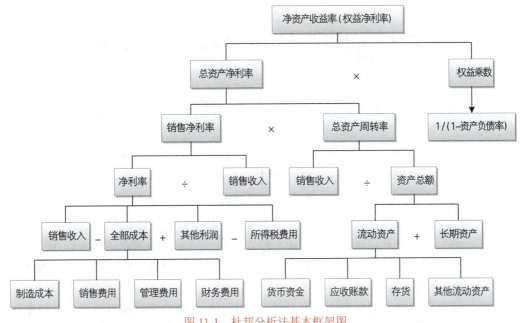

图11-1 杜邦分析法基本框架图

由图11-1可看出，杜邦分析法以净资产收益率为核心指标，净资产收益率是一个综合性最强的指标，反映了投资者获利水平，同时也是企业财务活动效率和经营活动效率的综合体现。首先，将净资产收益率分解为反映资产获利情况的指标总资产净利率和反映资本结构的指标权益乘数。权益乘数反映了企业的杠杆水平及偿债能力，适度进行负债经营，有利于发挥财务杠杆作用提高净资产收益率。其次，进一步将总资产净利率分解为反映资产周转情况的指标总资产周转率和反映商品经营成果的指标销售净利率。总资产周转率反映了企业的营运能力和资产经营效果，资产结构越合理、营运效率越高，则总资产周转率越高，净资产收益率越高。销售净利率反映了企业商品经营的效果，总收入越高、总成本费用越低，则商品获利能力越强，净资产收益率越高。最后，将总收入分解为营业收入、利息收入、其他收益、投资收益、公允价值变动损益等，将总成本费用分解为营业成本、期间费用、税金及附加、资产减值损失、研发费用等，将资产分解为存货、应收账款、货币资金等流动资产和固定资产、无形资产等长期资产，通过这一层次的分解，有助于厘清影响总收入、总成本费用、流动资产和长期资产的因素，从而为提高净资产收益率提供具体思路。

三、杜邦分析法的因素分析

由图11-1可知，净资产收益率的三大影响因素分别为销售净利率、总资产周转率和权益乘数。下面对LFYL公司2019年和2018年的相关财务数据进行因素分析，以明确各因素对其净资产收益率的影响程度。

根据LFYL公司2018—2019年资产负债表和利润表相关财务数据，可得表11-1。注意，受计算方法的差异及小数位数保留的影响，净资产收益率数值与第八章第二节的数值存在差异。

表11-1 LFYL公司杜邦分析法相关财务比率计算表

时间	净资产收益率	销售净利率	总资产周转率	权益乘数
2018年	7.96%	0.1339	0.3650	1.6280
2019年	6.27%	0.1495	0.2678	1.5666

下面根据表11-1提供的数据，运用差额计算法分析各因素对净资产收益率的影响程度。

分析对象=6.27%-7.96%=-1.69%

① 销售净利率的影响=(0.1495-0.1339)×0.3650×1.6280=0.93%

② 总资产周转率的影响=0.1495×(0.2678-0.3650)×1.6280=-2.37%

③ 权益乘数的影响=0.1495×0.2678×(1.5666-1.6280)=-0.25%

可见，总资产周转率和权益乘数对净资产收益率产生负向影响，分别使得2019年的净资产收益率下降2.37%和0.25%，销售净利率对净资产收益率产生正向影响，使得2019年的净资产收益率上升0.93%。因此，2019年净资产收益率下降的主要原因是总资产周转率和权益乘数的下降，且销售净利率的略微上升无法抵消总资产周转率和权益乘数下降的影响。由于总资产周转率和销售净利率受总资产、营业收入、净利润的影响，因此下一步需要比较分析影响净利润的因素以提高销售净利率，并提高总资产营运效率。同时，由于LFYL公司2019年的净资产负债率为36%，因此可考虑在确保还债安全的前提下进一步发挥财务杠杆效应。

四、杜邦分析法的优点和不足

(一) 杜邦分析法的优点

杜邦分析法的优点主要表现在以下两个方面。

(1) 杜邦分析法使财务比率分析的层次更清晰、条理更突出，为信息使用者全面了解企业的经营和盈利状况提供方便。

(2) 杜邦分析法有助于企业管理层更加清晰地看到权益收益率的决定因素，以及销售净利润与总资产周转率、债务比率之间的相互关系，给管理层提供了一张明晰的、有助于考察公司资产管理效率和股东投资回报率的路线图。

(二) 杜邦分析法的不足

杜邦分析法的不足之处主要表现在以下三个方面。

(1) 计算资产利润率的总资产和净利润不匹配。总资产是全部资产提供者享有的资产，而净利润是专属于股东的。两者相除不满足投入产出相匹配的原则，因此该指标不能反映实际的报酬率。

(2) 没有区分经营活动损益和金融活动损益。对于多数企业来说，金融活动是净筹资，在金融市场上主要是筹资而不是投资。筹资活动不产生利润，而是产生费用。从财务管理的基本概念来看，企业的金融资产是投资活动的剩余，是尚未投入实际经营活动的资产，应该将其从经营资产中剔除。与此相对应，金融收益也应该从经营收益中剔除，才能使经营资产和经营收益匹配。

(3) 没有区分有息负债与无息负债。利息支出仅仅是有息负债的成本，因此，只有利息支出与有息负债相除才是实际的平均利息率。并且，只有有息负债与股东权益相除才能得到更符合实际的财务杠杆。无息负债本来就没有财务杠杆的作用，将其计入财务杠杆会歪曲财务杠杆的实际作用。

相关链接11-1

杜邦分析法对现代企业财务分析的指导性价值

(一) 明确财务分析中的应用指标

在财务分析工作中，不同企业所选择的分析指标也是各不相同的。如国外一些知名企业以经济增加值和现金回报率作为分析指标，并将这些指标在日常工作中与企业考核挂钩，从而使企业经营围绕这些指标开展。而在我国，企业更多的是重视企业利润、毛利率、销售收入等指标。但随着现代企业的不断发展以及经营方式的不断变化，这些指标并不能对企业经营和管理起到指导性作用。因此，在杜邦分析法运用过程中，首先就要求国内企业调整财务分析的指标选用方向，将净资产回报率作为财务分析核心，然后围绕该核心指标对企业管理进行调整，强化内部管理、优化管理流程，并改革财务分析与管理模式，从而为杜邦分析法的应用创造好基础性条件。可以说，杜邦分析法的应用过程中明确应用指标是十分关键的一环。

(二) 对财务指标进行分解

杜邦分析法的应用，还需要财务分析人员能够针对其相关指标做好层层分解工作，从而在分解过程中找到企业经营过程中存在的问题。对于企业财务分析工作而言，其涉及内容众多，同时企业日常经营的业务也十分繁杂，而运用杜邦分析法对财务指标进行层层分解能够有效解决烦琐的分析事项，从中梳理出企业在财务分析方面的一套完整思路。根据杜邦分析法的各项财务指标及其背后的指标关系，实际工作中企业可以参照其中的具体内容进行财务指标分解工作，这是杜邦分析法为企业财务分析提供的一个有效思路。基于此，企业应利用数值分析方法定期或不定期地对企业开展财务分析，找到影响企业资产回报率的影响因素及其各种因素内在的逻辑关系，做出全面科学的评定。同时，根据杜邦分析法所提供的分析思路，财务人员能够确保分析的逻辑性、全面性，再结合企业预算管理就能够发现企业实际经营中在财务状况与财务预算方面存在的差异，然后从中找到问题所在。而根据企业财务核心指标所做出的企业业绩情况的判定，更具有科学性和指导性意义，企业可以依据其利用平衡积分卡等其他新的方法进一步对业绩管理加以优化，从而使企业业绩管理更为科学，业绩管理效益更为显著。

(三) 根据分析结果对净资产回报率加以控制

在经过财务指标分解与分析后，企业需要做的就是依据分析结果对企业净资产回报率加以控制，这是杜邦分析法应用价值得以最终实现的重要一环。具体而言，净资产回报率的影响因素主要有销售利率以及产品盈利能力。而净资产回报率的波动则由多方面原因所致，如产品进入衰败期或市场处于低迷状态、产品生产成本未得到有效控制、企业利润水平较低等。这些问题在实际经营中要求企业根据实际情况对自身财务杠杆加以合理应用，并提升自身资产管理水平，以促进内部管理能力的提高。这些方法都是提升企业净资产回报率的有效措施。而对于企业盈利能力低下方面的问题，每个企业的具体情况不同，这时就需要依靠杜邦分析法去进一步找到问题存在的具体原因，然后针对性地采取应对措施。要切实做好此项工作，净资产回报率管理中就需要格外关注指标利用与发展，以联系的眼光、发展的眼光看待企业经营中的财务指标数据，然后通过分析来动态化管理净资产回报率，以达到对其的有效控制。

因此，企业财务分析中运用杜邦分析法能够对企业的财务情况进行全面、科学的把控，进而找到企业经营中存在的问题并针对性地加以解决。因此现代企业应加强对此方法的应用，在财务分析工作中将杜邦分析法相关指标作为核心指标，并做好指标分解，进而依据分析结果做好净资产回报率管理工作。

资料来源：杨洁.企业财务分析中杜邦分析法的应用研究[J].中国集体经济，2021(4)：154.

第三节 帕利普分析法

一、帕利普分析法的含义

随着经济环境的变化发展以及人们对财务分析要求的进一步提高和深化，杜邦财务分析体系在实际应用过程中暴露出很多缺陷，人们对其进行了补充和变形使其不断发展和完善，其中帕利普财务分析体系是基于杜邦财务分析体系发展并完善起来的一种财务分析体系。

帕利普分析法，也称帕利普财务分析体系，是美国哈佛大学教授帕利普对杜邦财务分析体系进行变形、补充而发展起来的。帕利普在其《企业分析与评价》一书中，将财务分析体系中常用的财务比率分为4大类：偿债能力比率、盈利能力比率、资产管理效率比率、现金流量比率。企业可持续发展能力是企业长期生存的一个基本条件，帕利普财务分析体系紧紧围绕这一能力展开层层分析，以企业的可持续发展为目标，以可持续增长率为核心指标，根据偿债能力比率、盈利能力比率、资产管理效率比率和现金流量比率四者之间的内在联系，对企业的财务状况做出综合的评价，便于决策者科学合理地评价企业的可持续发展能力。

二、帕利普分析法的基本框架及其分解

(一) 帕利普分析法的基本框架

帕利普财务分析体系的基本公式如下：

可持续增长率=净资产收益率×(1-股利支付率)

=销售净利率×总资产周转率×权益乘数×(1-股利支付率)

帕利普分析法的基本框架如图11-2所示。

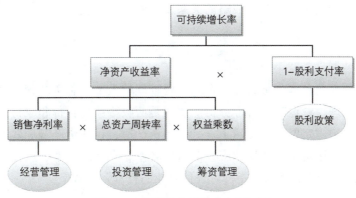

图11-2　帕利普分析法基本框架图

从长远看，企业的价值取决于企业的盈利能力和增长能力，而这两项能力又取决于产品市场战略和资本市场战略。其中，产品市场战略包括企业的经营战略和投资战略；资本市场战略包括筹资战略和股利政策。财务分析的目的就是评价企业在经营管理、投资管理、筹资管理和股利政策四个领域的管理效果。可持续增长率是企业在不发行新股、保持经营效率和财务政策不变的前提下能够达到的增长率，它取决于净资产收益率和股利政策。因此，可持续增长率将企业的各种财务比率统一起来，以评估企业的增长战略是否可持续。

(二) 帕利普分析法的分解

1. 可持续增长率

可持续增长率是指在企业不发行新股、不改变经营效率(不改变销售净利率和资产周转率)和财务政策(不改变权益乘数和利润留存率)的前提下，其销售所能达到的增长率。其假设条件如下：①公司销售净利率将维持当前水平，并且可以涵盖新增债务增加的利息；②公司总资产周转率将维持当前水平；③公司目前的资本结构是目标资本结构，并且打算继续维持下去；④公司目前的利润留存率是目标利润留存率，并且打算继续维持下去；

⑤不愿意或者不打算增发新股(包括股份回购)。

2. 利润动因分析

利润动因分析的主要指标是净资产收益率，其受资产利用的有效性、债务资本占比两个因素的影响。为了更加直观地了解利润动因，需要将净资产收益率进行分解，其层层分解过程及具体内容与本章第二节杜邦分析法的层层分解相同，可参看本章第二节。

3. 经营管理评估

净利润率反映企业经营活动的盈利能力，对净利润率进行分解能够评估企业的经营管理效率。常用的分析工具是共同比利润表，共同比利润表是将利润表中的每个项目与一个共同项目(一般是主营业务收入)相比，计算比率，以此分析利润的产生过程和结构。共同比利润表可用于企业一段时间利润表各项目的纵向比较，也可用于行业内企业间的横向比较。通过分析共同比利润表，我们可以了解企业的毛利率与其竞争战略的关系及其变动的主要原因、期间费用率与其竞争战略的关系及其变动的主要原因，以及企业经营管理的效率。

4. 投资管理评估

对总资产周转率的分解分析可评估企业投资管理的效率。总资产管理分为营运资金管理和非流动资产管理。营运资金管理分析的重点是应收账款、存货和应付账款，非流动资产管理分析的重点是固定资产、在建工程、无形资产等。评估资产管理效率的主要财务指标有资产周转率、营运资金周转率、应收账款周转率、存货周转率、应付账款周转率、固定资产周转率。通过分析这些财务指标可评估企业的投资管理效果。

5. 财务管理评估

企业可通过借款等方式举债以增加其资金存量，从而将其投入生产经营以增加资产规模。只要债务的成本低于资产收益率，财务杠杆就可以提高企业的净资产收益率，但同时财务杠杆也加大了企业的财务风险。评估企业财务杠杆风险程度的财务指标有流动比率、速动比率、营业现金流动比率等短期偿债比率，以及资产负债比率、有形净值负债率和利息保障倍数等长期偿债比率。

> **相关链接11-2**
>
> **帕利普分析法在上市公司财务综合分析中的运用要点**
>
> (1) 帕利普财务综合分析体系是对杜邦财务分析体系的变形和补充，使其不断完善与发展。它继承了杜邦财务综合分析的优点。一是可以明确企业盈利能力、营运能力、偿债能力与发展能力之间的相互联系，分析企业财务总体状况和业绩的关联性水平。二是为进行财务综合评价提供基础，有利于进行纵向及横向比较。它把企业各个重要指标联系起来，考察每个重要指标的影响因素，从而便于因素分析法在综合评价时的运用。

(2) 企业可持续发展能力是企业长期存在的一个基本条件，也是越来越多的所有者和相关利益人所关注的一种能力。帕利普财务综合分析体系就是围绕这一能力展开，层层分析影响这一综合能力的各种因素，便于企业和决策者评价其可持续发展能力。

(3) 帕利普财务综合分析体系中，考虑了股利支付率对可持续增长比率的影响，这是原有杜邦分析体系中未曾考虑的因素。一家上市公司，在当期盈利的情况下，会面临股利分配方案的选择。不支付股利会引起所有者的不满，可能会增加再次利用股票融资的难度；而发放股利，又会影响企业利用自由资金进一步发展的能力，不利于投资决策的实行。因此，分析股利支付率对可持续增长比率的影响，有利于在综合评价中进一步评价股东权益的实现能力，并为股利分配政策提供理论依据。

资料来源：王韦.浅析帕利普财务综合分析体系在上市公司的运用[J].当代经济，2009(3)：133.

第四节　沃尔评分法

一、沃尔评分法的含义

1928年，亚历山大·沃尔出版的《信用晴雨表研究》和《财务报表比率分析》中提出了信用能力指数的概念，他选择了7个财务比率，即流动比率、产权比率、固定资产比率、存货周转率、应收账款周转率、固定资产周转率和自有资金周转率，分别给定各指标的比重，然后确定标准比率(以行业平均数为基础)，将实际比率与标准比率相比，得出相对比率，将此相对比率与各指标比重相乘，得出总评分。沃尔提出的综合比率评价体系把若干个财务比率用线性关系结合起来，以此来评价企业的财务状况，此即沃尔评分法。

沃尔评分法是指将选定的财务比率用线性关系结合起来，并分别给定各自的分数比重，然后通过与标准比率进行比较，确定各项指标的得分及总体指标的累计分数，从而对企业的经营业绩水平做出评价的方法。

二、沃尔评分法的基本步骤

沃尔评分法的基本步骤如下。

(1) 选择评价指标。
- 盈利能力指标：总资产净利率、销售净利率、净资产收益率。
- 偿债能力指标：自有资本比率、流动比率、应收账款周转率、存货周转率。
- 发展能力指标：销售增长率、净利增长率、总资产增长率。

按重要程度确定各项比率指标的评分值，评分值之和为100。

(2) 分配指标权重。

三类指标的评分值约为5∶3∶2。盈利能力指标三者的比例约为2∶2∶1，偿债能力指标和发展能力指标中各项具体指标的重要性大体相当。各指标权重如表11-2所示。

表11-2 沃尔评分法的指标权重表

财务比率	标准评分①	标准值②	实际值③	相对值④=③÷②	最终评分⑤=①×④
总资产净利率	20				
销售净利率	20				
净资产收益率	10				
自有资本比率	8				
流动比率	8				
应收账款周转率	7				
存货周转率	7				
销售增长率	7				
净利增长率	7				
总资产增长率	6				

(3) 确定各项比率指标的标准值，即各指标在企业现时条件下的最优值。

(4) 计算企业在一定时期各项比率指标的实际值。

总资产净利率=净利润÷资产总额×100%

销售净利率=净利润÷销售收入×100%

净资产收益率=净利润÷净资产×100%

自有资本比率=净资产÷资产总额×100%

流动比率=流动资产÷流动负债

应收账款周转率=赊销净额÷平均应收账款余额

存货周转率=产品销售成本÷平均存货成本

销售增长率=销售增长额÷基期销售额×100%

净利增长率=净利增加额÷基期净利×100%

总资产增长率=资产增加额÷基期资产总额×100%

(5) 计算指标得分并形成评价结果。

三、沃尔评分法的缺陷

沃尔评分法存在一些缺陷，具体描述如下。

(1) 未能证明为什么要选择这10个指标而不是更多或更少些，或者选择别的财务比率，而且未能证明每个指标所占比重的合理性。

(2) 计算各个指标得分的公式为：实际分数=实际值÷标准值×权重。该公式存在明显的缺陷，倘若实际值>标准值为理想时，使用公式计算的结果正确；但实际值<标准值为理想时，实际值越小，得分应越高，而用此公式计算的结果却恰恰相反。

(3) 当某一单项指标的实际值畸高时，会导致最后总分大幅度增加，掩盖了情况不良的指标，从而给管理者造成一种假象。

(4) 沃尔评分法从技术上讲也有一个问题，即某个指标严重异常时，会对总评分产生不合逻辑的重大影响。这个问题是由财务比率与其比重相乘引起的。财务比率提高一倍，评分增加100%；而缩小一半，其评分只减少50%。

四、沃尔评分法的改进

基于以上缺点，对沃尔评分法进行如下改进：将财务比率的标准值由企业最优值调整为本行业平均值，并设定评分值的上限(标准评分的1.5倍)和下限(标准评分的一半)。

$$每分比率=(行业最高值-标准值)÷(最高评分-标准评分)$$

$$调整分=(实际值-标准值)÷每分比率$$

$$最终评分=标准评分+调整分$$

将上述改进的沃尔评分法以表格形式列出，如表11-3所示。

表11-3 改进的沃尔评分法的指标权重表

财务比率	标准评分①	标准值②	实际值③	行业最高值④	最高评分⑤=①×1.5	最低评分⑥=①×0.5	每分比率⑦=(④-②)/(⑤-①)	调整分⑧=(③-②)/⑦	最终评分⑨=①+⑧
总资产净利率	20								
销售净利率	20								
净资产收益率	10								
自有资本比率	8								
流动比率	8								
应收账款周转率	7								
存货周转率	7								
销售增长率	7								
净利增长率	7								
资产增长率	6								

相关链接11-3

沃尔评分法在中国的发展过程

(一) 初次引入(20世纪40年代)

20世纪20年代至40年代，大量西方会计译著在我国出版，这些著作一般都是由留学欧美归来的学者翻译，例如朱通九、许本怡、李鸿寿等人。其中，朱通九与其同事周吉云就翻译了沃尔的一本专著 How to evaluate financial statements(《财务状况表之如何估计》，以下简称《如何估计》)。在《如何估计》的"案头语"中，朱通九对沃尔评价道："瓦尔氏(即沃尔)……对于分析各工厂或各商务公司之资产负债表与损益计算书(损益表、利润表)，积有多年之经验，不特备有锐利之分析技术，抑且富有高深之会计智识，在美国深得工商界与金融界之信仰"，并且强调"信用分析系近代技术科学之一种，除应用近代高深之会计学识之外，复借重近代高深之统计技术，……其有助于判断个别公司信用程度之高下，功效至大"。沃尔的英文原著在当时已经进入大学、图书馆等机构，例如，在当时的Metropolitan Library(京师图书馆，即现在的国家图书馆)已经收藏有 Ratio analysis of financial statements(《财务报表比率分析》)。该书是沃尔关于财务比率系列观点的集大成之作，完整地介绍了沃尔评分法的内容。当时的会计学术界正处于西方现代会计思想和中国传统簿记之间的争论之中,对舶来的会计名词、会计理论等需要时间消化和理解,加上沃尔评分法在美国也刚刚出现,面临很多质疑,因此它在当时的中国没有应用的环境和条件,未起到应有的作用。

(二) 重新引入(20世纪80年代末—1993年)

1949年以后,中国的经济制度发生了巨大的变化,关于美国会计制度、财务分析的教育与研究进入了停止乃至倒退、消失的阶段。改革开放后,随着市场经济制度的逐渐确立,财务分析研究逐渐复苏。这一时期,沃尔评分法由于其使用简便、易于理解等优点,在中国重新获得重视,学者陆续在文章、教材中对其进行介绍。例如,邵兴(1987)在《企业经营分析讲座(第一讲)——必须重视企业经营分析》中,将沃尔评分法称为"综合分析法",并详细介绍了该方法的具体计算过程。又如,中国人民大学著名财务学家王庆成教授(1991年)在其主编的《工业财务管理》中将沃尔评分法称为"指数法",这是沃尔评分法第一次被编入教材。由于中国会计体制改革的局限,指数法下较早应用的负债比率、流动比率、速动比率、资金利润率、销售利润率、流动资金周转次数、应收账款周转次数、销售增长率的选用及其综合评价的功效未能引起人们的充分重视,在实践中应用的企业较罕见。但是,理论界对指数法原理的介绍为日后该理论的推广做了理论准备。

(三) 广泛应用(1994年—至今)

1994年,我国开展了会计改革,学习美国等国家的先进会计理念,包括沃尔评分法在内的科学管理方法得到充分的重视和利用。1995年,财政部出台一套企业经济效益评价的综合指标体系,该体系借鉴了沃尔评分法的基本原理,并在该方法的基础上不断更新、优化,以期为企业绩效评价提供依据和参考。自此,沃尔评分法在不同的行业、领域的应用越来越广泛,例如医疗机构财务风险控制、企业财务绩效评价、财政部门资金绩效审计、高校财务风险预警等。

资料来源:杨君岐,丘青云.浅述沃尔评分法在中国的应用[J].现代营销,2019(9):222-223.

第五节 平衡计分卡

一、平衡计分卡的概念

平衡计分卡(Balanced Score Card,BSC),最初由罗伯特·卡普兰(Robert S. Kaplan)与戴维·诺顿(David P. Norton)共同研究提出,是常见的绩效考核方式之一,是从财务、客户、内部流程、学习与成长四个角度,将组织的战略落实为可操作的衡量指标和目标值的一种新型绩效管理体系。

二、平衡计分卡的内容

基于传统财务分析只能单一衡量过去的财务指标而无法预估企业未来的财务战略方向的客观事实,平衡计分卡从四个维度来架构绩效管理指标方案,分别是财务(Financial)维度、客户(Customer)维度、内部流程(Internal Business Processes)维度、学习与成长(Learning and Growth)维度。

(1) 财务维度。该维度主要关注的是如何满足所有者的利益，如何客观反映企业经营成果的好坏。在市场竞争中，企业必然要通过盈利获取生存和发展，因此，财务指标是一个重要的指示器，主要包括企业的资产负债率、投资收益率、存货周转率、销售利润率等指标。企业力争改善内部流程、关注学习与成长、获取客户的满意度，最终都是为了提升财务方面的表现。因此，财务维度是其他三个方面的出发点和归宿。

(2) 客户维度。客户是企业之本，是现代企业的利润来源，客户理应成为企业的关注焦点。该维度主要关注客户如何看待企业，企业在多大程度上提供客户满意的产品和服务，反映了企业外部客户对企业的要求。本维度的重要指标有市场份额、客户满意度、客户忠诚度、客户保有率、新客户开发率等。

(3) 内部流程维度。该维度主要关注企业在哪些流程上表现得优异才能实现战略目标。例如，为获得客户的满意，为提供高质量的产品，为获取市场领先地位，在内部各个流程上分别应该做到什么程度。内部流程维度着眼于企业的核心竞争力，回答的是"我们的优势是什么"的问题。因此，企业应甄选出那些对客户满意度有较大影响的业务程序(包括影响时间、质量、服务和生产率的各种因素)，明确自身的核心竞争能力，并把它们转化成具体的测评指标。内部流程是企业改善经营管理的重点。

(4) 学习与成长维度。该维度主要关注企业必须具备或提高哪些关键能力才能提升内部流程进而达到客户和财务的目标。其目标是解决"我们是否能持续为客户提高并创造价值"这一类问题。只有持续提高员工的技术素质和管理素质，才能不断地开发新产品，为客户创造更多价值并提高经营效率，企业才能打入新市场，增加红利和股东价值。本维度的代表指标主要有员工满意度、全员培训率等。

此外，卡普兰和诺顿在平衡计分卡中强调了四个维度之间的因果关系，认为清楚地认识这四个维度之间的因果关系很重要。在因果关系链中，需要包括计分卡的每一项测量，以说明每个业务单元的战略对组织的意义。例如，通过为员工提供更好的培训机会，可改进员工的操作和生产技能(即学习与成长的视角)，进而使内部业务流程受益，而一个健壮的内部业务流程能够满足客户的需求，从而提高财务绩效。

三、平衡计分卡的特征

平衡计分卡的特征主要表现在以下四个方面。

(1) 平衡计分卡是系统的战略管理体系，是核心战略管理与执行的工具。它是在对企业总体发展战略达成共识的基础上，通过设计实施，将其四个维度的目标及初始行动方案有效地结合在一起的战略管理与实施体系。其主要目的是将企业的战略转化为具体的行动，以创造企业的竞争优势。

(2) 平衡计分卡是一种先进的绩效衡量工具。它将战略分成四个不同角度的运作目标，并依此四个角度分别设计适量的绩效衡量指标。因此，它不但为企业提供了有效运作所必需的各种信息，克服了信息的庞杂性和不对称性的干扰，更重要的是，它为企业提供的这些指标具有可量化、可测度、可评估性，有利于促进企业战略与远景目标的达成。

(3) 平衡计分卡是一种沟通工具。一个精心设计的清晰有效的绩效指标，能够清楚地描述战略并使抽象的远景变得栩栩如生。

(4) 平衡计分卡各绩效指标之间存在因果关系。这种因果关系是区别于其他绩效管理系统的重要标志。

相关链接11-4

平衡计分卡助力企业高质量发展

中国共产党第十九届中央委员会第五次全体会议提出，坚持把发展经济着力点放在实体经济上，坚定不移建设制造强国、质量强国、网络强国、数字中国，推进产业基础高级化、产业链现代化，提高经济质量效益和核心竞争力。十九届五中全会擘画了我国未来发展的宏伟蓝图，做出了应对变局、开辟新局的顶层设计，进一步明确了下一阶段国家的发展方向和发展目标。暨南大学博士生导师胡玉明教授认为，企业应积极主动地响应国家号召，结合国家的发展战略相应调整企业的战略规划，并"化战略为行动"。

平衡计分卡作为管理会计工具，提供了一套科学严谨的逻辑结构，可以将抽象的战略规划转化为具体的行动方案和衡量指标，可以有效助力企业战略落地。胡教授认为，经济从高速增长转向高质量发展，可以理解为从单一维度转向多维度发展，这样的发展方式更强调协调或平衡。平衡计分卡的精髓也在于强调"平衡"。平衡计分卡以战略为导向，其基本逻辑框架包括财务维度、顾客维度、内部业务流程维度、学习与成长维度。平衡计分卡的四个维度之中任何一个出现了问题，都可能"殃及"其他维度，企业都难以实现其最初设定好的战略。

如今越来越多的企业认识到平衡计分卡这种管理会计工具的作用。国内很多企业也引入了平衡计分卡，但部分企业由于对平衡计分卡的真正内涵和使用条件理解不深，在执行过程中出现了一定偏差，严重影响了平衡计分卡的实施效果。正如平衡计分卡的倡导者罗伯特·卡普兰(Robert S. Kaplan)曾经的判断："尽管世界500强企业有80%以上都在使用平衡计分卡，但有一半以上都是用错的。"胡教授指出，平衡计分卡本质是一种管理工具，但任何管理工具的运用都必须具备与其相匹配的应用环境或前提条件。如果条件和环境做不到匹配和适合，管理工具的运用未必能够取得预期成效，也无法在企业管理中发挥重要作用。胡教授进一步指出国内企业在平衡计分卡实施的过程中，应关注以下几项要点，避免进入误区。

第一，企业必须先确定组织愿景和战略规划。在缺乏明确的组织愿景和战略规划的情况下，企业推行平衡计分卡必定会导致失败。

第二，平衡计分卡应该由超越具体职能部门的战略管理委员会(或类似职能的专门委员会)主导实施，而不应该由人力资源管理部门或财会部门主导平衡计分卡的实施。

第三，平衡计分卡是"一把手工程"，企业的一把手必须充分理解和认可平衡计分卡的基本理念。如果企业一把手与平衡计分卡的管理理念背道而驰，平衡计分卡难以得到有效的实施。

第四，企业要做出长远的战略打算，必须通过激励机制将经理人的管理行为引导到实现企业战略的轨道上来。没有激励机制的平衡计分卡只是一种精致的文本，无法真正落地。绩效评价与激励机制相结合才能实现企业战略。

第五，平衡计分卡并没有模板可以套用，因为每个企业都是一个独特的经营主体，拥有各种不同的战略定位和管理情境，平衡计分卡对于每个企业来说都是独特的，必须按每个企业的需求和特征"量体裁衣"。

第六，企业要通过组织平衡计分卡知识培训，使全体员工更好地理解平衡计分卡的基本理念。

资料来源：刘宸希，张伟明. 平衡计分卡，化危为机的点睛之笔——访暨南大学博士生导师胡玉明教授[J]. 航空财会，2021，3(2)：5-7.

本章小结

本章从综合分析与业绩评价的目的和内容、杜邦财务综合分析、帕利普分析法、沃尔评分法和平衡计分卡五个方面展开。

综合分析与业绩评价的目的主要如下：①发掘影响企业财务状况和经营成果的因素；②为企业利益相关者进行经济决策提供参考；③为完善企业财务管理和经营管理提供依据；④预测企业未来的发展趋势。其内容主要有杜邦财务综合分析体系、帕利普分析法、沃尔评分法和平衡计分卡。

企业财务综合分析从杜邦财务综合分析和帕利普分析法两个角度展开。杜邦财务综合分析以净资产收益率为龙头，将其逐级分解为多项财务比率的乘积，从而找出净资产收益率的影响因素。同时，通过对净资产收益率进行因素分析，可明确各影响因素的影响程度，为提高净资产收益率提供参考。帕利普分析法以可持续增长率为核心指标，从偿债能力比率、盈利能力比率、资产管理效率比率和现金流量比率四方面对企业财务状况做综合分析。

企业经营业绩评价从沃尔评分法和平衡计分卡两个角度展开。沃尔评分法是指将选定的财务比率用线性关系结合起来，并分别给定各自的分数比重，然后通过与标准比率进行比较，确定各项指标的得分及总体指标的累计分数，从而对企业的经营业绩水平做出评价的方法。平衡计分卡则侧重于从财务维度、客户维度、内部流程维度和学习与成长维度对企业进行业绩评价，从而为进一步提高经营业绩指明方向。

思考讨论

1. 请简述杜邦分析法的优点和不足。
2. 请简述帕利普分析法和杜邦分析法的区别和联系。
3. 请简述帕利普分析法各指标间的相互关系。
4. 什么是沃尔评分法？
5. 平衡计分卡的四个维度分别是什么？

案例分析

基于杜邦分析法的永辉超市盈利能力指标分析

永辉超市股份有限公司成立于2001年,飞跃发展,是中国企业500强之一,是国家级"流通"及"农业产业化"企业,上海主板上市(股票代码:601933)企业。永辉超市是中国大陆首批将生鲜农产品引进现代超市的流通企业之一,被国家七部委誉为中国"农改超"推广的典范,被百姓誉为"民生超市、百姓永辉"。

在杜邦分析体系中,净资产收益率=营业净利率×总资产周转率×权益乘数。根据永辉超市2018和2019年的财务数据进行因素分析可知,2019年销售净利润的上升使得净资产收益率上升1.19%,总资产周转率下降使得净资产收益率减少0.35%,权益乘数上升使得净资产收益率上升1.64%。为了进一步了解以上三因素变动的原因,还需要具体分析。

(一)针对营业净利润率进行因素分析。从表11-4中我们可以清楚地看出,永辉超市近年来的营业收入总额持续呈上升趋势,主要是因为近年来,永辉超市坚持生鲜特色的线上商品经营思路,不断强化和提升生鲜商品全链路掌控,除常规民生生鲜商品外,逐步尝试在特色产地方面满足用户个性化消费需求。同时,建立总部线上运营中心,统筹线上业务开展,逐步沉淀业务可复制的中台能力,助力城市线上业务能力提升。此外,持续进行金融、物流等互联网衍生零售收入,刺激销售收入的快速增长。

然而,对比2017年与2018年营业收入连续上涨而净利润却连续下降,由相关年度的年度报告可知,其主要原因是永辉超市在这期间为了有效提高品牌认知度,增加广告促销投入所带来的销售费用的增加;公司为引进新业务(金融、物流等)专业人才导致人员费用增长加快;在构建物流体系业务上超前投入,导致各项费用成本增加。

表11-4 营业净利润因素分解表 单位:亿元

项目	2019年	2018年	2017年	2016年	2015年
营业总收入	848.8	705.2	585.9	492.3	421.4
营业收入	848.8	705.2	585.9	492.3	421.4
营业总成本	829.7	698.5	567.6	479.1	413.3
营业成本	665.7	549	463.8	392.9	337.9
销售费用	137.8	115.6	84.52	71.65	63.77
管理费用	20.13	30.07	17.81	12.89	9.699
财务费用	3.511	1.475	-0.8277	-0.742	-0.2458
净利润	14.53	9.974	16.85	12.14	6.001

(二)针对总资产周转率进行因素分析。要了解企业总资金使用的具体情况,可以通过存货周转率和应收账款周转率这两个指标进行分析。如表11-5所示,通过2015—2019年的数据可以看出永辉超市存货周转天数基本呈现逐渐增加的态势,这表明存货占用的资金越来越多,一定程度上造成了资源的浪费,拉低了总资产周转率。同时,应收账款周转天数也不断增加,说明永辉超市对应收账款管理能力也有待提高。结合存货周转天数和应收账

款周转天数逐年上升的客观情况,由相关年度报告可知是因为永辉超市的投融资活动比较频繁,资产结构不合理,资产经营盈利能力水平不高。

表11-5　总资产周转率因素分解表

项目	2019年	2018年	2017年	2016年	2015年
总资产周转率(%)	1.85	1.95	1.88	1.98	2.36
应收账款周转天数(天)	6.53	7.82	4.51	2.15	0.91
存货周转天数(天)	55.3	44.92	42.54	44.11	42.35

(三) 针对权益乘数进行因素分析。由表11-6可知,2015—2019年永辉超市的资产负债率一直保持在较高数值,且呈不断上升趋势,在2019年更是达到了60.93%,这会加大企业的财务风险。此外,永辉超市的权益乘数在2015—2019年同样呈上升趋势,说明永辉超市的财务杠杆较大,盈利水平不高,在大幅度借用外部资金的情况下,永辉超市近年来的盈利状况并没有得到大幅提升。近年来永辉超市经营规模快速扩张,也带来较高的债务负担,这会影响到后续融资以及出现现金流等问题。

表11-6　权益乘数分解表

项目	2019年	2018年	2017年	2016年	2015年
资产负债率(%)	60.93	50.96	37.91	34.64	39.51
权益乘数	2.56	2.04	1.61	1.53	1.65

问题探讨:

1. 存货、应收账款和资本结构如何影响净资产收益率?
2. 应从哪些角度着手提升永辉超市的净资产收益率?

实操项目

请根据第二章实操项目所收集的上市公司财务报表资料,结合其年报其他数据和信息,运用杜邦分析法、平衡计分卡法和帕利普分析法对其经营业绩进行综合分析评价。

第十二章

企业财务危机预警

学习目标

○ **知识目标**

掌握财务危机与财务危机预警的基本概念；了解财务危机的表现过程和意义；掌握财务危机预警的模型；掌握财务危机预警系统的概念、构建原则及基本构架。

○ **能力目标**

能够在理解财务危机和财务危机预警概念的基础上，对企业面临财务危机的严峻性和做好财务危机预警的重要性得以充分认识，并能够运用财务危机预警模型对企业发展起到警示性作用。

第一节 财务危机预警概述

一、财务危机的概念

目前，国内外学者对于财务危机的研究有着不同的意见。国外的学者更加注重实践，主要研究丧失偿债能力或者企业破产；国内学者认为财务危机不是静止存在的，随时可能导致企业破产，也称为被ST。综合来看，财务危机是指公司在筹资、投资、运营和利润分配时，由于无法偿还债权人的本金和利息，从而引起的财务问题。财务危机主要包括经营出现困难、资不抵债、严重缺乏偿债能力以及濒临破产等情况，主要原因就是由于财务风险不能得到良好的控制从而导致财务出现重大问题。

财务危机的具体表现包括以下几种情况：企业持续亏损、连续不盈利；现金流出现严重的问题，例如公司的资金流断裂，资金流入小于资金流出，导致公司无法继续经营；除此之外，还体现在公司利润甚微、业绩不佳，例如更多的举债导致公司无法偿还所欠的款项及利息。

财务危机的具体原因有很多,其中包括以下几点:其一,公司的资本结构不合理。由于公司的资产和负债的比例不合理,会导致公司存在很大的财务风险,这样会使公司无法支付利息,从而存在更大的风险。其二,公司的内部控制存在缺陷。如果公司内部控制存在问题,那么很可能在销售与收款环节、采购与付款环节以及货币资金等方面出现严重的问题;同时也会导致财务制度不能得到严格的执行和监督,例如,审批和内部复核制度不完善,无法做到职责分离,这都会直接导致公司的财务风险巨大,进而遭遇财务危机。其三,管理人员的认识存在不足。公司的管理人员应当对风险具有足够的重视,应当在重视收入的同时,充分考虑公司的财务风险以及风险带来的严重后果。其四,公司的决策人员做决策时出现失误。在重大决策面前很小的一个失误可能都会导致公司承担着巨大的财务风险。一旦做出了与公司发展方向有偏离的决策,或者经济增长过快或过慢,都很可能导致企业的经营出现混乱,引发财务危机。

二、财务危机的特征

财务危机主要有以下特征。

(1) 财务危机具有累积性。财务危机是各项经济活动长期累积和逐步发展的结果,它不是简单的一个时点出现的问题。

(2) 财务危机具有多因性。财务危机是由正向反馈和负向反馈等不同原因结合起来共同致使的。

(3) 财务危机具有多样性。财务危机经常随着公司的经营环境不同和财务行为的多种多样而不断变化。一方面,由于企业经营环境复杂多变,国内外市场竞争非常激烈,并且时刻存在着新技术和高科技市场的竞争,从而导致财务危机具有多样性;另一方面,经营方式十分复杂多样,在经营活动的任何环节都可能出现财务风险,导致财务危机,因此,企业经营过程的多样化也会导致财务危机的多样化。除此之外,财务行为的复杂性在很大程度上也影响着财务危机的多样性。

(4) 财务危机具有突发性。在很多情况下,财务危机并不可以提前被预测或防范。许多突发情况都可能使公司出现困境,这些突发的情况大多数都是不能人为控制的,例如:经营没有严重问题的公司由于合作方破产导致合同不能继续进行,未收到的账款作为普通破产债权,大部分基本无法清偿,这很有可能使公司直接陷入严重的财务危机。

(5) 财务危机具有灾难性。财务危机包含经营出现困难、资不抵债、严重缺乏偿债能力以及濒临破产等,但是不论发生哪种,都可能出现毁灭性的后果。轻则企业会出现无法按期支付本金和借款、资金链断裂、经营出现困难,这样会导致债权人不提供借款或者提高利息;重则企业资不抵债、丧失清偿能力或者进行破产清算,直接导致为了挽救企业而承担越来越大的财务风险。

三、财务危机的表现过程

一般来说,企业的财务危机不是一朝一夕所造成的,而是一个长期积累和逐步发展的过程。在企业财务危机从小到大的整个发展过程中，虽然这些危机会表现出不同的财务特征，但这种表现可能并不十分显著和明确，有的甚至是潜在的，但一旦急速发展，就可能马上进入完全的财务危机状态，从而导致严重的后果，所以对企业不同的财务危机阶段可能表现出来的不同经营和财务方面的危机特征，我们需要有充分的认识和把握。

  日本的野田武辉研究了企业由于亏损引起财务危机，并最终破产的基本过程。他认为，企业连续亏损5年以上就有可能破产，根本原因在于长期亏损将导致资金周转困难，并最终导致贷款增多，对企业构成巨大的压力。在经济景气时期，企业发生筹资困难多数是因为大规模进行设备投资，造成贷款负担过重，但此时企业效益较好，如果能够依据经营前景与债权人达成有关延迟偿还债务的协议，企业将有可能起死回生。但由于企业持续亏损、销售能力下降和成本过高而导致的资金困难，将有可能使企业走向破产。

  财务危机按照发生过程可以划分为潜伏期、发作期、恶化期。也有学者在恶化期后增加了财务危机实现期，即企业的财务危机可以划分为四个阶段：第一阶段为财务危机潜伏期，特征是盲目扩张、无效市场营销、疏于风险管理、缺乏有效的管理制度、企业资源分配不当、无视环境的重大变化；第二阶段为财务危机发作期，特征是自有资本不足、过分依赖外部资金、利息负担重、缺乏预警系统、债务拖延偿付；第三阶段为财务危机恶化期，特征是经营者无心经营业务和专心于财务周转、资金周转困难、债务到期违约不偿付；第四阶段为财务危机实现期，特征是负债超过资产、丧失偿付能力，宣布破产。虽然说并非所有的企业都是如此表现的，但一般来说大部分出现财务危机的企业是基本相似的，它们具有普遍性，只是不同企业由于财务危机产生的原因不一样，所以在这些危机特征的表现上各有不同。

四、财务危机预警的概念

  财务危机预警是指在财务危机发生之前，根据公司的财务报表、信息披露和关联方交易等信息，进行财务指标分析，并提前分析出可能存在的不佳财务状况，进一步地分析出可能存在的财务风险并对此进行持续的监测，最终在财务危机出现之前，通过重要的规避方法，把危害减少到最轻。财务危机预警能够提前将公司转危为安。

  然而，现阶段很多公司在这方面存在很多的问题，主要表现为以下几点：第一，许多公司对危机预警的认识还不够。企业的控制者和管理者应该充分地认识到财务危机预警对于企业发展的必要性和重要性，这方面认识不足会直接导致管理者的风险意识薄弱，长此以往，一旦出现严重的财务风险就会直接将企业置于十分危险之地。第二，企业的财务风险预警工作需要相应的风险评估因素作为参考，只有在明确和构建了财务风险评估指标之后才能够以此为依托来提出相应的评判。但就目前来说，我国部分企业在财务风险预警工作方面还存在着财务风险评估指标模糊，实用性不足的问题。第三，由于很多财务风险预警人员的专业能力不足，在许多需要职业判断的问题上，其自身能力与技能并不能满足识别公司财务风险的能力。在经济和科技都迅速发展的今天，财务风险预警人员缺乏专业知识和技能，无法为公司的财务风险做出最好的决策。

五、财务危机预警的意义

在世界经济一体化的今天，受各种因素的影响，一些公司不可避免地会出现财务困难、危机甚至破产清算的现象，而这些现象会给社会带来十分严重的影响。因此，这个时候如何对上市公司的财务状况进行预测也就成了股东、债权人、政府管理部门、证券分析人员乃至本公司员工关心的主要问题。总之，构建一套高效、灵敏、实用的财务危机预警系统具有重要的意义。

(1) 对企业管理层起到警示作用。通过预警模型能够预测企业将来是否会陷入财务危机，及早发现潜伏的危机，协助管理者及时寻找导致财务状况恶化的原因，从而能够有针对性地改善经营管理，制定相应对策以避免财务危机的发生。即使不可逆转地陷入了财务危机，企业徘徊在破产边缘，预警模型也可以为企业赢得时间，努力寻找与其他有实力的企业进行重组合并的机会，尽量避免破产清算的发生。

(2) 能帮助投资者做出有利的投资决策。当企业因资不抵债而破产清算时，由于股东的资产请求权处在债权人之后，股东的投资往往会化为乌有。如果是上市企业，陷入财务危机会造成股票价格下跌，从而导致投资者遭受损失。有效的财务危机预警模型能够帮助投资者和股东通过对企业财务信息的分析预测企业未来的财务状况，洞察其真实价值和经营发展前景，提高投资决策的科学性，使投资者能够将有限的资本投资于未来价值高的企业，并能够在企业初露财务危机端倪就及时处理现有投资，防止或减少投资损失。

(3) 有利于企业的债权人控制信贷风险，减少无法收回本息的损失。如果债权人能准确预测企业的财务危机，则可在企业陷入财务危机前改变偿债条款，提前收回本息。银行等金融机构可根据预警结果对企业进行信用等级评分，协助制定贷款决策，并对应收账款进行有效管理。

(4) 有助于政府进行资源优化配置。企业财务危机预警的建立，能够帮助政府有效评价企业的经营业绩，全面预测企业的发展前景，从而做出使资源优化配置的决策。另外，在企业陷入财务危机前，政府可以提前协调各方面关系，减少企业的失败概率，从而减少破产成本的支出和因工人失业造成的社会动荡。

(5) 有助于证券监管部门监管上市企业。企业财务危机预警从实证研究角度上支持和加强证券监管部门的监管工作，如我国证券监管部门所制定的特别处理等制度都需要对企业财务危机做出正确的判断。

第二节 财务危机预警定性方法

随着计算机技术、统计技术和人工智能技术的快速发展，预警模型使用的方法也在不断创新和发展，产生了大量有效的预警模型。财务危机预警定性方法是指通过分析和检查发现危机迹象及诱因，并告诉有关人员，以提前安排防范与应变措施进而消除危机的分析系统，它是预警机制的重要内容。其主要包括个案分析法、标准化调查法、短期资金周转表分析法、"四阶段症状"分析法、流程图分析法和管理评分法。

一、个案分析法

这种方法主要是通过观察企业财务危机的案例，试图从中找出企业陷入财务危机的规律性表现。在获取财务危机一般性规律的基础上，通过对关键指标的监控和预测来进行企业财务危机预警。在财务危机预警的各种模型和技术方法兴起以后，个案分析法不仅没有消亡，反而成了财务危机预警的基本方法，原因在于企业财务危机极其复杂，没有一个模型敢宣称可以预测出一切财务危机。

相关链接12-1

公司财务预警管理问题研究

上海超日太阳能科技股份有限公司(以下简称"超日太阳")，成立于2003年6月26日，主营太阳能材料及设备，硅太阳能组件95%以上出口。截至2013年3月，公司的资产由最开始的5亿元增加至76亿元，但近期因"资金链断裂""老总被传跑路""超日债将违约"等报道而备受争议。2012年12月公司带上ST的帽子，那么，是什么原因导致其接连被停牌？本文通过对该公司近几年的财务状况进行分析尝试找到答案。财务危机出现的原因总结为以下两点。

一、外部环境因素

我国光伏产业的原材料、终端市场均不在国内，国内的企业只生产附加值最低的组件，当该行业出现危机时企业将面临巨大的经营风险。"超日太阳"原来将产品销售给终端光伏系统商，但为了追求高的毛利遂转为供给中介电站，该战略决策为后来的危机埋下伏笔。

受到欧债危机蔓延及欧美"双反"的影响，全球光伏行业不景气，光伏产品的销售价格出现了大幅度下跌。尽管销售数量同比增长，但产品价格的大幅度下降仍然导致了企业综合毛利率下降。欧元汇率出现大幅度的波动，企业期末应收账款按期末汇率重新估算产生了大额的账面汇兑损失，"超日太阳"在内部控制风险管理方面存在不足，汇兑损失对公司造成了亏损现象。

二、内部环境因素

公司为了追求利润，转为投资光伏电站行业，从2011年年初开始，"超日太阳"通过设立或收购境外投资公司，与天华控股等公司合作投建包括青海锦国兴、美国的Sunperfect Solar.Inc等子公司。电站行业的投资周期长，回收款项困难，政策风险较大，尤其是德意等光伏大国再度调整新能源政策，包括加快削减太阳能补贴，政府补贴政策极为不稳定。

"超日太阳"的收入确认存在不规范入账现象，企业出售组件给自建的光伏电站，没有将电站项目计入合并报表并抵消内部交易。截至2012年底，"超日太阳"的应收账款239 650万元，已计提坏账准备48 619万元，在光伏市场持续低迷的情况下，企业大多数境外客户应收账款还款困难，应收账款的合理性受到质疑。

资料来源：陈瑞艳，王曙光. 中小板上市公司财务预警模型应用——基于"超日太阳"的案例分析[J]. 商业会计，2013，(21)：71-72.

二、标准化调查法

标准化调查法又称风险分析调查法,即通过专业人员、咨询公司、协会等,对企业可能遇到的问题加以详细调查与分析,形成报告文件以供企业管理者参考。其特点是在调查过程中所提出的问题对大多数企业都适用,其不足之处是无法针对特定企业的特定问题进行调查分析,不能对其中的问题进行深入解释,从而不能引导使用者对调查所问问题之外的信息做出恰当的判断。

三、短期资金周转表分析法

此方法是进行短期财务危机预警的重要方法,其判断标准是:若企业不能制定出短期资金周转表,这本身就说明企业出现了财务危机;若企业能制定出短期资金周转表,就要查明转入下月的结转额是否占总收入的20%以上,应付票据总支付额是否在销售收入的60%以下(批发商)或40%以下(制造业)。其实质是企业面对多变的理财环境需要经常准备好安全程度比较高的资金周转表,否则说明企业陷入了财务危机当中。该方法简单易行,但由于其判断标准过于武断而尚存争议。

四、"四阶段症状"分析法

公司财务运营情况不佳,甚至出现财务危机是有特定症状的,而且是逐渐加剧的,财务运营病症大体可以分为四个阶段,即财务危机潜伏期、发作期、恶化期、实现期,每个阶段都有反映危机轻重程度的典型症状。四个阶段的具体表现在本章第一节有详细叙述,在此不做赘述。当公司出现相应症状时,一定要尽快弄清病因,判定公司财务危机的程度,对症下药,防止危机的进一步发展,使公司尽快摆脱财务困境,以恢复财务的正常运作。这种方法简单明了,但实际中很难将这四个阶段进行截然的划分,特别是财务危机的表现症状,它们可能在各个阶段都有相似或互有关联的表现。

五、流程图分析法

流程图分析法是一种动态分析方法,对识别公司生产经营和财务活动的关键点特别有用,运用这种分析方法可以暴露公司潜在的风险。在公司生产经营流程中,必然存在一些关键点,如果在关键点上出现堵塞和发生损失,将会导致公司全部经营活动终止或资金运转终止。公司通过画出企业流程图,找出一些关键点,对公司潜在风险进行判断和分析,发现问题及时预警,在关键点处采取防范的措施,才可能有效降低风险。采用这种方法的步骤是:首先,根据企业实际情况构建流程图,以展示企业的全部经营活动;其次,对流程图的每一阶段、每一环节、每种资产和每一具体经营活动逐项进行调查分析,并对照风险清单,确定企业可能面临的风险。在分析过程中,除了分析某一阶段由于资金运动不畅导致的风险,还应把整个资金运动的过程结合起来考察,从整体上识别企业面临的各种风险。

六、管理评分法

美国的阿吉蒂调查了企业的管理特性及可能导致破产的公司缺陷,对缺陷、错误和症状进行对比打分,并根据其对破产过程产生影响的大小程度对它们做了加权处理。使用管理评分法对公司经营管理进行评估时,每一项得分要么是零分,要么是满分,不容许给中间分。所给的分数就表明了管理不善的程度,总分是100分,参照管理评分法中设置的各项目进行打分,分数越高,则公司的处境越差(见表12-1)。在理想的公司中,这些分数应当为零;如果评价的分数总计超过25分,就表明公司正面临失败的危险;如果评价的分数总计超过35分,公司就处于严重的危机之中;公司的安全得分一般小于18分。管理评分法试图把定性分析判断定量化,这一过程需要进行认真的分析,深入公司及车间,细致地对公司高层管理人员进行调查,全面了解公司管理的各个方面,才能对公司的管理进行客观的评价。这种方法简单易懂,行之有效,但其效果还取决于评分者是否对被评分公司及其管理者有直接、相当的了解。

表12-1 管理评分法评分表

项目		评分	表现
缺陷	管理方法	8	总经理独断专行
		4	总经理兼任董事长
		2	独断的总经理控制着被动的董事会
		2	董事会成员构成失衡,例如管理人员不足
		2	财务管理能力低下
		1	管理混乱,缺乏规章制度
	财务费用	3	没有财务预算或不按预算进行控制
		3	没有现金流转计划或虽有计划但从未适时调整
		3	没有成本控制系统,对企业成本一无所知
		15	应变能力差,存在产品过时、设备陈旧、战略守旧等问题
合计		43	及格10分
错误		15	欠债过多
		15	企业过度发展
		15	过度依赖大项目
合计		45	及格15分
症状		4	财务报表上显示不佳的信号
		4	总经理操纵会计账目,以掩盖企业滑坡的实际
		3	非财务反应:管理混乱、工资冻结、士气低落、人员外流
		1	晚期迹象:债权人扬言要诉讼
合计		12	及格0分
总计		100	及格25分

第三节 财务危机预警定量模型

财务危机预警定量模型是通过分析企业生产经营的相关数据,对企业是否进入财务危机进行判断的模型。财务危机预警定量模型主要包括单变量模型、多变量线性模型、多变量Logistic回归模型和人工智能方法。

一、单变量模型

单变量模型是通过分析某一个预测最为有效的变量来预测财务危机的预警模型，比如用流动比率来判断企业是否进入财务危机状态，综合比较多种变量的判断成功率，最终选择出判断成功率最高的变量用来预警危机。

最早的财务危机预警研究是菲茨帕特里克(Fitzpatrick，1932)开展的单变量研究。他以19家公司为样本，运用单个财务比率将样本划分为破产和非破产两组，研究发现，判别能力最高的是"净利润/股东权益"和"股东权益/负债"。后来，比弗(Beaver，1966)使用由79家公司组成的样本，分别检验了反映公司不同财务特征的6组30个变量在公司破产前1~5年的预测能力，他发现最好的判别变量是"现金流量/总负债"和"净利润/总资产"，其中"现金流量/总负债"在公司破产前一年成功地做出了分类，预测精度高达87%；"净利润/总资产"的判别精度更高，达到了88%。比弗还发现，越临近破产日，误判的概率就越低。

由于单个财务指标信息含量毕竟有限，因此仅仅凭借一个或两个指标可能远不足以全面反映企业的财务特征，并且某些收益类指标在实务中也容易被人为粉饰，所以单变量模型所能达到的效果很有限，而且有时可能会出现相互矛盾的状况。同时，单变量指标也无法诠释各财务比率之间的互动关系。

二、多变量线性模型

多变量线性模型是一种较为综合的、考虑多方因素的预测财务危机的方法，整个模型的输入端不再是单一变量，也不再需要比较单一变量之间预测的准确性，而是选择一组最为准确的变量输入模型当中，根据这一组最为准确的变量由模型计算出危机预警结果，根据结果来判断公司陷入财务危机的可能性。该模型通过统计筛选差别较大、组内离散度较小的变量，试图在最小的信息损失下转化成分类变量。这种方法可以较为综合地分析企业多个变量，包含独立变量，同时运用较为容易。

(一) Z计分模型

爱特曼(Altman，1968)首次运用多元线性判别分析法。他根据行业和资产规模，选择了33家破产公司和33家非破产公司作为研究样本，选取了22个财务比率，并根据流动性、盈利性、杠杆、偿债能力、营运能力分类，选取了五个判别准确率较高的财务比率，建立了经典的多元线性预警模型。这五个比率是：X_1=营运资金/总资产；X_2=留存收益/总资产；X_3=息税前利润/总资产；X_4=权益市价/债务总额账面价值；X_5=销售额/总资产。

上述五个财务比率分别从不同侧面反映了企业的财务状况。X_1(营运资金/总资产)反映企业资产的流动性状况，该比率越大，说明企业资产的流动性越好。X_2(留存收益/总资产)反映企业累积的留存收益程度，该比率越大，说明企业历史上实现的利润及其留存越多。

X_3(息税前利润/总资产)反映企业本期的盈利水平,该比率越大,说明企业当前盈利能力越强。X_4(权益市价/债务总额账面价值)反映企业投资者对企业未来成长的信心。该比率越大,说明企业当前资产周转效率越高。

根据这五个指标建立的多元线性模型为:

$Z = 0.012X_1 + 0.014X_2 + 0.033X_3 + 0.006X_4 + 0.010X_5$

爱特曼通过对该模型的计算,得出结论:Z值越小,该企业遭受财务损失的可能性就越大。具体判定标准值如表12-2所示。

表12-2 Z分值的判定标准

Z分值	财务状况
$Z \geq 3$	出现财务危机的可能性很小
$2.8 \leq Z \leq 2.9$	有出现财务危机的可能
$1.81 \leq Z \leq 2.7$	出现财务危机的可能性比较大
$Z \leq 1.8$	出现财务危机的可能性非常大

> **相关链接12-2**

Z计分模型在房地产上市公司财务预警中适用性检验

随着市场竞争的日益激烈,我国许多上市公司由于经营效率低下,危机意识不强烈,造成一些公司财务状况急剧恶化、面临破产清算的危险。虽然我国出台了一系列相关政策,试图对财务危机进行监控和预警,但在实践中效果并不是很好。因此有必要深入了解产生财务危机的原因及表现方式,并引入预警系统加强对财务危机的防范。财务预警已成为当前国内外理论和实务界广泛关注的一个课题,研究者从不同的角度进行了深入的探讨,取得了丰富的成果。

爱特曼(Altman,1968)率先将多元线性判别模型引入财务预警领域,该模型由五个判别变量构成,建立爱特曼模型应遵循以下步骤:第一步,选定样本企业;第二步,进行样本分组;第三步,收集资产负债表和损益表中的数据;第四步,对各变量指标进行判别和计算;第五步,进行综合分析。计分模型从企业的资产规模、变现能力、获利能力、财务结构、偿债能力、资产利用效率等方面综合反映了企业财务状况,进一步推动了财务预警机制的发展。爱特曼的Z计分模型的判断原则是,Z值越小,对象企业遭受财务危机的可能性就越大。

此后,爱特曼从这一记分法的运用中还发现,随着时间的延长,Z计分模型预测效果的准确性也会降低。据统计,预测企业破产在一年时间内的准确率为95%,两年时间内的准确率为83%,而三年以上的准确率不到二分之一,仅为48%,这样运用"Z计分模型"测定企业风险时就必须注意时间性。对于企业短期风险的判断可以直接依据记分值,但对于企业长期风险的判断则必须先计算企业在各年份的得分值,然后根据这些分值的变化趋势来断定企业长期风险的大小。

资料来源:张荣艳,廖萌. Z计分模型在房地产上市公司财务预警中适用性检验[J]. 财会通讯,2012(30):143-145.

(二) F 分数模型

由于 Z 计分模型在建立时并没有充分考虑现金流量变动等方面的情况,因而具有一定的局限性。为此,我国学者周首华等人(1996)对 Z 计分模型进行了改造,加入现金流量这一预测自变量,建立了 F 分数模型。该模型为:

$$F = -0.1774 + 1.1091 X_1 + 0.1074 X_2 + 1.9271 X_3 + 0.0302 X_4 + 0.4961 X_5$$

公式中:

$$X_1 = \frac{期末流动资产 - 期末流动负债}{期末总资产}$$

$$X_2 = \frac{期末留存收益}{期末总资产}$$

$$X_3 = \frac{税后纯收益 + 折旧}{平均总负债}$$

$$X_4 = \frac{期末股东权益的市场价值}{期末总负债}$$

$$X_5 = \frac{税后纯收益 + 利息 + 折旧}{平均总资产}$$

在公式中,X_1 反映流动性;X_2 反映企业全部资产中来自于留存收益部分的比重;X_3 是现金流量变量,反映偿债能力;X_4 测定财务结构;X_5 测定企业总资产在创造现金流方面的能力。

F 分数模型以0.0274为临界点,低于该值将被预测为破产公司,高于该值则将被预测为可以继续生存的公司。

三、多变量Logistic回归模型

由于多变量线性模型存在明显的局限性,因而一些研究者不断对多变量线性模型进行改造和发展,这推动了一种新的分析方法的出现,即多变量Logistic回归模型。

Logistic函数又称增长函数,在企业财务危机判定与预测中,Logistic回归模型如下:

$$\ln \frac{P_i}{1-P_i} = \beta_0 + \beta_1 X_{1i} + \cdots + \beta_k X_{ki}$$

式中:X_{ki} 为第 i 家企业的第 k 个财务比率;P_i 为根据Logistic回归模型所估计出来的第 i 家企业发生财务危机的概率。

此模型的一个重要优点是它把在(0,1)上预测一个公司是否发生财务危机的概率问题转化为在实数轴上预测一个公司是否发生财务危机的机会比问题。Logistic回归函数建立模型不要求数据的正态分布,因而其参数估计也比多元判别分析法更加稳健。该方法目前在判别分析研究领域占有主流地位。

四、人工智能方法

20世纪50年代起,人们开始通过计算机程序模拟人类的识别技巧,由于这是存在于计

算机中的"智能",故称之为人工智能技术(Artificial Intelligence,AI)。人工智能技术根据不断输入的动态数据,不断学习、修正、调整学习算法,保证最后判别结果的有效性。随着网络、计算机、信息技术的不断发展,企业的生存空间变得多变而不稳定。为了准确地进行财务危机预警,必须动态、及时地获取与企业生产经营状况有关的各种最新信息,对预警模型的判别规则进行不断调整、更正,从而保证预警模型的判别规则是适合当前环境的有效规则。因此,一些学者采用了包括人工神经网络(Artificial Neural Network,ANN)、遗传算法(Genetic Algorithm,GA)、粗糙集理论(Rough Set Theory,RST)、支持向量机(Support Vector Machine,SVM)等人工智能方法,建立了新的企业财务危机预警模型,极大地推动了财务危机预警模型的发展。

相关链接12-3

企业财务预警的研究方法及其改进

20世纪末到21世纪初是西方财务困境预测理论发展的高峰期。随着社会经济的急速发展和计算技术的不断完善,财务困境预测方法也不仅仅限于传统的统计方法。为了开发一种更为精确更为通用的预测方法来解决逻辑回归存在的问题,以人工智能技术为主的一些具有非线性、分布式运算能力的新方法也被引入财务困境预测领域的研究中来,这些方法包括人工神经网络、案例推理、生存分析模型、随机游走估计等。

其中,人工神经网络方法是一种稳健的、非参数的方法,其最大特点是具有非线性映射能力,学习经验的能力强,分类和识别精度高,容错能力强,并且具有鲁棒性。神经网络能不断接受新样本、新经验并不断调整模型,自适应能力强,具有动态特性。鉴于此,国外一些学者开始尝试将神经网络的方法引入企业财务困境预警领域的研究中来。相对传统单变量或多变量预测模型,神经网络模型具有显著的优越性。

近年来,我国学者也不断地尝试使用神经网络模型针对我国企业的特点,建立财务困境预测模型,不少学者也取得了一定的成就。吴德胜等人比较了Logistic回归模型、BP神经网络模型在我国上市公司中使用的效率,构建了一套适合于我国企业的财务状况识别指标体系,然后根据该指标体系采用不同方法建立财务困境预警模型,并使用BP神经网络检验了该指标体系的正确性。吴德胜等人的研究证明了一种观点,即企业财务困境预警系统的建立需要考虑确定性的财务指标与不确定性的非财务指标,因此,Logistic回归模型不适合该种指标体系。

神经网络由于需要海量学习数据的支持,因此在单个企业的实际应用有一定的困难,但是多位学者的研究表明,相比其他的多类别判断预警研究方法,神经网络往往具有更高的准确率。

数据来源:鲍新中,何思婧.企业财务预警的研究方法及其改进——基于文献综述[J].南京审计学院学报,2012,9(05):60-70.

由于不同的模型和方法都各有其优劣之处,且有不同的研究对象和内容,因此其适用的模型和方法也会有所差异。单变量模型由于其片面性,显然不适用于当代处于复杂环境下的企业，已逐渐淡出研究领域。而多变量线性模型、多变量Logistic回归模型和人工智能方法成为主流研究方法。

第四节 财务危机预警系统

一、财务危机预警系统的概念

财务危机预警系统是为了防止企业偏离正常经营轨道而建立的报警和控制系统，它利用数据化管理方式，以各种财务报告分析数据资料为基础，对企业经营中存在的财务危机警情予以警示，为企业调整经营决策提供可靠依据。简而言之，企业财务危机预警系统就是一个能够对企业在经营管理活动中的潜在风险进行跟踪、监控，及早发现危机信号，将企业所面临的危险情况预先告知企业经营者和其他利益相关者，并分析企业发生财务危机的原因和财务运营体系隐藏的问题，以提早做好防范措施的财务分析系统。

二、财务危机预警系统的设计原则

财务危机预警系统的设计原则主要如下。

(1) 科学合理原则。企业应当根据实际情况对预警模型进行修改或创建出更适合自身的预警模式。由于企业大小存在差异，经营模式也不尽相同，因此可以运用的财务预警程序、方法也是具有多样性的。

(2) 系统性原则。系统性主要强调"两个中心"，即：以一定时间内的预警成果为中心，持续把握系统的运行效果，明确预警对象为企业的财务危机；以系统为中心，追求系统整体效果最优化。

(3) 成本收益原则。预警系统的使用要把握成本收益原则：使用预警系统产生的收益不少于预警耗费的成本。当获取模型或指标要花费的成本较大时，一般应主动寻找其他替代模型或指标，不过分追求预警结果精确。

(4) 动态性原则。财务危机预警系统应当处于动态变化中，不断根据企业内外部环境变化而进行修正，保证系统的先进性、适应性。

三、财务危机预警系统的构架

企业财务危机预警系统作为一个客观存在的事物，是由若干要素相互联系而形成的一个有机整体。企业财务危机预警系统由财务危机预警组织系统、财务危机预警信息收集与传递、财务预警系统警情分析、财务危机风险处理系统四个子系统组成。

(一) 财务危机预警组织系统

财务危机预警组织系统的健全与否，直接关系到企业财务危机预警系统的功能能否正常发挥，它是财务危机预警系统的行使主体。财务危机预警组织系统的职责是负责确定预警目标，研究预警方案，听取财务危机预警情况汇报，商讨决定预报的类型和预报的内容，及时解决经营过程中出现的问题。其日常工作的开展可由企业现有的某些职能部门(如财务部等)派专人负责，或通过设立专门的部门具体负责财务风险监测和预报等预警工作。

企业应根据自身的特点和条件，选用不同的财务危机预警组织模式。无论采用哪种模式，在设置财务危机预警组织时都应把握以下原则：①经济效益原则。设置财务危机预警组织需要企业投入一定的成本，若企业为此投入的成本大于建立此组织后因减少财务风险而给企业带来的潜在收益，则该组织模式是不符合经济效益原则的，应考虑更换为更节约成本的模式。②专人负责、职责独立原则。财务危机预警组织应相对独立于企业的其他组织，独立开展工作，不直接干涉企业的经营管理过程，只是对企业最高管理层负责。在建立财务危机预警组织时，要确保财务危机预警分析工作有专人落实，且不受其他组织干扰。③机构精简原则。企业在设置财务危机预警组织时，应充分利用原有管理系统的各种资源，在组织职能分配上进行局部调整。

(二) 财务危机预警信息收集与传递

财务危机预警信息收集与传递为财务危机预警提供信息支持，为财务危机预警组织采取预警行为提供所需的信息，它是财务危机预警系统的前提和基础。它主要包括信息收集、信息处理和信息发布等环节。

1. 信息收集

信息收集包括原始信息收集和反馈信息收集两方面。原始信息收集除与企业内部财务会计信息和其他管理信息系统对接外，还应注意收集以下信息：供应商、承销商以及其他关联单位和潜在合作方的财务等方面的情况资料；商品市场、资本市场、外汇市场的行情及其变化；国家经济政策、税收法规、信贷政策以及有关部门的监管法规的变化与走向等。反馈信息是指将财务危机预警系统所采取的措施和方法付诸行动实施的效果、存在的问题和各方的反应等。

2. 信息处理

信息处理就是对得到的信息进行分类整理、分析、评判和综合，作为制订或修订财务危机预警行动方案、采取防范措施和方法的依据。信息处理是财务危机预警系统的重要环节。一方面，它将得到的原始信息和反馈信息转化为财务危机预警可利用的信息，为财务危机预警组织做出决策、制定规则、采取措施和方法提供信息支持；另一方面，它也为企业对内、对外发布有关财务危机状况及其处理情况提供充分可靠的信息。

3. 信息发布

信息发布就是企业对内、对外发布或传递企业财务状况或财务危机现状及其处理情况的信息，它是企业财务危机预警过程中对内、对外进行信息沟通的主要形式。财务危机信息发布应做到：一要及时主动，不能拖延滞后；二要真实准确，不能错漏；三要注意策略，把握时机，密切关注各方反应，适时提供各方所需的信息。

(三) 财务危机预警系统警情分析

警情分析是财务危机预警系统的核心和关键。通过警情分析,企业可以迅速排除对财务影响小的风险,从而将主要精力放在有可能造成重大影响的风险上。预警警情分析一般有两个因素,即预警指标和临界值。预警指标是指用于预测财务危机的财务指标,也就是能够有效识别财务状况恶化的财务指标;临界值是指控制预警监测指标的临界点,一旦监测指标超过临界点,警情发生,就要启动应急计划。

(四) 财务危机风险处理系统

在分析清楚了企业出现的财务风险和危机后,应当立即制定相应的预防、转化措施,以减少风险和危机带来的损失。财务危机是关系到企业全局、根本性的危机,对企业威胁性大,影响面广,涉及的内容多且复杂。因此,在财务危机的处理过程中,应认真对待每一个环节。忽视任何一个环节,都有可能产生不利影响,甚至导致处理失败。

本章小结

财务危机是企业经营发展过程中可能经历的一种财务状况,包括比较轻微的资金管理技术性失败和极为严重的破产,以及介于两者之间的各种状态。一般来说,企业的财务危机不是一朝一夕造成的,而是一个长期积累和逐步发展的过程,构建一套高效、灵敏、实用的财务危机预警系统具有重要的意义。

本章首先介绍了财务危机预警的概念、财务危机的表现过程、财务危机预警的概念及其意义,然后阐述了财务危机预警的定性模型和定量模型。财务危机预警定性模型主要包括个案分析法、标准化调查法、短期资产周转表分析法、"四阶段症状"分析法、流程图分析法和管理评分法。财务危机预警定量模型主要有单变量模型、多变量线性模型、多变量Logistic回归模型和人工智能方法。

企业财务危机预警体系由财务危机预警组织系统、财务危机预警信息收集与传递、财务预警系统警情分析、财务危机风险处理系统组成。

思考讨论

1. 何谓财务危机?财务危机的特征和表现有哪些?
2. 财务危机预警是什么?
3. 如何评价财务危机多变量线性模型的优缺点?
4. 构建企业财务危机预警系统需要注意哪些关键点?

案例分析

再遭经销商上门维权,力帆汽车深陷财务困境

力帆实业(集团)股份有限公司,成立于1997年12月1日,是中国第一家上市A股的民营乘用车生产企业,连续多年入选中国企业500强,且连续多年位居重庆市汽摩行业前列。公司主要从事乘用车(含新能源汽车)、摩托车、发动机、通用汽油机的研发、生产及销售(含出口)及投资金融,其中乘用车产品涵盖轿车、SUV及多功能乘用车(MPV)三大类别。然而,就是这样一家曾经风光无限的车企,近期再一次遭到经销商的维权。

2019年5月,30多家力帆经销商曾在重庆力帆总部前维权,希望力帆汽车能够解决其提出的诉求。在一封经销商致重庆力帆汽车销售有限公司的函件中,经销商方面详述了其维权的主要原因,其中包括:产品质量低下,迈威、轩朗车型发动机、变速箱、电路返修率奇高;以各种借口拖延建店验收和拖欠支付建店补偿;侵害经销商权益等。同时,函件显示,上述维权经销商希望能够在获得相应的补偿后进行退网。

2020年6月18日,力帆股份发布公告,披露公司累计涉及诉讼(仲裁)事项的补充公告。公告显示,公司涉及诉讼(仲裁)已达392件,涉及金额29.06亿元。392起案件中,已判决(仲裁)案件221起,力帆全部为被告,共需赔偿对方18.36亿元。未开庭案件82起,涉及总金额5.8亿元。此外,近12个月内未披露诉讼(仲裁)达到2.68亿元。还有181起诉讼(仲裁),由于单个案件金额较小不予披露,总金额达到1.64亿元。对比力帆业绩报告,这近30亿元的债务几乎要压垮力帆。根据业绩报告显示,2019年全年力帆实现营收74亿元,同比下滑32.35%;归属于上市公司股东净利润亏损46.8亿元,同比下降1950.83%;2020年一季度实现营收5.6亿元,同比下降74.88%;归属上市公司股东净利润亏损1.97亿元,同比下降103.06%。

力帆汽车业绩大幅下滑,与当前销量不振有很大的关系。2020年1—5月,力帆传统乘用车销量下滑95.5%至887辆,新能源车销量下滑54.5%至460辆。力帆曾在公告中表示,力帆汽车业务已面临停滞,国内市场基本丧失,目前只有少量出口订单,乘用车品牌存在被边缘化风险。

问题探讨:

请查找相关资料,从内部条件与外部环境的角度分析力帆汽车陷入财务困境的原因,并谈谈你从中获得了什么启发。

参考文献

[1] 陆正飞. 财务报告与分析[M]. 3版. 北京：北京大学出版社，2020.

[2] 张先治，陈友邦. 财务分析[M]. 9版. 大连：东北财经大学出版社，2019.

[3] 刘义鹃. 财务分析：方法与案例[M]. 3版. 大连：东北财经大学出版社，2019.

[4] 张新民，钱爱民. 财务报表分析[M]. 5版. 北京：中国人民大学出版社，2020.

[5] 林秀香. 财务报告分析[M]. 大连：东北财经大学出版社，2017.

[6] 周晋兰，胡北忠. 财务分析实验教程[M]. 3版. 大连：东北财经大学出版社，2018.

[7] 张先治，陈友邦，秦志敏. 财务分析习题与案例[M]. 9版. 大连：东北财经大学出版社，2019.

[8] 闫华红. 财务分析与企业经营决策[M]. 北京：首都经济贸易大学出版社，2007.

[9] 王俊清. 数据的秘密[M]. 北京：中国宇航出版社，2015.

[10] 祝清. 基于平衡计分卡的Y医药公司绩效管理优化研究[D]. 南京：南京师范大学，2020.

[11] 赵泽. 大数据背景下的M新能源公司财务危机预警研究[D]. 西安：西安石油大学，2020

[12] 杨一帆. 集团公司财务危机预警信息系统的构建研究[D]. 北京. 中国财政科学研究院，2019.

[13] 刘诗瑜. 康美药业财务造假案例分析[D]. 南昌. 江西财经大学，2020.

[14] 阚玉敬. 固定资产使用效率分析[J]. 当代会计，2014(10):38-39.

[15] 吴雪琳. 康美药业营运能力分析[J]. 广西质量监督导报，2020(7):123-124.

[16] 崔晨. 长春高新盈利能力分析[J]. 合作经济与科技，2021(2):152-153.

[17] 孙常钰. 瑞幸咖啡财务舞弊及启示[J]. 现代商业，2020(33):73-74.

[18] 李梁. 永辉超市新零售模式的盈利能力研究——基于杜邦分析法[J]. 商展经济，2020(12):22-24.

[19] 孙旭东. 方大特钢2018年度利润分配预案点评[J]. 证券市场周刊，2019(17).

[20] 韦学兵. 财务分析如何有效为企业经营决策提供参考的探讨[J]. 纳税，2021(15):77-78.

[21] 王惠质. 大数据时代对企业财务分析的影响[J]. 管理荟萃，2021(3):100-102.

[22] 钟洁梅. 会计报表附注与表外信息应用研究[J]. 财会学习，2020(27):98-99.

[23] 李红琼. 怎样分析资产负债表[J]. 大众投资指南，2019(22):226+228.

[24] 胡春妮. 商誉的确认与计量[J]. 合作经济与科技，2020(22):158-160.

[25] 王玥. 解析财务报告分析在评价企业经营管理现状中的重要作用[J]. 财税研究，2020(22):156-158.

[26] 吴拥军. 不同群体对会计信息的需求特征分析[N]. 中国会计报，2018-03-16.

[27] 周琳. 打击财务造假需要更多"啄木鸟"[N]. 经济日报, 2021-02-02.

[28] 熊园. 宏观专题: 从现金流看, 疫情下哪些行业在"裸泳"?[N]. 证券研究报告, 2020-05-19.

[29] 谢超. 现金流视角看一季报——基于2020年一季报的更新[N]. 证券研究报告, 2020-05-13.

[30] 王瑶, 王岚. 以岭药业营运能力指标分析[J]. 中国管理信息化, 2021, 24(1):35-36.

[31] http://www.wogoo.com/#/Article/9512abca6dc44d7b81bf322ad5da15bc.

[32] http://www.sohu.com/a/327531980_585920.

[33] http://finance.sina.com.cn/stock/newstock/zxdt/2020-08-27/doc-iivhvpwy3280197.shtml.

[34] http://finance.china.com.cn/consume/20200707/5312329.shtml.

[35] http://baijiahao.baidu.com/s?id=1662669887283330670&wfr=spider&for=pc.

[36] http://baijiahao.baidu.com/s?id=1694920827787127165&wfr=spider&for=pc.

[37] http://new.qq.com/rain/a/20210323A07HAE00.

[38] https://www.zcaijing.com/kbbcg/58631.html.

[39] http://caifuhao.eastmoney.com/news/20191015064940538030230.

[40] http://www.01caijing.com/article/270040.htm.

[41] http://www.01caijing.com/article/265483.htm.

[42] http://www.01caijing.com/article/46021.htm.